인간적인 너무나 인간적인 Ⅰ

■ 니체전집 편집위원

정동호
이진우
김정현
백승영

니체전집
KGW IV 2
7

인간적인 너무나 인간적인 I
Menschliches, Allzumenschliches
Erster Band

김미기 옮김

책세상

일러두기

1. 이 책은 독일에서 출간된 《니체전집 *Nietzsche Werke, Kritische Gesamtausgabe*, vol. IV 2》 (Walter de Gruyter Verlag, 1970)을 완역했다.
2. 주요 인명은 처음 1회에 한하여 원어를 병기했다.
3. 본문에 나오는 단행본과 잡지는 《 》로, 논문·단편·시 작품은 〈 〉로 표시했다. 또 인용문은 " "로, 강조 문구는 ' '로 표시했다.
4. 원서에서 자간을 벌여서 표기한 부분은 고딕체로 표기했다. 그리고 문장부호는 원서의 표기 방식을 그대로 살리는 것을 원칙으로 했으나, ; 나 ― 같은 부호가 의미를 파악하는 데 방해가 되는 경우에는 생략했다.
5. 이 책에 사용된 맞춤법과 외래어 표기는 1989년 3월 1일부터 시행된 〈한글 맞춤법 규정〉과 《문교부 편수자료》에 따랐다.

차례

저자 서문 9
제1장 최초와 최후의 사물에 대하여 21
제2장 도덕적 감각의 역사에 대하여 61
제3장 종교적 삶 123
제4장 예술가와 저술가의 영혼으로부터 165
제5장 더 높은 문화와 더 낮은 문화의 징후 223
제6장 교제하는 인간 287
제7장 여성과 어린아이 321
제8장 국가에 대한 조망 349
제9장 혼자 있는 사람 389
친구들 속에서. 끝말 451

해설 455
연보 471

MENSCHLICHES,

ALLZUMENSCHLICHES.

Ein Buch für freie Geister.

Dem Andenken Voltaire's
geweiht
zur Gedächtniss-Feier seines Todestages,
des 30. Mai 1778.

Von

Friedrich Nietzsche.

CHEMNITZ 1878.

Verlag von Ernst Schmeitzner.

PARIS	ST. PETERSBURG	TURIN
SANDOZ & FISCHBACHER	H. SCHMITZDORFF	(FLORENZ ROM)
33 Rue de Seine.	(C. ROETTGER)	ERMANNO LOESCHER
	Kais. Hof-Buchhandlung	Via di Po 19.
	5 Newsky Prospect.	

NEW-YORK	LONDON
E. STEIGER	DAVID NUTT
22 & 24 Frankfort Street.	270 Strand.

서문

1.

《비극의 탄생》부터 최근에 출판된 《미래철학의 서곡》에 이르기까지 내가 쓴 책에는 모두 공통적이고 특별한 그 무엇이 있다며 사람들은 아주 의아해하면서 나에게 자주 말해왔다 : 그 책들은 모두 조심성 없는 새를 잡기 위해 덫과 그물을 치듯이, 통상적인 가치 평가들과 존중되는 관습들을 전복하기 위한 지속적이고 눈에 띄지 않는 요청을 포함하고 있다고 그들은 말한다. 어떻다고? 모든 것이 단지―인간적인, 너무나 인간적인 것일 뿐이라고? 이러한 탄식과 함께 그들은 내 책을 손에서 내려놓는다는 것이다. 도덕에 대한 혐오감과 불신감을 가진 채, 언젠가 최악의 것들을 변호하겠다고 자신을 진정시키고 격려하면서 말이다 : 마치 최악의 것들이 가장 심하게 중상당한 것들이기라도 한 것처럼? 사람들은 내 책을 의혹의 학교, 나아가서는 경멸의 학교 그리고 다행스럽게도 용기의 학교, 즉 대담함을 가르치는 학교라고 불렀다. 일찍이 어느 누구도 악마의 적절한 변호자로서뿐만 아니라, 신학적으로 말해서 신의 적이자 신을 소환하는 자로서 이렇게 깊은 의혹을 품고 세상을 바라보았다고 실제로 나 스스로도 믿지 않는다 ; 그리고 그 모든 깊은 의혹에 담긴 결말을 미루어 짐작할 수 있는 자와, 무제한적인 **통찰**의 다양성을 타고난 자에게 주어지는 형벌인 고독의 냉혹함과 불안을 조금이라도 미루어 짐작할 수 있는 자는 나를 이해하게 될 것이다. 내가 얼마나 나 자신에게서부터 휴식을 취하기 위해, 즉 잠시 나를 잊기 위해—숭배나 적의 또는 학문성이나 경박함 또는 우둔함 속에 숨으려고 노력했는지를. 또한 나에게 필요한 것을 찾지 못했을 때, 왜 내가 그것을 인위적으로 강탈하고 적당히 위조해서 지어내야 했는지를 알게 될 것이다 —(그리고 시인들은 그와 다른 어떤 일을 했던가? 그리고 세상의 모든 예술이 무엇 때문에 존재하겠는가?). 그러나 나의 치유와 자기 회복을 위해 언제나 내게 가장 필요했던 것은 이처럼 고립되어 있고, 고립된 시선으로 **보지 않으려는** 신념이었다— 즉 눈과 욕망에는 유사성과 동질성이 있으리라는 매혹적인 의심, 우정의 신뢰 속에서의 휴식, 의혹과 의문이 없는 두 사람 사이의 맹목성 그리고 전경, 외관, 가까이 있는 것과 가장 가까운 것, 색깔과 표피와 겉모양을 가진 모든 것을 향유하는 것이었다. 아마도 사람들은 이 점에서 더욱 정교한 위조화폐를 만들어내는 이런 여러 '기교'를 비난할 수도 있을 것이다 : 예를 들어 내가 도덕에 대해 이미 충분히 간파하고 있던 그때에도 나는 의식적이고 고의적으로 쇼펜하우어의 맹목적인 도덕 의지를 묵인했다; 마찬가지로 리하르트 바그너의 치유할 수 없는 낭만주의에 대해서도 마치 그것이 시작이지 끝이 아닌 것처럼 나 자신을 기만했다; 그리고 그리스인에 대해서도, 독일인과 그들의 미래에 대해서도 마찬가지였다—아마도 이와 비슷한 내용의 긴 목록이 더 있지 않을까?—그러나 이 모든 것이 사실이며 충분한 근거를 가지고 나를 비난한 것이라고 전제하더라도, 이러한 자기기만 속에 얼마나 많은 자기 보존의 술수와 얼마나 많은 이성과 더욱 고차원적인 비호가 들어 있는지,―또한 나의 정직이라는 사치를 나에게 계속 허용하게 하려면 또 얼마나 많은 허위가 필요한지―에 대해 너희들은 무엇을 알고 있으며 또 무엇을 알 수 있겠는가?……이것으로 충분하다. 어쨌든 나는 여전히 살고 있다. 그리고 삶은 결코 도덕에 의해 창안된 것이 아니다. 삶은 기만을 원한다. 삶은 기만을 통해 유지된다… …그렇지 않은가? 늙은 비도덕주의자며 새잡이꾼인 나는 늘 해왔던 일을 이미 되풀이하여 다시 시작하고 또 하고 있다―그리고 '선악의 저편'에서 비도덕적이고 탈도덕적으로 말하고 있지 않은가?

2.

―그래서 나는 일찍이 내게 필요했던 '자유정신들'을 창안해냈다. '인간적인 너무나 인간적인'이라는 제목의 이 우울하고 용감한 책은 바로 그 자유정신들에게 바친 것이다 : 하지만 이 자유정신은 존재하지도 않으며, 존재했던 적도 없다―그러나 이미 말했듯이, 나에게는 나쁜 상황들(질병, 고독, 타향, 무관심, 구위) 속에서도 좋은 기분을 유지하기 위해 지껄이거나 웃고 싶으면 함께 지껄이고 웃다가 싫증나면 내버릴 수 있는 믿음직한 동료와 환영으로―즉 친구가 없는 데 대한 보상으로 자유정신들이 동반자로 필요했다. 나는 적어도 다음과 같은 사실들, 즉 언젠가는 이런 자유정신이 존재할 수 있고, 내일과 모레의 아들 중에서 이처럼 명랑하고 용감한 친구가 우리 유럽에 나타날 것이라는 사실과 내 경우에서처럼, 환영

과 은둔자의 그림자 연극이 아니라 육체를 지니고 있고 손으로 만질 수 있는 모습으로 나타나리라는 사실을 거의 확신하고 싶다. 벌써 그들이 오는 모습이, 서서히, 서서히 오는 모습이 보인다 ; 그리고 만약 내가 그들이 어떤 운명들 속에서 탄생하고 어떤 길로 오는지를 통찰하여 미리 묘사한다면, 아마도 그들이 오는 시간을 앞당기는 데 어느 정도 기여할 수 있지 않을까?

3.

우리는 '자유정신'의 유형이 언젠가 완전해질 때까지 성숙하고 단맛을 낼 수 있도록 정신이 어떤 위대한 해방 속에서 결정적인 사건을 겪었으며 그 사건이 전에는 얼마나 속박된 정신이었고 귀퉁이와 기둥에 영원히 묶여 있었을 것처럼 보였는지 추측할 수 있다. 무엇이 가장 단단하게 묶을까? 완전히 잘라버릴 수 없는 밧줄은 어떤 것일까? 고상하고 선택된 부류의 인간에게 그것은 의무가 될 것이다. 젊음에 어울리는 외경심, 오랫동안 숭배하고 가치를 부여해온 모든 것에 대한 두려움과 나약함, 자신들이 성장했던 땅, 자신들을 이끌어주었던 손길, 숭배를 배웠던 성전 등에 대한 감사, 바로 그들의 최고의 순간 그 자체가 그들을 가장 단단히 묶고 가장 지속적으로 의무를 느끼게 만드는 것이다. 위대한 해방은 이처럼 속박된 것에 마치 지진처럼 갑작스럽게 일어난다 ; 그러면 젊은 영혼은 단 한 번에 동요되고 분리되어 떨어져버리고 만다—그들 자신도 무슨 일이 일어났는지 알지 못한다. 충동과 혼란이 그 영혼을 지배하고 그에게 명령하는 주인이 되어버린다 ; 의지와 소망은 어떻게든 그리고 어디로든 나아가려고 눈을 뜨게 된다 ; 미지의 세계를 향한 불굴의 모험적인 호기심이 그의 모든 감각에서 불타오르고 불꽃이 흔들거린다. "여기서 사느니 차라리 죽어버리겠다."—이렇게 단호한 목소리와 유혹이 울려퍼진다. '여기' 그리고 '집에'라는 말은 그가 지금껏 사랑해온 모든 것을 의미한다! 그것은 자기가 사랑해왔던 것에 대한 갑작스런 공포와 의심, 의무로 불렸던 것에 대한 섬광 같은 멸시 그리고 방랑, 타향, 소외, 냉각, 환멸, 냉담에 대한 선동적이고 의식적이며 화산처럼 솟구치는 욕망, 사랑을 향한 증오심, 아마도 자신이 지금까지 숭배했고 사랑했던 곳까지 거슬러 올라가는 신전모독과 같은 행동과 눈초리, 아마도 자신이 방금 한 일에 대한 불타오르는 수치심과 동시에 그 일을 해냈다는 기쁨 그리고 그 승리를 알림으로써 느끼는 더할 나위 없는 내면적인 기쁨의 전율이다—승리라고? 무엇에 대한, 누구에 대한 승리란 말인가? 그것은 수수께끼같이 의문스럽고 모호한 승리이긴 하지만 어쨌든 최초의 승리이다 :—위대한 해방의 역사에는 이와 같은 아픔과 고통이 따른다. 해방은 동시에 인간을 파멸시킬 수도 있는 하나의 병이기도 하다. 스스로 정의하고 스스로 가치를 정립시키려는 힘과 의지가 만드는 이 최초의 폭발, **자유로운 의지**를 향한 이 의지 : 그리고 풀려난 자, 해방된 자가 이제부터 자신이 사물을 지배한다는 것을 증명하고자 할 때 그의 거침없는 시도와 기묘한 행동에는 얼마나 많은 질병이 나타날 것인가! 그는 만족할 줄 모르는 욕망으로 무섭게 배회한다 : 그의 긍지의 위태로운 긴장 상태는 그가 약탈하는 것으로 보상되어야만 한다. 그는 자신을 자극하는 것을 파괴해버린다. 그는 자신이 은폐하는 것, 부끄러움 때문에 간직하고 있다고 여기는 것을 악의에 찬 미소로 뒤집어버린다 : 그는 만약 이러한 사물들을 뒤집어버리면 그것들이 어떻게 보일 것인지를 시험하는 것이다. 만약 그가 지금까지 좋지 못한 평판을 받아온 것에 자신의 명예를 되돌려놓으려고 한다면, 그리고 호기심으로 시험해보려는 듯이 가장 금지된 것의 주위로 몰래 기어 들어가려 한다면 거기에는 자의와 자의에서 나오는 쾌감이 들어 있는 것이다. 그의 행동과 방황의 배후에는 더욱 위험한 호기심의 의문부호가 자리잡는다. 왜냐하면 그는 마치 황야에서처럼 불안하면서도 정처없는 행로의 중간에 있는 것이므로. '모든 가치를 뒤집을 수는 없는 것일까? 아마도 선은 악이 아닐까? 그리고 신은 악마의 발명품일 뿐이거나 악마를 더욱 고상하게 만들어놓은 것은 아닐까? 궁극적으로 모든 것은 허위가 아닐까? 또 우리가 속았다면 바로 그 때문에 우리는 동시에 속이는 자가 아닐까? 우리는 속이는 사람이 **되어야만** 하지 않을까?' —이런 생각이 그를 인도하고 더욱 멀리, 더욱 빗나가도록 그를 현혹한다. 고독이 그를 겹겹이 에워싼다. 저 무시무시한 여신이자 잔인한 정념의 어머니인 고독이 그를 더욱 위협하고 목을 조르고 심장을 짓누른다.—그러나 고독이 무엇인지를 지금 어느 누가 알겠는가?……

4.

이러한 병적인 고립 상태와 황량하기만 한 시험기에서 벗어나, 저 흘러 넘치는 섬뜩한 확실성과 가히 질병마저도 포괄하는 건강성에 이르는 길은 아직도 멀기만 하다. 질병은 인식의 수단이며 인식을 낚는 낚싯바늘로서 반드시 필요하다. 자기 통제와 심정의 수양이며, 수없이 많은 대립적인 사유방식에 이르는 여러 길을 허용하는 그 성숙한 정신의 자유에까지 이르는 길은 멀다―정신이 자신의 길에서도 자신을 잃고 방탕하며 어느 한 구석에 취한 듯 주저앉아 버리게 될 위험을 몰아낼 수 있는 저 넘치는 풍요함의 내면적인 광대함과 자유분방함에 이르게 될 때까지의 길은 멀다. 그리고 위대한 건강의 표시인 저 유연하고 병을 완치하며 모조해내고 재건하는 힘이 넘쳐흐르기까지의 길도 아직 멀다. 그렇게 넘쳐흐르는 힘은 자유정신으로 하여금 시험에 삶을 걸고 모험에 몸을 내맡겨도 된다는 위험스런 특권을 부여한다. 그것은 자유정신의 거장다운 특권이다! 그 사이에는 긴 회복기가 놓여 있다. 그 시간은 고통스러우면서도 매혹적이고 다채로운 변화가 가득하여, 벌써 건강이라는 옷을 입고 위장을 한 강인한 건강을 향한 의지에 지배되고 규제되는 시간들이다. 거기에는 나중에 이러한 운명을 가진 한 인간을 감동 없이는 회상할 수 없는 중간 상태가 있다: 거기에는 창백하고 섬세한 빛과 태양의 행복이 속해 있다. 즉 새의 자유, 새의 조망, 새의 오만에서 나온 감정과 호기심과 갸날픈 멸시의 감정이 얽힌 제3의 감정이 있다. '자유정신'―이 차가운 단어는 이러한 상태에 있을 때에는 편안하며 따뜻하기까지 하다. 사람들은 더 이상 사랑과 증오의 속박에서 사는 것이 아니라, 긍정도 부정도 하지 않으며 마음대로 가까이 가고 멀어지며, 기꺼이 도주하고 피해다니며 날아다니고 다시 사라지거나 또다시 높이 날아오르며 사는 것이다 ; 사람들은 언젠가 자신 가운데에서 엄청난 다양성을 본 적이 있는 사람처럼 변하게 된다.― 그러고는 자신과 무관한 사물을 걱정하는 사람들과는 정반대의 사람이 되는 것이다. 실제로 이제 자신은 더 이상 자유정신을 괴롭히지 않는 그런 것과 관계한다. 그리고 그런 것들은 얼마나 많은 가!……

5.

한 단계 더 회복되면, 자유정신은 다시 삶에 천천히, 거의 반항적으로, 거의 의심스러운 듯 가까이 다가간다. 그의 주위는 다시 점점 따뜻해지고 마치 노란색 같은 빛을 띠게 된다 ; 감정과 공감은 깊어지고, 눈을 녹이는 듯한 온갖 바람이 그 위로 지나간다. 그는 이제야 비로소 자신의 주위에 처음으로 눈을 뜬 것 같은 기분이 들기 시작한다. 그는 놀란 채 조용히 앉아 있다 : 도대체 그는 어디에 있었던가? 이 친근하고 가장 가까운 사물들 : 그 사물들이 그에게 얼마나 달라 보이는가! 그것들은 그 사이에 어떤 솜털과 매력을 얻었는가! 그는 감사하며 뒤를 돌아본다―자신의 방랑과 고집, 자기소외, 자신이 차가운 하늘을 새처럼 날며 멀리 보았던 것에 감사하며. 그가 나약하고 우둔한 게으름뱅이처럼 언제나 '집에', 언제나 '제정신으로' 머물러 있지 않았던 것은 얼마나 잘한 일인가! 그는 자신을 잊고 있었다 : 그것은 의심의 여지가 없다. 이제서야 그는 자기 자신을 바라본다―그때 그는 거기서 얼마나 놀라운 것을 발견하는가! 미지의 전율! 회복기에 있는 사람이 느끼는 피로감과 오랜 질병 그리고 병이 재발한 가운데 느끼는 행복! 고통에 싸여 조용히 앉아 인내심을 키우는 일과 햇빛 아래 누워 있는 일이 얼마나 마음에 드는지! 누가 겨울의 행복과 벽에 드리워진 햇빛의 얼룩을 그만큼 잘 알 수 있단 말인가! 삶을 향하여 다시 몸을 반쯤 돌린 이 회복기에 있는 자, 즉 도마뱀이야말로 세상에서 가장 감사하는 마음을 지닌 가장 겸손한 동물인 것이다 : ― 그들 중에는 질질 끌리는 옷자락에 작은 찬가를 달고 다니지 않으면 하루도 못 견디는 자도 있다. 그리고 솔직히 말해서 : 이러한 자유정신의 기질을 가지고 병에 걸려 한동안 앓고 나서, 그 후에 더 오랫동안 건강하게, '더욱 건강하게' 되는 것이 모든 염세주의(알려진 것처럼 염세주의는 낡은 이상주의자와 거짓말쟁이의 암이다)에 대한 근본적인 **치료법**이다. 그 속에 있는 지혜, 즉 삶의 지혜는 오랜 기간 동안 소량의 약만으로 건강 자체를 처방한다는 것이다.

6.

그 시기에 이르러 마침내, 아직 불안정하며 변덕스럽기만 한 건강의 갑작스런 빛 아래, 그때까지 그의 기억 속에서 완전히 의문투성이로 막막히 남아 있던, 그 위대한 해방의 수수께끼가 자유로운, 훨씬 자유로워진 정신 앞에서 제 모습을 드러내기 시작할 것이다. 그는 오랫동안 자신에게 감히 이렇게 물어보지를 못했다. "왜 그렇게 멀리 물러서 있는가? 왜 그렇게 혼자 있는가? 내가 숭배한 모든 것을 왜 포기했는가? 숭배 그 자체도 포기했는가? 자신의 미덕을 향한 이 냉정함, 악의, 이 증오는 무엇 때문인가?"라고―이제 그는 큰 소리로 감히 의문을 제기하고 그것에 대한 어떤 대답을 이미 듣고 있다. "너는 너의 주인이며 동시에 네 자신의 미덕의 주인이 되어야만 했다. 과거에는 미덕이 너의 주인이었다 ; 그러나 그 미덕은 다른 도구들과 마찬가지로, 오로지 너의 도구여야 한다. 너는 너의 찬성과 반대에 대한 지배력을 터득하여 너의 더 높은 목적에 필요할 때마다 그 미덕을 붙이거나 떼내버리는 것을 배워야만 했던 것이다. 너는 모든 가치 평가에서 관점주의적인 것을 터득해야만 했다— 지평의 이동, 왜곡 그리고 표면상의 목적론과 관점주의적인 것에 속하는 모든 것 그리고 대립된 가치들과 관계하는 약간의 우둔함, 찬성과 반대와 함께 항상 지불되는 지적 희생도 터득해야만 했다. 모든 찬성과 반대 속에 포함된 필연적인 불공평을 이해하는 것을 배우고 그 불공평은 삶에서 분리될 수 없는 것이며, 그 삶 자체를 관점주의적인 것과 그 불공평에 의해 제약되는 것으로 터득해야 했던 것이다. 무엇보다도 너는 불공평이 가장 심한 곳을 바라보아야 했다 : 그곳에서 삶은 가장 보잘것없고 빠듯하며 가장 미천하고 원시적으로 전개되지만, 삶은 그 자체를 사물의 목적이자 규범으로 명명하고, 스스로 생존하기 위하여 더 높고 크고 풍부한 것을 남몰래 조금씩 그리고 끊임없이 부수어가면서 의문을 제기하는 그런 곳이다. 너는 위계의 문제를 눈으로 보아야 했고, 힘과 권리 그리고 관점주의적인 것의 범위가 어떻게 서로 상승해가는지를 보아야 했다. 너는 그렇게 해야 했다"—이제 자유정신은 어떤 '너는 해야 한다'에 자신이 복종해왔는지, 그리고 이제 무엇을 할 수 있는지, 비로소 무엇을 해도 좋은지를 알고 있다. 그러니 그만 이것으로 충분하다.

7.

이와 같은 방법으로 저 자유정신은 해방의 수수께끼에 대해 답을 제시하고, 자신의 경우를 일반화함으로써 그 체험에 대해 이렇게 결론짓는다. 그는 자신에게 말한다. "나에게 일어났던 것과 마찬가지로, 그 체험은 사명을 체화하여 '세상에 나타나기를 원하는' 사명이 있는 모든 사람에게도 반드시 일어나는 일임이 틀림없다." 이러한 사명의 비밀스러운 힘과 필연성은 모르는 사이에 이루어진 수태처럼 개인의 운명들 사이에서 또는 운명들 안에서 지배하게 될 것이다.—그가 스스로 이 사명을 직시하고 그 이름을 알기 훨씬 전부터 말이다. 우리의 사명은 우리가 아직 그것을 알지 못할 때에도 우리를 규정하고 있다 ; 우리의 현재에 규칙을 부여하는 것은 바로 미래이다. 우리의 문제가 우리가 말해도 되는 위계질서의 문제라고 가정한다면, 이제 우리 자유정신은 우리 앞에 그 문제가 생기는 일이 허용되기 전에 어떤 각오, 우회로, 시련, 유혹, 변장이 필요했는지 우리 삶의 정오에서야 비로소 이해하게 된다. 그리고 우리가 어떻게 '인간'이라 불리는 저 내면세계의 모험가이며 세계 항해자로 또 동시에 모든 '좀더 높은 것'과 '아래 위에 있는 것'을 측정하는 사람으로—여기저기로 들어가 아무런 두려움 없이, 아무것도 소홀히 여기거나 내버리지 않고 모든 것을 맛보며 모든 것을 우연에 의해 정화하면서 즉 걸러가면서 가장 다양하고도 가장 모순되는 곤경과 행복의 상태를 영혼과 육체로 경험해야 했던가를 비로소 이해하게 된다—그리하여 마침내 우리 자유정신이 이렇게 말해도 될 때까지 : "여기에—새로운 문제가 있다! 여기에 긴 사다리, 그 계단에 우리가 앉기도 하고 딛고 오르기도 한 사다리가 있다—언젠가 우리 자신이 그 사다리였던 적도 있었다! 여기 이곳에 더 늦은 것, 더 깊은 것, 우리 가운데 있는 것, 엄청나게 긴 서열, 위계질서가 있다. 그것들을 우리는 보고 있다 : 여기서 —우리의 문제를! — —"

8.

    이 책이 지금 말한 발전 단계 중 어디에 속하는지 (혹은 놓여 있는지)는 어느 심리학자나 점쟁이도 곧 알 수 있는 일이다. 그러나 오늘날 도대체 심리학자가 어디에 있단 말인가? 프랑스에는 확실히 심리학자가 있고, 어쩌면 러시아에도 있을 법한데, 분명 독일에는 없다. 무엇 때문에 오늘날의 독일인들이 아직도 이런 상황을 명예로까지 생각하는지에 대해 그 이유를 전혀 모르는 것은 아니다: 비독일적인 기질을 가졌거나 비독일적으로 되어버린 사람이라면 이 책이 좀 불편할 것이다! 많은 국가와 민족 사이에서도 독자를 발견할 수 있었던 이 독일 책은—약 10년간 그 과정에 있다— 외국인의 냉담한 청각까지도 매혹시키는 음악과 피리의 어떤 기술을 알고 있는 것이 분명하다—그런데 바로 독일에서 이 책이 가장 냉대받고 가장 불쾌하게 읽혔던 것이다. 무슨 이유에서일까?—사람들은 나에게 말했다. "이 책은 너무 많은 것을 요구합니다. 이 책은 지나친 의무의 압박을 받지 않는 사람에게나 적합한 것입니다. 이 책은 세련되고 자유분방한 감각을 원하며, 여유를 요구합니다. 시간의 여유, 하늘과 마음의 넘치는 명쾌함, 가장 대담한 의미에서의 여유로운 한가함을 요구합니다 —오늘날 우리 독일인은 오직 좋은 것들뿐인 이것을 가지고 있지 않으며 따라서 줄 수도 없습니다"—이러한 정중한 대답에 나의 철학은 내게 침묵하고 더 이상 묻지 말라고 충고한다. 충고가 시사하듯이 특정한 경우들에서는— 침묵함으로써 철학자는 존재하는 것이니까.

1886년 봄, 니스에서

제1장
최초와 최후의 사물들에 대하여

1.

개념과 감각의 화학 ─ 철학적 문제들은 오늘날 거의 모든 점에서 다시 2천 년 전과 동일한 질문 형식을 채택하고 있다. 즉 그 무엇이 어떻게 그것과는 정반대되는 것에서부터 생길 수 있는가라는 것이다. 예컨대 어떻게 이성적인 것이 이성적이지 않은 것에서, 감각이 있는 것이 죽은 것에서, 논리가 비논리에서, 무관심한 직관이 열망에 찬 의지에서, 이타적인 삶이 이기주의에서, 진리가 오류에서 생길 수 있는 것일까? 형이상학적 철학은 지금까지 어떤 것이 다른 것에서 생겨남을 부정하며, 또한 더 높은 가치를 지닌 사물 그 자체의 핵심과 본질에서 직접적으로 생겨난다는 기적 같은 기원을 받아들임으로써 이런 문제점에서 벗어날 수 있었다. 이에 반해 이미 자연과학과 분리해서 더 이상 생각할 수 없는 모든 철학적 방법 중에서 가장 최근에 나타난 역사적 철학은 통속적이거나 형이상학적인 해석에서 흔히 있는 과장된 대립을 제외하고 어떤 대립도 존재하지 않는다는 사실과 이성의 오류도 이러한 대립에 기인하고 있다는 것을 개별 경우들을 통해 밝혀냈다. (그리고 아마도 이것은 모든 경우에 이 철학의 결론이 될 것이다.) 역사적 철학의 해석에 따르면, 엄밀히 말해서 이타주의적인 행위도 없고 완전히 무관심한 관조도 없다. 이 두 가지는 모두 근본 요소가 거의 증발해버린 것처럼 보이며 다만 가장 세심히 관찰함으로써만 겨우 그러한 요소가 있음을 입증할 수 있는 승화된 행위에 불과하다.—우리에게 필요하며 현재 각 학문의 수준에서 겨우 우리가 얻을 수 있는 것이라고는 하나의 도덕적, 종교적, 미학적 표상과 감각의 화학이며, 또한 문화와 사회의 크고 작은 교류 안에서뿐만 아니라 고독 속에서 우리가 체험하게 되는 저 모든 감동의 화학이다 : 만약 이 화학이라는 영역에서도 가장 훌륭한 색채가 천박하고 하찮은 재료에서 얻은 것이라는 결론이 내려진다면 어떨까? 많은 사람들이 그와 같은 조사 결과를 받아들이려고 할까? 인류는 유래와 기원에 관한 질문을 의식에서 몰아내고 싶어한다. 그 반대의 경향을 자기 속에서 느끼게 되려면 우리는 거의 탈인간화되어야 하지 않을까?—

2.

철학자들의 유전적 결함 — 모든 철학자는 현대의 인간을 출발점으로 하여 그것을 분석함으로써 목표에 이르려는 공통된 오류를 범하고 있다. 무의식중에 철학자들은 인간이란 영원한 진리이며, 온갖 소용돌이 속에서도 불변하는 존재, 사물의 정확한 척도라는 생각을 한다. 그러나 철학자가 인간에 대해 말하는 것은 모두 근본적으로 극히 제한된 시기의 인간에 대한 증언에 불과하다. 역사적 감각의 결여는 모든 철학자가 지닌 유전적 결함이다. 게다가 어떤 철학자들은 특정한 종교, 나아가 특정한 정치적 사건의 자취에서 얻은 극히 최근의 인간 형태를, 우리가 출발점으로 삼아야 할 확고한 형태라고 생각해버린다. 그들은 인간이 생성되어왔고, 사실과 인식 능력 역시 생성되어왔다는 점을 알려고 하지 않는다 : 반면 그들 가운데 몇몇은 이 인식 능력에서 전체 세계까지도 만들어낸다.—인간 발달의 본질적인 것은 모두 우리가 대강 알고 있는 그 4천 년보다 훨씬 전인 태고시대에 나타났다 ; 이 4천 년 동안 인간은 크게 변하지 않은 것으로 보인다. 그러나 철학자는 거기에서 현대적 인간의 '본능'을 발견하고 그것이 인간의 불변적 사실에 속하며, 이러한 의미에서, 세계 일반을 이해하기 위한 열쇠가 될 수 있다고 생각한다. 모든 목적론은 사람들이 지난 4천 년간의 인간에 대해서 만물이 처음부터 자연적인 방향으로 지향해온 영원한 인간이라고 말하는 것에 기초해서 성립된다. 그러나 만물은 생성해왔다 : 절대적 진리가 없는 것과 마찬가지로 영원한 사실도 없다.—따라서 지금부터는 역사적으로 철학하는 일이 필요하며, 그와 동시에 겸양의 덕이 필요하다.

3.

보잘것없는 진리의 존중—형이상학적이고 예술적인 시대와 인간에게서 유래하는 즐겁고 눈부신 오류보다는 엄밀한 방법에 따라 발견된 작고 보잘것없는 진리를 높이 평가하는 것이 고급 문화의 특징이다. 우선 사람들은 결코 진리와 오류 사이에는 동등한 권리 따위는 있을 수 없다는 듯이 진리에 대한 조소를 입술에 띤다 : 이렇게 이 진리는 겸손하고 소박하고 냉담하며 겉으로 보기에 기가 죽은 모습인데 비하여, 저 오류는 거기에 아름답고 화려하며 매혹적일 뿐만 아니라, 나아가서는 행복하게 해주는 모습으로 서 있게 될 것이다. 그러나 힘들게 획득한 것, 확실한 것, 영속적인 것과 그 때문에 앞으로의 모든 인식에도 성과 있는 것이 더 가치 있는 것이다. 그것을 지지하는 일이야말로 남성적이며, 용기, 정직성, 절제를 나타내는 일이다. 마침내 인간이 확고하고 영속적인 인식을 좀더 높게 평가하는 데 익숙해지고, 영감과 기적적인 진리의 전파에 대한 믿음을 모두 잃어버릴 때, 개인뿐만 아니라 전 인류가 점차 이 남성적인 일에까지 고양될 것이다.—물론 형식을 숭배하는 자들은 미와 숭고함에 대한 자신의 표준을 가지고 있기에, 보잘것없는 진리를 존중하고 학문의 정신이 지배하기 시작하면 우선 조롱할 만한 충분한 근거를 찾게 될 것이다 : 그러나 그것은, 그들의 눈이 가장 소박한 형식의 매력에 익숙하지 않았기 때문이거나 아니면 아직도 그 정신이 그런 학문적 정신으로 교육받은 사람들의 내면에까지 완전히 파고들지 못해서 그들이 무턱대고 낡은 형식을 모방하고 있기 때문일 것이다. (그리고 그들은 어떤 일을 하찮게 여기는 사람이 그렇듯이 이 일을 참으로 불성실하게 한다.) 과거에는 정신이 엄격한 사고에게 혹사당하지 않았다. 그것은 정신의 중요함이 상징과 형식을 짜내는 데 있었기 때문이다. 상황은 달라졌다 ; 상징적인 것을 중요시하는 것은 하위문화의 특징이 되어버렸다 ; 우리의 예술까지도 점점 더 지적으로 되어가듯이, 우리의 감각은 더욱 정신적으로 되어간다. 예를 들어 감각적으로 기분 좋은 것에 대해서 오늘날에는 100년 전과 전혀 상이한 판단을 내리듯이 말이다 : 이렇게 우리의 생활양식 또한 더욱 정신적이 되어가는 것은, 아마 고대의 시각으로 보면 더 추악하게 보일 것이다. 그러나 그 이유는 내면적이고 정신적인 미의 세계가 어떻게 더욱 깊어지고 넓어지는지 그리고 오늘날에는 어느 정도까지 재치 있는 시각이 그 어떤 아름다운 체격과 그 어떤 숭고한 건축물보다도 더 중요하게 간주되는지를 고대의 시각은 통찰할 수 없기 때문이다.

4.

점성술과 그와 유사한 것—종교적, 도덕적 그리고 미학적 감각의 대상들 역시 모두 단순히 사물의 표면에 속한 것에 지나지 않을 수도 있음에도 불구하고, 인간은 여기서 적어도 자신이 세계의 중심에 닿아 있다고 믿고 싶어한다 ; 그러한 사실은 인간을 아주 행복하게 하거나 아주 불행하게 하기 때문에 인간은 착각에 빠질 수도 있다. 여기서도 인간은 점성술의 경우에서처럼 오만함을 보인다. 왜냐하면 점성술은 별이 총총한 하늘이 인간의 운세를 둘러싸고 돌았던 것이라고 믿기 때문이다. 그런데 도덕적 인간은 본질적으로 자신의 마음과 관련되어 있는 것이 바로 사물의 본질이고 중심이어야만 한다고 전제한다.

5.

꿈의 오해—미개한 원시문화 시대의 인간은 꿈속에서 제2의 현실세계를 접하게 된다고 믿었다. 여기에 모든 형이상학의 기원이 있다. 꿈이 없다면 세계를 분류할 아무런 동기도 없었을 것이다. 영혼과 육체를 분리하는 것 역시 가장 오래된 꿈의 해석과 관계가 있다. 영혼이 가상적인 몸에 깃들여 있다는 가정, 즉 모든 정령 신앙과 다신교 신앙의 유래도 마찬가지다. "죽은 자는 계속 생존한다. 왜냐하면 죽은 자는 꿈을 통해 살아 있는 자에게 나타나기 때문이다.": 인간은 이런 식으로 지난 몇천 년 동안 추리해왔다.

6.

전체가 아니라 부분에서 강한 학문의 정신 ─ 극도로 작게 분리된 학문의 영역은 순전히 객관적으로만 다루어진다. 그와 반대로 보편적이고 큰 학문은 전체를 관찰하며 완전히 비객관적인 질문, 무엇을 위하여? 무슨 이익을 위하여? 라는 질문을 던진다. 이렇게 효용성을 고려하기 때문에, 학문은 부분으로보다는 전체로 다루어질 때 좀더 사무적인 것이 된다. 게다가 총체적인 학문의 피라밋의 정점에 놓여 있는 철학에는 인식 일반의 효용성에 대한 질문이 자연스럽게 제기되고, 모든 철학은 무의식적으로 인식 일반이 최고의 효용을 가지고 있다고 보려 한다. 따라서 모든 철학에는 야심찬 형이상학과 물리학의 무의미한 듯한 해답에 대한 혐오가 내재해 있다. 왜냐하면 삶에 대한 인식의 중요성은 가능한 한 크게 부각되어야 하기 때문이다. 여기에 각각의 학문들과 철학 사이의 대립 관계가 생겨난다. 철학은 예술이 바라는 바와 같이 삶과 행위에 최대한의 깊이와 의미를 부여하려고 한다 ; 반면 학문은 인식만을 추구한다 ─ 결과에 상관없이 지금까지 그의 손에서 철학이 인식에 대한 변호가 되지 않았던 철학자는 한 사람도 없었다 ; 인식에 최고의 효용을 부여해야 한다는 점에서는 적어도 모두 낙관론자인 것이다. 그들 모두는 논리학의 횡포에 당하고 있다 : 그리고 논리학의 본질은 낙관론이다.

7.

학문에서 질서를 어지럽히는 사람—인간이 가장 행복하게 살아가고 있는 세계와 삶의 인식은 어떤 것인가? 라는 질문을 던졌을 때, 철학은 학문에서 분리되었다. 이 문제는 소크라테스 학파에서 시작된다 : 행복이라는 관점에 의하여 학문 연구의 혈관들은 제한을 받게 되었고, 오늘날까지 제한받고 있는 것이다.

8.

자연에 대한 영적인 해석—형이상학은 한때 교회와 교회신학자들이 성서에 관해서 그랬던 것처럼, 자연이라는 책을 영적인 것으로 해석한다. 오늘날 문헌학자가 모든 책을 위해 했던 것과 똑같은 엄격한 해석술을 자연에 적용하려면 상당히 깊은 이해력이 필요하다. 즉 그 책이 말하고자 하는 바를 순수하게 이해하기는 하되 이중적 의미를 추측하지 말아야, 특히 전제하지 말아야 하는 것이다. 그러나 책에 관한 해석에서조차도 잘못된 해석술은 결코 완전히 극복되지 않고, 가장 교양 있는 사회에서도 여전히 우화적이고 신비적인 해석의 잔재가 남아 있는 것처럼, 자연에 관한 해석에서도 그러하다.—아니 오히려 훨씬 더 심하다.

9.

형이상학적 세계—형이상학적 세계가 존재할 수도 있다는 것은 타당하다 ; 그것의 절대적인 가능성에 대해서는 논쟁의 여지가 없다. 우리는 모든 사물을 인간의 두뇌를 통해 관찰하는 것이므로 이 머리를 잘라버릴 수는 없다. 그러나 만약 인간의 머리를 잘라버린다면, 그때 세계에 여전히 존재하는 것은 무엇일까라는 질문이 남게 된다. 이것은 순수하게 학문적인 문제이며, 인간에게 걱정을 끼치는 부적절한 문제다 ; 그러나 지금까지 인간에게 가치 있고 놀랍고 기쁨에 넘치는 것으로 만들었던 모든 것, 즉 그 가정들을 만들었던 것은 정열, 오류 그리고 자기기만이다 ; 최선의 인식 방법이 아니라 최악의 인식 방법이 이를 믿도록 가르쳐왔다. 현존하는 모든 종교와 형이상학의 기초로 이런 방법이 발견되었다면, 그 방법은 이미 부정된 것이나 다름없다. 그 후에도 그 가능성은 여전히 남아 있다 ; 그러나 그런 가능성으로 인간은 전혀 아무것도 시작할 수 없다. 하물며 이런 거미줄같이 미약한 가능성에 행복, 안녕, 생명이 구속되게 내버려둘 수는 없다. — 왜냐하면 우리는 형이상학적 세계에 대해서는 하나의 다른 존재, 즉 우리가 다가갈 수도 파악할 수도 없는 다른 존재라고 말할 수밖에 없기 때문이다 ; 그것은 어떤 부정적인 특징을 가진 사물일지도 모른다. — 만약 그런 세계의 존재가 잘 입증되어 있다 하더라도, 그 인식은 확실히 모든 인식 중에서도 가장 하찮은 것일지도 모른다 : 다시 말해, 그것은 폭풍의 위험에 처해 있는 뱃사람에게 물에 대한 화학적 분석을 인식하는 것이 아무런 의미가 없는 것보다 훨씬 더 의미 없는 일임이 틀림없다.

10.

미래에 형이상학의 무해함 — 종교, 예술, 도덕이 성립하는 것을 진술할 때 시작과 진행 과정에서 사람들이 형이상학적 개입이라는 가정으로 숨어 들어가지 않고도 그것들을 완전하게 설명할 수 있다면, '물 자체Ding an Sich'와 '현상'에 대한 순수하고 이론적인 문제는 더 이상 큰 관심을 끌지 않게 된다. 왜냐하면 어쨌든 우리는 종교, 예술, 도덕을 '세계의 본질 자체'와 연관 짓지는 않기 때문이다. 우리는 관념의 영역에 머물러 있기 때문에 '예감'이 우리를 더 이끌어갈 수는 없다. 사람들은 우리의 세계상이 세계의 연역된 본질과 이렇게 많이 다를 수 있는가라는 문제를 태연하게 생리학에 그리고 유기체와 개념의 발달사에 위임해버린다.

11.

소위 학문이란 것으로서의 언어 — 문화 발전에서 언어의 의미는 인간이 언어 속에서 다른 세계와 맞서는 자신의 세계, 하나의 자리를 수립한 데 있다. 인간은 그곳을, 다른 세계를 근본적으로 바꾸어 자신이 그 위에 군림하기 위한 확고한 자리로 간주했다. 인간은 오랫동안 사물의 이름과 개념을 영원한 진리로 믿어왔기 때문에 동물보다 우월하다는 자부심에 빠져 있었다. 실제로 인간은 언어로 세계를 인식할 수 있다고 믿었다. 언어를 창조하는 자는 자신이 사물에 대해 단지 기호를 부여할 뿐이라고 믿을 만큼 그렇게 겸손하지는 않았다. 오히려 그는 자신이 사물에 대한 최고의 지식을 언어로 표현한 것으로 잘못 생각하고 있었다. 사실 언어는 학문을 위한 노력의 최초의 단계이다. 그것은 여기에서도 발견된 진리에 대한 믿음이며 모든 강력한 힘의 원천은 그 믿음에서 흘러나왔다. 훨씬 지난 지금에야 비로소―인간은 언어를 신봉하면서 엄청난 오류가 야기되었다는 사실을 어렴풋이 깨닫게 되었다. 다행스럽게도 그러한 믿음에서 나오는 이성의 발전을 다시 되돌리기에는 이미 너무 늦었다―논리학 역시 현실 세계의 그 어떤 것에도 해당되지 않는 전제, 예를 들어 여러 사물들의 동일성, 서로 다른 시점에 있는 같은 사물의 동일성 같은 전제에 근거하고 있다. 그러나 논리학은 학문과 상반되는 믿음으로 성립된 것이다. (즉 그런 것이 현실 세계에는 틀림없이 존재할 것이라는 믿음에 의해.) 이것은 수학에서도 마찬가지다. 만약 사람들이 자연에는 본래부터 정확한 직선이라든가 진정한 원, 크기의 절대적인 척도가 없다는 것을 알았다면 수학 역시 성립될 수 없었을 것이다.

12.

꿈과 문화―잠 때문에 가장 저하되는 두뇌의 기능은 기억력이다 : 기억력이 완전히 멈춘 적은 없었다.―원시시대에 인류가 낮에 깨어 있는 동안 누구나 그럴 수 있는 것처럼, 그 기억력은 불완전한 상태로 후퇴했을 뿐이다. 이러한 기억력은 임의적이고 혼란스러운 상태에 있기 때문에 아주 피상적인 유사성에도 끊임없이 사물을 혼동한다. 그러나 바로 그 임의성과 혼란으로 여러 민족들은 자신들의 신화를 창작해내었다. 지금도 여행자는 미개인이 얼마나 잘 망각하는 경향을 가지고 있는지, 잠깐 긴장하고 난 후에 기억력이 어떻게 이리저리 혼동하기 시작하는지 그리고 완전히 무기력해져서 거짓말과 헛소리를 내뱉는 것을 흔히 관찰한다. 그러나 꿈속에서는 우리도 이런 미개인과 마찬가지다 ; 잘못된 재인식과 착각에 의한 동일시는 우리가 범하는 엉터리 추론의 근거가 된다. 그리고 우리는 그 엉터리 추론의 책임을 꿈에 돌린다. 따라서 눈앞에 꿈을 생생하게 그려보면, 우리 안에 이토록 많은 어리석음이 숨어 있다는 것에 스스로 놀란다. ─ 과거 인류가 겪어야 했던 현실성에 대한 무조건적인 믿음을 전제로 하는 모든 꿈의 표상은 너무나 명료하여 저 과거의 인류의 상태, 즉 환상이 아주 자주 나타나 부락 전체, 민족 전체를 휩쓸었던 상태를 다시 한번 상기시켜준다. 따라서 수면과 꿈속에서 우리는 옛 사람들이 겪었던 과제를 다시 한번 겪게 되는 것이다.

13.

꿈의 논리 ─ 우리의 신경조직은 잠을 자는 중에도 계속해서 다양한 내적 동기에 자극을 받으며 거의 모든 기관이 분비하며 활동하고 있다. 피는 힘차게 돌고 있고 잠든 사람의 자세는 몸의 각 부분을 압박하며 이불은 감각에 다양한 영향을 미친다. 위는 소화운동을 함으로써 다른 기관들을 흥분시키고, 내장은 꿈틀거린다. 머리의 위치는 서 있을 때와는 다른 상태를 근육에 유발시키고, 땅을 밟고 있지 않은, 즉 신을 신지 않은 발은 마치 전신에 다른 옷을 입은 것 같은 특별한 느낌을 불러일으킨다. ─ 이 모든 것은 날마다 그 변화와 정도가 얼마나 특징적인지에 따라서 두뇌기능에까지 이르는 모든 조직을 자극한다 : 정신에는 놀랄 만한 그리고 이 자극의 근원들을 찾아내려는 수많은 동기들이 있다 : 그러나 꿈은 저 자극받은 감각에 대한 원인, 즉 그렇다고 여겨지는 원인을 탐구하고 표상하는 것이다. 예를 들어, 발에 가죽끈 두 개를 두르고 있는 사람은 뱀 두 마리가 발을 감고 있는 꿈을 꾸게 될 것이다 : 이것은 처음엔 가정이지만 그 후에는 조형적인 표상과 창작을 수반하는 믿음이 된다. 즉 '이 뱀은 내가 잠을 잘 때 느끼는 감각의 원인임이 확실하다' 라고.—잠든 사람의 정신은 이렇게 판단한다. 이렇게 추론된 가장 가까운 과거는 자극된 상상력을 통해서 그에게 현재가 된다. 그래서 꿈꾸는 자가 자신에게 들려오는 강력한 소리, 예컨대 종소리, 대포 소리를 얼마나 빨리 꿈에서 짜맞추는지를, 즉 그는 꿈을 출발점으로 하여 꿈을 꾼 다음에 설명을 덧붙이는 것이기 때문에 먼저 꿈의 계기가 되는 상황을 체험하고 그 다음에 그 소리를 체험하는 것이라고 생각하게 된다는 것을 누구나 경험으로 알고 있다.—그러나 꿈을 꾸는 자의 정신이 언제나 잘못된 판단을 내리는 반면에, 같은 사람의 정신이 깨어 있는 동안은 아주 냉정하고 침착하며 가설에 대해서 그렇게 회의적인 이유는 무엇인가? 또한 어떤 감정을 설명할 때는 가장 적절한 최초의 가설에 만족하여 곧 그 진리를 믿어버리는 이유는 무엇일까? (그 이유는 우리는 꿈속에서 꿈이 마치 현실인 것처럼 믿기 때문이다. 즉 우리의 가설을 완전히 증명된 것으로 간주하기 때문이다.)—인간들이 지금까지도 꿈속에서 추리하고 있는 것처럼 인류는 깨어 있을 때도 몇천 년 동안을 그렇게 추리해왔다고 나는 생각한다 : 해명해야만 하는 그 무엇을 설명하기 위해서 정신이 착안한 최초의 원인에 만족하고 진리라고 인정했던 것이다. (여행자의 말에 따르면 미개인들은 오늘날에도 여전히 그렇게 하고 있다.) 우리의 내부에 있는 지극히 오래된 이러한 인간성의 한 부분이 꿈속에서 행해지고 있다. 왜냐하면 그것을 기초로 해서 더 높은 이성이 발전해왔고 나아가 그것은 모든 개인 속에서 아직도 발전해 가고 있기 때문이다 : 꿈을 통해 우리는 인간문화 훨씬 이전의 상태들로 다시 되돌아가고, 꿈은 그 상태를 더 잘 이해하는 수단을 제공한다. 오늘날 우리에게 몽상은 아주 쉬운 일이다. 왜냐하면 우리는 인류가 발전해온 엄청난 기간 동안 최초의 임의적인 착상에서 비롯된 공상적이고 편리한 설명 형식에 맞도록 그야말로 잘 훈련받아왔기 때문이다. 이런 의미에서 꿈은 낮 동안에는 좀더 높은 문화가 제시하는 사고의 엄격함을 충족시켜야만 하는 두뇌에게는 일종의 휴식이다. 우리는 그와 유사한 과정을 바로 꿈의 입구와 현관으로서 깨어 있는 오성에서도 관찰할 수 있다. 우리가 눈을 감으면 두뇌는 여러 가지 광채의 인상과 색채를 생산하게 된다. 아마도 그것은 낮 동안에 뇌로 들어온 모든 빛의 작용에 대한 일종의 재연이며 반향일 것이다. 그런데 오성은 (상상력과 합세해서) 그 자체로는 형체가 없는 이 색채의 변화를 곧바로 일정한 모양, 형태, 풍경, 활기를 띠는 것들로 만들려는 작용을 한다. 이때 근본적인 과정은 결과에서 원인을 이끌어내는 일종의 추리인 것이다 ; 어디에서 이 빛의 인상이나 색채가 오는가라는 질문을 하면서, 정신은 그 원인으로 모양과 형태를 가정한다. 정신은 이것을 그 색채와 빛의 유인이라고 본다. 왜냐하면 정신은 낮 동안 눈을 뜨고 있을 때, 모든 색채와 빛의 인상에 대해 동기가 되는 원인을 발견하는 데 익숙해 있기 때문이다. 여기서 상상력은 그것을 만들어내기 위해 낮 동안의 시각 인상에 의지함으로써 끊임없이 영상들을 정신에 가져다 붙인다. 바로 이와 같이 꿈속의 상상 역시 만들어진다. 즉 원인이라고 생각되는 것은 결과에서 추리되고 결과에 따라 표상된다는 것을 말한다. 이 모든 것은 극도로 신속하게 행해지기 때문에 마술사를 바라볼 때처럼 판단에 혼란이 생기고 마치 동시에 존재하는 것처럼 전후 관계가 뒤바뀐 것처럼 보일 수도 있을 것이다. ─ 우리의 이성과 오성의 기능이 지금도 여전히 부지중에 원시적인 추리 형식을 따르고 있고 우리가 삶의 거의 절반을 이런 상태로 살아가고 있다면, 이런 과정들에서부터 좀더 예리한 논리적 사고, 원인, 결과에 대한 해석을 우리가 얼마나 늦게 발전시켜왔는지를 추측할 수 있다. ─ 시인이나 예술가도 전혀 사실이 아닌 원인을 자신의 기분과 상태에 떠넘긴다 ; 이러한 점에서 그는 고대의 인간을 상기시켜주며, 우리가 고대의 인간을 이해하는 데 도움을 줄 수 있다.

14.

함께 울려퍼짐 ─ 좀더 강한 기분은 모두 유사한 감정과 기분이 함께 울려퍼지는 작용을 수반한다 ; 동시에 그것은 기억을 교란시킨다. 그 기분에 의해 우리 내부의 그 무엇이 상기되어 그와 유사한 상태와 그것의 근원들이 의식된다. 이렇게 감정과 사상이 습관적으로 재빠르게 결합되어, 마침내 결합이 번개같이 빠르게 잇달아 일어나게 되면, 이미 그것은 복합체가 아니라 단일체로 느껴진다. 이런 의미에서 사람들은 도덕적 감정과 종교적 감정이 단일체인 것처럼 이야기한다. 사실 이것은 수많은 원천과 지류를 가진 강물인 것이다. 흔히 그렇듯이 여기서도 역시 말의 단일성은 사물의 단일성에 대하여 아무것도 보증하지 못한다.

15.

　세계에는 내면과 외면이 없다—데모크리토스가 상하 개념을 아무런 의미도 없는 무한한 공간으로 옮겨놓았던 것처럼, 철학자들은 대개 '내면과 외면'이라는 개념을 세계의 본질과 현상으로 옮겨놓았다. 철학자들은 우리가 깊은 감정과 함께 내부 깊숙이, 자연의 중심 가까이에 이르게 된다고 생각한다. 그러나 이 감정은 우리가 깊다고 말하는 어느 정도 복잡한 한 무리의 사상이 감정과 함께 거의 느낄 수 없을 정도로 규칙적으로 고무되는 한에서만 깊은 것이다 ; 우리가 감정에 수반되는 사상이 깊다고 간주할 때, 그 감정은 깊은 것이다. 그럼에도 불구하고 깊은 사상은 예를 들어 모든 형이상학적 사상처럼 진리에서 아주 동떨어져 있을 수도 있다. 깊은 감정에서 그 안에 섞여 있는 사상적 요소를 제외시켜버리면, 강한 감정이 남는다. 그리고 이 강한 감정은 그 자체로는 인식을 위한 어떤 보증도 되지 못한다. 그것은 마치 강한 믿음이 그 믿음의 강함을 증명하기는 하지만, 믿게 된 것이 진리라는 것을 증명하지 못하는 것과 마찬가지다.

16.

　현상과 물 자체—철학자들은—삶과 경험 앞에, 그들이 현상계라고 부르는 바로 그것 앞에 서 있곤 한다. 마치 단 한 번 보여져서 불변의 동일한 과정을 보여주는 어느 그림 앞에 서 있듯이 그 그림을 창조한 본질, 즉 항상 현상계에 대한 충족 이유라고 간주되곤 하는 물 자체를 추론하기 위하여 이 과정을 올바르게 해석해야만 한다고 철학자들은 생각한다. 반면 좀더 엄격한 논리학자는 형이상학적인 것의 개념을 제약되지 않은 것, 그 결과 제약하지도 않는 것이라고 단호하게 규정한 뒤에, 제약되지 않은 것(형이상학적 세계)과 우리에게 알려져 있는 세계 사이의 모든 관련성을 부정했다. 그래서 물 자체는 결코 현상에 나타나지 않으며, 현상에 나타난 물 자체에 대한 어떤 추론도 부정되어야 한다는 것이다. 그러나 이 두 가지 모두 다음과 같은 가능성, 즉 지금 우리 인간에게 삶과 경험으로 불리는 그 그림은—점진적으로 **생성되었으며**, 아직 전적으로 **생성** 중에 있다는 가능성을 간과하고 있다. 따라서 우리는 그것으로부터 창시자(충족 이유)에 대한 추론을 하거나 그것을 부정해도 될 만한 확정된 크기로 그 그림을 관찰해서는 안 된다. 수천 년 전부터 우리는 도덕적, 미학적, 종교적 요청과 맹목적인 애착, 정열 또는 경외감을 가지고 세계를 바라보았으며 비논리적인 사고의 악습에서 벗어나지 못했기 때문에, 이 세계는 점차 이처럼 이상할 정도로 다채롭고, 끔찍하게 의미심장하고 감정이 넘치게 되었다. 세계가 색채를 띠게 된 것이다.—그러나 색을 칠한 사람은 우리였던 것이다 : 인간의 지성이 현상을 나타나게 했으며, 근본적인 자신의 해석을 사물 속으로 끌어들였다. 나중에, 훨씬 나중에야, 지성은 제정신으로 돌아온다. 그리고 이제 지성은 경험계와 물 자체를 이상하게도 서로 다르며 분리된 것으로 보게 되어, 지성은 전자에서 후자로의 추리를 거부한다.—또는 소름끼치게 은밀한 방법으로 우리의 지성과 개인 의지를 **포기하라고** 요구한다 : 왜냐하면 **스스로 본질적이 됨**으로써 본질적인 것에 이르기 위해서이다. 이에 반해 다른 사람들은 지성의 모든 오류에서 흘러나와 우리에게 전해진 세계표상인 우리 현상계의 모든 특징적인 경향들을 종합하여 **지성**을 유죄라고 비난하는 대신에, 사물의 본질이 이러한 실제적이고 지극히 기분 나쁜 이 세계 성격의 원인이라고 고발하고 존재로부터의 구원을 설교해왔다.—이런 모든 견해들로 인해 **사유**의 **형성사**에서 언젠가는 최고의 승리를 누리게 될 수도 있는 학문의 끊임없는 수고스러운 과정은 결정적으로 끝나고 말 것이며, 그 결과는 아마도 다음과 같은 명제로 귀착된다고 봐도 좋을 것이다 : 현재 우리가 세계라 부르고 있는 것은 유기체의 발전 과정 전체에 걸쳐 점차적으로 형성되고 서로 유착되어 과거 전체의 축적된 보물로서 지금 우리에게 상속된 한 덩어리의 오류와 상상력의 결과이다—보물이라고 한 것은 우리 인간의 가치가 거기에 기초하고 있기 때문이다. 엄밀한 의미의 학문도 감각의 오래된 습관의 위력을 근본적으로 끊을 수 없는 한,—이런 것들은 전혀 바람직하지 않지만—사실상 이러한 표상계에서 우리를 미미한 정도로만 구원할 수 있을 뿐이다. 그러나 학문은 표상으로서의 그 세계의 성립사를 점차적이고 단계적으로만 해명해나갈 수 있을 뿐이다—그리고 적어도 얼마간은 그 과정 전체를 넘어서까지 우리들을 고양시킬 수 있다. 그러면 우리도 아마 그때 물 자체가 호메로스의 웃음만큼 가치가 있다는 것을 인식하게 될 것이다. 즉 모든 것은 그렇게 **보였고** 근본적으로는 공허한 것, 곧 무의미한 것이었음을 인식하게 될 것이다.

17.

형이상학적 설명들—젊은 사람은 형이상학적 설명들을 존중한다. 왜냐하면 이 설명들은 그에게 불쾌하고 경멸스럽게 여겨졌던 사물들에 대해 가장 의미 있는 것을 지적해주기 때문이다. 만약 그가 자신에게 불만족스럽고, 그가 참으로 가혹하게 자신을 비난하고 있는 것 속에서 가장 내면적인 세계의 수수께끼 또는 세계의 재앙을 재인식하게 된다면 이 감정은 훨씬 가벼워질 것이다. 스스로 좀 더 무책임하게 느끼면서 동시에 사물을 좀더 흥미롭게 보는 것—이것을 형이상학의 덕택으로 얻는 이중의 은혜라고 그는 간주한다. 물론 그는 나중에 형이상학적 설명 방법 전체에 불신을 품게 된다. 아마 그때 그는 그 작용이 다른 방법으로도 똑같이 훌륭하고 좀더 학문적으로 달성될 수 있다는 사실을 통찰하게 될 것이다. 즉 물리적이고 역사적인 설명도 마찬가지로 적어도 무책임이라는 감정을 초래한다는 사실과 삶과 삶의 문제들에 대한 흥미가 아마 그때보다 거세게 타오르게 될 것이라는 사실을 통찰하게 될 것이다.

18.

형이상학의 근본 문제들—언젠가 사유의 형성사라는 것이 씌어지게 된다면, 어느 뛰어난 논리학자가 말한 다음의 명제도 새롭게 해명될 것이다 : '모든 대상 그 자체를 고유의 본질 안에서 자기 자신과 동일시하는, 즉 스스로 실재하며 근본적으로 항상 동일하고 불변하는 것으로, 간단히 말해서 실체로 인식해야 하는 내적 필연성 안에서 인식하는 주체의 근원적이고 보편적인 법칙이 성립한다.' 여기서 '근원적'이라고 불리는 이 법칙 역시 생성된 것이다 : 어떻게 서서히 이러한 경향이 하등 유기체에서 생겨나는지, 어떻게

둔한 두더지의 눈이 처음에는 항상 같은 것밖에는 보지 못하는지, 쾌와 불쾌의 여러 가지 자극이 더욱 뚜렷해지면 어떻게 서서히 여러 가지 실체들을, 그러나 하나의 속성, 즉 그 유기체에 하나의 관계만을 가지고 있는 모든 실체들을 구별하게 되는지의 문제는 언젠가는 밝혀질 것이다 : 논리적인 것의 제1단계는 판단이다. 뛰어난 논리학자들의 규정에 따르면 판단의 본질은 믿음 속에 있다. 모든 믿음의 밑바닥에는 느끼는 주체와 관계된 즐거움 또는 고통의 감각이 깔려 있다. 두 가지의 선행된 개별 감각의 결과인 새로운 제3의 감각은 가장 낮은 차원의 형태에서의 판단이다.―우리들 유기적 존재는 근원적으로 어떤 사물이 유쾌함이나 고통으로 우리와 관련되지 않는 한 어떤 흥미도 느끼지 못한다. 우리가 이 곤계를 의식하게 되는 순간들 사이에, 그리고 감각 상태 사이에 정지와 무감각의 상태가 놓여 있다. 그때 세계와 모든 사물은 우리에게는 흥미가 없고 우리는 사물에서 일어나는 변화를 전혀 알아차리지 못한다(그것은 열심히 몰두하고 있는 사람은 누군가가 옆을 지나가도 알아차리지 못하는 것과 같다). 식물에서는 보통 모든 사물은 정지하고 있으며 영원하고, 어떤 사물이든 그 자체로 동일하다. 하등 유기체의 시기부터 인간에게는 동일한 사물이 존재한다(최고의 학문에서 습득한 경험이 처음으로 이 명제에 반대한다)는 믿음이 유전되어왔다. 처음부터 모든 유기체가 가지고 있는 원시신앙은 아마도 다른 모든 세계는 하나이며 움직이지 않는다는 믿음일 것이다.―논리의 원시단계에서 가장 멀리 떨어져 있는 것은 인과성에 대한 사상이다. 그뿐 아니라 아직도 우리들은 근본적으로 감각과 행위는 자유의지의 작용이라고 믿는다. 느끼고 있는 개체가 자기 자신을 관찰할 때, 어떤 감각과 변화를 고립된 것으로, 즉 무제약적이며 관련 없는 것으로 간주한다. 그것은 이전의 것이나 이후의 것과 아무 관계 없이 떠오른다. 우리는 배고픔을 느끼지만 근본적으로 유기체가 유지되기를 원해서가 아니라, 이유도 목적도 없이 그 느낌이 발생하는 것이라고 생각한다. 그 느낌은 고립되어 있어 자의적이라고 간주된다. 따라서 의지의 자유에 대한 믿음은 모든 유기체의 근본적인 오류이며, 논리적인 것의 움직임이 그 안에 존재하는 것과 같은 정도로 진부한 것이다. 무제약적 실체와 그와 유사한 사물에 대한 믿음도 마찬가지로 모든 유기체의 근원적인 그리고 낡은 오류이다. 그러나 모든 형이상학이 특히 실체와 의지의 자유에 관계해온 한, 우리는 형이상학을, 인간의 기본적인 오류를 근본적인 진리인 것처럼 취급하는 학문이라고 표현해도 될 것이다.

19.

수(數) — 수의 법칙의 발견은 몇 개의 동일한 사물이 있으며(그러나 사실 동일한 사물은 존재하지 않는다), 적어도 사물이 존재한다(그러나 사실 '사물'은 없다)는 근본적으로 이미 세계에 널리 퍼져 있는 오류에 근거하여 성립되었다. 다수성을 인정한다는 것은 항상 여러 번 나타나는 그 무엇이 있다는 것을 전제로 한다 : 그러나 바로 여기에 벌써 오류가 지배하고 있다. 거기서 이미 우리는 존재하지도 않는 본질과 단일성을 가정하고 있는 것이다. — 공간과 시간에 관한 우리의 모든 감각은 거짓이다. 왜냐하면 그것들을 철저하게 검토하면 논리적인 모순에 이르기 때문이다. 학문적으로 단정지을 때 우리는 불가피하게 항상 어느 정도 오류를 범한다고 예상하고 있다. 그러나 예를 들어 우리의 시간 감각과 공간 감각처럼 이런 오류 정도는 적어도 불변적이기 때문에, 학문의 모든 결론은 상호관계 속에서 완전한 엄밀성과 확실성을 획득하는 것이다 ; 우리는 그 가정을 기초로 해서 계속 쌓아나갈 수는 있지만, 마침내 예를 들어 원자론에서처럼 잘못된 기본 가정과 굴변적인 결함은 모순된 결론에 이르고 만다. 그때도 우리는 여전히 운동하는 '사물'이나 질료적 '토대'를 부득이 가정해야만 한다고 느낀다. 반면에 학문적인 과정 전체는 사물의 성질을 가진 모든 것(질료적인 것)을 운동 안에서 해결한다는 과제만을 추구해왔다. 우리는 여기서도 여전히 움직이게 하는 것과 움직여지는 것을 우리의 감각으로 구별하고 그 순환에서 헤어나지 못하는 것은, 사물에 대한 믿음이 옛날부터 우리의 본질과 결부되어 있기 때문이다.―칸트가 "오성은 자연에서 자신의 법칙을 얻는 것이 아니라, 오성이 자연을 규정한다"고 했을 때, 이것은 자연의 개념에 관한 한 완전히 진리다. 우리는 이 개념을 자연과 결합하도록 강요당하고 있다(자연=표상, 즉 오류로서의 세계). 그러나 이 개념은 오성의 수많은 오류가 축적된 것이다.―우리의 표상이 아닌 세계에 대해서는 수의 법칙을 전혀 적용할 수 없다 : 이것은 인간세계에서만 통용되는 것이기 때문이다.

20.

몇 단계 뒤로―인간이 미신적이고 종교적인 개념과 불안에서 벗어나, 예를 들면 사랑스런 작은 천사나 원죄를 더 이상 믿지 않으며, 또 영혼의 구원에 대해서도 더 이상 말하지 않을 때 그는 상당히 높은 단계의 교양에 이른 것이다. 이러한 해방의 단계에 있다면 그는 더욱 자신의 신중함을 최대한 긴장시켜서 형이상학을 극복해야만 한다. 그러나 그 다음부터는 후진운동이 필요하다. 그는 그와 같은 표상들의 역사적이며 심리학적인 정당성을 파악해야 할 뿐만 아니라, 인류를 장려하는 최대의 힘이 어떻게 거기에서 나왔고, 그와 같은 후진운동이 없으면 지금까지의 인류 최대의 성과를 박탈당하게 되리라는 사실을 인식해야 한다. 철학적 형이상학에 관한 한, 이제 나는 부정적 목표(어떤 긍정적 형이상학도 오류라는 것)에 이른 사람은 점차 많아지지만 그러나 몇 단계 뒤로 가는 사람은 적다는 것을 알고 있다. 즉 사람들은 사다리의 마지막 계단 너머까지 바라보아야 하지만, 그 계단 위에 서려고 해서는 안 된다. 가장 계몽된 자라 할지라도 기껏해야 형이상학에서 자신을 해방시키고 우월감으로 그것을 뒤돌아보는 정도에서 머무른다 : 여기에서도 경마장에서와 마찬가지로 트랙의 끝을 돌아서 되돌아와야만 하는데 말이다.

21.

회의(懷疑)의 추정적 승리 ─ 한 번쯤은 회의적인 출발점을 인정해보라 : 만약 다른 형이상학적 세계가 존재하지 않고 우리에게 알려진 유일한 세계에 대한 모든 형이상학에서 나온 설명들이 전적으로 소용없는 것이라면, 그때 우리는 어떤 눈길로 인간과 사물들을 보게 될 것인가? 그리고 형이상학적인 그 무엇이 칸트와 쇼펜하우어에 의해서 학문적으로 증명되었는가 하는 질문이 언젠가 외면당

할지라도 이 문제를 숙고하는 일은 유익하다. 왜냐하면 역사적 개연성으로 보아서 언젠가 인간이 이러한 관점에서 전적으로 회의적이 된다는 것이 충분히 가능하기 때문이다. 그때 그런 의식의 영향 아래 인간 사회는 어떤 상태로 변할 것인가?라는 의문이 제기된다. 아마도 형이상학적 세계의 학문적 증명은 이미 대단히 어려울 것이므로, 인류는 이와 같은 증명에 대한 불신을 더 이상 떨쳐버리지 못할 것이다. 인간이 형이상학을 불신하고 있다면, 대체로 형이상학은 직접적으로 논박되어 더 이상 그것을 믿어서는 안 되는 경우와 같은 결과를 가져온다. 인류의 비형이상학적인 의식과 관련된 역사적 문제는 두 경우에서 모두 동일하다.

22.

'청동보다 영원한 기념비'에 대한 불신—형이상학적 견해가 중단되면서 나타나는 근본적인 단점은 개인이 너무 지나치게 자신의 짧은 생애를 의식하여, 수 세기를 목표로 하는 영속적 시설을 건설하려는, 좀더 강한 충동을 느끼지 않는다는 점이다. 개인은 자신이 심은 나무에서 직접 열매를 따려고 하기 때문에 100년 동안이나 똑같은 손질이 필요하고, 오랫동안 다음 세대에게 그늘을 제공할 나무는 더 이상 심으려고 하지 않는다. 왜냐하면 형이상학적 견해는, 앞으로 인류의 모든 미래가 정착하고 증축하기 위해 필요한 최후의 궁극적 기초가 바로 그 형이상학적 견해 속에 주어져 있다는 믿음을 주기 때문이다. 예를 들어 개인이 교회나 사원에 기부할 때는 자신의 구원을 바라는 것이다. 그는 영혼의 영생으로 보답받게 될 것이며, 그것이 영혼을 영원히 구원하기 위한 일이라고 믿는다. ─ 학문 역시 그 성과에 대한 이런 믿음을 일깨워줄 수 있을까? 사실 학문에는 가장 성실한 동맹자로서 의혹과 불신이 필요하다. 그럼에도 불구하고 시간이 흐르면서 범해서는 안 될, 즉 회의의 폭풍과 온갖 분해작용을 초월하여 영속하는 진리의 총합이 아주 커져서 (예를 들면 건강을 위한 식이요법학의 경우와 같이) 인간은 그 위에 '영원한' 업적을 쌓아 올리려는 결심을 한다. 당분간은 형이상학적 시대의 지루한 휴식에 대한 우리의 흥분된 하루살이 존재가 가진 두드러진 차이는 여전히 아주 강하게 작용할 것이다. 그 위에 두 시대가 아직도 너무 가까이 접해 있기 때문이다. 지금은 개인이 스스로 너무 많은 내적, 외적 발전을 이루고 있어서, 자기 개인의 생애만을 영속적이고 일회적으로 돌보려는 생각은 감히 하지 않는다. 완전히 현대적인 인간은 예를 들어 자신의 집을 지으려 할 때 마치 산 채로 사당 안에 유폐되는 것 같은 느낌을 가지게 될 것이다.

23.

비교하는 시대 ─ 사람들이 관습에 묶이지 않을수록 그만큼 동기의 내면적 운동은 활발해지며, 그에 상응하여 외적 불안정, 인간의 뒤얽힌 혼란, 노력의 다성음악도 그만큼 커진다. 자기 자신이 있는 곳에 자신과 후손을 묶어두는 엄격한 강제성이 지금까지 어느 누구에게 존재하는가? 도대체 누구에게 아직도 무엇인가 엄격하게 속박하는 것이 존재하는가? 모든 종류의 예술양식이 나란히 모조되고 있다. 모든 단계나 모든 종류의 도덕, 관습, 문화 또한 마찬가지다.―이와 같은 시대는 서로 다른 세계관, 도덕, 문화가 비교될 수 있고 나란히 체험될 수 있다는 것에 의미가 있다 ; 그것은 과거 모든 문화가 지방에만 국한되는 지배권을 가지고 있었을 때는, 모든 종류의 예술적 양식도 마찬가지로 장소와 시대에 속박되고 있었기 때문에 불가능했다. 지금은 미학적 감정이 증대하여 충분히 비교한 다음 드러나는 여러 형식들을 최종적으로 결정하게 될 것이다 : 그 판단은 대부분의 형식―즉 미학적 감정에 의해 거부당하는 모든 형식을 서서히 말라죽게 할 것이다. 이와 같이 오늘날에는 좀더 높은 윤리의 모든 형식과 습관들 사이에서 선택이 이루어진다. 이 윤리의 목적은 오로지 좀더 낮은 윤리의 몰락이 될 수 있을 뿐이다. 이것이 비교하는 시대가 아닌가! 이것은 그 시대의 긍지이기도 하지만 그 시대의 고뇌이기도 하다. 이 고뇌를 두려워하지 말자! 오히려 시대가 우리에게 부여하는 과제를 우리는 가능한 한 크게 생각하도록 하자. 이렇게 해야만 후세가 이것 때문에 우리를 축복하게 될 것이다. 그러면 후세는 폐쇄적이며 독자적인 민족 문화뿐만 아니라 비교의 문화도 똑같이 초월해 있겠지만, 존중할 만한 고대의 유물로 두 가지의 문화를 감사의 마음으로 회고할 것이다.

24.

진보의 가능성―한 고대 문화 학자가 진보를 믿고 있는 인간과는 더 이상 교제하지 않겠다고 맹세한다면 그의 행동은 정당하다. 왜냐하면 고대 문화는 위대함과 우수함을 남겨놓았고, 역사적 교양은 고대 문화가 두 번 다시 부활할 수 없다는 점을 인정하도록 만들 것이기 때문이다 ; 이것을 부정하기 위해서는 참을 수 없는 미련함이나, 마찬가지로 견디기 어려운 열광이 필요하다. 그러나 인간들은 과거에는 무의식적으로 그리고 우연히 진보해왔던 반면에 오늘날에는 새로운 문화를 향해서 발전해가려고 의식적으로 결심할 수 있다 : 인간들은 오늘날 인간의 탄생과 양육, 교육, 훈련을 위해서 좀더 좋은 조건을 만들어낼 수 있다. 지구를 전체로서 경제적으로 관리할 수도 있고, 인간의 힘을 서로 균형을 이루도록 배치할 수도 있다. 새로운 의식적 문화는 전체적으로 볼 때 무의식 속에서 동·식물적인 생활을 영위해온 고대 문화를 멸망시킨다. 그것은 또 진보에 대한 불신조차도 없애버린다―진보는 가능하다. 진보가 필연적으로 이루어진다고 확신하는 것은 경솔하고 거의 무의미하지만, 진보가 가능하다는 것을 어떻게 부정할 수 있을까?라고 나는 묻고 싶다. 반면 고대 문화가 가진 의미 그리고 방법에서의 진보는 생각조차 할 수 없다. 설사 낭만적인 공상이 목표(예를 들면 폐쇄적이고 독자적인 민족 문화)와 관련해서 '진보' 라는 단어를 사용한다 하더라도, 아무튼 그 공상은 진보의 모습을 과거에서 차용한 것이다. 고대 문화의 사고와 표상은 이 영역에서는 아무런 독자성도 가지고 있지 않다.

25.

개인 도덕과 세계 도덕―인류의 좁은 길이 외견상 모두 뒤틀려 보임에도 불구하고, 신이 세계의 운명 전반을 관장하고 결국 인류를 훌륭하게 인도해나갈 것이라는 믿음이 사라지고 난 후부터 인간들은 전 지구를 포괄하는 보편적 목표를 스스로 수립해야 한다. 남은 도덕, 특히 칸트의 도덕은 모든 인간에게 바라는 행동을 개인에게 요구하고 있다 : 그것은 아름답고 소박한 것이었다. 이것은 마치 어떤 행동 양식을 취하면 인류 전체가 행복해지고 따라서 도대체 어떤 행위가 대체로 바람직한지를 누구나 아무 어려움 없이 알고 있는 것처럼 보이게 한다 ; 그것은 보편적인 조화는 고유한 법칙에 따라 자연적으로 향상되는 것임이 틀림없다고 전제하는 자유무역론과 같은 이론이다. 장차 인류의 모든 욕구를 조망하게 된다면, 모든 사람이 똑같이 행동한다는 것은 아마 결코 바람직한 일로 보이지 않을 것이다. 오히려 전 인류의 모든 노정을 위한 보편적 목표의 이익을 위해서 특수한 사정에 따라서는 심지어 나쁜 과제가 될는지도 모른다.―아무튼 인류가 이와 같은 의식적인 전체적 통치에 의해 파멸되어서는 안 된다면, 지금까지의 정도를 모두 넘어서는 문화의 조건들에 대한 지식이 보편적 목표를 위한 학문의 척도로서 사전에 이미 발견되어야 한다. 이것이 다음 세기의 위대한 정신들이 해야 할 엄청난 과제이다.

26.

진보로서의 반작용―거칠고 강제적이며, 쓸어버릴 듯하지만, 그럼에도 불구하고 뒤떨어진 정신들이 간혹 나타난다 : 이런 정신은 인류의 지나간 단계를 주문으로 다시 불러내려고 한다. 이 정신은 그들이 저지하려는 새로운 방향이 아직 충분히 강력하지 못하고, 이 새로운 방향에는 무엇인가 결여되어 있음을 증명하고 있다 : 그렇지 않다면 그 주문을 외는 자에게 좀더 훌륭하게 저항할 것이다. 예를 들면 루터의 종교개혁도 이렇게 그가 살았던 시대에는 정신적 자유의 모든 활동이 여전히 불안정하고 허약하며 유치했음을 증명하고 있는 것이다 ; 학문은 여전히 두각을 드러내지 못하고 있었다. 그렇다, 르네상스 전체는 다시 싹이 거의 잘려나간 초봄과 같다. 그러나 또한 우리 세기에도 쇼펜하우어의 형이상학은 아직도 학문적 정신이 충분히 강하지 못하다는 것을 증명했다. 그러므로 그리스도교의 모든 교의가 부정되었음에도 불구하고 중세의 그리스도교적 세계관과 인간의 감각 전체가 다시 한번 쇼펜하우어의 학설에서 부활을 자축할 수 있었다. 많은 학문들이 그의 학설에 화합되어 있으나, 그의 학설을 지배하고 있는 것은 학문이 아니라 오래 전부터 잘 알려져 있던 '형이상학적 욕구' 이다. 쇼펜하우어가 우리의 감각을 일시적으로 세계와 인간이 가졌던 과거의 힘 있는 고찰 양식으로 되돌아가도록 만든 것은 분명 우리가 그에게서 얻은 최대의, 지극히 소중한 이익 중의 하나이다. 그렇지 않으면 우리를 그런 고찰 양식으로 인도하는 길은 극히 협소한 길조차도 없을 것이다. 역사와 공정성에서 얻는 것은 아주 많다 : 쇼펜하우어의 도움 없이 그리스도교와 동양의 그와 비슷한 종교를 공정하게 취급하는 것은 현재 누구에 의해서도 불가능하다고 나는 믿는다 : 즉 현존하고 있는 그리스도교의 땅에서는 불가능하다. 이 공정성이라는 엄청난 성과가 있은 다음에, 즉 계몽시대를 불러일으킨 역사적 고찰양식을 이렇게 본질적인 관점에서 수정한 다음에야 비로소 우리는—페트라르카, 에라스무스, 볼테르 세 사람의 이름이 적힌 계몽의 깃발을 다시 계속해서 들고 갈 것이다. 우리는 반작용에서부터 진보해왔던 것이다.

27.

종교의 대체물—민중을 위한 종교의 대체물로 어떤 철학을 내세울 경우, 사람들은 그것을 그 철학이 어떤 유익한 것이라고 말했다고 생각한다. 사실상 정신의 경제학에는 간혹 사상의 과도기적 영역이 필요하다. 사실 종교에서 학문적 고찰로 이행하는 것은 무리한 일이고 위험한 도약이며 하지 않도록 충고해야 할 일이다. 이런 측면에서는 그렇게 충고하는 사람이 타당한 것이다. 그러나 우리는 결국 지금까지는 종교가 충족시켜왔으며 이제부터는 철학이 충족시켜야 할 욕구들은 가변적임을 알아야 한다 ; 그 욕구들 자체는 무력해지고 뿌리째 뽑힐 수 있다. 그런 예로, 그리스도교적인 영혼의 고뇌, 내면적 타락에 대한 탄식, 구원에 대한 걱정을 생각할 수 있다—이런 표상들은 모두 이성의 오류에서 나오는 것이며 충족될 것이 아니라 제거해야 하는 것이다. 철학은 그 욕구를 **충족시키든지** 또는 **파괴하든지** 그 중 어느 한 가지에 대해서만 유익할 수 있다. 왜냐하면 욕구란 학습된 것이며 시간적으로 한정된 것이고, 학문의 전제와는 모순되는 전제에서 기인하고 있기 때문이다. 여기서 넘어서기 위해서는, 즉 감각으로 무거운 짐을 진 심정을 덜어주기 위해서는 오히려 예술이 훨씬 유용하다 ; 왜냐하면 이성의 오류에서 나온 표상은 형이상학적 철학보다는 예술에 의해서 훨씬 부담이 줄어들 것이기 때문이다. 그러면 우리는 예술에서 진정으로 해방하는 철학적 학문으로 좀더 쉽게 넘어갈 수 있을 것이다.

28.

평판이 나쁜 단어들 — 낙관주의와 염세주의 등 싫증이 나도록 오래 사용되어온 단어들은 없어져야 한다! 왜냐하면 이런 단어들을 사용해야 할 이유가 날이 갈수록 줄어들고 있기 때문이다. 아직도 이것이 절대적으로 필요한 사람은 수다쟁이들뿐이다. 신 그 자체가 선하고 완전하다면, 그가 세상에서 최선의 것을 창조한 것이 틀림없다고 신을 변호할 필요가 없어진다면, 무엇 때문에 어느 누가 이 세상에서 낙관주의자가 되려 하겠는가? — 도대체 어떤 사유하는 자가 아직도 신의 가설을 필요로 할 것인가? — 그러나 신의 변호자, 신학자 또는 신학을 연구하는 철학자들에게 화를 내고 강력히 반대 주장을 내세우는 일에 관심이 없다면, 악이 지배하고, 유쾌함보다 불쾌감이 크며, 세계는 졸작이며 삶에 대한 나쁜 의지의 발현이라는 염세적 신앙고백을 할 이유 역시 없는 것이다. 그러나 지금 — 신학자들 자신 외에 — 신학자에게 관심을 기울이는 사람이 있겠는가? — 모든 신학과 그것의 투쟁을 제외하면 세계가 선하지도 악하지도 않다는 사실은 분명해진다. 하물며 최선도 최악도 아닌데 말이다. 이러한 '선'과 '악'의 개념은 오로지 인간과 관련해서만 의미 있는 것이며, 물론 이 경우에도 통상적으로 사용되는 양식에서는 타당하지 않다 : 어떤 경우든 우리는 모욕적이거나 찬미하는 세계관에서 탈피해야 한다.

29.

꽃잎의 향기에 취해서 — 인류라는 배는 짐을 많이 실으면 실을 수록 더욱 깊어진다고 사람들은 생각한다. 인간이 더 깊이 생각할수록, 더 섬세하게 느낄수록, 자신을 더 높이 평가할수록, 다른 동물과의 거리가 더 멀어질수록—그리고 동물 중의 영장으로 더욱 돋보일수록—그만큼 세계의 참된 본질과 세계의 인식에 더 가까워진다고 사람들은 생각한다 : 인간은 학문을 통해 실제로 그것들에 가까워진다. 그러나 그는 종교와 예술을 통해 좀더 많이 다가갈 수 있으리라고 생각한다. 물론 종교와 예술은 세계의 꽃이지만, 그것이 줄기보다 세계의 뿌리에 더 가까운 것은 결코 아니다. 대개의 사람들이 그렇게 믿고 있다 할지라도, 우리는 결코 종교와 예술로 사물의 본질을 더 잘 이해할 수는 없다. 오류는 종교와 예술과 같은 꽃을 피우게 할 만큼 인간을 깊고 섬세하며 상상력이 풍부하게 만들어놓았던 것이다. 순수한 인식이었다면 그렇게 할 수 없었을 것이다. 세계의 본질을 폭로하는 자는 우리 모두에게 가장 불쾌한 실망을 안겨줄 것이다. 물 자체로서의 세계가 아니라, 표상으로서(오류로서)의 세계가 그만큼 의미심장하고 깊이가 있으며, 경이롭고 행복과 불행을 안고 있는 세계인 것이다. 이 결론은 논리적 세계부정의 철학으로 나아간다. 그런데 이것은 실천적 세계긍정과는 물론 그 반대와도 잘 결합될 수 있는 것이다.

30.

추리할 때의 나쁜 습관들—사람들이 가장 흔히 범하는 오류 추리는, 어떤 사항이 실재하므로 그것이 정당하다는 것이다. 여기서는 생존 능력에서 합목적성이, 합목적성에서 합법성이 추리된다.

또 한 의견이 즐거움을 주면 그것은 참된 의견이며 결과도 좋다, 그러므로 그 의견 자체가 선이며 참이라는 오류 추리가 있다. 여기서는 유용성의 의미에서 즐겁게 한다, 좋다 등의 술어를 결과에 놓고 다시 같은 술어를 원인에, 그러나 논리적 타당성의 의미에서 갖다 놓고 있다. 이 명제들을 뒤바꾸어 말하면, 어떤 사항이 수행되고 유지되지 못하면 그것은 부당하다, 어떤 의견이 고통을 주고 분쟁을 일으키면 그것은 거짓이다라는 명제가 된다. 이와 같은 추리 방법의 과오를 너무 자주 경험하고 더욱이 그 결과로 인해 고통받아야 하는 자유정신은, 때때로 반대 추리를 하려는 유혹에 굴복하지만, 일반적으로 그 반대 추리도 마찬가지로 오류 추리다 : 즉 그것은 어떤 사항이 수행되지 못하므로 그것은 좋다든가, 어떤 의견이 괴롭고 불안하게 하므로 그것이 참이다라는 추리다.

31.

비논리적인 것은 불가피하다—비논리적인 것이 인간세계에 필요하며 비논리적인 것에서 좋은 것이 많이 생겨난다는 인식은 사상가를 절망에 빠뜨릴 수도 있는 것 중 하나다. 비논리적인 것은 정열, 언어, 예술, 종교 등에 그리고 대체로 삶에 가치를 부여하는 모든 것에 상당히 깊이 파고들어 가 있어서, 이들 아름다운 것들을 치유할 수 없을 정도로 상처를 주지 않고는 비논리적인 것을 퇴치할 수 없다. 인간의 본성이 순수하게 논리적인 본성으로 변할 수 있다고 믿는 사람은 아주 소박한 사람이다. 그러나 만약 이 목표에 접근하는 단계라는 것이 있다면, 이 과정에서 모든 것은 상실될 것임이 틀림없지 않은가? 가장 이성적인 인간도 때로는 다시 본성을, 즉 만물에 대한 자신의 비논리적 기본 입장을 필요로 한다.

32.

불공정함은 불가피하다—삶의 가치에 관한 모든 판단은 비논리적으로 발전해온 것이므로 공정하지 못하다. 판단의 순수하지 못함은, 첫째 재료가 나타나는 양식에, 즉 극히 불완전한 점에 있으며, 둘째 재료에서 총계가 구성되는 양식에 있으며, 셋째는 재료의 모든 개별 부분이 순수하지 못한 인식의 결과이며, 더욱이 이런 순수하지 못한 인식의 결과가 다시 필연적이라는 점에 있다. 예를 들면 어떤 사람이 우리와 가장 가까운 사람일지라도 그 사람에 대해 우리가 겪은 경험은 총체적 평가를 위한 논리적인 정당성을 부여할 만큼 완전할 수는 없다 : 모든 평가는 성급하며 그것은 어쩔 수 없다. 결국 우리가 재는 척도, 즉 우리의 본질이라는 것은 결코 불변의 크기를 가진 것이 아니다. 우리는 분위기와 동요에 휩쓸리기도 한다. 그래도 우리는 우리에 대한 어떤 사항의 관계를 공정하게 평가하기 위해서는 스스로를 확실한 척도라고 믿어야만 한다. 아마 이상의 모든 면에서 본다면 사람은 전혀 판단하지 않는 것이 낫다는 결론을 내리게 될 것이다 ; 그러나 평가하지 않고, 혐오와 애착 없이 사람이 살아갈 수 있다면 얼마나 좋겠는가!—왜냐하면 모든 혐오는 모든 애착과 마찬가지로 역시 평가와 관련되기 때문이다. 유익한 것을 원하고 유해한 것을 회피하는 감정 없이 그 무엇을 하고자 하거나 하지 않으려는 충동 그리고 목표의 가치에 대한 인식

적인 평가가 없는 충동은 인간에게 존재하지 않는다. 우리는 처음
부터 비논리적인, 따라서 불공정한 존재이며, 이것을 인식할 수 있다.
이것이 현존재의 가장 크고 가장 해결하기 어려운 부조화 중의 하
나이다.

33.

삶에 대한 오류는 삶을 위해 불가피하다 — 삶의 가치와 존엄성
에 대한 모든 믿음은 순수하지 못한 사고에 기초하고 있다 ; 그것은
오로지 인류의 보편적인 삶과 고뇌에 대한 동감이 개인에게는 아주
미약하게 발달되어 있다는 사실을 통해서만 가능한 일이다. 대체로
자신을 초월해서 사유하는 극소수 사람들까지도 이 보편적인 삶이
아니라 삶의 제한된 부분만을 주시한다. 만약 사람들이 특히 예외
적인 것, 이른바 고상한 성품과 순수한 영혼에 주목할 줄 안다면,
만약 그들의 성장을 세계의 발전 전체의 목표라고 생각하여 그들의
활동을 기뻐한다면, 인간은 삶의 가치를 믿을 수도 있을 것이다. 왜
냐하면 그런 경우에 사람들은 다른 사람들을 간과하기 때문이다. 즉
순수하지 않게 생각하기 때문이다. 또한 마찬가지로 만약 사람들이
틀림없이 모든 사람을 주시하되, 그들 속에서 단 한 부류의 충동,
덜 이기적인 충동만을 인정하고 다른 충동에 관해서는 그들을 책망
하지 않는다면, 그때도 사람들은 다시 전체로서의 인류에 어떤 희
망을 가질 수 있고 나름대로 삶의 가치를 믿을 수 있다. 따라서 이
경우 또한 사유의 순수하지 못함에 의한 것이다. 그러나 어떤 경우
로 행동하든 사람은 이렇게 행동함으로써 사람들 사이에서 예외가

된다. 그런데 대부분의 사람들은 특별하게 불평하지 않고 삶을 견디내고 있고, 이로써 현존의 가치를 믿고 있다. 그러나 바로 그 때문에 사람들은 누구나 자신의 일만을 원하고 주장하며 그 예외자들처럼 자신을 초월하지는 못한다 : 모든 탈개인적인 것은 그들에게 전혀 인지되지 못하든지 아니면 기껏해야 희미한 그림자로 인지될 뿐이다. 따라서 일상적인 생활을 하는 보통 사람에게 삶의 가치란 오직 자신을 세계보다 더 중요하게 여기는 것에 기초하고 있을 뿐이다. 그가 앓고 있는 심한 공상 결핍증 때문에 그는 다른 사람의 입장에서 느낄 수 없으며, 그 때문에 다른 사람의 운명과 고뇌에는 가능한 한 거의 관여하지 않는다. 반면 진정으로 다른 사람의 운명과 고뇌에 관여할 수 있는 자는 삶의 가치에 절망할 것이다 ; 만약 그가 인류의 총체적인 의식을 자신 속에서 파악하고 감지할 수 있다면, 그 사람은 현존을 저주하면서 쓰러질 것이다. 왜냐하면 인류는 전체적으로 아무런 목표도 가지고 있지 않으며, 따라서 인간은 전체적인 상황으로 보아 그 속에서 위로와 의지가 아니라 회의를 발견할 것이기 때문이다. 자신이 하는 모든 일에서 인간의 궁극적인 무목적성을 보게 될 때, 그의 눈에는 자기 자신의 활동도 낭비라는 특징으로만 보일 것이다. 그러나 개개의 꽃이 자연에 의해서 낭비되고 있는 것을 보듯이 바로 우리가 인류로서(그리고 단순히 개인으로서만이 아니라) 자신이 낭비되고 있는 것을 느끼는 것은 모든 감정을 넘어서는 감정이다. 그러나 누가 이것을 느낄 수 있는가? 분명 시인뿐이다 : 시인들은 언제나 자신을 위로하는 법을 알고 있다.

34.

안정을 위하여—그러나 그렇게 우리의 철학은 비극이 되지는 않을까? 진리는 삶을, 더 좋은 것을 적대시하는 것은 아닐까? 하나의 질문이 우리의 혀를 괴롭히지만 소리내어 말하려고는 하지 않는 것처럼 보인다 : 즉 사람이 의식적으로 진리가 아닌 것에 머무를 수 있을까? 또는 그래야만 한다면 죽는 편이 더 낫지 않을까? 왜냐하면 당위란 더 이상 존재하지 않으니까 ; 도덕이 당위였던 이상, 그 도덕은 우리의 고찰 양식에 의해 종교처럼 소멸된다. 인식은 동기로서 쾌감, 불쾌감, 이득, 손해를 존속시킬 뿐이다. 그러나 이 동기는 어떻게 진리에 대한 감각과 화해하는 것일까? 동기 역시 오류와 일맥상통하는 점이 있다. (이미 언급한 대로 애착과 혐오 그리고 이것에 대한 극히 불공평한 측정이 우리의 쾌감과 불쾌감을 본질적으로 규정하고 있는 한 그러하다.) 인간적인 삶 전체는 진리가 아닌 것에 깊이 잠겨 있다. 개인이 삶을 이 우물에서 끄집어내려고 하면, 이때 반드시 자신의 과거에 놓인 가장 깊은 심연에서 혐오감을 느끼고, 현재의 자신의 동기가 명예의 동기처럼 무의미한 것으로 보여, 미래와 미래의 행복을 갈망하는 정열에 대해서 조소나 멸시로 대응하지 않을 수 없다. 이것은 사실일까? 그렇다면 결국 개인적인 결론으로는 절망을, 이론적인 결론으로는 파괴의 철학을 이끌고 오는 사고방식만 남게 되지 않을까?—인식의 영향에 대한 판정은 개인의 기질을 통해 이루어진다고 나는 생각한다. 그리고 지금 묘사한 것과 같은 영향과 마찬가지로 몇몇 사람에게 있을 수 있는 영향, 그러나 또다른 영향을 생각할 수도 있을 것이다. 또한 그 영향의 덕택으로 현재의 삶보다 훨씬 단순한 애정으로 정화된 삶이 성립될 것이며, 그 결과 처음에는 좀더 과격한 욕망이라는 낡은 동기가 오랫동안 유전되어온 습관으로 인해 여전히 힘을 가지고 있겠지만 정화된 인식의 영향으로 점차 약해질 것이다. 결국 사람은 사람들 사이에서 살았으며 자연 속에 있는 것처럼, 칭찬도 비난도 흥분도 없이, 지금까지는 공포만 느껴야 했던 많은 것을 연극을 보는 듯 보고 즐기면서 살아가게 될 것이다. 과장을 탈피하게 될 것이며, 인간은 단지 자연인 것만은 아니다, 또는 자연 이상의 존재다 라는 사상이 주는 자극을 더 이상 느끼지 못할 것이다. 물론 이렇게 되기 위해서는 이미 언급했듯이 좋은 기질이 필요하다. 그 기질은 확고부동하고 온화하며 근본적으로 쾌활한 영혼이고 교활한 함정과 갑작스런 감정의 폭발을 걱정할 필요가 없다. 또한 그것을 표현할 때도 투덜거리는 소리와 화가 나 굳은 표정, 즉 오랫동안 사슬에 묶여 있던 늙은 개와 인간의, 잘 알려진 그 불쾌한 특징을 전혀 나타내지 않는 마음이다. 오히려 좀더 잘 인식하기 위해서, 단지 그 이유 때문에 계속 살아갈 정도로 삶의 일상적인 속박을 벗어버린 인간은, 다른 사람에게는 가치 있는 많은 것, 나아가 거의 모든 것을 질투와 불만 없이 포기할 수 있어야 한다. 그는 바람직한 상태로서 인간, 도덕, 법칙, 사물에 대한 관습적 평가를 넘어서서, 자유롭게 두려움 없이 떠도는 것에 만족해야 한다. 그는 이 상태의 기쁨을 기꺼이 전할 것이며, 아마도 이것 외에는 전해야 할 것이 없을 것이다.─물론 여기에는 결핍, 오히려 체념이 있다. 하지만 그럼에도 불구하고 사람들이 그로부터 더 많은 것을 듣기를 원한다면, 그는 호의적으로 고개를 저으면서 자신의 형제, 즉 행위의 자유인에 대해 말해줄 것이다. 그리고 약간의 조소도 보일 것이다 : 그의 '자유'에는 그 나름대로 특별한 사정이 있을 테니까.

제2장
도덕적 감각의 역사에
대하여

35.

심리학적 관찰의 장점들―인간적인, 너무나 인간적인 것에 대하여 숙고하는 것―또는 좀더 학술적으로 표현하자면 심리학적 관찰―은 그것의 덕택으로 삶의 짐을 덜 수 있는 수단에 속한다. 즉 심리학적 관찰의 기술을 훈련하는 것은 어려운 상황에서는 곧 정신의 침착성을 주고 권태로운 환경 속에서는 위로를 줄 뿐만 아니라, 자신의 삶에서 가장 험난하고 불쾌한 시절에는 금언을 찾아낼 수 있어 그것으로 조금 더 편안해질 수 있다는 것이다 : 사람들은 이 사실을 믿었고 알고 있었다―지난 몇 세기 동안은 말이다. 적어도 독일에서는, 나아가 유럽에서는 심리학적 관찰이 결핍되어 있다는 것이 많은 징후에 의해서 인식되고 있는 지금 이 세기에 외 그 사실이 잊혀졌는가? 반드시 소설과 단편소설 그리고 철학적 고찰에서 그런 것은 아니다―이것은 특별한 인간들의 작업이다. 그것은 오히려 세상사나 인물의 평론에서 더 많이 나타난다 : 온갖 계층이 모인 사회에는 특히 심리학적으로 분석하고 종합하는 기술이 결여되어 있다. 여기서는 인간 일반에 대해서는 이야기가 많이 되지만, 인간에 대해서는 전혀 언급되지 않는다. 대체 무엇 때문에 사람들은 가장 풍부하고 무해한 화제를 멀리하는 것일까? 사람들은 왜 한 번도 대가들의 심리학적 금언을 읽지 않는 것일까? 그것은, 전혀 과장 없이 말하자면, 유럽의 교양인 중 라 로슈푸코La Rochefoucauld나 그와 유사한 정신적, 예술적 저자를 읽은 사람은 거의 찾아볼 수 없기 때문이다. 또 그들을 알고 있으면서 험담을 하지 않는 자는 이보다 훨씬 드물기 때문이다. 그러나 이 비범한 독자 또한 그 대가들에게서 아마도 저 예술가의 형식이 그에게 주게 될 것보다 훨씬 적은 즐거움밖에 얻지 못할 것이다. 왜냐하면 아무리 예민한 두뇌라 해도, 그가 스스로 그 기술을 위한 교육을 받지 못했고 거기에서 경쟁하지 않았다면, 금언을 연마하는 기술을 제대로 평가할 수 없기 때문이다. 그와 같은 실용적인 교육이 없으면 사람들은 창작과 제작을 실제보다 가볍게 생각하여 성취된 업적과 풍부한 매력을 충분히 세심하게 느낄 수 없다. 따라서 상대적으로 오늘날 금언을 읽는 독자는 보석 세공일을 구경하는 보통 사람들의 경우처럼 금언에서 특별한 만족감을 느끼지 못할 뿐 아니라 아주 적은 즐거움조차 느끼지 못한다 : 그들은 좋아할 수 없기 때문에 칭찬을 하며 곧 감탄할 준비가 되어 있지만, 더 빨리 도망칠 준비가 되어 있는 사람들이다.

36.

반론—아니면 심리학적 관찰이 현존의 자극제, 치료제, 진정제에 속한다는 그 명제에 대해서 하나의 반대명제라도 있다는 말인가? 교양인의 눈길을 이 기술에서 고의적으로 돌리게 할 만큼 사람들은 지금 이 기술의 불쾌한 결과에 대해 충분히 확신이라도 했단 말인가? 인간의 본성이 지니고 있는 선에 대한 일종의 맹목적인 신념, 인간 행위를 분석하는 데 대한 뿌리 깊은 반감, 영혼의 노출에 관한 일종의 수치심 등은 전체 인간의 행복을 위해서는 개별 경우에 심리학적인 예리함이 지닌 유용한 특징보다 사실상 더 바람직한 것일는지도 모른다. 선에 대한 믿음, 덕 있는 인간과 그 행위에 대한 믿음, 비개인적인 호의가 세상에 충만하다는 믿음은, 이것이 똑같은 인간들에 대하여 의심을 덜 하도록 만들었다는 점에서는 인간을 더 훌륭하게 만든 셈이다. 만약 사람들이 플루타르코스의 영웅들을 열광적으로 모방하되, 그들의 행위 동기를 의심하면서 탐지하기를 꺼린다면 확실히 진리를 얻지는 못하지만 인간 사회의 복지를 위해서는 유용한 일이다. 일반적으로 심리학적 오류와 이 분야에 대한 둔감함은 인간성을 향상시킨다. 반면 진리에 대한 인식은 라 로슈푸코의 저서 《도덕의 격언과 금언 Sentences et maximes morals》 초판의 서두에 나오는 가설의 자극력을 통해서 더 많은 것을 얻는다. "세상 사람들이 덕이라고 부르는 것은 보통 사람이 원하는 것을 벌을 받지 않고 성취하기 위하여 적당한 이름을 붙여놓은 것으로, 우리의 정념이 만든 환영에 지나지 않는다." 라 로슈푸코와 프랑스의 영혼 음미의 대가들(최근에는 《심리학적 제 고찰 Psychologische Beobachtungen》의 저자인 한 독일인도 포함된다)은 과녁의 흑점을, 단 인간성의 흑점을 반복해서 명중시키는 훌륭한 사격수와 같다. 그들의 능숙함은 놀랍다. 그러나 결국에는 아마 학문의 정신이 아니라 박애정신에 의해 이끌리는 구경꾼은 인간들의 영혼 속에 왜소함과 의혹의 감각을 심어주는 것처럼 보이는 기술을 저주하게 될 것이다.

37.

그럼에도 불구하고 — 계정과 상쇄계정이 어떤 관계에 놓여 있건, 특정 개별 학문의 현재 상태에서는 도덕적 고찰의 부활이 불가피해졌다. 그리고 인류는 심리학적인 해부대, 칼 그리고 집게라는 잔인한 광경을 보지 않을 수 없다. 왜냐하면 이곳에서는 소위 도덕적 감각의 기원과 역사를 추구하고 학문이 진보하면서 복잡해진 모든 사회학적 문제를 제기하고 해결해나가야만 하는 학문이 특별히 요구되기 때문이다 : —이전의 철학은 이런 문제들을 전혀 알지 못했고, 도덕적 감각의 기원과 역사에 관한 연구를 옹색한 구실로 언제나 회피했다. 그것이 어떤 결과를 초래했는지는 다음과 같은 예들에서 입증된 후 이제는 더욱 명백히 확인될 수 있다. 가장 위대한 철학자의 오류도 대체로 특정한 인간 행위와 감각을 잘못 설명하는 데서 시작되었다는 것, 잘못된 분석, 예를 들면 소위 비이기적인 행위를 기초로 잘못된 윤리학이 수립되었으며 그 윤리학을 만족시키기 위해 다시 종교와 신화적 비본질을 인정하게 된 것, 그리고 끝으로 이런 음산한 유령의 그림자들이 물리학이나 세계관 전체에도 드리워졌다는 것이다. 그러나 심리학적 관찰의 경솔함이 인간의 판단과 추리에 가장 위험한 함정을 만들어왔고 끊임없이 새로운 함정을 파게 될 것이 확실하다면, 지금은 돌과 자갈을 차근차근 쌓아올리는 데 지치지 않는 노동의 지구력이 필요하다. 또한 이러한 하찮은 노동을 부끄러워하지 않으며 노동을 멸시하는 모든 것에 저항할 수 있는 절제된 용기가 필요하다. 인간적인 너무나 인간적인 것에 관한 수많은 개별 관찰은 학문적 인식이 아니라 재치 있는 인기 전술을 위해 온갖 희생을 다하는 데 습관화되었던 특정 사회 계층에서 먼저 발견되고 밝혀졌다는 것은 사실이다 ; 그리고 도덕주의적 냄새를 풍기는 금언의 옛 고향의 향기―지극히 매혹적인 향기―는 이제 떼어낼 수 없을 정도로 이와 같은 부류의 금언 전체에 젖어들고 말았다. 이 향기 때문에 학문적인 인간은 이 부류와 그것의 진실성에 대해 무의식중에 불신을 품게 된 것이다. 그러나 그 결과를 지적하는 것으로도 충분할 것이다. 왜냐하면 심리학적 관찰의 기반 위에서 가장 진지한 방식의 어떤 성과가 성장하고 있다는 것이 벌써 나타나기 시작했기 때문이다. 가장 대담하고 냉철한 사상가 중 한 사람인《도덕적 감각의 기원에 대하여 *Über den Ursprung der moralischen Empfindungen*》의 저자가, 인간 행위에 대해 그처럼 절실하고 철저하게 분석하여 얻게 되는 주요 명제는 도대체 어떤 것인가? 그는 "도덕적 인간이 육체적 인간보다 예지적(형이상학적) 세계에 더 접근해 있는 것은 아니다"라고 말한다. 역사적 인식을 단련시키는 망치질로 단단하고 예리해진 이 명제는 아마 언젠가 미래에 인간의 '형이상학적 욕망'의 뿌리를 내리치는 도끼로 쓰이게 될 것이다―그것이 일반적 복지의 저주가 될지 아니면 오히려 축복이 될지 누가 말할 수 있겠는가? 그러나 어쨌든 가장 중대한 결과를 지닌 명제로서 그것은 결실이 풍성한 것인 동시에 두려운 것이며, 모든 위대한 인식이 가지고 있는 그 이중의 얼굴로 세계를 주시하고 있다.

38.

어느 정도 유용한가―따라서 심리학적 관찰이 인간에게 이익을 가져올지 아니면 해가 될지는 아직도 미결의 문제로 남아 있다 ; 그러나 학문은 심리학적 관찰을 필요로 하기 때문에 그것이 필수적이라는 것은 명백하다. 그러나 학문은 궁극적인 목적을 고려하지 않는다. 이것은 마치 자연이 궁극적인 목적을 모르는 것과 같다. 자연이 때로는 의도하지 않고서도 최고의 합목적성을 가진 사물을 만들어내듯, 참된 학문 또한 개념에서 자연을 모방함으로써 때때로 인간의 이익과 복지를 발전시키고 합목적적인 것을 달성하기도 한다. —그러나 이 또한 마찬가지로 의도되지 않은 것이다. 그러나 이와 같은 관찰 방법의 입김에서 마치 겨울 같은 기분이 드는 사람은 아마도 자신 속에 극히 적은 양의 불밖에 가지지 못한 자일 것이다 : 그런 사람은 주위를 살펴보는 것이 좋다. 그렇게 하면 얼음 주머니가 필요한 질병과 어딘가에서 살을 에는 찬 바람이 불어와도 전혀 느끼지 못하는, 불과 정신을 '한데 가진' 사람들을 보게 될 것이다 : 또한 매우 진지한 개인과 민족에게 가벼움이 필요하듯, 마찬가지로 다른 부류에 속하는 매우 자극받기 쉬운 자와 동요하기 쉬운 자에게는 자신들의 건강을 위해 가끔 무겁게 짓누르는 짐이 필요하다. 점점 불길에 휩싸여가는 시대의 우리, 더욱 정신적인 인간들은 우리가 적어도 지금처럼 부단히 악의 없고 절도를 지키며 살아갈 수 있도록, 또한 이 시대에 거울과 자기반성으로서 이바지할 수 있도록, 불을 끄고 식히는 존재하는 모든 수단들을 잡기 위해 손을 뻗어야만 하지 않을까?

39.

예지적 자유에 대한 우화—우리가 누군가에게 책임을 지울 수 있는 감각, 소위 도덕적 감각의 역사는 다음과 같은 주요 단계를 거친다. 첫째, 사람들은 동기는 전혀 고려하지 않고 개별 행위를 단지 이롭거나 해로운 결과들에 의해 선 또는 악으로 결정한다. 그러나 그들은 곧 이런 명칭의 유래를 잊고, 그것의 결과는 전혀 고려하지 않은 채 행위 자체에 '선' 또는 '악'의 특징이 내재하고 있다고 잘못 생각한다. 언어가 돌 자체를 단단하다고, 나무 자체를 푸르다고 표현하는 것과 같은 오류다.—즉 그렇게 함으로써 결과를 원인으로 파악하는 것이다. 그 다음에는 선함 또는 악함을 동기 속에 집어넣고, 행동 자체가 도덕적으로 이중적인 성격을 지닌다고 생각한다. 나아가 사람들은 선하다, 악하다는 술어를 개별 동기가 아니라 인간의 본질 전체에 부여한다. 식물이 흙에서 자라는 것처럼, 인간의 본질에서 동기가 생겨나기 때문이다. 이렇게 그들은 자신의 행위의 결과에 대해서, 다음에는 행위에 대해서, 다음에는 동기에 대해서, 궁극적으로는 자신의 본질에 대해서 차례차례 책임을 묻는다. 결과적으로 인간들은 이 본질 역시 필연적인 결과이며, 과거와 현재의 사건들의 여러 요소와 영향으로 결합되어 있는 이상, 그것에 대하여 책임을 질 수 없다는 사실을 발견한다 : 곧 인간은 어떤 것에 대해서도 자신의 본질, 동기, 행위, 나아가서 결과에 대해서도 책임을 질 이유가 없다는 사실을 발견한다. 이로써 도덕적 감각의 역사는 오류의 역사이자 책임성에 관한 오류의 역사이며, 그것은 의지의 자유에 관한 오류에서 나오고 있다는 인식에 이른다.—그와 반대로 쇼펜하우어는 다음과 같이 추론했다 : 특정 행위는 불만

('죄의식')을 수반하고 있기 때문에 책임을 져야 한다. 왜냐하면 만약 인간의 모든 행위가 필연적으로 행해질 뿐만 아니라—실제로 그리고 이 철학자의 통찰에 따르면 그렇게 행해진—인간 자신도 똑같이 필연적으로 자신의 본질 전체에 이르렀다면—이것을 쇼펜하우어는 부정한다—이 불만에는 아무런 근거도 없을 것이기 때문이다. 쇼펜하우어는 이 불만의 사실에서 인간이 어떻게든 가졌음이 분명한 자유를 증명할 수 있다고 믿고 있다. 물론 그 자유는 행위에 관한 것이 아니라 본질에 관한 것이다 : 즉 이렇게 또는 저렇게 존재하는 자유이지 이렇게 또는 저렇게 행위하는 자유는 아니다. 쇼펜하우어는 자유와 책임의 영역인 esse에서 엄격한 인과율, 필연성 그리고 무책임의 영역인 operari가 나타난다고 생각한다. 그 불만은 외관상으로는 operari와 관계가 있어 보이지만—그렇다면 이 불만은 오류이다—실제적으로는 자유의지의 작용과 개인의 실재의 근본 원인이기도 한 esse와 관련이 있다 ; 인간은 자신이 되고자 원하는 것이 되고 그가 원하는 것은 그의 실존에 앞선다.—불만이라는 사실에서 이 불만의 권리와 이성적 **허용성**이 추론되는 잘못된 추리가 여기서 행해진다 ; 그리고 이 잘못된 추리에서 쇼펜하우어는 소위 예지적 자유라는 그의 공상적인 결론에 이른다. 그러나 행위 후의 불만이 반드시 이성적일 필요는 없다 : 불만은 확실한 것이 아니다. 왜냐하면 불만은 행동이 필연적으로 일어날 필요는 없다는 잘못된 전제에 기초하고 있기 때문이다. 즉 인간은 자신이 자유롭기 때문이 아니라, 스스로 자유롭다고 생각하므로 후회나 양심의 가책을 느끼기 때문이다.—게다가 이 불만은 인간이 고칠 수 있는 습관이다. 많은 사람들이 행위와 관련하여 전혀 불만이 없는가 하

면, 반대로 다른 많은 사람들은 불만을 느끼기도 한다. 불만은 지극히 가변적이고 도덕과 문화의 발전과 결부된 사항이거, 세계사에서 비교적 짧은 시기에만 있는 것이다.—어느 누구도 자신의 행동과 본질에 대해서는 책임이 없다 ; 이는 판단한다는 것이 불공평하다는 말과 같다. 이것은 개인이 자기 자신을 판단할 경우에도 해당된다. 이 명제는 햇빛처럼 밝은 것이다. 그럼에도 불구하고 여기서 모든 사람은 결과에 대한 두려움 때문에 오히려 그늘과 진리가 아닌 것 속으로 후퇴하려 한다.

40.

초월-동물―우리 안에 있는 야수는 기만당하기를 원한다 ; 도덕은 우리가 그 야수에게 물려 찢기지 않기 위한 필연적인 거짓말이다. 도덕의 가정에서 오류가 없었다면, 인간은 동물에 지나지 않았을 것이다. 그러나 인간은 자신을 좀더 고상한 존재라고 생각하고, 더욱 엄격한 규율을 자신에게 부과했다. 그 때문에 인간은 동물성에 가깝게 머물렀던 단계를 증오한다 : 여기에서 지난날 노예를 비인간으로 그리고 물건으로 경멸했던 사실을 설명할 수 있다.

41.

변하지 않는 성격―성격이 변하지 않는다는 말은 엄밀한 의미에서 옳지 않다 ; 자주 인용되는 이 명제는 오히려 인간의 짧은 삶의 기간 동안에 영향을 끼치는 동기는 대개 몇천 년 동안이나 새겨져 있던 문자를 파괴할 정도로 깊이 균열시킬 수 없다는 것을 의미할 뿐이다. 그러나 만약 8만 살의 인간을 생각해보면, 그에게서는 아주 가변적인 성격도 찾아볼 수 있을 것이다 : 그래서 그에게서 수많은 다양한 개인이 잇달아 발전되어 나올 것이다. 인간의 수명이 짧다는 사실 때문에 인간의 특성에 관한 여러 가지 잘못된 주장들이 제기된다.

42.

선의 위계와 도덕—낮은, 좀더 높은, 가장 높은 이기주의에 따라 이것 또는 저것을 원한다는, 일찍이 승인되었던 선의 위계가 지금은 도덕적임 또는 비도덕적임을 결정한다. 낮은 선(예를 들어 감각적 향락)이 좀더 높게 평가된 선(예를 들어 건강)보다 더 선호되는 것은 안락한 생활을 자유보다 소중히 생각하는 것과 마찬가지로 비도덕으로 간주된다. 그러나 선의 위계가 어느 시대에나 확고하고 동일한 것은 결코 아니다 ; 누군가가 정의보다 차라리 복수를 선택할 경우, 과거 문화의 척도로 볼 때 그는 도덕적이고, 현재 문화 척도에 의하면 비도덕적이다. 따라서 '비도덕적'이란 그때그때의 새로운 문화가 가져온 좀더 고상하고, 좀더 세련되며, 좀더 정신적인 동기를 아직도 느끼지 못하거나 아니면 충분히 강하게 느끼지 않고 있다는 것을 나타낸다 : 그것은 낙후된 인간을 특징짓는다. 항상 정도의 차이에 따른 것이긴 하겠지만 말이다. 선의 위계 그 자체는 도덕적 관점에 따라 수립되고 전복되지는 않는다 ; 그때그때의 결정에 따라 어떤 행위가 도덕적인지 아니면 비도덕적인지 결정된다.

43.

　낙후된 자로서의 잔인한 인간들─현재 잔인한 인간들은 아직도 남아 있는 과거 문화의 단계로 우리를 간주하고 있는 것이 틀림없다. 여기서 인류라는 산맥은 그렇지 않으면 덮여 있을 깊은 지층을 열어 보여주고 있다. 유전의 과정에서 모든 가능한 우연들에 의해 뇌가 섬세하고 다양하게 발달되지 못한 낙후된 인간들이 있다. 그들은 우리 모두가 어떤 존재였던가를 우리에게 보여주고 우리를 놀라게 한다. 그러나 한 조각 화강암이 화강암인 것에 책임이 없는 것과 마찬가지로 그들은 책임이 없다. 인간의 각 기관의 형태에는 물고기 상태일 때의 기억들이 있다고 하는데, 우리의 뇌에도 그런 의견에 상응하는 도랑이나 굴곡이 있음이 틀림없다. 그러나 이 도랑이나 굴곡은 더 이상 현재 우리 감각의 강이 흘러갈 강바닥은 아니다.

44.

　감사와 복수─강자가 감사해야 하는 이유는 바로 다음과 같다. 그의 은인은 은혜를 베푸는 것을 통해 강자의 영역에 폭력을 행사하고 침범해 들어간다 : 이제 그는 보답하기 위해 자신의 은인의 영역을 침범하게 된다. 그것은 복수의 좀더 부드러운 형식이다. 감사의 보상을 하지 않는다면 강자는 무기력하게 보이는 것이고 앞으로도 그렇게 여겨질 것이다. 그래서 모든 선한 사람, 즉 근본적으로 강자의 사회는 감사를 첫번째 의무 중의 하나로 삼는다.─스위프트Swift는 인간은 같은 상황에서 복수심을 품고 있기도 하고 그만큼 감사하는 마음도 가지고 있다고 설파했다.

45.

선과 악의 이중적 경위—선과 악의 개념에 이르기까지는 이중적인 경위가 있다. 그 하나는 지배하는 종족과 계급의 영혼에서 진행되는 것이다. 선에는 선으로, 악에는 악으로 보복할 수 있는 힘을 가지고 있고, 실제로 보복한다. 즉 감사할 줄 알고 복수심이 강한 사람을 선하다고 한다 ; 반면 무력하고 보복할 수 없는 사람은 좋지 않은 것으로 간주된다. 사람들은 선한 사람으로서 '선한 사람들' 이라는 공통된 감정을 가진 하나의 집단에 속해 있다. 왜냐하면 모든 개인이 보복심으로 서로 얽혀 있기 때문이다. 반면 나쁜 사람은 나쁜 사람들, 아무런 공통된 감정이 없는 종속적이고 무력한 무리에 속해 있다. 선한 사람들은 하나의 배타적인 사회 계층이고, 악한 사람들은 먼지 같은 대중이다. 선함과 나쁨은 한동안 고귀함과 비천함, 주인과 노예 같은 관계다. 그와 반대로 사람들은 적을 악하게 보지 않는다 : 그는 보복할 수 있기 때문이다. 트로이 사람과 그리스 사람이 호메로스에게는 모두 선한 사람이었다. 우리에게 해를 가하는 자가 아니라 경멸스러운 자가 나쁜 것으로 간주된다. 선은 선한 사람들의 공동체에서 유전된다 ; 나쁜 사람이 아주 좋은 토양에서 성장한다는 것은 불가능하다. 그런데도 선한 사람들 중에서 한 사람이 합당하지 않은 행동을 할 때, 사람들은 여러 구실을 생각해낸다. 예를 들면 신이 선한 사람을 현혹과 광기로 몰아넣었다고 말함으로써 신에게 책임을 전가한다.—두 번째 경우는 압박당하는 자, 무력한 자의 영혼에서 진행되는 것이다. 여기서는 그가 고귀하든 비천하든 모든 다른 사람은 적의에 차 있고 몰인정하며, 착취하고 잔인하며 교활한 것으로 간주된다. 뿐만 아니라 악은 인간, 나아가 인간이 가정하는 살아 있는 존재, 예컨대 신의 성격을 나타내는 말이 된다 ; 인간적, 신적이라는 것도 악마적, 악한 것이라는 것과 같다. 호의, 자선, 동정의 표시는 간계, 두시무시한 결말의 서곡, 마취와 계략, 즉 세련된 악의이며 두려운 것으로 받아들여진다. 개별 인간이 이와 같은 성향을 가진 곳에서 공동체는 성립될 수 없다. 기껏해야 가장 미숙한 형식의 공동체가 성립될 수 있을 뿐이다. 따라서 선과 악에 대해 이런 견해가 지배하는 모든 곳에서는 개인과 종족과 인종의 몰락이 가까이 있다.—우리들의 현재의 윤리는 지배적인 종족과 배타적인 사회 계층의 땅에서 자라나온 것이다.

46.

동정은 고통보다 훨씬 강하다—동정이 실제 고통보다 더 강한 경우가 있다. 예를 들어 우리는 친구 중의 한 사람이 어떤 수치스러운 일을 저지르면 우리 자신이 직접 그 일을 저지른 것보다 훨씬 고통스럽게 느낀다. 첫째 우리는 그의 성격의 순수성을 본인보다 더 믿는다. 다음으로 그에 대한 우리의 사랑은 이러한 믿음 때문이겠지만, 이 사랑은 그가 자신에 대해 가진 사랑보다 더욱 강하다. 그가 자기 소행의 나쁜 결과를 한층 더 심하게 겪지 않을 수 없게 되면, 그의 이기주의가 우리의 이기주의보다도 더 많이 고통당한다 해도, 우리 안에 있는 비이기적인 것—이 단어는 결코 엄밀한 의미가 아니라 쉽게 표현한 것에 불과하다―은 그에게 내재하는 비이기적인 것보다 그의 잘못 때문에 훨씬 더 강하게 고통받는다.

47.

우울증―다른 사람에 대한 동감과 배려로 인해 우울해지는 사람들이 있다 ; 그때 생기는 일종의 동정은 병일 뿐이다. 그래서 또한 그리스도의 고통과 죽음을 언제나 눈앞에 그리는, 고독하고 종교적으로 감화된 사람에게 엄습하는 그리스도교적 우울증이라는 것이 있다.

48.

친절의 경제학―인간의 교제에서 가장 효험 있는 약초이며 힘으로 간주되는 친절과 사랑은 대단히 가치 있는 발견물이다. 그래서 사람들은 아마 이 향기로운 약을 가능한 한 경제적으로 사용하기를 원할지도 모른다 : 그러나 이것은 불가능하다. 친절의 경제학이란 가장 무모한 몽상가의 꿈이다.

49.

호의―크고 드문 것보다는 작지만 헤아릴 수 없을 만큼 빈번해서 아주 영향력 있는 것에 학문은 더 많은 주의를 기울여야 하는데, 이런 것들 중에는 호의도 포함되어야 한다 ; 나는 여기서 일반적으로 거의 모든 인간의 행위를 둘러싸고 있는 미소, 눈웃음, 악수, 유쾌함과 같은 교제에서 친절한 마음의 여러 가지 표현을 말하고 있는 것이다. 모든 교사와 관리가 이 행위를 자신의 의무의 하나로 첨가시킨다 ; 그것은 인간다움을 지속적으로 확인하는 것이며, 이른바 모든 것을 성장하게 하는 빛의 물결이다 ; 그 중에서도 절친한 사람들과 가족 안에서의 삶은 오직 호의에 의해서만 잎이 나고 꽃이 피게 된다. 선량함, 우정, 마음의 정중함은 끊임없이 솟아나는 비이기적인 충동이 발산된 것이며, 동정, 자비, 헌신이라고 불리는 충동의 잘 알려진 표현보다도 훨씬 강하게 문화에 종사해왔다. 그러나 사람은 그것들을 과소평가하곤 하지만, 사실상 거기에 비이기적인 것은 그렇게 많지 않다. 그럼에도 불구하고 이런 작은 양을 모두 합한 것은 강력해서, 그 총체적인 힘은 가장 강한 힘에 속한다. ― 이와 같이 흐린 눈으로 볼 때보다 사람들은 세계에서 훨씬 많은 행복을 발견한다. 즉 우리가 올바르게 판단하고, 그 속에서 모든 인생, 가장 궁핍한 인생에서조차도 하루하루가 풍요롭도록 하는 저 즐거움의 순간들을 잊지만 않는다면 말이다.

50.

동정을 유발시키려고 하는 것―라 로슈푸코가 자신의 자화상(초판 1658)의 가장 주목할 만한 대목에서 이성을 가진 모든 사람은 동정하지 않도록 경계하고, 그런 일은 서민들에게 맡겨버리라고 충고하고 있는 것은 확실히 일리가 있는 말이다. 서민들은 고통받는 자를 돕거나 불행에 처했을 때 힘차게 그것을 타파하기 위해 정열을 필요로 한다 (왜냐하면 그들은 이성을 통해 규정되지 않기 때문이다) ; 그런데도 로슈푸코의 (그리고 플라톤의) 판단에 의하면 동정이란 영혼의 힘을 약화시키는 것이다. 물론 사람은 동정을 입증해야 하지만, 동정을 갖지 않도록 경계해야 한다 : 왜냐하면 불행한 사람들은 어쨌든 동정을 보이는 것이 그들에게는 세상에서 가장 큰 선을 행하는 것이라고 여길 정도로 어리석기 때문이다.—불행한 사람의 그러한 욕구를 정녕 어리석음과 지적 결함, 불행이 수반하는 일종의 정신장애로 간주하지 않고(라 로슈푸코는 아마도 그렇게 해석하고 있는 듯하지만), 전혀 다르며 의심스러운 것으로 해석할 때, 사람들은 이런 동정을 갖지 않도록 더욱 강력하게 경계할 수 있을 것이다. 차라리 어린아이들을 관찰해보라. 그들은 울거나 소리침으로써 동정받고 자신들의 상태가 눈에 띌 순간을 기다린다 ; 병자나 우울증에 걸린 사람과 교제하며 살면서 스스로 물어보라, 능란하게 호소하고 흐느끼며 불행함을 과시하는 것이 결국 함께 있는 사람을 괴롭히기 위한 것은 아닌지 물어볼 필요가 있다 : 그들이 모든 약점에도 불구하고 아직 어떤 힘, 즉 강자를 괴롭힐 수 있는 힘을 가지고 있다고 인식하는 한, 함께 있는 사람이 표현하는 동정은 약자와 고통받는 자들에게는 위안이 된다. 불행한 자는 동정 베풂이 자신에게 입증해주는 우월감으로 인해 일종의 쾌감을 얻는다 ; 자신은 아직도 세상에 고통을 줄 정도로 중요한 사람이라는 그의 자만심도 커진다. 그래서 동정에 대한 열망은 자기 만족을 향한 열망이며, 더욱이 이웃의 희생을 전제로 하는 것이다 ; 동정심은 지극히 자기애에 빠져 남을 전혀 고려하지 않음을 보여준다 : 그러나 라 로슈푸코가 생각하는 것처럼, "어리석음" 때문은 아니다. 사교적인 대화에서는 모든 질문과 대답의 4분의 3이 상대편을 조금이라도 괴롭히기 위한 것이다 : 그런 이유 때문에 많은 사람들은 다단히 사교를 갈망한다. 사교는 사람들에게 자신의 힘을 느끼게 해준다. 악의가 힘을 떨치고 있는 이같이 많은, 그러나 극히 적은 양의 약에서도 사교는 삶의 가장 강력한 자극제이다. 그것은 마치 같은 형식으로 인간세계에 널리 퍼져 있는 호의가, 언제든지 준비되어 있는 치료제의 역할을 하는 것과 같다.─그러나 사람을 괴롭히는 것이 즐거움이라고 고백할 정직한 사람이 있을까? 적어도 생각 속에서는 다른 사람을 모멸하고, 악의라는 작은 탄환을 그들에게 퍼붓는 것을 가장 즐기고─기꺼이 즐기고 있다고 고백할 정직한 사람이 있을까? 이런 치부에 대해서 무언가를 알기에는 사람들은 대부분 너무 부정직하고 몇몇 사람은 너무 선하다. 따라서 후자에 속하는 사람들이 아무리 부정하고 싶어할지라도 프로스퍼 메리메Prosper Mérimée가 한 다음의 말은 옳다. "악한 일을 한다는 쾌감 때문에 악한 일을 하는 것보다 더 일반적인 것은 없다는 사실도 알아두는 것이 좋다."

51.

가상(假想)이 어떻게 존재가 되는가─배우는 결국 가장 심한 고통, 자기가 맡은 배역의 인상, 전체적인 구대효과를 생각하는 일을 잠시도 멈출 수 없다. 자신의 아이를 매장하는 예를 들어보자. 배우는 자기 자신의 관객이 되어 자신의 고통이나 그것의 현상을 보고 운다. 언제나 같은 역을 연기하는 위선자는 결국 위선자이기를 그만둔다 ; 예를 들면 청년시절에 흔히 의식적이든 무의식적이든 위선자인 목사는 결국은 그 사실에 자연스러워지고, 나중에는 실제로 아무런 애착도 없이 목사가 된다 ; 또는 아버지가 거기까지 이르지 못했을 때는, 아버지가 차지하고 있던 우위를 이용하고 아버지의 습관을 이어받는 아들이 아마 거기까지 이를 것이다. 만약 어떤 사람이 아주 오랫동안 집요하게 무엇인가를 보여주려고 한다면, 결국 그에게는 다른 무엇이 되는 일은 어려워진다. 거의 모든 인간의 직업, 하물며 예술가라는 직업조차도 위선과 함께, 외부의 모방과 함께, 영향력 있어 보이는 것을 모사함으로써 시작된다. 항상 친절한 표정의 가면을 쓰고 있는 자는 결국에는 친절함이 표현해내지 않으면 안 되는, 호의적 기분을 조절할 힘을 반드시 획득할 것이다.─ 그리고 결과적으로는 호의적인 기분이 다시 그를 지배한다. 그는 호의적이다.

52.

사기 행위에서 정직이라는 것─온갖 능란한 사기꾼들이 자신의 능력을 부여받게 되는 하나의 과정은 주목할 만하다. 그들이 모든 준비를 갖추고 목소리, 표정, 몸짓에 위협적인 면을 강조하고 효과적인 무대장치 한가운데서 실제적인 사기 행위를 하면, 그들을 지배하는 것은 자기 자신에 대한 믿음이다 : 그러면 바로 이 믿음이 기적적이고 압도적으로 주위 사람들에게 말을 걸어오는 것이다. 교조(教祖)들은 자기기만의 상태에서 드러나지 않는다는 사실에서 유능한 사기꾼과 구별된다. 또는 교조들에게는 자신이 의혹에 압도되는 가장 밝은 순간이 거의 없다 ; 그러나 그들은 대개 이 가장 밝은 순간을 사악한 악마의 탓으로 돌리면서 스스로 위로한다. 교조와 사기꾼이 크게 활동하기 위해서는 자기기만이 불가피하다. 왜냐하면 사람들은 명백하고 강력한 믿음이 된 것의 진리를 확신하기 때문이다.

53.

진리의 명목상의 단계들―흔히 있는 잘못된 추리 중의 하나가 바로 이것이다. 누군가가 우리에 대해서 진실하고 솔직하기 때문에 그는 진리를 말한다는 것이다. 그래서 아이는 부모의 판단을 믿고 그리스도교도는 교회 창설자의 주장을 믿는다. 이처럼 사람들은 지난 몇 세기 동안 행복과 생명을 희생하면서까지 옹호해온 것이 모두 오류에 불과했다는 것을 인정하려 하지 않는다 : 아마도 사람들은 그것이 진리의 단계였다고 말할 것이다. 그러나 근본적으로 어떤 사람이 정직하게 무엇인가를 믿고 자신의 믿음을 위해 싸우다가 목숨을 잃었을 경우에, 사실은 단지 오류가 그를 부추겼을 뿐이었다면, 이것은 너무나 부당한 일이라고 사람들은 생각할 것이다. 이런 과정은 영원한 정의에 모순되는 것처럼 보인다 ; 그러므로 민감한 사람들의 마음은 언제나 정신과는 반대로 다음의 명제를 명령한다. 즉 도덕적 행위와 예지적 통찰 사이에는 철저하게 필연적인 유대가 이어져 있어야 한다는 것이다. 그러나 유감스럽게도 그렇지 못하다. 왜냐하면 영원한 정의 따위는 존재하지 않기 때문이다.

54.

거짓말―왜 대부분의 사람들은 일상생활에서는 진실을 말하는 것일까?―신이 거짓말을 금했기 때문은 결코 아니다. 그 이유는 첫째, 그렇게 하는 것이 편하기 때문이다. 왜냐하면 거짓말에는 날조, 위장, 기억이 필요하기 때문이다. (그래서 스위프트는 다음과 같이 말한다. 거짓말을 하는 자는 자신이 져야 할 무거운 짐에 관해서는 거의 알아채지 못하고 있다. 즉 그는 하나의 거짓말을 주장하기 위해서 또다른 스무 개의 거짓말을 생각해내야 한다.) 다음으로 단순한 상황에서는 나는 이것을 원한다, 내가 이것을 했다 등으로 솔직하게 말하는 것이 유리하며, 따라서 강제와 권위를 택하는 편이 교활한 방법보다 훨씬 확실하기 때문이다.―그러나 만약 한 어린아이가 복잡한 가정환경에서 자랐다면 그는 이와 같이 자연적으로 거짓말을 하게 되고 무의식적으로 언제나 자기에게 이익이 되게끔 말한다 ; 진리에 대한 감각, 거짓말 자체에 대한 반감 등이 그에게는 전혀 생소하고 익숙해지기 힘들 것이다. 그래서 그는 정말 천진난만하게 거짓말을 한다.

55.

신앙 때문에 도덕을 의심하는 것―어떤 권력도 위선자들만이 이것을 대표하고 있을 경우에는 주장될 수 없다 ; 카톨릭 교회에 아직도 그렇게도 많은 '세속적' 요소가 있고, 그 힘은 지금 여전히 수많은 성직자다운 사람들에게서 나오는 것이다. 그들은 자신들의 생활을 힘들고 의미심장한 것으로 만든다. 그들의 눈빛과 피로한 육체는 철야, 단식, 열렬한 기도, 아마 채찍질하는 것까지도 말하고 있다 ; 이것은 사람들에게 충격을 주고 불안하게 만든다 : 만약 그렇게 사는 것이 필요하다면 어떻게 될 것인가?―이것이 바로 그들의 모습이 우리의 혀로 하여금 던지게 하는 전율할 만한 질문인 것이다. 그들은 이와 같은 의혹을 퍼뜨림으로써 쉴 새 없이 반복하여 새로운 것으로 자신들의 권력의 기둥을 쌓아올린다 ; 자유사상가들조차 그와 같이 몰아 상태에 있는 자들에게 엄격한 진리애로 감히 저항한다든지, "그대 기만당한 자들이여, 기만하지 말라!"고 말하지 않는다.―오직 통찰의 차이만이 자유사상가들을 이 몰아 상태에 있는 자들과 구분하고 있는 것이지, 선함 또는 나쁨의 차이에서 구분하고 있는 것은 결코 아니다 ; 그러나 사람들은 자신이 좋아하지 않는 것을 부당하게 취급하는 경향이 있다. 그래서 그들은 제수이트 교파의 교활함이나 사악한 술책에 대해서 말하기는 하지만, 모든 제수이트 수도사는 자신에게 자기극복의 과세를 부과하고 있으며, 제수이트 교서가 설파하는 가벼워진 생활의 실천은 결코 자신들을 위한 것이 아니라 세상 사람들에게 도움이 되는 것이라는 점을 간과하고 있다. 사실 우리 계몽된 사람들이 이와 똑같은 전략과 조직에서 극기, 불굴, 헌신으로 그들처럼 훌륭한 도구가 될 수 있을 것인지 그리고 경탄할 만한 가치를 가질 수 있을지에 대해 의문을 던져보아도 좋을 것이다.

56.

근본악에 대한 인식의 승리―과거 어떤 기간 동안 철저하게 악하고 타락한 인간에 관한 표상이 존재했다는 사실은 현명해지고자 하는 사람들에게는 풍성한 수확을 가져다줄 수 있다. 이와 같은 표상은 그 반대의 표상과 마찬가지로 거짓이다 ; 그러나 그것은 참으로 오랫동안 지배해온 것이며, 우리 안에 그리고 우리의 세계에까지 뿌리를 내리고 있다. 우리 자신을 이해하기 위해서는 그 표상들을 이해하지 않으면 안 된다. 그러나 그보다 훨씬 더 높이 상승하기 위해서는 그 표상을 넘어서야 한다. 그러면 우리는 형이상학적 의미에서 죄는 없다는 것, 같은 의미로 미덕 역시 없다는 것, 윤리적 표상의 이러한 영역 전체가 끊임없이 동요한다는 것, 선과 악, 윤리적인 것과 비윤리적인 것에 관한 좀더 고상하고 깊은 개념들이 있다는 것을 인식하게 될 것이다. 사물에서부터 이 같은 인식 이상의 것을 얻고자 하지 않는 사람은 쉽게 영혼의 안정에 이르고, 기껏해야 무지로 인해 잘못하는 일은 있어도 욕망 때문에 잘못(또는 세상에서 말하는 범죄)을 범하기는 어렵다. 그는 욕망을 비방하고 뿌리째 뽑아버리려고 하지는 않을 것이다. 그러나 그를 완전히 지배하고 있는, 가능한 한 잘 인식하고자 하는 유일한 목표는 그를 냉정하게 하고 그의 성향에 있는 모든 광포함을 진정시킬 것이다. 게다가 그는 고통스러운 많은 표상에서 벗어나, 지옥의 형벌, 죄악, 선에 대한 무능이라는 말에서 더 이상 아무것도 느끼지 않게 된다 : 그는 거기에서 잘못된 세계관과 인생관의 희미해져가는 그림자만을 인식할 뿐이다.

57.

　자기분할로서의 인간의 도덕 ― 진정으로 자신의 일에 애정을 가지고 있는 훌륭한 작가는 누군가가 찾아와서 그 일을 더 명확하게 표현해주고, 여기에 포함된 문제에 대해 남김없이 대답함으로써 자신을 파괴해주기를 원한다. 사랑을 하고 있는 소녀는 연인이 저지른 부정에서 자신의 사랑이 헌신적이며 충실하다는 것을 입증할 수 있기를 바란다. 군인은 조국의 승리를 위해 전쟁터에서 쓰러지기를 원한다 : 왜냐하면 자신의 최고 소원도 조국의 승리를 통해 승리하기 때문이다. 어머니는 자신에게 필요한 것, 즉 수면과 가장 좋은 음식을, 사정에 따라서는 자신의 건강과 재산을 자식에게 주게 된다. ― 그러나 이 모든 것은 비이기적인 상황들일까? 쇼펜하우어의 말에 따라 이런 도덕적 행위들은 "불가능하면서도 현실적"이기 때문에 기적일까? 이들의 경우에는 인간은 자신의 그 무엇을, 하나의 사상, 하나의 욕망, 하나의 작품 등을 자신의 다른 것보다 한층 더 사랑하고 있다는 사실, 따라서 그는 자신의 존재를 분할해서 한쪽을 다른 한쪽의 희생으로 몰고 간다는 사실이 명확하지 않은가? 어느 고집 센 사람이 "내가 이 인간에게 한 걸음이라도 길을 양보하는 것보다는 오히려 총에 맞는 편이 낫다"고 할 때, 이것은 본질적으로 다른 그 무엇일까? 어떤 것에 대한 애착(소원, 충동, 욕망)은 앞서 말한 모든 경우에 존재하고 있다 ; 애착을 가지는 것은 어떤 결과를 초래하든 "비이기적"이지 않다. 도덕에서 인간은 자신을 분할할 수 없는 것, 개체 individuum로서가 아니라 분할할 수 있는 것 dividuum으로서 다룬다.

58.

　　약속할 수 있는 것―행동은 약속할 수 있으나 감정은 약속할 수 없다 : 왜냐하면 감정은 의지대로 되는 것이 아니기 때문이다. 어떤 사람을 항상 사랑하겠다거나 미워하겠다거나, 항상 그에게 충실하겠다고 약속하는 사람은 자신의 힘이 미치지 못하는 것을 약속하는 것이다. 그러나 그는 이런 행동은 약속할 수 있다 ; 이런 행동은 대체로 사랑, 증오, 충실함의 결과이지만, 한편 다른 동기에서 나올 수도 있다 : 왜냐하면 여러 방법과 동기가 어떤 행동을 하도록 이끌어주기 때문이다. 누군가를 언제까지나 사랑하겠다는 약속은 다음과 같은 의미를 지닌다 : 내가 너를 사랑하는 한 나는 너에게 사랑의 행위를 입증할 것이다 ; 내가 너를 사랑하지 않게 되더라도, 다른 동기에 의해서일지라도 나는 똑같은 행동을 너에게 보여줄 것이다. 그러므로 사랑은 변하지 않으며 언제까지나 똑같은 것이라고 하는 가상이 상대방의 머리 속에는 존속하고 있는 셈이다.―따라서 우리가 자기기만 없이 누군가에게 영원한 사랑을 맹세할 경우, 그것은 사랑의 가상에 대한 외관상의 지속을 약속하는 것이다.

59.

　　지성과 도덕―주어진 약속을 지키기 위해서는 좋은 기억력을 가져야 한다. 동정심을 가지려면 강력한 상상력이 없어서는 안 된다. 이렇게 도덕은 지성의 우수함과 밀접하게 결합되어 있다.

60.

복수하기를 원하는 것과 복수하는 것—복수심을 품는 것과 복수를 실행하는 것은 격렬한 열병의 발작에 걸리는 것을 의미한다. 이것은 지나가버린다 : 그러나 복수를 실행할 힘과 용기가 없는데도 복수심을 품는 것은 만성병, 육체와 영혼의 중독증을 안고 있는 것과 같다. 의도만을 중시하는 도덕은 두 경우를 양이 같은 것으로 평가하고, 통상적으로 전자의 경우를 더 나쁜 것이라고 평가하기도 한다(아마도 복수의 행동이 수반할지도 모르는 나쁜 결과 때문일 것이다). 두 가지 평가 모두 근시안적이다.

61.

기다릴 수 있다는 것—기다릴 수 있다는 것은 대단히 어려운 것이어서 최고의 시인들도 기다릴 수 없음을 그들의 동기로 삼을 정도이다. 셰익스피어는 〈오셀로〉에서, 소포클레스는 〈아이아스〉에서 이것을 다루었다 : 아이아스가 하루만 더 자신의 감정을 식혀두었다면 신탁이 암시한 대로 더 이상 자살할 필요가 없는 일로 여겨졌을지도 모른다 ; 어쩌면 그는 상처 입은 허영심의 소름끼치는 속삭임을 물리치고 자신에게 이렇게 말했을지도 모른다 : 내 경우라면 대체 누가 지금까지 양을 영웅이라고 간주하지 않았겠는가? 그것은 도대체 그렇게 엉뚱한 것일까? 반대로 그것은 보통의 인간적인 일에 불과한 것이다. 아이아스는 이런 식으로 스스로를 위로해도 좋았을 것이다. 정열은 기다리려고 하지 않는다 ; 위대한 남자들의 삶에서 비극적인 것은 흔히 시대와 동시대인의 저속함과 갈등이 아니라 자신들의 일을 한 해 두 해 미루는 무능력함에 있다 : 위대한 인간들은 기다릴 수가 없다. ― 모든 결투에서, 충고하는 친구들은 한 가지 사항, 즉 당사자들이 아직도 기다릴 수 있는지 없는지를 확인하지 않으면 안 된다 : 기다릴 수 없다면 두 사람 모두 "내가 살려면, 상대가 그 자리에서 죽어야만 한다. 그 반대일 수도 있지만"이라고 말하는 한, 결투는 이성적이다. 이런 경우 기다린다는 것은 훼손된 명예에 대한 무서운 고문으로, 명예를 훼손시킨 자가 보는 앞에서 더 오랫동안 고통받는 것을 의미한다 ; 그리고 이것은 생명이 가치있다는 것보다 더 큰 고통일 수도 있다.

62.

복수에 탐닉함 ― 거친 성격의 사람들은 모욕을 느끼면 모욕의 정도를 가능한 한 심하게 받아들이고 심하게 과장하여 그 원인을 주위 사람들에게 말한다. 그래서 한번 눈을 뜨게 된 증오감과 복수심에 완전히 탐닉한다.

63.

비방함의 가치 ― 적지 않은, 아마도 대부분의 인간들은 자존심을 잘 유지하고 행동할 때 일종의 체면을 유지하기 위해 그들이 알고 있는 모든 인간을 생각 속에서 깎아내리고 비방하는 일이 반드시 필요하다. 그러나 소심한 성격의 사람도 대단히 많고 그들이 체면을 지키느냐 잃느냐 하는 것은 중요하므로, 그래서 ―

64.

성질이 급한 사람―우리에게 성질을 부리는 사람 앞에서는 과거에 우리의 목숨을 노린 적이 있는 사람 앞에서만큼이나 주의를 기울여야 한다. 왜냐하면 우리가 아직 살아 있다는 사실은 죽일 힘이 없었다는 것에서 나오기 때문이다. 눈초리만으로 충분했다면 우리에게는 벌써 무슨 일이 일어났을 것이다. 육체적 광포함을 드러내고 공포심을 자극해서 누군가를 침묵시키는 것은 미개 문화의 잔재이다.―마찬가지로 귀족이 하인을 대하는 저 차가운 눈초리는 인간과 인간 사이에 있는 계급 차별의 찌꺼기이며 미개한 고대의 한 조각 유물이다 ; 낡은 것을 보존하는 여자들은 이 살아남은 것 역시 더 충실하게 지켜왔다.

65.

정직은 어디로 나아갈 수 있는가―자신이 행했던 행동의 동기에 대하여 그리고 다른 모든 사람들의 동기와 똑같이 선하고 악했던 모든 동기에 대하여 때로는 정말 정직하게 말해버리는 나쁜 습관을 가진 자가 있었다. 그는 처음에는 불쾌감을, 다음에는 의혹을 야기시켰고, 점차로 배척되어 사회에서 추방당했다. 결국 그렇지 않았다면 주의를 기울이지도 않았거나 못 본 체했을 재판소가 때에 따라서는 이처럼 버려진 존재를 기억하게 되었던 것이다. 보편적인 비밀을 지킬 줄 아는 과묵함의 결여와 누구도 보려 하지 않는 자기 자신을 보려고 한 무책임한 성향이 그를 감옥으로 그리고 때 이른 죽음으로 내몰았다.

66.

처벌받아야 하지만 결코 처벌되지 않은 — 범죄자들에 대한 우리의 범죄는, 우리가 그들을 불량배처럼 취급하는 점이다.

67.

덕의 신성한 단순성 — 모든 덕은 특권을 가지고 있다 : 예를 들면 유죄판결을 받은 자를 화형하기 위한 장작더미에 덕이라는 조그만 한 뭉치의 장작을 곁들이는 것이다.

68.

도덕성과 결과 — 행동을 방관하는 사람뿐만 아니라 행등하는 사람 스스로도 그 행동에서 도덕적인 것 또는 비도덕적인 것을 자주 결과에 따라서 확정한다. 왜냐하면 동기와 의도는 대부분 충분히 명료하거나 단순하지 않으며 때로는 기억조차도 행동의 결과로 흐려져서, 사람들은 자신의 행동에 잘못된 동기를 부여하거나 비본질적인 동기를 본질적인 것으로 취급하기 때문이다. 성공은 흔히 어떤 행동에 선한 양심의 아주 정직한 광채를 띠게 하고, 실패는 가장 존경받을 만한 행위에마저 양심의 가책의 그림자를 드리운다. 여기에서 정치가의 유명한 관행이 생기게 되는데, 그는 이렇게 생각한다. "나에게 오직 성공만을 달라. 성공으로써 나는 모든 성실한 영혼들도 내 편으로 끌어왔다 — 그리고 나 자신 앞에서도 나를 정직하게 만들어왔다." 비슷한 방법으로, 성공은 더 나은 근거를 취득하게 된다. 지금도 많은 교양인은 그리스 철학에 대한 그리스도교의 승리는 그리스도교가 더 위대한 진리임을 입증한 것이라고 믿고 있다.―이 경우에는 더 거칠고 강제적인 것이 좀더 정신적인 것과 섬세한 것에 대해 승리를 거둔 것에 지나지 않음에도 불구하고 깨어나고 있는 학문들이 서서히 에피쿠로스 철학과 관계를 맺고 있으며, 그리스도교를 서서히 배척했다는 데서 좀더 위대한 진리의 경우는 어떠한가를 엿볼 수 있다.

69.

사랑과 정의―왜 인간은 정의를 손상시켜가면서 사랑을 과대평가하고, 마치 정의보다 사랑이 더 고상한 본질들을 가지고 있는 것처럼 사랑을 향해 최대의 찬사를 아끼지 않는 것일까? 그런데 분명히 사랑은 정의보다 훨씬 더 어리석은 것이 아닌가? 틀림없다. 그러나 바로 그 때문에 사랑은 그만큼 모든 사람에게 호감을 주는 것이다. 사랑은 어리석은 것이며, 풍부한 풍요의 뿔Füllhorn을 가지고 있다 ; 사랑은 이 뿔에서 자기의 선물을 누구에게나 나누어준다. 그가 그 선물을 받을 자격이 없을 뿐만 아니라 한 번도 그것을 감사하지 않는다 할지라도. 성서와 경험에 의하면 사랑은 정의롭지 못한 사람뿐 아니라 상황에 따라서는 정의로운 사람에게도 피부 속까지 흠뻑 젖게 하는 비처럼 공평하다.

70.

사형—모든 사형이 살인보다 훨씬 더 우리의 감정을 상하게 하는 것은 무엇 때문일까? 이는 재판관의 냉혹함, 고통스러운 준비, 한 인간이 여기서 다른 사람들을 각성시키기 위한 수단으로 이용된다는 통찰 때문이다. 왜냐하면 죄가 있다고 해도 죄가 처벌되는 것이 아니기 때문이다 : 죄는 교육자, 부모, 환경 그리고 우리 자신들에게 있는 것이지 살인자에게 있는 것이 아니다. 내가 의미하는 것은 살인을 야기한 상황들이다.

71.

희망—판도라는 재앙들로 가득 찬 상자를 가져와서 열었다. 이것은 신들이 인간에게 준 겉으로 보기에 아름답고 매력적인 선물이었고 '행복의 상자'라는 별명으로도 불렸다. 그때 상자에서는 날개를 단 살아 있는 온갖 재앙이 튀어나왔다 : 재앙들은 그때부터 돌아다니기 시작했고 밤낮으로 인간에게 해를 끼쳤다. 그러나 상자에서 단 하나의 재앙이 아직 빠져나오지 못하고 남아 있었다 : 그때 판도라는 제우스의 뜻에 따라 뚜껑을 닫았고, 그래서 그 재앙은 상자 속에 남게 되었다. 인간은 영원히 행복의 상자를 집안에 두고 어떤 보물이 그 속에 들었는지 신기해한다 ; 인간은 그것을 마음대로 할 수 있어서 욕심이 날 때면 거기에 손을 뻗쳐보기도 한다 : 인간은 판도라가 가져온 상자가 재앙의 상자라고 생각하지 못하고, 남아 있는 재앙이 행복의 최대 보물인 희망이라고 생각하고 있기 때문이다. 제우스는 인간이 다른 심한 재앙에 괴로움을 당하더라도 삶을 포기하지 않고 지속하면서 계속 새로운 고통에 잠길 것을 바랐기 때문이다. 그래서 그는 인간에게 희망을 준 것이다. 희망은 실로 재앙 중에서도 최악의 재앙이다. 왜냐하면 희망은 인간의 고통을 연장시키기 때문이다.

72.

도덕적 흥분 정도는 미지수이다—예를 들면 부당하게 심판을 받고 살해되거나 고문을 받은 아버지, 부정한 아내, 잔인한 적의 습격 등과 같이 특정한 충격적인 광경과 인상을 겪었는가 겪지 않았는가에 따라 우리들의 정열이 불타올라 전 생애를 좌우하게 되느냐 않느냐가 결정된다. 여러 가지 상황, 동정, 격분 등이 자신을 어디로 몰고 갈지는 아무도 모른다. 그는 자신이 얼마나 흥분하게 될지를 모른다. 그를 측은하게 만드는 것은 측은하고 초라한 상황이다. 선과 악에서 저급한 인간과 더 고상한 인간을 결정하는 것은 보통 체험의 양이 아니라 체험의 질이다.

73.

본의 아닌 순교자—어떤 당에 언제나 자신의 동지들을 반대할 수 없을 만큼 소심하고 비겁한 자가 있었다 : 그는 동지들의 악평을 죽음보다 더 두려워했기 때문에, 사람들은 그를 온갖 일에 이용했고 그에게서 모든 것을 얻어냈다 ; 그는 가련하고 무력한 영혼을 가진 자였다. 사람들은 이것을 알고 있으며 그의 이런 성격을 근거로

해서 그를 한 사람의 영웅으로, 마침내는 순교자로까지 만들었다. 이 비겁한 사람은 마음속으로는 항상 부정함에도 불구하고, 입술로는 언제나 찬성했다. 그가 당의 견해를 위해 죽게 되었을 때조차도, 단두대 위에서까지도 그런 태도였다. 즉 오랜 동지가 말과 시선으로 심하게 그를 제압하며 옆에 있었기 때문에 그는 실제로 가장 의연한 태도로 죽음을 받아들였다. 그리하여 그 후 그는 순교자로, 위대한 인물로 칭송받게 되었다.

74.

일상의 척도—극단적인 행위를 허영으로, 평범한 행위를 습관으로, 그리고 소인배적인 행위를 공포 때문이라고 한다면, 우리는 거의 잘못 판단하는 일이 없을 것이다.

75.

덕에 대한 오해—향락적 청춘기를 보냈던 사람처럼 쾌락과 결부된 악덕을 경험한 사람은, 덕은 불쾌감과 결합되어 있음이 틀림없다고 생각한다. 그러나 이와는 반대로 자신의 정열과 악덕 때문에 괴로움을 심하게 당했던 사람은 미덕에서 영혼의 안정과 행복을 갈망하게 된다. 따라서 덕 있는 두 사람이 서로를 전혀 이해하지 못하는 경우도 있다.

76.

금욕자 — 금욕자는 덕에서 고난을 만들어낸다.

77.

인간의 존경심이 사물로 전이된다 — 어디에서 나타나든, 사람들은 보통 이웃을 위해서 바치는 사랑과 헌신적인 행위를 칭찬한다. 그렇게 함으로써 사람들은 사물에 대한 평가를 증대시킨다. 이것이 그 자체로는 대단한 가치를 가진 것이 아님에도 불구하고 사람들은 그런 식으로 사랑받거나 그것을 위하여 몸을 바친다. 용감한 군대는 무엇을 위해 자신이 투쟁하고 있는가 라는 사실을 확신시킨다.

78.

명예심은 도덕적 감정의 대용품 — 도덕적 감정은 아무런 명예심도 가지지 않은 사람에게는 반드시 필요하다. 명예심이 강한 사람들은 도덕적 감정이 없어도 거의 같은 성과를 이루어낸다. — 그러므로 겸손하고 명예심과는 거리가 먼 가정에서 자란 아들들은 한번 도덕적 감정을 잃으면 급속도로 완전히 불량배가 되는 일이 보통이다.

79.

허영심은 풍요롭게 만든다 — 허영심이 없다면 인간의 정신은 얼마나 초라하겠는가! 그러나 인간의 정신은 물건으로 가득 차 있고 항상 새롭게 채워지며 모든 부류의 고객들을 끌어들이는 백화점과 같다 : 고객들은, 통용되는 화폐(경탄)를 가지고 있는 이상 거의 모든 것을 찾을 수 있고 가질 수가 있다.

80.

노인과 죽음 — 종교가 제시하는 요구들을 간과한다면, 우리들은 다음과 같은 질문을 해도 좋을 것이다 : 자신의 힘이 쇠퇴하는 것을 의식하고 있는 노인이 서서히 진행되는 고갈과 해체를 기다리는 것이 완전한 의식을 가지고 목적을 추구하는 것보다 더 명예로운 이유는 무엇인가? 이 경우 자살은 아주 자연스럽고 당연하다고 생각되는 행위이며, 이성의 승리로서 당연히 외경심을 불러일으킬 일이다 : 그리고 그리스 철학의 지도자들이나 가장 용감한 로마의 애국자들이 자살로 죽음을 택했던 시대에는 외경심을 불러일으키기도 했다. 그와 반대로 원래의 삶의 목적에 더 가까이 나아갈 힘도 없으면서 의사의 두려운 충고와 가장 고통스러운 생활 방법으로 하루하루를 연명하는 병적 욕망은 전혀 존경받을 수 없다. —종교는 자살의 요구에 대해 핑곗거리를 많이 가지고 있다 : 그것을 통하여 종교는 삶에 반해버린 사람들에게 아부한다.

81.

피해자와 가해자의 착각들 — 부자가 가난한 자에게서 어떤 소유물을 (예를 들면 영주가 서민한테서 연인을) 빼앗을 경우, 가난한 자는 착각을 한다 ; 자신이 소유한 얼마 되지 않는 것을 빼앗아갈 정도로 그 사람은 참으로 흉악한 사람임이 틀림없을 것이라고 생각한다. 그러나 부자는 개개의 소유물의 가치를 그렇게 심각하게 느끼지 않는다. 왜냐하면 그는 많은 것을 소유하는 것에 익숙하기 때문이다. 그래서 그는 가난한 사람의 입장을 생각할 줄 모르며, 가난한 사람들이 생각하는 것처럼 그런 심한 부정을 저지르는 것이 아니다. 양자 모두 서로에 대하여 잘못된 표상을 가지고 있는 것이다. 역사상 가장 분개할 만한 권력자의 부정도 겉으로 보이는 것처럼 그렇게 엄청난 것은 아니다. 이미 물려받은 감각은 더 높은 것이 요구되는 더 고귀한 존재가 되기 위해 그들을 매우 냉정하게 만들고, 양심을 무디게 한다 : 만약 우리와 다른 존재의 차이가 아주 크면, 우리는 모두 부정에 대해 전혀 아무것도 느끼지 못하게 되어, 예를 들어 모기 한 마리는 아무런 양심의 가책 없이 죽이게 된다. 그래서 크세르크세스Xerxes(그리스 사람들조차 모두 그를 특별히 고귀한 사람으로 묘사하고 있다)의 경우, 전체 원정군에게 불안하고 불길한 불신감을 조성했다는 이유로 아버지어게서 아들을 빼앗아 몸을 토막내게 한 것은, 그의 사악함의 표시가 아니다 : 이런 경우에 한 개인은 마치 불쾌한 곤충처럼 제거된다. 세계의 지배자가 오래 느끼도록 자극하기에는 그는 너무나 무가치한 존재다. 그뿐 아니라 어떤 잔인한 자도 학대받은 자가 믿고 있는 그런 정도로 잔인하지 않다 ; 고통을 상상하는 것은 고통당하는 괴로움과는 같지 않다. 공정하지 못한 재판관과 사소한 부정직함으로 인해 세상의 여론을 오도하는 저널리스트의 경우도 이와 마찬가지다. 원인과 결과는 이런 모든 경우에 전혀 다른 감정과 사상들로 둘러싸여 있다 ; 반면 사람들은 가해자와 피해자가 똑같이 생각하며 느낀다고 전제한다. 그리고 이 전제에 입각하여 한 사람의 죄를 다른 사람의 고통으로 측정한다.

82.

영혼의 피부─뼈, 살, 내장과 혈관은 피부에 둘러싸여 있어, 그것이 인간의 모습을 참고 견딜 만한 것으로 만들듯이, 영혼의 활동과 정열은 허영심으로 덮여 있다 : 허영심은 영혼의 피부이다.

83.

미덕의 잠─만약 덕이 잠을 잔다면, 한층 더 원기 왕성하게 일어날 것이다.

84.

수치심의 예민함─사람들은 부정한 것을 생각하는 것을 부끄러워하지 않는다. 그러나 자신이 이런 부정한 생각을 가졌을 것이라고 사람들이 짐작하고 있다고 생각할 경우에는 부끄러워할 것이다.

85.

악은 드물다─대부분의 사람은 악하게 되기에는 너무나도 자신의 일에 몰두해 있다.

86.

저울의 지침─우리들의 판단력을 빛나게 할 기회를 더 많이 주는 것이 이것인가 또는 저것인가에 따라 사람들은 칭찬하기도 하고 비난하기도 한다.

87.

수정된 〈누가복음〉 18장 14절─자신을 낮추는 자는 높아지기를 원하는 것이다.

88.

자살의 저지─우리는 어떤 사람의 목숨을 앗아갈 권리는 있지만, 그의 죽음을 앗아갈 권리는 없다 : 이는 단지 잔인함일 뿐이다.

89.

허영심─우리에게 사람들의 좋은 평이 중요한 이유는, 먼저 그 좋은 평이 우리에게 유리하게 작용하며, 다음은 우리가 그들에게 즐거움을 주기를 원하기 때문이다(아이는 부모에게, 학생은 선생에게, 호의적인 사람들은 대체로 다른 모든 사람에게). 이득이나 즐거움을 주기를 원하는 마음은 제외한 채, 사람들의 좋은 평만이 중요시되는 경우 우리는 이것을 허영심이라고 말한다. 이런 경우에는 인간은 자기 자신을 기쁘게 하려고 하지만 사실은 이웃 사람의 희생을 통해서이다. 이때 인간은 자신에 관한 잘못된 의견을 가지도록 이웃 사람을 현혹하거나 아니면 다른 사람에게는 고통임이 틀림없을(질투심이 자극됨으로써) 만한 '좋은 평'을 목표로 한다. 개개인은 일반적으로 다른 사람의 평을 통하여 자신이 스스로에 대해 갖고 있는 생각을 확인하고 싶어하고, 자신 앞에서 입증하고 싶어한다 ; 그러나 권위에 대한 강한 습관―인간이 존재하는 만큼 오래된 습관―은 많은 사람들로 하여금, 자기에 대한 자신의 믿음을 권위를 통해 지탱할 수 있을 때까지, 즉 다른 사람에게서 자신에 대한 믿음을 얻을 수 있을 때까지 강요한다 : 그들은 다른 사람의 판단력을 자신의 판단력보다 신뢰하고 있다.―자기 자신에 대한 관심, 스스로 만족하고 싶어하는 욕구는 허영심이 강한 사람들에게서는, 다른 사람이 자기 자신에 대한 잘못된 그리고 너무 높은 평가를 내리도록 현혹하며, 결국 다른 사람의 권위에 의존하는 상황에까지 이르게 된다 : 따라서 오류를 초래하게 되고, 더욱이 그것을 믿기까지 한다.―따라서 허영심이 많은 사람은 자기 자신보다 오히려 다른 사람의 마음에 들기를 원하며 그럼으로써 자신의 장점조차도 등한시하게 된다는 사실을 사람들은 시인하지 않을 수 없다 ; 왜냐하면 그들은 오로지 자기 자신에 대한 즐거움과 자기만족을 위해 이웃 사람들이 자신에 대해 호의를 갖지 않고, 적대적이며, 질투심을 품게 만드는 것을, 즉 해를 끼치도록 하는 것을 때로는 중요하게 여기기 때문이다.

90.

인간애의 한계—다른 사람을 바보, 나쁜 녀석이라고 말하는 모든 사람은, 만약 그 사람이 결국 그렇지 않다는 점을 보이면 화를 낸다.

91.

눈물을 자아내는 도덕성—도덕성은 얼마나 많은 만족을 가져오는가! 고상하고 관대한 행위들에 대한 이야기들에서 어떤 만족스러운 눈물의 바다가 흘러나왔는지 생각해보라!—삶의 이런 매력은, 완전한 무책임에 대한 믿음이 우세해진다면 사라져버릴 것이다.

92.

정의의 유래—투키디데스Thukydides가 (아테네와 메리아의 사절들의 살벌한 대화 속에서) 올바르게 파악한 것처럼, 정의(정당성)는 거의 동등한 권력자들 사이에서 유래한다 ; 뚜렷하게 확인할 수 있는 우세한 힘이 존재하지 않고, 싸움이 아무런 성과도 없이 서로에게 손해만을 초래할 경우에는 합의를 통해 서로의 요구를 협상하려는 생각이 들게 된다 : 정의의 최초의 성격은 거래의 성격이다. 모든 사람은 각각 자신이 상대방보다 더 높게 평가하는 것을 얻음으로써 서로를 만족시킨다. 그들은 각자 상대방이 자기 것으로 소유하고 싶어하는 것을 주고, 대신 원했던 것을 얻는다. 따라서 정의는 거의 대등한 힘의 상태를 전제한 보상이며 교환이다 : 그러므로 근본적으로 복수도 정의의 영역에 속한다. 그것은 하나의 거래이다. 감사도 마찬가지다.—정의는 물론 통찰력 있는 자기보존의 견지에서, 즉 "무엇 때문에 나는 아무 이익도 없이 해를 당하기만 하고 더욱이 내 자신의 목표도 달성할 수 없는 일을 해야 한단 말인가?"라는 이기주의에서 출발한다.—정의의 유래에 대해서는 이 정도로 해두자. 인간이 지적 습관에 따라 소위 올바르고 정당한 행위의 본래 목적을 망각하게 되었으므로, 즉 수천 년에 걸쳐 어린아이들은 이와 같은 행위를 찬미하고 모방하도록 교육받아왔기 때문에, 공정한 행위가 점차 비이기적인 행위인 듯 보이는 겉모습이 형성된다 : 그러나 공정한 행위를 존중하는 것은 바로 이런 겉모습 때문이다. 게다가 이것은 존중받는 모든 것이 그러하듯이 지속적으로 커져간다 : 왜냐하면 존중받는 것은 헌신적으로 추구되고 모방되며 복제되어, 이미 인정된 것들의 가치 위에 모든 개인의 수고와 노력의 가치가 다시 부가됨으로써 커져가기 때문이다.—망각이 없었다면, 세계는 얼마나 도덕적으로 보잘것없어 보일까! 어떤 시인은, 신이 인간의 존엄이라는 사원의 문전에 망각을 문지기로 세워두었다고 노래하게 될 것이다.

93.

더 약한 자들의 권리에 대해서—포위된 도시의 경우처럼, 누군가가 어떤 조건들하에서 더 강한 자에게 굴복할 때, 그 대항 조건은 자기를 파멸하고 도시를 불사르며 그것으로 강한 자에게 큰 손해를 끼칠 수 있다는 점이다. 그 때문에 여기서는 일종의 대등함이 성립하며, 그것을 근거로 어떤 권리들이 확립될 수 있다. 적대자는 이 상태를 유지함으로써 자신의 이익을 가지게 된다.—그런 점에서 노예와 주인 사이에도 권리가 존재한다. 즉 노예를 소유하고 있는 것이 주인에게 유익하고 중요하다고 생각하는 바로 그 범위 내에서 권리가 존재한다. 권리란 원래 한 편이 다른 편보다 가치 있고, 중요하며, 버릴 수 없고, 정복할 수 없는 것으로 보이는 그 정도까지 통용된다. 이런 관점에서는 더 약한 자 역시, 더 보잘것없는 권리이기는 하지만 권리들을 가진다. 따라서 어느 누구에게도 확보하고 있는 힘만큼의 (또는 좀더 정확하게 말하자면, 확보하고 있다고 믿는 힘만큼의) 권리가 있다는 저 유명한 말이 성립한다.

94.

지금까지의 도덕성의 세 단계들—인간의 행위가 이미 순간적인 안락이 아니라 영속적인 안락과 관련되어 있다면, 그래서 인간이 공리적이고 합목적적이 된다면, 그것은 동물이 인간이 되었다는 최초의 표시이다 : 그때 처음으로 이성의 자유로운 지배력이 깨어 나온다. 인간이 명예의 원리에 따라서 행동할 때 좀더 높은 단계가 달성된다. 그 원리에 의해 인간은 공통적인 감정들에 순응하며 굴복하게 된다. 그리고 그러한 사실은 오직 개인적인 이익이 그를 이끌었던 단계보다 더 높이 인간을 고양시킨다 : 인간은 존경하고 또 존경받기를 원한다. 즉 인간은 이익이란 자신이 다른 사람에 대해서, 다른 사람이 자신에 대해서 생각하고 있는 것에 달려 있다는 것을 파악하게 된다. 마침내 그는 **지금까지의 도덕성의** 최고 단계에서 사물과 인간에 대한 자신의 척도에 따라 행동하게 되고, 자신과 다른 사람을 위해서 무엇이 명예롭고 무엇이 유용한지 그 스스로 규정한다 ; 그는 더 높이 향상된 이익과 명예의 개념에 따르는 의견의 입법자가 된 것이다. 인식은 개인적인 이익보다 가장 유익한 것, 즉 보편적으로 영속하는 이익을 그리고 순간적인 평가보다 보편적이고 영속적인 타당성을 존중하는 평가를 더 중요시할 수 있게 만들어준다 ; 그는 집단적-개인으로 생활하고 행동하게 된다.

95.

성숙한 개인의 도덕—지금까지 사람들은 개인적 감정을 개입시키지 않는 것을 도덕적 행위의 본래적인 특징이라고 여겼다 ; 처음에는 보편적인 이익에 대한 고려는 모든 개인적 감정을 개입시키지 않는 행위가 칭찬받고 우대되었기 때문이라는 사실도 증명되었다. 이런 견해의 현저한 변화는, 바로 가능한 한 개인적인 고려를 통해서만 보편적인 것에 대한 이익 역시 최대가 된다는 것을 의미한다. 따라서 철저히 개인적인 행위야말로 여기서 말하는 도덕성의 개념 (보편적인 이익으로의)과 일치한다는 사실이 더 잘 통찰되고 있는 오늘날에 이러한 변화는 임박해 있는 것이 아닐까? 자신에게서 완전한 개인을 만들어내고, 자신이 하는 모든 일에서 최고의 **행복**을 주시하는 것은 다른 사람을 위한 동정적인 감동과 행위보다 그를 훨씬 더 진보시켜준다. 물론 우리 모두는 여전히 개인적인 것을 너무 사소하게 여기는 병을 앓고 있다. 그것은 잘못 교육되어온 것이다.—우리 스스로 그것을 인정하자 : 우리의 감각은 오히려 강제적으로 개인적인 것에서 분리되었으며, 마치 개인적인 것이란 희생되어야만 하는 나쁜 것이기라도 한 듯 국가, 학문, 도움이 필요한 자들에게 희생물로 제공되었다. 우리는 지금도 이웃 사람을 위해 일하고 싶어한다. 그러나 우리는 이 일에서 우리 자신의 최고의 이득을 발견하는 한에서만 일하고 싶어할 뿐, 그 이상도 이하도 아니다. 이것은 사람들이 무엇을 자신의 이득이라고 해석하느냐에 달려 있다 ; 바로 미숙하고 충분히 발달되지 않은 조잡한 개인은 그 이득 역시 가장 조잡한 것으로 이해할 것이다.

96.

인류와 윤리적인 것—도덕적, 윤리적, 윤리학적이라는 것은 오랫동안 확립되어온 규범이나 관습에 순종하는 것을 의미한다. 사람들이 억지로 복종하는지 또는 기꺼이 복종하는지의 여부는 문제가 되지 않으며 그것을 실행하는 것으로 충분하다. 사람들은 오랜 유전에 의한 본성에 따라 윤리적인 일을 쉽게 그리고 즐겨 행하는(예를 들면 고대 그리스인의 경우처럼 복수하는 것이 선한 윤리에 속해 있을 때는 복수를 한다) 사람을 '선하다'라고 부른다. 그는 '무엇인가를 위해서' 선하기 때문에 선하다그 불린다 : 그러나 인류이 바뀌어도 호의, 동정 그리고 그와 유사한 것은 언제나 '무엇인가를 위해서 선한' 것이며 유익한 것으로 느껴졌기 때문에 사람들은 현재에도 주로 호의적인 사람, 자비심이 많은 사람을 '선하다'고 한다. 악하다는 것은 그것이 얼마나 이성적인 일이든 어리석은 일이든 간에, '윤리적이 아닌'(비윤리적인) 것, 악습을 행하는 것, 관습에 역행하는 것을 말한다 ; 그러나 이웃을 해치는 것은 서로 다른 시대의 모든 윤리 규범에서 대부분 나쁜 것으로 느껴졌으므로, 오늘날 우리는 특히 '악하다' 라는 말에서 자의적으로 이웃을 해치는 일을 떠올리게 된다. 사람들로 하여금 윤리적인 것과 비윤리적인 것, 선한 것과 악한 것의 구별을 가능하게 한 근본적 대립은 '이기적인 것' 과 '비이기적인 것' 이 아니라, 관습과 규범에 구속되어 있는가 아니면 해방되어 있는가에 있다. 여기서 어떻게 관습이 성립된 것인지는 중요한 문제가 아니다. 어쨌든 관습은 선과 악 또는 어떤 내재적 정언명법을 고려하지 않으며, 무엇보다도 한 **공동체**, 한 민족을 유지시키는 것이 목적이다 ; 잘못 해석된 우연을 근거로 하여 성립된 모든 미신적 관례는, 그것을 따르는 것이 윤리적이라는 관습을 강요한다 ; 즉 관습에서 해방되는 것은 위험한 일이며 **공동사회**에서는 개인의 경우보다 훨씬 더 해롭다(왜냐하면 신성은 그의 특권을 모독하고 훼손하는 모든 것에 대해서 공동체를 처벌하고, 그렇게 하는 한 개인 역시 처벌하기 때문이다). 모든 관습은 근원에서 멀리 떨어져 있을수록, 더 많이 잊혀질수록, 계속 더 존중할 만한 것이 된다 ; 그리고 관습에 바쳐지는 존중은 세대가 지남에 따라 쌓여, 관습은 마침내 신성한 것이 되며 외경심을 불러일으킨다. 따라서 어떤 경우든 경건의 도덕은 비이기적인 행위들을 요구하는 도덕보다 훨씬 더 오래된 도덕이다.

97.

인륜 안에서의 쾌감─쾌감과 도덕성의 근원에 대한 중요한 부분은 습관에서 생겨난다. 사람들은 익숙해진 일을 더 쉽게 더 잘하며 더 즐겨한다. 그들은 그때 쾌감을 느끼며 습관화된 것은 그 무엇을 보증한다는 것, 즉 유익하다는 것을 체험을 통해 알게 된다. 삶을 지속시켜주는 하나의 인륜은 새로운 것이며 아직 보증되지 못한 모든 시도와는 반대로 효과적이고 유익한 것으로 입증되었다. 따라서 인륜이란 쾌적한 것과 유익한 것의 결합체이며, 게다가 그것은 심사숙고할 필요가 없다. 인간은 압력을 행사할 수 있게 되면 곧 자신의 인륜을 관철시키고 실행하기 위해 그 압력을 행사한다. 왜냐하면 인간에게 그것은 이미 보증된 삶의 지혜이기 때문이다. 마찬가지로 개인으로 구성되는 공동체는 모든 개인에게 동일한 인륜을 강요한다. 바로 여기에 잘못된 추리가 있다. 왜냐하면 사람들은 어떤 인륜에서 쾌감을 느끼거나 또는 적어도 그것을 통해서 자신의 존재를 성취해나가기 때문이다. 그래서 인륜은 필수적이다. 그 이유는 사람들은 오로지 그런 인륜 아래에서만 유일하게 편안함을 느낄 수 있다고 여기기 때문이다 : 삶의 쾌감은 그런 인륜에서만 생겨나는 것처럼 보인다. 습관화된 것을 현존의 한 조건으로 보는 이런 해석은 윤리의 가장 사소하고 개별적인 것에까지 관철된다 : 열등한 민족과 문화에서는 실제적인 인과성을 통찰하는 일이 극히 미흡하기 때문에, 사람들은 모든 것이 동일한 과정을 거치는 것을 미신적인 공포심을 가지고 바라보게 된다 : 어렵고 힘들고 거추장스럽다고 느껴지는 것에서조차 겉으로 나타나는 최고의 유익성 때문에 인륜은 유지된다. 사람들은 그 정도의 안락이 다른 인륜에서도 똑같이 성립될 수 있으며 훨씬 더 높은 정도까지 달성될 수 있다는 것을 알지 못한다. 그러나 아마 그들은 모든 인륜, 가장 힘든 인륜조차도 시간이 흐르면 점차 편안하고 부드러워지며, 가장 엄격한 생활양식 역시 습관화되어 쾌감이 될 수 있다는 사실을 인정하게 될 것이다.

98.

쾌감과 사회적 본능 — 인간은 자기 자신에게서 얻는 쾌감에 다른 사람과의 관계에서 새로운 종류의 쾌감을 추가로 얻는다. 그렇게 함으로써 쾌감의 영역을 현저하게 더욱 확장시켜간다 ; 아마 인간은 이미 서로 장난을 칠 때, 다시 말하면 어미가 새끼들과 장난을 칠 때 분명 쾌감을 느낄 동물에게서 쾌감에 속하는 여러 가지 것들을 전수했을 것이다. 또한 모든 수컷이 거의 모든 암컷을 쾌감이라는 면에서 흥미롭게 보는, 또 모든 암컷 역시 그러한 성적 관계도 생각해보라. 일반적으로 인간관계를 토대로 한 쾌감은 인간을 더욱 훌륭하게 만든다. 공동의 기쁨, 즉 함께 즐겼던 쾌감은 쾌감을 한층 더 높여준다. 그것은 개인에게 자신감을 주고 선하게 만들며, 불신감과 질투심을 해소시킨다 : 왜냐하면 사람들은 스스로 유쾌하게 느끼고 다른 사람도 같은 방식으로 유쾌하게 느끼는 것을 보기 때문이다. 쾌감을 같은 양식으로 표현하는 것은 감정이란 동일한 어떤 것이라고 공감하는 상상력을 불러일으킨다 : 공동의 고통, 공동의 폭풍우, 위험, 적 등도 같은 작용을 한다. 그래서 흔히 그것을 기초로 가장 근본적인 동맹이 결성된다 : 동맹의 의미는 모든 개인의 이익을 위해 위협적인 불쾌함을 공동으로 제거하고 방어한다는 것이다. 사회적 본능은 이처럼 쾌감에서 성장해 나온다.

99.

소위 악한 행위에서의 무죄함―모든 '악한' 행위들의 동기는 보존 본능, 더 정확히 말해서 개인은 쾌감을 지향하고 불쾌감을 회피한다는 사실에 의해 규정된다. 그러나 그렇게 동기 규정된 것이라면 그것은 악한 것이 아니다. '그 자체로 고통을 주는 것'은 철학자들의 두뇌 속 외에는 존재하지 않는다. '그 자체로 쾌감을 가져다주는 것'(쇼펜하우어적인 의미에서 동정심)도 이와 마찬가지다. 국가 형성 이전의 상태에서 우리는, 굶주림을 참지 못하여 나무로 모여들 때 우리보다 먼저 그 나무의 열매를 빼앗으려는 자가 있으면 그가 원숭이든 인간이든 죽였었다. 마찬가지로 지금도 우리는 불모의 땅에서 방랑하게 될 경우 동물에 대해 그런 행동을 하게 될 것이다―지금 우리를 가장 분노하게 만드는 악한 행위들은, 그런 행위를 우리에게 가하는 상대는 자유의지를 가지고 있어서, 그의 의향에 따라 이런 나쁜 행동을 우리에게 하지 않을 수도 있다는 착각에서 나오는 것이다. 의향이라는 것에 대한 이 믿음은 증오, 복수심, 악의를 야기하고 상상력을 완전히 손상시킨다. 반면 우리는 동물에 대해서는 그렇게 격노하지 않는다. 그 이유는 우리가 그들에게는 책임이 없다고 보기 때문이다. 보존본능에서가 아니라 보복하기 위해 해를 가하는 것―그것은 잘못된 판단의 결과이기 때문에, 마찬가지로 죄가 없다. 개인은 국가 이전의 상태에서는 위협하기 위해 다른 사람을 가혹하고 잔인하게 다룰 수 있었다 : 그것은 자기 힘을 위협적으로 시험해 보임으로써 자신의 존재를 인정하게 하기 위한 것이었다. 더 약한 자를 자신에게 굴복시키는 폭력을 행사하는 자, 권력자, 최초의 국가 설립자는 그렇게 행동한다. 오늘날에도 국가가 여전히 그렇게 행하고 있는 것처럼 거기에는 그럴 권리가 있다. 오히려 그것을 방해할 수 있는 권리가 없다. 예를 들어 사회, 국가와 같은 더 큰 개체와 집단적 개체가 개인을 굴복시켜서 그들의 개별성에서 그들을 이끌어내어 집단으로 흡수하게 되면, 비로소 모든 도덕성을 위한 토대가 제대로 만들어지는 것이다. 도덕성에는 강제가 선행한다. 또한 도덕성 그 자체는 잠시 동안은 여전히 불쾌감을 피하기 위해서 사람들이 순응하는 강제일 것이다. 나중에 그것은 인륜이 되고 훨씬 후에는 자유로운 복종이 되며, 마침내는 거의 본능에 가까워지고 만다 : 그때 그 도덕성은, 오랫동안 익숙해지고 자연적인 모든 것과 마찬가지로 쾌감과 결부되어 있다.—그리고 그것은 지금 덕이라고 불린다.

100.

수치심— '신비'가 있는 곳에는 어디에나 수치심이 존재한다. 그러나 이것은 고대의 인간 문화에서 큰 범위를 차지하고 있었던 종교적 개념이다. 특정 조건을 갖추지 않으면 그곳에 들어가는 것을 신의 법으로 금지했던 경계 지은 지역들이 도처에 있었다. 어떤 특정한 장소에는 문외한들이 발을 들여놓을 수 없었으며, 그곳에 가까이 가면 그들은 전율과 불안을 느낄 만큼, 수치심은 처음에는 아주 공간적인 것이었다. 이 감정은 여러 가지 다른 관계로, 예를 들면 성적인 관계들로 옮겨갔다. 그것들은 원숙한 세대의 특권과 성소(聖所)로, 젊은 시절에는 그들 자신의 이익을 위해 눈길을 멀리해야 될 것이었다 : 그리고 이 관계를 보호하고 신성하게 보존하기 위

해서 많은 신들이 영향력을 행사하고 있으며 부부의 거실에는 그
신들이 파수꾼으로 세워져 있다고 생각되었다(그 때문에 터키 말로
이런 방을 하렘, '성전'이라 부르고, 따라서 일반적으로는 회교사원
의 앞마당을 가리키는 것과 같은 말로 표현된다). 따라서 왕권도 권
력과 영광이 빛나는 곳의 중심으로서, 지배당하는 자에게는 비밀과
수치심에 가득 찬 신비인 것이다 : 이로 인한 많은 여파들은 그런
경우가 아니라면 결코 소심한 민족에 속하지 않는 여러 민족들 사
이에서도 느낄 수 있다. 마찬가지로 내적 상태의 모든 세계, 소위
'영혼'도 무한한 시간을 통하여 신적 기원으로서 그리고 신적 교제
로서 가치있는 것이라고 믿어온 후부터, 철학자가 아닌 모든 사람
에게는 지금도 여전히 하나의 신비로 남아 있다 : 따라서 영혼은 하
나의 성소이며 수치심을 불러일으키는 것이다.

101.

판단하지 말라 ─ 앞서 간 시대들을 고찰할 때 우리는 부당한 비
방에 빠지지 않도록 조심해야 한다. 노예제도의 불공정함, 인간과
민족들을 정복하는 과정에서의 잔인성은 우리의 척도로 측정할 수
없다. 왜냐하면 당시는 정의의 본능이 아직 충분히 형성되어 있지
않았기 때문이다. 그 누가 제네바 시민 칼뱅Calvin에게 의사 세르베
투스를 화형시켰다고 비난할 자격이 있는가? 그것은 신념에서 흘
러나온 행위의 결과였고, 마찬가지로 종교재판도 타당한 권리를 가
지고 있었다. 단지 지배적인 견해가 잘못되어 우리에게 가혹하게
보이는 결과를 초래했을 뿐이다. 이제 그런 견해들은 우리와는 전

혀 동떨어진 것이 되어버렸다. 거의 모든 사람에 대한 영원한 지옥의 형벌과 비교한다면 한 개인의 화형이란 도대체 무엇이란 말인가? 나아가서 이런 생각은, 당시 신에 대한 표상이 일으키는 훨씬 더 큰 공포를 근본적으로 손상시키는 일 없이 전 세계를 지배했다. 오늘날 우리 시대에도 정치적 종파주의자는 가혹하고 잔인하게 다루어진다. 그러나 사람들은 국가의 필요성을 믿도록 교육받아왔기 때문에, 우리가 그 견해들을 비난하는 것에 대해서 그때처럼 그렇게 심하게 잔인함을 느끼지 않는다. 어린이와 이탈리아인들에게서 보이는 동물에 대한 잔인함도 몰이해에서 나오는 것이다. 즉 동물은 교회 이론의 이해관계에 의해 인간의 배후에 내버려져 있는 것이다. ― 또한 역사에 나타나는 거의 믿을 수 없을 정도의 잔인하고 비인간적인 수많은 것들도 명령하는 자와 실행하는 자가 서로 다른 인물이라는 생각에 의해서 완화된다. 즉 전자는 그 광경을 보지 않았기 때문에 상상력이 주는 인상을 강하게 받지 않는다. 후자는 상관에게 복종할 뿐이므로 자신에게는 아무런 책임이 없다고 느낀다. 대부분의 영주들과 군대 지휘관은 상상력이 부족하기 때문에 사실과 달리 약간 잔인하고 가혹하게 보여지기도 한다. ― 이기주의는 악한 것이 아니다. 왜냐하면 '이웃' ― (이 말은 그리스도교적 기원을 가진 것으로 진실에 일치하지 않는다)에 대한 표상이 ― 우리에게는 극히 미약하기 때문이며, 우리는 이웃에 대해서 마치 식물과 돌을 대하는 것처럼 자유롭고 책임이 없다고 느끼고 있기 때문이다. 다른 사람이 고통받는다는 것을 **배워야만** 한다 : 그런데 우리는 결코 그것을 완전히 배울 수는 없다.

102.

    '인간은 항상 선하게 행동한다' ─자연이 뇌우를 내려 우리를 젖게 했다고 해서 자연을 비도덕적이라고 탓하지 않는다. 그렇다면 왜 우리는 해를 끼치는 사람을 비도덕적이라고 부르는가? 그 이유는 우리가 후자의 경우에는 자의적으로 나타나는 자유의지를, 전자의 경우에는 필연성을 가정하고 있기 때문이다. 그러나 이런 구별은 오류이다. 또한 우리는 경우에 따라서는 의도적으로 해를 끼치는 것에 대해 비도덕적이라고 부르지 않는다 : 예를 들어, 인간은 모기 소리가 마음에 들지 않는다는 이유만으로 모기를 아무 거리낌 없이 의도적으로 죽이고, 우리 자신과 사회를 지키기 위해서 범죄자를 의도적으로 처벌하고 그에게 고통을 준다. 첫번째 경우는 개인이 자기 보존을 위해서 또는 자신이 불쾌해지지 않기 위해서 의도적으로 고통을 가하는 자가 되며, 두 번째 경우에는 국가가 그러하다. 모든 도덕은 의도적으로 해를 가하는 것을 정당방위로 인정한다 : 단 그것이 자기 보존의 문제가 되는 경우라면! 인간이 인간에 대해 가하는 모든 악행을 설명하기 위해서는 이 두 가지 관점만으로도 충분하다 : 인간은 자신을 위해서 쾌감을 원하고 불쾌감을 없애고자 한다. 이것은 어떤 의미에서는 항상 자기 보존의 문제다. 소크라테스와 플라톤의 말은 타당하다 : 인간은 무슨 일을 하든지 언제나 선을 행한다. 즉 인간은 지성의 정도와 이성의 갖가지 척도에 따라 언제나 자신에게 선하게(유리하게) 보이는 것을 행한다.

103.

악의에서의 무해함 ─ 악의의 목표는 다른 사람의 고통 그 자체가 아니라, 예를 들어 복수심이나 더 강렬한 신경 흥분과 같은 우리들 자신의 즐거움이다. 모든 희롱 행위는 이미 다른 사람에게 우리의 힘을 행사하여 우월감이라는 통쾌한 감정을 성취하는 것이 얼마나 만족감을 주는지를 보여준다. 다른 사람의 불쾌감을 바탕으로 해서 쾌감을 느끼는 것이 비도덕적인가? 쇼펜하우어가 말한 것처럼 남에게 해를 끼치고 기뻐하는 것은 악마적인가? 그런데 우리는 자연 속에서 나뭇가지를 꺾고 돌을 부수며, 때로는 야생동물과 싸우면서 쾌감을 느낀다. 그것은 우리의 힘을 의식하기 위한 것이다. 우리가 몰랐다면 책임이 없다고 느끼게 될 경우와 관련해서 본다면, 여기서 우리 때문에 다른 사람이 고통받고 있다는 것을 인식한다는 것이 같은 행위를 비도덕적인 것으로 만들고 있는가? 그러나 사람들이 만약 이것을 모른다면 그때는 자기 자신의 우월함이 주는 쾌감을 느낄 수도 없었을 것이다. 예를 들면 희롱 행위에서와 마찬가지로, 우월함은 실로 다른 사람의 고통 속에서만 인식될 수 있는 것이다. 모든 쾌감 자체는 선한 것도 악한 것도 아니다 ; 쾌감 자체를 음미하기 위해서 다른 사람의 불쾌감을 야기해서는 안 된다는 규정은 어디에서 오는 것인가? 그것은 오로지 이익의 관점에서, 즉 결과를 고려하는 데서 그리고 피해자나 그를 대리하는 국가가 행할 징벌과 복수를 예상하게 될 때 받을지도 모르는 불쾌감을 고려하는 데서 오는 것이다 : 오로지 이것만이 원래 그와 같은 행위들을 저지할 수 있는 근거가 될 수 있다. ─ 앞서 말한 바와 같이 악의의 목표가 다른 사람의 고통 그 자체가 아니라는 것과 마찬가지로, 동정이 목적하는 것 또한 다른 사람의 쾌감은 아니다. 왜냐하면 동정은 적어도 개인적 쾌감 그 자체의 두 가지(어쩌면 더 많은) 요소를 그 속에 간직하고 있으며, 다음과 같은 형태로 자기만족을 하기 때문이다 : 하나는 비극에서의 동정과 같은 종류인 감동의 쾌감이며, 다음은 동정이 행위를 충동할 경우, 힘을 행사할 때의 만족의 쾌감이다. 거기에다 고통받고 있는 사람이 우리 가까이 있으면, 우리는 동정적인 행위를 함으로써 우리 자신의 고통을 덜고 있는 것이다. —몇몇 철학자를 제외하면 사람들은 도덕적 감각의 서열에서 항상 동정의 자리를 상당히 낮게 매겼다. : 그것은 당연한 일이다.

104.

정당방위—정당방위가 보통 도덕적 행위라고 간주된다면, 소위 거의 모든 비도덕적 이기주의를 표명하는 데도 역시 타당성이 있어야 한다 : 인간은 자신을 보존하기 위해서, 또는 자신을 지키고, 개인적 재난을 예방하기 위해서 남에게 고통을 주고 빼앗고 또는 살인까지 한다. 간계와 위장이 자기 보존의 적절한 수단이 된다면, 사람들은 거짓말도 한다. 우리의 실존 또는 안전(우리의 안락함을 유지하는 것)과 관련될 경우에 의도적으로 해를 가하는 것은 도덕적인 것으로 허용된다. 국가도 처벌을 할 경우에는 이런 관점 아래 해를 가하는 것이다. 의도하지 않고 해를 가하는 경우에는 물론 비도덕적인 것이 있을 수 없다. 거기에는 우연이 지배하고 있다. 대체 우리의 실존, 우리의 안락함을 유지하는 것이 문제되지 않는 곳에 의도적인 해를 가하는 일이 있을 수 있을까? 예를 들면 잔인한 행위를 할 때 순수한 악의에서 해를 가하는 일이 있을까? 어떤 행위가 얼마나 고통을 줄지 모른다면, 그것은 악에 의한 행위가 아니다. 그런 의미에서 어린아이는 동물에 대해서 악의가 있는 것도 악한 것도 아니다. 다시 말해 그들은 자신의 장난감처럼 그 동물을 조사하고 파괴하기도 하는 것이다. 하지만 인간은 어떤 행위가 다른 사람에게 얼마만큼의 고통을 주는지 완전히 알고 있는 것일까? 우리는 우리의 신경조직이 미치는 정도만큼 고통에서 우리를 보호할 수 있다 : 만약 신경조직이 더 멀리까지 즉 이웃 사람에게까지 미친다면 우리는 누구에게도 해를 입히지 않을 것이다(우리가 우리 자신에게 고통을 가하는 경우, 즉 우리 몸을 치료하기 위해서 절단하거나 건강하기 위해 애쓰고 노력하는 경우를 제외하고). 우리는 유추를 함으로써 무엇이 누군가에게 고통을 줄 것이라는 결론을 내린다. 그리고 기억과 강한 상상력으로 우리 스스로 혐오감을 느낄 수도 있을 것이다. 그러나 치통과 치통을 앓는 모습이 불러일으키는 고통(동정) 사이에는 항상 어떤 차이가 있지 않을까? 따라서 : 어쨌든 우리는 소위 악의로 해를 가할 때 발생한 고통의 정도를 알지 못한다. 그러나 행위할 때 어떤 쾌감이 있는 한(자신의 힘에 대한 느낌, 자신의 격한 흥분감), 그 행위는 개인의 안락함을 유지하기 위해 발생하는 것이며, 따라서 정당방위와 필연적인 거짓말과 닮은 관점에 해당된다. 쾌감이 없는 곳에는 삶도 없다 ; 쾌감을 위한 투쟁은 삶을 위한 투쟁이다. 개인이 이런 투쟁을 사람들이 선이라고 부르는 방식으로 또는 악이라고 부르는 방식으로 하게 되는지의 문제는 그 개인의 지성의 정도와 천성이 결정할 것이다.

105.

보상하는 정의—정의란 모든 사람에게 자신의 것을 갖게 한다는 데서 성립한다고 볼 경우, 완전한 무책임에 대한 이론을 완벽하게 이해하는 사람은 소위 처벌하고 보상하는 정의를 결코 정의의 개념 속에 더 이상 넣을 수 없을 것이다. 왜냐하면 처벌받는 사람은 처벌 당할 이유가 없기 때문이다 : 그는 앞으로 특정한 행위들에 대해서 경고하기 위한 수단으로 이용되고 있는 것에 불과하다 ; 따라서 보상을 받는 사람도 그 보상에 대한 자격을 가지고 있지 않다 : 그는 자신이 행한 것 외에 달리 할 수가 없었던 것뿐이다. 따라서 보상은 그와 그 밖의 사람들에 대한 격려의 의미밖에는 가지지 못하며, 앞으로의 행위에 동기를 부여하기 위한 것일 뿐이다 ; 칭찬은 트랙 위를 달리고 있는 사람에게 환호를 보내는 것이지 목표점에 있는 사람에게 환호를 보내는 것이 아니다. 처벌과 보상도 그에게 고유한 것으로 주는 그 무엇이 아니다 ; 그가 그것을 받을 필요가 없다 하더라도 처벌과 보상은 효용성이라는 이유로 그가 받게 되는 것이다. "현명한 사람은 나쁘게 행동했기 때문이 아니라, 나쁘게 행동하지 않도록 하기 위하여 처벌한다"라고 사람들은 말했지만, 그와 마찬가지로 "현명한 사람은 선하게 행동했기 때문에 보상하지 않는다"라고 말해야 할 것이다. 만약 처벌과 보상이 폐지된다면, 특정 행위를 멀리하게 하고 특정 행위를 하게 만드는 가장 강한 동기도 없어질 것이다 ; 인간의 이익을 위해서는 그런 동기가 필요하다. 그리고 처벌과 보상, 비난과 칭찬은 허영심에 가장 민감하게 영향을 미치는 한 인간의 이익을 위해서는 허영심 역시 있을 필요가 있다.

106.

폭포 가에서—폭포를 바라볼 때 우리는 수없이 굴절되며, 소용돌이치고 부서지는 물살에서 의지의 자유와 성향을 보고 있다고 생각하게 될 것이다. 그러나 모든 것은 필연적이며, 모든 운동은 수학적으로 계산될 수 있다. 인간의 행위도 마찬가지다 ; 만약 인간이 모든 것을 알고 있다면, 개별적인 모든 행위는 미리 계산될 것이다. 인식의 모든 진보, 모든 오류, 모든 악의도 말이다. 행위자 자신은 당연히 자의라는 환상에 빠져 있다. 만약 어떤 순간에 세계라는 바퀴가 정지하고 그 정지를 이용하기 위해 모든 것을 알고 있는 계산적인 오성이 거기에 있다면, 오성은 가장 먼 시대에 이르기까지의 모든 존재의 미래도 설명해줄 수 있을 것이며, 그 바퀴가 굴러가게 될 선로까지도 모두 그릴 수 있을 것이다. 행위자가 자기 자신에 대하여 착각하는 것, 즉 자유의지를 가정하는 것도 바로 이 계산되어야 할 메커니즘 속에 포함되어 있는 것이다.

107.

무책임함과 무죄함—인식하는 자가 삼켜야만 하는 가장 쓴 물약은, 인간이 자신의 행동과 본질에 대하여 완전히 무책임하다는 것이다. 만약 인식하는 자가 책임과 의무를 인간성의 특별 표창장으로 간주하는 데 익숙해 있었던 경우라면 말이다. 그의 모든 평가, 명예, 혐오는 그것에 의해서 가치를 상실하고 잘못된 것이 되어버렸다 : 그가 순교자와 영웅에게 바쳤던 가장 깊은 감정도 오류로 간주되었다 : 그는 더 이상 칭찬해서도 비난해서도 안 된다. 왜냐하면 자연과 필연성을 칭찬하고 비난하는 것은 무의미하기 때문이다. 훌륭한 예술작품을 사랑하기는 하지만 그 예술작품이 스스로 아무것도 할 수 없기 때문에 칭찬하지 못하는 것처럼, 그는 마치 식물 앞에 서 있듯이 사람들의 행위 앞에 그리고 자신의 행위 앞에 서지 않으면 안 된다. 그는 그런 행위들에서 보여지는 힘, 아름다움, 충실함에 감탄할 수 있지만 그 안에서 어떤 업적을 보아서는 안 된다 : 화학적 과정과 원소들의 싸움, 완쾌를 갈망하는 환자의 고통과 마찬가지로 영혼의 투쟁과 고통의 상태는 아무런 업적도 아니다. 사람들이 말하듯이, 거기에서 우리는 결국 가장 강한 동기를 선택하게 될 때까지(그러나 사실은 가장 강한 동기가 우리를 선택할 때까지) 여러 가지 동기들에 의해서 이럴까 저럴까 망설이게 된다ㅡ. 그러나 아무리 고상한 이름을 그것들에 부여하더라도 이런 동기들은 우리가 그 안에 나쁜 독이 있다고 믿는 것과 같은 뿌리에서 자라나온 것이다 ; 선한 행위와 나쁜 행위 사이에는 종류의 차이가 아니라, 기껏해야 정도의 차이가 있을 뿐이다. 선한 행위란 승화된 나쁜 행위이며, 나쁜 행위란 다듬어지지 않고 어리석은 선한 행위이다. 자기만족을 추구하는 개인의 유일한 욕망(이것은 자기만족을 상실할 거라는 공포감에서 유래한다)은 어떤 상황에서든 인간이 스스로 행할 수 있는 대로, 즉 행해야만 하는 대로 하면 만족되는 것이다 : 그것이 허영, 복수, 쾌락, 유용성, 악의, 간계의 행동이든 헌신, 동정, 인식의 행동이든 상관없이 만족되는 것이다. 어떤 사람이 이런 욕망에 의해 어디까지 끌려가게 되는지는 판단 능력의 정도가 결정한다. 항상 모든 사회에 그리고 모든 개인에게는 선의 위계라는 것이 존재하며, 거기에 따라 개인은 자신의 행위를 규정하고 다른 사람의 행위를 판단한다. 하지만 이러한 척도는 끊임없이 변화한다. 많은 행위가 악하다고 말하지만 그 행위들은 단지 어리석은 행위일 뿐이다. 왜냐하면 그런 행위를 선택했던 지성의 정도가 너무 낮았기 때문이다. 물론 특정한 의미에서는 지금도 여전히 모든 행위는 어리석다. 왜냐하면 현재 이를 수 있는 최고의 인간 지성은 반드시 또 추월당할 것이기 때문이다. 그리고 후에 회고해보면, 미개하고 야만적인 민족들의 행위와 판단이 오늘날 우리에게는 편협하고 경솔하게 생각되는 것처럼, 우리의 모든 행위와 판단도 그렇게 편협하고 경솔해 보일 것이다. ―이 모든 것을 통찰하는 일은 심한 고통을 줄 수도 있다. 그러나 그 다음에는 위안이 찾아온다 : 그와 같은 고통들은 산고이다. 나비는 자신의 껍질을 깨고 나가려고 껍질을 힘껏 잡아당겨 찢어버린다 : 그때 미지의 빛과 자유의 왕국이 나비를 눈부시게 하고 혼란스럽게 만든다. 저 슬픔의 능력을 지닌 그런 인간들―그들의 수는 얼마나 적은가!―에게서, 인류가 도덕적 인류에서 현명한 인류로 변화할 수 있을 것인가에 대한 최초의 시도가 이루어진다. 새로운 복음의 태양은 최초의 빛을 개인의 영혼에 있는 꼭대기까지 던진다 : 그때 안개는 여느 때보다 더 짙게 뭉쳐 오르고 가장 밝은 불빛과 가장 어두운 여명이 나란히 자리하게 된다. 모든 것은 필연이다―라고 새로운 인식은 말한다 : 그리고 이 인식 자체도 필연이다. 모든 것은 죄가 없으며, 인식이란 무죄를 향한 통찰에 이르는 길이다. 도덕적 현상들 및 그 현상들이 최고로 번창하고 인식의 진리와 공정성에 대한 감각을 생산하기 위해서 쾌감, 이기주의, 허영심이 필연적인 것이라면, 오류와 상상력의 과오는 인류가 점차 이 정도의 자기조명과 자기구원에까지 향상할 수 있는 유일한 수단이었다―그 누가 그러한 수단을 과소 평가할 수 있겠는가? 그런 길들이 이르게 될 목표를 의식할 때 누가 슬퍼할 수 있단 말인가? 도덕의 영역에서 모든 것은 생성되고 있고 변화할 수 있으며 동요하고 있다. 만물은 흐름 속에 있다. 그것은 진실이다 : ―그러나 모든 것은 또한 유전한다 : 하나의 목표를 향하여. 잘못 평가하고 사랑하고 미워하는 유전적인 습관이 우리들 내부에서 끊임없이 지배할지라도, 그런 습관은 점점 자라나는 인식의 영향을 받아 점점 약화되어갈 것이다. 새로운 습관, 즉 이해하고 사랑하지 않으며, 미워하지 않고 달관하는 습관은 우리 속에서 조금씩 같은 땅을 경작하여, 수천 년 후에는 아마도 현명하고 죄 없는(무죄를 인식하는) 인간을 규칙적으로 산출해낼 힘을 인류에게 부여할 만큼 충분히 강해질 것이다. 지금 인류가 현명하지 못하고 부당하며 죄의식을 가진 인간을―그들은 전자의 필연적인 예비 단계이지 반대가 아니다―산출하고 있는 것처럼 말이다.

제3장
종교적 삶

108.

재앙에 대한 이중의 투쟁 — 어떤 재앙이 닥쳐올 경우, 우리는 원인을 제거하거나 아니면 그것이 우리의 감각에 미치는 영향을 바꿈으로써 그 재앙에서 벗어날 수가 있다. 즉 재앙의 이익이 나중에야 비로소 명백해지는 그런 좋은 것이라는 새로운 해석을 붙임으로써 그 재앙에서 벗어날 수가 있는 것이다. 종교와 예술(형이상학적 철학 역시)은 감각을 변화시키는 작용을 하려고 노력한다. 즉 종교와 예술은 부분적으로는 체험에 관한 우리의 판단을 바꿈으로서, (예를 들어 '신은 그가 사랑하는 자를 응징한다'는 명제에 힘입어), 또 부분적으로는 고통과 정서 일반에 일종의 쾌감을 일깨움으로써 (비극적 예술은 여기에서 출발한다) 감각들을 변화시키려고 노력한다. 어떤 사람이 새롭게 해석하거나 올바르게 해석하려고 할수록, 그만큼 그는 재앙의 원인을 직시하게 되고 그것을 제거하기 힘들다 ; 치통의 경우 통용되고 있는 것처럼 좀더 심각한 고통에도 순간적인 완화와 마취로 족하다. 종교와 모든 마취술의 지배가 줄어들수록, 인간은 재앙을 현실적으로 제거하는 것을 더 강하게 직시하게 된다. 이것은 물론 비극의 시인에게는 나쁜 일이다. — 왜냐하면 냉정하고 극복하기 어려운 운명의 영토가 점점 좁아지므로, 비극의 소재도 점차 줄어들기 때문이다 — 그러나 신부들에게는 더 나쁜 일이다 : 왜냐하면 그들은 지금까지 인간의 재앙을 마취해주는 일로 살아왔기 때문이다.

109.

인식은 슬픔이다―우리에게 선을 요구하고 모든 행위, 모든 순간, 모든 생각에서 우리의 파수꾼이며 증인이기도 한 신 그리고 우리를 사랑하고 모든 불행 중에서도 우리의 최선을 바라는 신이 존재한다고 주장하는 신부들의 잘못된 주장을 사람들은 얼마나 좋아하는가. 그리고 그 착각들을 즐겨하는 것과 마찬가지로, 사람들은 또 얼마나 그 잘못된 주장과 상처를 치유하고 진정시키며 즐겁게 해주는 진리를 바꾸기를 바라는가! 그럼에도 불구하고 그런 진리는 존재하지 않는다 ; 철학은 기껏해야 또다시 형이상학적 가상(근본적으로는 역시 비진리)을 그 진리에 대립시킬 수 있을 뿐이다. 그러나 사람들이 진리의 엄밀한 방법을 가슴과 머리 속에 지니고 있을 경우 종교와 형이상학의 교의를 더 이상 믿을 수 없다는 것이며, 다른 한편으로는 인간은 인류의 발전을 통해 최고의 치료제와 진정제가 필요할 정도로 약하고 민감하고 괴로워하는 존재가 되어버렸다는 것은 비극이다. 이 비극에서부터 인간은 인식된 진리로 인해 피를 흘려야 할 위험이 생겨나게 된다. 이것을 바이런Byron은 불멸의 시구로 표현하고 있다.

> 인식은 슬픔, 가장 많이 아는 자들은
> 가장 깊이 숙명적 진리를 탓하지 않으면 안 된다.
> 인식의 나무는 생명의 나무가 아닌 것이다.

이와 같은 불안에는, 적어도 영혼의 최악의 시간과 일식(日蝕)에 호라티우스의 축제적인 경쾌함을 주문으로 불러내어 자기 스스로에게 말하는 것밖에는 달리 도움을 줄 방법이 없다.

> 왜 영원한 계획으로
> 더욱 작은 영혼을 피로하게 하는가?
> 여기 높은 플라타너스 나무 아래
> 소나무 밑에 몸을 뉘고—

그러나 온갖 경솔함과 우울증이라도 어떤 형식으로든 그리스도교에 낭만적으로 되돌아가고 도망치며 가까워지는 것보다는 훨씬 더 낫다 : 왜냐하면 현재의 인식 상태에서는 사람들이 자신의 지적 양심을 치명적으로 더럽히거나 자신과 다른 사람 앞에서 **지적 양심**을 포기하지 않고서는 그리스도교와 관계를 맺을 수가 없기 때문이다. 그 아픔은 참으로 고통스러울 것이다 : 그러나 사람들은 아픔 없이 인류의 지도자와 교육자가 될 수 없다 ; 이것을 시도하고자 하는 자에게는, 또 더 이상 순수한 양심을 가지고 있지 않은 자에게는 고통이 있을 것이다!

110.

종교에서의 진리—계몽주의 시대에 사람들은 종고의 의미를 해석할 때 공정하지 못했다. 거기에는 의심의 여지가 없다 : 그러나 사람들은 그 뒤를 이은 계몽주의에 맞서 항쟁하는 중에도 종교를 사랑으로, 나아가서 연애로까지 취급하고, 예를 들어 세계를 더 깊이, 아니 가장 깊이 해석하는 일을 종교에게 인정해줌으로써 또 다시 어느 정도 정의를 넘어섰던 것이 사실이다. 그런 해석은 분명한 형식 속에서 '진리'를 인식하기 위해 교의적인 겉치레를 벗겨내고 학문을 되찾아야 한다. 따라서 종교들은—이것이 모든 계몽주의를 반대하는 사람들의 주장이었다—대중의 이해력을 고려하여 비유적 의미로 저 고대의 지혜를 논해야만 한다. 고대의 지혜는 근세의 모든 참된 학문이 그곳을 이탈하지 않고 항상 그곳을 향해 갔던 점에서 지혜 그 자체다 : 그러므로 인류 최초의 현자들과 모든 후세의 현자들 사이에는 통찰의 조화, 아니 통찰의 일치가 지배하고 있으며 인식의 진보—만약 우리가 그것에 대하여 말하기를 원한다면—는 본질이 아니라 본질의 전달과 관련이 있다. 종교와 학문에 대한 모든 견해는 철두철미하게 오류이다. 그리고 만약 쇼펜하우어의 웅변술이 이 견해를 변호하지 않았다면 지금 누구도 감히 그것을 승인하려 하지 않을 것이다 : 그것은 크게 울려퍼지는 그리고 한 세대 뒤에야 비로소 청중에게 이르게 될 웅변술이었다. 우리가 쇼펜하우어의 종교적, 도덕적 인간 해석 및 세계 해석에서 그리스도교와 다른 종교를 이해할 수 있는 많은 것을 얻을 수 있다는 사실만큼, 그가 인식에 대한 종교의 가치에 대해서 잘못 생각했다는 사실 또한 명백하다. 쇼펜하우어 자신은, 낭만주의에 경의를 표하고 계몽주의 정신과는 인연을 끊었던 동시대의 학문적 교사들의 너무 순진한 제자였을 뿐이었다. 만약 그가 지금 우리 시대에 태어났다면, 종교의 비유적 의미에 대하여 말하는 것은 불가능했을 것이다. 오히려 그는 늘 말하듯이, 다음과 같은 말로 진리에 경의를 표했을 것이다 :

종교는 아직까지 한 번도 간접적으로나 직접적으로나, 고의로서나 비유
로서나 진리를 가진 적이 없었다. 왜냐하면 모든 종교는 두려움과 필
요에서 태어나 이성의 미로를 통해 현존 속으로 몰래 들어갔던 것
이기 때문이다 ; 아마 종교는 한때 학문에게 위협당하는 상황에 처
5 했을 때 어떤 철학이론을 자신의 체계 속에 숨겨 들여놓음으로써
훗날 사람들이 그 철학이론을 발견하도록 했을 것이다 : 그러나 이
것은 종교가 이미 자기 자신에 대해 회의하던 시대에서 나온 신학
자들의 재주다. 현학적이고 철학에 푹 좇어 있었던 시대의 종교로
서의 그리스도교에서 물론 아주 일찍이 행해졌던 신학의 이러한 재
10 주는 저 비유적 의미의 미신으로 유도되었다. 그러나 더 심한 것은
자신 속에서 발견되는 모든 감각을 인간 일반의 근본적인 본질로 취
급하고, 또한 자신의 종교적 감각이 그들 사상의 체계를 구축하는
데 중대한 영향을 미치는 것을 허용했던 철학자들 (즉 어중간한 존
재, 시적인 철학자와 철학하는 예술가들)의 습관이었다. 철학자들
15 은 다양하게 모든 종교적 습관의 전통 아래에서 또는 적어도 오래
전부터 전해 내려오는 저 '형이상학적 욕구' 의 힘 아래에서 철학을
했기 때문에, 사실상 유대교와 그리스도고 또는 인도의 종교이념과
아주 비슷해 보였던 학설에 이르게 되었던 것이다. 즉 비슷하다는
것은 자식이 어머니를 닮는 경향과 비슷하다는 말이다. 그러나 이
20 경우는 아버지가 어머니의 모든 것을 분명히 알지 못해서가 아니라
모든 종교와 학문의 가족적 유사성을 경탄하는 순수함 속에서 이야
기를 꾸며냈던 것이다. 사실 종교와 실제 학문 사이에는 친족 관계
도, 친구 관계도, 또한 적대 관계조차도 성립하지 않는다. 그것들은
서로 다른 별에서 살고 있다. 종교적인 혜성의 꼬리를 자신의 마지

막 전망 너머에 있는 어둠 속에서 반짝이게 내버려두는 모든 철학은, 학문으로 설명되고 있는 모든 것 그 자체를 의심스럽게 만들고 있다 : 추측건대 이 모든 것은 학문의 탈을 쓰고 있다 하더라도 종교와 마찬가지다.—그런데 : 만약 예를 들어 모든 민족이 신의 존재와 같은, 특정 종교의 문제에 대해서 일치했다고 하더라도(덧붙여 말하자면, 그것은 이 요점과 관계 있는 경우는 아니지만), 그것은 그 주장된 문제, 예를 들어 신의 존재에 대한 하나의 **반론**에 지나지 않는다 : 민족의 일치와 인류 일반의 일치라는 것은 공평하게 말해서 바보짓으로 간주될 수 있을 뿐이다.

이에 반해 모든 지식인들의 일치란 다음의 괴테의 시가 말하고 있는 것을 제외하고는 어떤 것과의 관계에서도 존재하지 않는다.

> 모든 시대의 최고의 현자들은 전부
> 미소를 짓고 눈짓하며 동의한다 :
> 바보가 더 나아지기를 기다리는 것은 어리석도다!
> 총명한 아이들이여, 바보들은
> 역시 바보가 되도록 두라, 그들에게 어울리도록!

시행과 리듬을 묵인하고 우리의 경우에 적용하면, 지식인들의 일치는 민족의 일치가 바보짓으로 간주되는 바로 거기에서 성립한다.

111.

종교적 예배의 기원 ― 종교적 삶이 가장 힘차게 꽃피었던 시대로 거슬러올라가면, 우리는 하나의 근본 신념을 발견하게 된다. 지금 우리에게는 이미 그런 근본 신념은 더 이상 없으며, 그 때문에 우리에게는 종교적 삶을 여는 문이 영원히 폐쇄되어 있다는 것을 알게 된다 : 이 근본 신념은 자연과 자연의 관계에 관한 것이다. 사람들은 그 시대에는 아직 자연법칙에 대해서 아무것도 알지 못했다 ; 땅에도 하늘에도 필연이라는 것은 존재하지 않는다. 계절, 햇빛, 비는 올 수도, 오지 않을 수도 있다. 자연적인 인과성에 대한 모든 개념이 완전히 결여되어 있다. 배를 저어 갈 때, 배를 움직이는 것은 노가 아니다. 데몬Dämon을 강요하는 마술적인 의식이 배를 움직일 뿐이다. 모든 질병, 죽음 그 자체도 마술적인 작용의 결과이다. 질병에 걸리고 죽는 것은 결코 자연적으로 행해지는 것이 아니다 ; '자연적 과정'에 대한 전체적인 표상이 결여되어 있다.―이 표상은 고대 그리스인들에게서, 즉 인류의 아주 후기 단계에 여러 신들을 통치하는 모이라Moira라는 개념 속에서 비로소 싹트기 시작한다. 어떤 사람이 활을 쏠 때는 언제나 비합리적인 손과 힘이 함께한다 ; 갑자기 샘이 마르면 사람들은 먼저 지하의 데몬들과 그들의 술책을 머리에 떠올린다 ; 눈으로 볼 수 없는 작용으로 사람이 갑자기 쓰러진다면 신이 쏘는 화살 때문임이 틀림없을 것이다. 인도에서는 (루보크Lubbock에 의하면) 목수가 자신의 망치와 도끼 그 밖의 도구에 제물을 바치는 경향이 있다 ; 브라만교의 승려는 자신이 쓰는 펜을, 병사는 자신이 전쟁터에서 사용하는 무기를, 미장이는 자신의 흙손을, 노동자는 자신의 쟁기를 그런 식으로 다룬다. 모든 자연은 종교적인 인간의 표상 속에서 좀더 의식적이고 더욱 의욕적인 행위들의 총합이며 자의성들의 거대한 복합체. 우리의 외부에 존재하는 모든 것에 관해서는, 그 무엇이 이러할 것이다 또는 이러해야만 한다라는 추리는 결코 허용되지 않는다 ; 거의 더 확실하고 더 계산될 수 있는 것은 바로 우리들이다 : 인간은 규칙이며 자연은 불규칙이다—이 명제는 조잡한, 종교적인 면에서는 창조적인 원시문화를 지배하고 있는 근본 신념을 내포하고 있다. 오늘날 우리 인간들은 완전히 정반대로 느끼고 있다 : 오늘날에는 인간이 자신을 내면적으로 풍요롭게 느끼면 느낄수록, 그의 주관이 다성적(多聲的)이면 다성적일수록 자연의 균형은 더 강력하게 인간에게 작용한다 ; 우리 모두는 괴테와 더불어 자연 속에서 현대의 영혼을 진정시키기 위한 위대한 수단을 인식하게 된다. 우리는 휴식과 평온해짐과 안정됨을 동경하며, 마치 우리가 이 균형을 우리 속에 흡수시켜 그것을 통해 비로소 우리들 자신을 향유할 수 있게 되기라도 하는 것처럼, 가장 거대한 시계 추가 울리는 소리를 듣는다. 그전에는 반대였다 : 여러 민족들의 미숙한 초기 상태를 회상하거나 오늘날의 야만인들을 가까이에서 보게 되면, 우리는 그들이 **법칙과 관습**에 아주 강하게 규정되어 있음을 알 수 있다 : 개인은 거의 자동적으로 거기에 얽매어 있고 추의 일률성과 함께 움직이고 있다. 그에게 자연, 즉 알지 못하는, 두렵고 비밀에 가득 찬 자연은 **자유의 왕국**이요 자의와 더 높은 힘의 왕국이며 그와 동시에 이른바 현존의 초인간적인 단계로서, 즉 신으로서 나타나는 것임이 틀림없다. 그러나 그런 시대와 상황에 있는 모든 개인은 자신의 실존, 자신의 행복, 가족과 국가의 행복, 모든 계획의 성공이 얼마만큼 자연의 그 자의성에 달려 있는지를 느끼고 있다. : 몇몇 자연의 과정들은 적절한 시기에 발생하고, 또한 다른 자연의 과정들은 적절한 시기에 발생하지 않는다. 어떻게 인간은 이 무시무시한 미지의 것에 영향력을 행사할 수 있을까? 어떻게 인간은 자유의 왕국을 속박할 수 있을까? 이렇게 그는 자신에게 의문을 제기하고 불안하게 탐구한다 : 너 자신이 규칙적인 것과 마찬가지로, 그 힘들을 관습과 법칙을 통해 규칙적으로 만들 수단은 도대체 아무것도 없단 말인가?―마술과 기적을 믿는 인간의 사유는 자연에 법칙을 부여하게 된다―그리고 간단하게 말해서 이 사유의 결과가 종교적 예배이다. 그러한 사람들이 스스로 제기하는 문제는 다음 사항과 극히 밀접한 관계가 있다 : 어떻게 더 약한 종족이 더 강한 종족에게 법칙을 명령하고, 그들을 규정하며 그들의 행위(더 약한 종족에 대한)를 지휘할 수 있을까? 가장 무해한 종류의 강제라는 것을 사람들은 가장 먼저 떠올리게 될 것이다. 그 강제는 누군가의 호의를 받았을 때 행하게 되는 그러한 강제이다. 간청과 기도로, 굴복으로, 규칙적인 세금과 선물을 바치는 의무감으로, 아첨하는 찬양으로 자연의 힘에 강제를 행사하는 것도, 사람들이 자연을 호의적으로 만드는 한에서 가능한 일이다. 사랑은 구속하고 또한 구속당한다. 그리고 사람들은 서로에게 특정한 태도를 가져야 할 의무를 가지며 담보를 잡히고 서약을 주고받음으로써 계약을 체결할 수가 있다. 그러나 훨씬 더 중요한 것은 요술과 마술에 의한 더욱 강제적인 일종의 구속들이다. 인간이 마술사의 도움으로 더 강한 적을 해쳐서 그로 하여금 자신을 두려워하게 하듯이 그리고 사랑의 마력이 멀리까지 미치기도 하듯이, 더 약한 인간도 훨씬 더 강한 자연의 정신들을 규정할 수 있다고 믿는 것이다. 모든 마술의 주요한 수단은 어떤 사람에게만 속하는 그 무엇, 즉 머리카락, 손톱, 그 사람의 식탁에 놓인 음식물, 뿐만 아니라 그의 초상화와 이름까지도 자신의 뜻대로 다루는 것이다. 그러면 사람들은 그 부속물로 마법을 걸 수 있다 ; 모든 정신적인 것에는 신체적인 것이 속해 있다는 근본 전제가 있기 때문이다. 신체적인 것의 도움을 빌려서 사람들은 정신을 구속하고 해를 끼치고 파괴할 수도 있다 ; 신체적인 것은 정신적인 것을 잡을 수 있는 손잡이를 제공한다. 그렇게 인간이 인간을 규정하는 것처럼, 인간은 어떤 것이든 자연의 정신 역시 규정한다. 왜냐하면 자연의 정신 또한 파악될 수 있는 자신의 신체적인 것을 가졌기 때문이다. 나무와 비교하자면 나무와 그 나무가 생장해 나온 나무의 씨라는 이 수수께끼 같은 공존은 두 개의 형식 속에 하나의 동일한 정신이 작게 그리고 크게 육체화되어 있는 것을 증명하는 것처럼 보인다. 갑자기 굴러가는 돌은 그 속에 정신이 작용하고 있는 육체이다. 황량한 황무지에 큰 돌덩어리가 놓여 있다면, 그것을 거기까지 운반한 인력을 생각한다는 것은 불가능해 보인다. 따라서 바위는 자기 스스로 움직였음이 틀림없다. 즉 그 돌덩어리는 정신을 지니고 있음이 틀림없다. 육체를 가진 것은 마술에 걸릴 수 있고, 따라서 자연의 정신도 마찬가지다. 만약 신이 자신의 초상화에 묶일 수 있다면 사람들은 신에게 아주 직접적으로 압력을(희생제물의 거부, 채찍질, 사슬로 묶음 혹은 그와 비슷한 것에 의해서) 행사할 수가 있다. 중국의 서민들은 그들의 신에게 없는 은총을 애써 얻기 위해, 자기들을 곤궁 속에 내버려둔 그 신의 초상에 밧줄을 감아 쓰러뜨리고, 거리에서 점토와 거름더미 사이로 끌고 다닌다. 그들은 "이 정신을 가진 개 같은 너! 우리는 너를 찬란한 사원에 살게 했고, 아름답게 도금도 해주었고, 잘 먹이고 제물도 바쳐왔는데, 너는 아주 배은망덕하다"고 말한다. 성자상과 성모상에 대하여도, 그들이 전염병과 가뭄에 책무를 다하려고 하지 않았을 경우, 이와 유사한 압력 행사가 극세기 카톨릭 국가들에서도 발생했다.—자연에 대한 이 모든 마술적 관계들을 통하여 수많은 의식(儀式)들이 창립되었다 : 그리고 마침내 의식들이 지나치게 혼란스럽게 되자, 사람들은 이것을 정돈하고 체계화하려고 했으며 그래서 자연의 총체적인 운동, 즉 거대한 사계의 순조로운 과정은 그에 상응하는 진행-체계의 과정을 통하여 보증되는 것이라고 생각하려 했다. 종교적 예배의 의미는 자연을 인간의 이익이 되도록 규정하고, 마법으로 사로잡는 것, 즉 자연에 그것이 처음부터 가지고 있지 않은 법칙성을 새겨넣는 것이다 ; 반면 오늘날에는 사람들이 스스로 자연에 속하기 위하여 자연의 법칙성을 인식하려고 한다. 간단히 말해 종교적 예배의 토대는 인간과 인간 사이에 존재하는 마술의 표상이다 ; 그리고 마술사는 신부보다 오래된 자다. 그러나 그와 마찬가지로 다른 더 고상한 표상들을 기초로 삼는다. 그것은 인간과 인간의 공감 관계, 호의, 감사, 간청하는 사람의 청을 들어주는 것, 적대하는 사람 간의 계약, 담보임대, 재산을 보호해줄 것을 요구하는 삶을 전제로 한다. 인간은 아주 저급한 문화 단계에서도 자연에 대해 무력한 노예로 대립하지 않는다. 그는 자기 의지가 없는 자연의 하인은 결코 아니다. 종교의 그리스적 단계에서, 특히 올림포스의 여러 신들과의 관계에서는 더 고귀하고 더 힘 있는 계급과 덜 고귀한 두 사회 계층의 공동적 삶까지 미루어 생각할 수 있다 ; 그러나 그 유래에 의하면, 양자가 모두 어떤 방법으로든지 조화를 이루고 있고 같은 종류여서 서로 부끄러워할 필요가 없다. 이것이 그리스의 종교성에서 고귀한 것이다.

112.

어느 고대의 제물 용기들을 보면서—우리가 얼마나 많은 감각을 상실하고 있는지, 예를 들어 종교적 감정과 익살스러운 것, 심지어는 음탕한 것과의 결합에서 볼 수 있다 : 이런 혼합의 가능성에 대한 감각은 사라지고, 우리는 단지 데메테르 축제와 디오니소스 축제 그리고 그리스도교의 부활절극과 신비극에 그 감각이 있었다는 사실을 단지 역사적으로 이해할 수 있을 뿐이다. 그러나 우리는 여전히 광대놀음이나 그와 비슷한 것에는 숭고한 것이, 해학적인 것에는 감동적인 것이 녹아들어 있다는 것을 알고 있다. 아마 다음 시대에는 이것 역시 이해하지 못하게 되겠지만.

113.

고대 유물로서의 그리스도교—어느 일요일 아침 낡은 종이 울리는 소리를 들으면, 우리는 우리 자신에게 도대체 이런 일이 어떻게 가능한가!라고 묻게 될 것이다. 이런 일이란 자신이 신의 아들이라 말하고 2천 년 전 십자가에 못 박힌 어느 유대인에 해당하는 말이다. 그런 주장에 대한 증거는 없다.—확실히 우리 시대 내에서 그리스도교란 먼 옛날부터 전해온 하나의 고대 유물이다. 그리고 그런 주장을 믿는 것은—그 밖의 경우에 모든 요구를 검토할 때는 극히 엄격한 반면에—아마도 이 유산의 가장 오래된 부분일 것이다. 이 세상의 여자에게 아이를 낳게 하는 신, 더 이상 일하지 말고 심판하지 말라고 요구하면서 다가올 세계 몰락의 징후에는 유의하라고 하는 현자; 죄 없는 사람을 대리 희생으로 삼는 정의; 제자들에게 자신의 피를 마시라고 명령하는 어떤 사람; 기적이 일어나기를 비는 기도; 어떤 신에게서 저지르고 다른 한 신을 통해서 속죄되는 죄; 죽음이 그 관문이 되는 피안에 대한 공포; 십자가의 정의와 치욕을 더 이상 알지 못하며 시대의 상징에 불과한 십자가 형상—이 모든 것이 먼 과거의 무덤에서 얼마나 지독하게 우리에게 엄습하는가! 그런 것들을 아직도 믿고 있다는 사실을 믿어도 되는 것일까?

114.

그리스도교에서의 비그리스적인 것—그리스인은 호메로스의 신들을 자기 위의 주인으로 보지 않았으며, 유대인과 달리 자신들을 신들의 아래에 있는 하인이라고 보지도 않았다. 말하자면 그들은 자신들의 사회 계층의 가장 성공적인 모범으로 비친 상, 곧 이상을 보았던 것이지 자신의 본질과 대립되는 것을 보지 않았다. 사람들은 서로 유사하다고 느끼게 되며 거기에는 서로 간의 이해관계, 일종의 상호 동맹이 존속하고 있다. 인간은 자신에게 그런 여러 신들을 부여할 때 스스로 고귀하다고 생각하게 되며 마치 고급귀족에 대한 하급귀족의 관계와 비슷한 설정 속에 놓이게 되는 것이다; 반면 이탈리아의 민족들은 진정한 농민 종교를 가지고 있어서, 악하고 변덕스런 권력의 소유자와 괴롭히는 자들에 대해 항상 두려움을 가지고 있다. 올림포스의 신들이 사라진 곳에서는 그리스인의 삶 역시 더 어둡고 불안해졌다.—반면 그리스도교는 인간을 압박하고 완전히 파괴시켜 깊은 진창 속에 빠뜨렸다 : 그 다음 그리스도교는 단 한 번에 이 완전한 극악무도함의 감정 속으로 신의 자비의 영광을 비쳐들게 함으로써, 압도당한 자, 은총에 마비된 자는 황홀의 비명을 지르고, 한 순간 하늘나라 전부를 자신 안에 가진 것으로 믿었다. 그리스도교의 모든 심리학적 발명은 감정의 이러한 병적인 과도함과 거기에 필요한 머리와 마음속의 깊은 파괴를 향해 작용했다 : 그리스도교는 파멸시키고, 파괴하고, 마비시키고, 도취시키려고 한다. 단 한 가지, 척도만은 원하지 않는다. 따라서 그리스도교는 가장 깊은 의미에서 말하면, 야만적이며 동양적이고, 천박하고 비그리스적이다.

115.

종교적으로 이득이 되는 것—종교가 좀더 고귀한 인간성의 장식물인 것처럼 꾸미는, 냉정하고 상술에 능한 사람들이 있다 : 이런 사람들은 종교적인 태도에 아주 능해서 그것이 그들을 미화해준다. 어떤 것이든 무기를 다루는 법을 모르는 사람은—입과 펜도 무기로 간주한다면—비굴해진다. 그런 사람에게는 그리스도교가 아주 유익하다. 왜냐하면 거기에서는 비굴함이 그리스도교적 미덕의 외관을 띠고 놀랄 만큼 미화되고 있기 때문이다.—자신의 일상생활이 너무 공허하고 단조롭다고 느끼는 사람들도 쉽게 종교적이 된다. 이것은 이해할 수 있는 일이며, 용서할 일이다. 다만 그들에게는 일상생활이 공허하고 단조롭게 흘러가지 않는 사람들에게까지 종교성을 요구할 권리는 없다.

116.

일반 그리스도교인―만약 복수하는 신, 보편적인 죄악, 예정설, 영원한 형벌의 위험과 같은 교리를 가지고 있는 그리스도교가 옳다면, 신부나 사도 또는 은둔자가 되어서 공포와 전율 속에 오직 자기 자신의 구원에만 힘쓰지 않는 것은 정신 탁약과 비겁함의 징후일 것이다 ; 일시적인 편안함 대신 영원한 이익을 그렇게 간과하는 것은 어리석은 일이다. 대체로 교리가 믿어지고 있다고 전제한다면, 일반 그리스도교인은 가련한 형상이요 사실은 셋까지도 셀 수 없는 인간이다. 그런데 바로 그의 정신적 무능력 때문에 그는 그리스도교가 그에게 약속한 바처럼 그렇게 엄하게 처벌받을 까닭이 없는 것이다.

117.

그리스도교의 교활함에 대하여―인간 일반의 완전한 무가치함, 죄악과 비열함을 널리 가르침으로써, 더 이상 이웃을 경멸할 수 없게 하는 것이 그리스도교의 술책이다. "그가 원하는 대로 그도 죄를 범할 수 있다. 그는 나와 본질적으로 다를 바 없다 : 어쨌든 나는 어느 정도이든 무가치하고 비열한 존재다." 이렇게 그리스도교인은 자신에게 말한다. 그러나 이 감정 또한 가장 날카로운 가시를 잃어버렸다. 왜냐하면 그리스도교인은 자신의 개인적인 비열함을 믿고 있는 것이 아니기 때문이다. 그는 인간 일반으로서 악한 존재이며, 우리는 모두 같은 부류라는 신조에서 약간은 안심하고 있다.

118.
배역들의 교체─하나의 종교가 지배하게 되면, 그 종교는 최초의 사도가 되었을지도 모를 사람들을 모두 적으로 만든다.

119.
그리스도교의 운명─그리스도교는 마음을 가볍게 하기 위해 생겨났다 ; 그러나 나중에 가볍게 느끼기 위해서 당장은 먼저 마음을 무겁게 하지 않으면 안 된다. 따라서 그리스도교는 몰락할 것이다.

120.
쾌감의 증명─마음에 드는 의견은 참이라고 인정된다. 이것은 모든 종교가 참으로 부끄러워해야 하지만, 오히려 자랑으로 삼고 있는 쾌감의 증명(또는 교회가 말하는 것처럼 위력의 증명)이다. 만약 신앙이 축복으로 이끄는 것이 아니라면 신앙은 믿어지지도 않을 것이다. 그러므로 신앙은 얼마나 가치가 없는 것인가!

121.

위험한 유희─오늘날 종교적인 감각을 다시 자신에게 허용하는 사람은, 그 감각을 키우지 않으면 안 된다. 달리 방법이 없다. 그때 그의 본질은 조금씩 바뀌게 된다. 그 본질은 종교적 요소에 수반되는 것과 가까운 것을 선호한다. 판단과 감각의 주위 전체가 구름에 싸이고 종교적인 그림자에 덮이고 만다. 감각이 가만히 있을 리가 없다 ; 그러므로 사람들은 경계할 필요가 있다.

122.

맹목적인 제자들─어떤 사람이 자신의 이론, 기술양식 그리고 자신의 종교가 가진 강점과 약점을 아주 잘 알고 있는 한, 그것들의 힘은 아직 보잘것없는 것이다. 스승의 명성과 스승에 대한 자신의 존경심에 눈이 멀어, 그의 이론, 종교 등이 지닌 약점을 보는 눈을 가지지 못한 제자와 사도는 그 때문에 대개 스승보다 큰 힘을 가지고 있다. 맹목적인 제자들 없이 어떤 사람과 그의 작업의 영향력이 위대해진 적은 아직껏 한 번도 없었다. 어떤 인식이 승리하는 데 도움이 되는 것은 종종 인식을 우둔함과 가깝게 만듦으로써 우둔함의 무게가 인식의 승리도 강요했음을 의미할 뿐이다.

123.

교회들의 해체─세계에는 종교들이 그다지 많지 않다. 그 종교들마저도 전멸되어야 한다.

124.

인간의 죄없음— '어떻게 이 세상에 죄가 생겼는가', 즉 이성의 오류로 인해 인간은 서로서로, 개인은 자기 자신을 실제보다 훨씬 더 어둡고 악하다고 여기게 된 것을 파악했다면, 모든 감각은 아주 편해지고, 인간과 세계는 때로는 악의 없는 영광 속에서 나타나게 될 것이다. 이리하여 인간은 근원적으로 편해진다. 인간은 자연 안에서는 언제나 어린아이 그 자체다. 아마 이 어린아이는 언젠가 심하게 두려운 꿈을 꿀 때도 있을 것이다. 그러나 눈을 뜨면 그는 항상 자신이 다시 낙원에 있음을 알게 된다.

125.

예술가의 비종교성— 호메로스는 자신의 신들 속에서 만족했고, 시인으로서 신들과 함께 즐거움을 느꼈으므로, 어쨌든 그는 아주 비종교적이었음이 틀림없다; 민중의 신앙이 그에게 가져다준 것— 즉 초라하고 조잡하고 부분적으로는 끔찍한 미신—과 더불어 그는 조각가가 찰흙을 만지듯 자유롭게 신들과 교제했다. 즉 아이스킬로스와 아리스토파네스가 지니고 있었으며, 그리고 근세에 와서 르네상스의 위대한 예술가 및 셰익스피어와 괴테가 뛰어날 수 있었던 것과 똑같은 솔직함으로 신과 교제했던 것이다.

126.

잘못된 해석의 기술과 힘—성자의 모든 환상, 공포, 실신, 황홀

등은 잘 알려진 병적 상태들이다. 그것은 깊이 뿌리박힌 종교적이고 심리학적인 오류에서 기인하지만, 성자에 대해서는 전혀 다르게 즉 병이 아닌 것으로 해석되고 있을 뿐이다.―그래서 아마 소크라테스의 저력 역시 어떤 귓병인지도 모른다. 그는 자신의 지배적인 도덕적 사유 양식에 따라 오늘날에 있을 법한 것과는 다르게 해석하는 것뿐이다. 예언자들과 신탁사제들의 광기와 믿언도 그것과 다르지 않다 ; 해석자들의 머리와 마음속에는 항상 어느 정도의 지식, 상상력, 노력, 도덕성이 있어서, 해석자는 이것에서 아주 많은 것을 만들어냈다. 인류 구원을 위한 사람들로 오해하도록 해석자들을 강요하는 것은 역시 천재와 성자라고 일컬어지는 사람들의 가장 위대한 영향력에 속한다.

127.

광기의 숭배―사람들은 흥분이 간혹 두뇌를 한층 더 맑게 하고 좋은 착상들을 불러일으키기도 한다는 것을 알았기 때문에, 최고도로 흥분하면 가장 좋은 착상과 영감들을 얻을 수 있다고 생각했다. 그래서 사람들은 광기 있는 자를 현자와 신탁을 주는 자로 숭배했다. 여기에는 잘못된 추론이 근거하고 있다.

128.

학문의 약속―현대 학문의 목표는 가능한 한 적은 고통과 오랜 삶이다―따라서 이것은 일종의 영원한 지복이며, 종교들의 약속에 비하면 물론 아주 겸손한 것이다.

129.

금지된 관대함—세상에는 교만한 자에게까지 선물해도 될 정도로 사랑과 자비가 충분하지 않다.

130.

마음속에서 종교적 예배가 존속하는 것—카톨릭 교회와 그 전의 고대의 모든 예배는, 특별한 분위기 속으로 인간을 내몰아 냉정한 이익 타산이나 순수한 이성적 사유에서 분리시키는 수단들의 모든 영역을 지배했었다. 심오한 음조에 의하여 진동하기 시작하는 교회, 모르는 사이에 자신들의 긴장을 교인들에게 옮기고, 마치 기적이라도 준비되어 있는 것처럼 그들로 하여금 두려움에 가득 차 귀기울이게 하는 둔하고 규칙적이며 억제된 듯 호소하는 한 무리의 신부들, 그리고 신성한 거처로 막연하게 펼쳐져 있는 어두운 공간에서 그 신성의 움직임에 두려움을 느끼게 하는 건축물의 분위기,—사람들이 이 전제들을 더 이상 믿지 않는데, 누가 그런 과정들을 인간에게 되돌려주려고 했겠는가? 그럼에도 불구하고 이 모든 과정들의 결과는 상실되지 않았다 : 고귀하고 감동적이며 예감에 가득 차 있고 깊이 죄를 뉘우치며 희망에 넘치는 마음의 내면적 세계는 주로 예배를 통해 인간에게 심어진다. 그 중에서 지금도 영혼 속에 남아 있는 것은 예배가 싹트고 성장하여 꽃피웠던 당시에 크게 키워졌던 것이다.

131.

종교적 후진통(後陣痛)─사람들이 종교에 대한 습관에서 멀리 벗어났다고 믿더라도, 예를 들어 음악에서처럼 개념적 내용 없이 종교적인 감정들과 분위기를 접하는 것에 즐거움을 느끼지 않을 정도로 벗어난 것은 아니다 ; 그리고 어떤 철학이 우리에게 형이상학적 희망 그리고 거기에서 얻을 수 있는 영혼의 깊은 평화에 대한 정당한 근거를 제시하고, 예를 들어 "라파엘로의 마돈나의 눈매에 있는 완전히 확실한 복음"에 대해 이야기하면, 우리는 그런 진술과 설명들을 특별히 경건한 분위기에서 받아들인다 : 철학자는 여기서 좀더 쉽게 증명할 수가 있다. 그것은 자신이 주기를 원하는 것을 기꺼이 받으려는 마음과 비슷하다. 거기에서 우리는 비교적 덜 신중한 자유사상가들이 원칙적으로는 교의에 반발하면서 어떻게 종교적 감각의 마력에 대해서는 잘 알고 있는지를 알게 된다. 교의 때문에 종교적 감각을 포기하는 것은 그들에게는 어려운 일이다.─학문적인 철학은─생성했고 따라서 소멸하게 될─욕구 때문에 오류를 몰래 끌어들이는 일이 없도록 아주 조심해야 한다 : 논리학자들마저 도덕과 예술에서의 진리의 '예감들'(예를 들면 '사물의 본질은 하나이다' 라는 예감)에 대하여 말하고 있다 : 그런 것은 그들에게 금지되어야만 하는 것이다. 신중하게 해명된 진리와 그와 같은 '예감된' 사물들 사이에는 뛰어넘을 수 없이 벌어진 틈이 있는데, 그것은 전자는 지성에, 후자는 욕구에 힘입고 있다는 점이다. 배고

품은 그를 배부르게 해줄 음식물이 있다는 것을 증명하는 것이 아니라, 단지 음식물을 원하고 있음을 증명하는 것이다. 그리고 '예감한다'는 것은 어떤 사항의 존재를 어느 정도 인식하는 것을 의미하는 것이 아니라, 사람들이 그것을 바라거나 또는 두려워하는 한 그 존재는 있을 수도 있다고 간주하는 것을 의미한다 ; '예감'은 확실성의 나라에 한 걸음도 들어서지 못한다.―사람들은 모르는 사이에 어떤 철학의 종교적으로 채색된 부문들이 그 밖의 다른 부문들보다 더 잘 논증되어 있다고 믿고 있다 ; 그러나 그것은 근본적으로 정반대이다. 사람들은 단지 그렇게 되었으면 좋겠다―즉 행복하게 하는 것이 또한 참이기를 바라는 내적 바람을 가지고 있을 뿐이다. 이 소망이 우리들로 하여금 나쁜 근거를 올바른 근거로 받아들이도록 유혹하는 것이다.

132.

그리스도교적인 구원의 욕망에 대하여―신중하게 고려해보면, 사람들이 구원의 욕망이라 부르는 그리스도교인의 영혼 속의 한 과정으로부터 신화와는 전혀 관계 없는, 즉 순수한 심리학적 설명을 얻어낼 수가 있다. 물론 지금까지는 종교적인 상태와 과정들을 심리학적으로 설명하는 것은, 해방되었다고 자칭하는 한 신학이 이 분야에서 부질없는 본질을 시도했다는 이유로 좋은 평판을 받지는 못했다 : 왜냐하면 이 신학에서는 창시자 슐라이어마허Schleier-macher의 정신에서 추측할 수 있는 것처럼 처음부터 그리스도교를 유지하는 것과 그리스도교 신학을 존속시킬 것을 의도했기 때문이다 ; 이와 같은 그리스도교 신학은 종교적 '사실들'을 심리학적으로 분석할 때 새로운 닻을 내릴 땅을, 무엇보다 새로운 역할을 획득해야 했기 때문이다. 앞서 말한 현상에 대하여 선행자들에게 현혹당하지 말고 다음과 같은 해석을 감히 시도해보자. 인간은 통상적인 행위들의 위계에서 비교적 낮은 위치에 있는 특정한 행위를 의식하고 있다. 그리고 그는 자신의 내부에서 이와 같은 행위를 지향하는 성향을 발견하고, 그것이 그에게는 그의 본질 전체처럼 거의 변경할 수 없는 것으로 보인다. 그는 보편적인 평가에서 최상과 최고로 인정받는 다른 종류의 행위들을 얼마나 시도해보고 싶었으며, 사심이 없는 사고방식에 뒤따라오는 선한 의식으로 가득 차 있음을 얼마나 느끼고 싶었을까! 그러나 유감스럽게도 이것은 바람으로 머물고 만다 : 이런 바람을 채울 수 없다는 불만은, 대체로 그의 삶의 운명 전체와 악하다고 불리는 행위의 결과들을 그에게 일깨워준 다른 종류의 불만으로 이어진다 ; 그래서 심각한 불쾌감이 생겨나고, 이 불쾌감과 그것의 모든 원인을 제거해줄 수 있는 의사(醫師)를 기대한다. ─ 만약 인간이 자신을 다른 사람과 솔직하게 비교하게 된다면, 이 상태는 그렇게 가혹하게 느껴지지 않을 수도 있다 : 다시 말해 그는 특별히 자신에게 불만을 느낄 이유가 없을 것이다. 그는 단지 인간적인 불만과 불완전성이라는 보편적인 짐을 지고 있을 뿐이다. 그러나 그는 비이기적이라고 불리는 그 행위만을 할 수 있을 뿐인 존재, 그리고 사심 없는 사유 양식을 지속적으로 의식하면서 사는 존재, 즉 신과 자신을 비교한다 ; 이 낡은 거울을 들여다봄으로써 그에게는 자신의 본질이 지극히 흐리고, 이상하게 일그러져 보이는 것이다. 그리고 이것이 징벌의 공정함으로 그의 환상에 떠다니는 한, 자신의 본질을 생각한다는 것은 그를 불안하게 만든다 : 그는 크고 작은 모든 체험 속에서 신의 노여움, 위협을 인식하며 그것이 재판관과 형리의 채찍질임을 미리 느끼는 것이라고 믿는다. 헤아릴 수 없는 형벌의 시간이라는 관점에서 볼 때, 오싹한 면에서는 상상할 수 있는 다른 모든 공포를 능가하는 이 위험 속에서 누가 그를 도울 것인가?

133.

우리는 이 상태를 앞으로의 또다른 결과들 속에서 제시하기 전에 다음의 사실, 즉 인간은 자신의 '죄책감'과 '죄'에 의해서가 아니라 이성의 오류들 때문에 이 상태에 빠지게 되었다는 사실, 자신의 존재가 그 정도로 어둡고 혐오스러운 것으로 나타났다면, 그것은 거울 탓이라는 사실 그리고 그 거울은 자신의 작품이며 인간의 상상과 판단력이 만들어낸 극히 불완전한 작품이었다는 사실을 인정하게 될 것이다. 첫째, 순수하게 이기적이지 않은 행위를 할 수 있는 존재는 불사조에 대한 이야기보다도 더 터무니없는 것이다 ; 이것은 생각해볼 수도 없는 일이다. 왜냐하면 엄밀하게 검토해보면 이미 '이기적이지 않은 행위'라는 개념 전체가 공중으로 흩어지고 말 것이기 때문이다. 결코 어떤 사람도 단순히 다른 사람을 위하여, 개인적인 어떤 동기도 없이 어떤 일을 한 적은 없었다 ; 실로 어떻게 인간이 자신과 관계 없는 그 어떤 일, 즉 내면적인 필요성(개인적인 욕구에 근거하는)이 없는 그 어떤 일을 할 수 있겠는가? 자아가 자아 없이 어떻게 행동할 수 있는가? —그와 반대로 흔히 인정되고 있는 것처럼, 완전한 사랑인 신은 단 한 번도 이기적이지 않은 행위를 할 수 없을 것이다 : 물론 조금 낮은 영역에서 온 것이기는 하지만, 여기서 리히텐베르크Lichtenberg의 한 사상을 상기하는 것이 좋겠다 : "사람들이 말하듯이 우리가 다른 사람을 위해서 느낀다는 것은 불가능하다. 우리는 우리 자신을 위해서만 느낄 뿐이다. 이 명제는 지나치게 들리지만 올바르게 이해만 된다면 그렇지도 않다. 사람들은 아버지와 어머니 또는 아내와 자신을 사랑하는 것이 아니라, 그들이 우리에게 주는 편안한 감각들을 사랑한다." 또는 라 로슈푸코가 말하듯이 "만약 누군가가 그의 애인을 그녀에 대한 사랑 때문에 사랑하고 있다고 믿는다면 이것은 착각이다". 사랑의 행위가 다른 행위보다 높이 평가되는 이유는, 본질에 있는 것이 아니라 그 유익성에 있다. 이에 대해서는 이미 앞에서 언급한 《도덕적 감각의 기원에 대하여》의 연구를 참고하는 것이 좋겠다. 그러나 인간이 신처럼 사랑이 되기를 바라고, 모든 것을 다른 사람을 위해 하고 자신을 위해서는 아무것도 하지 않기를 바라더라도, 후자의 바람은 불가능하다. 왜냐하면 일반적으로 다른 사람을 위해 무엇인가를 할 수 있기 위해서는, 자신을 위해 대단히 많은 것을 하지 않으면 안 되기 때문이다. 다음으로 그것은 자신을 위한 희생과 그 삶을 언제나 가정하게 될 정도로 다른 사람이 이기주의자라는 사실을 전제로 하고 있다 : 그래서 사랑과 헌신을 가진 사람들은 사랑도 없고 헌신할 줄도 모르는 이기주의자의 존속에 관심을 가지며, 최고의 도덕성이 지속될 수 있기 위해 확실히 비도덕성이 실재하기를 강요할 수밖에 없게 된다(물론 이렇게 함으로써 최고의 도덕성은 스스로 지양하게 될 것이다).—나아가서 신의 표상을 믿고 있는 한 그것은 사람을 불안하게 만들고 굴욕감을 느끼게 한다. 그러나 지금의 비교 민족학 단계에서는 어떻게 해서 그런 생각이 발생했는가에 대해서 의심해볼 여지도 없다. 그 발생에 대한 통찰과 함께 저 믿음은 무너지고 만다. 그 일은 기사들의 이야기에 나오는 영웅들의 기적적인 행위들만을 머리 속에 그리고 있기 때문에 자신의 용감함을 과소평가하고 돈키호테에서와 마찬가지로, 자신의 본질을 신과 비교하는 그리스도교인에게도 일어난다 ; 이 두 경우에서 측정되는 기준은 우화의 세계에 속한다. 그러나 신의 표상이 없어지면 신의 명령에 대한 위반으로서의 그리고 신의 손에 있는 인간의 오점으로서의 '죄'의 감정도 없어진다. 아마 그때도 세속적인 정의가 주는 형벌에 대한 두려움 또는 사람들의 경멸에 대한 두려움에 대단히 유착되어 있는 비슷한 종류의 불만은 여전히 남아 있을 것이다 ; 사람들이 자신의 행위들로 인해 인간적인 인습, 인간적인 제도와 질서를 위반했다 하더라도, 그것이 아직 '영혼의 영원한 구원'과 신에 대한 영혼의 관계를 위협한 것은 아니라는 점을 통찰하게 되면, 양심의 가책이 주는 불만 즉 죄책감 속에 있는 가장 뾰족한 가시는 이미 꺾인 것이다. 또한 인간이 결국 모든 행위의 절대적 필연성과 그것에 대한 완전한 무책임에 관해서 철학적인 확신을 얻고 그것을 제2의 천성으로 받아들인다면, 양심의 가책이라는 그 잔재도 역시 사라지고 말 것이다.

134.

앞서 말한 바와 같이 그리스도교인이 몇 가지 오류, 즉 자신의 행위와 감각에 대한 잘못된 비학문적인 해석으로 인해 자기경멸의 감정에 빠지게 된다면, 그는 그 경멸, 양심의 가책, 툴쾌감의 상태가 지속되지 않고, 이 모든 것이 영혼에 의해 사라지며 자신을 다시 자유롭고 용감하게 느낄 수 있는 시간이 간혹 어떻게 찾아오는지를 알고 매우 놀랄 것이다. 사실은 자기 자신에 대한 쾌감과 자신의 힘에 대한 만족이 모든 심한 흥분의 필연적인 쇠약과 결합하여 승리를 얻게 된 것이다 ; 인간은 자신을 다시 사랑하게 되고, 그는 그 사실을 느낀다.—그러나 바로 이 사랑, 새로운 자기 평가가 그에게는 믿을 수 없는 것으로 여겨질 것이며, 사랑 속에서 전혀 이해할 수 없는 은총의 광채가 위에서 쏟아지는 것만을 볼 수 있을 뿐이다. 만약 그가 전에 모든 사건에서 경고, 위협, 형벌 그리고 신의 노여움의 온갖 징후를 보았다고 믿는다면, 그는 지금 경험 속에 신의 은총을 끌어들여 해석할 것이다 : 이 사건은 그에게 친절한 지시처럼 사랑에 넘치는 것으로 느껴진다. 그리고 그의 아주 행복한 기분은 제3의, 즉 신은 자비롭다는 것의 증거로 여겨진다. 그가 이전에 불만 상태에서 자신의 행위를 잘못 해석한 것처럼, 지금은 바로 자신의 체험들을 잘못 해석한다 ; 그는 위로받은 기분을 자신의 외부에서 지배하고 있는 힘의 작용으로 해석한다. 근본적으르는 그가 자기 자신을 사랑하는 그 사랑이 신의 사랑으로 보이게 되는 것이다. 그가 은총과 구원의 서곡이라고 부르는 것은 사실 자기 은총이요 자기 구원이다.

135.

따라서 : 잘못된 특정 심리학 및, 동기와 체험의 해석 안에 존재하는 특정 종류의 환상, 이런 것들은 한 사람이 그리스도교인이 되거나 구원의 욕구를 느끼는 데 없어서는 안 될 전제다. 이성과 상상력의 이런 과오를 통찰하게 될 때 사람들은 그리스도교인이기를 그만둔다.

136.

그리스도교의 금욕과 신성함에 대하여 — 몇몇 사상가들은 사람들이 금욕과 신성함이라고 부르는 도덕성의 희귀한 현상들에, 이성적인 해명의 등불을 가까이 비추기만 해도 이미 거의 불경스러움과 신성모독이 되는 것처럼 불가사의한 것을 설정하려고 매우 노력했다. 그만큼 다시 이런 불경스러움으로의 유혹도 무척 강하다. 자연의 힘찬 충동은 모든 시대에 걸쳐 그 현상 일반에 저항해왔다. 앞서 말한 바와 같이 학문이 자연의 모방인 한, 자연을 설명할 수 없으며 자연에 접근할 수 없다고 주장되었던 점에 대해 학문은 이의를 제기한다. 물론 현재까지 학문은 성공하지 못했다 : 그 현상들은 여전히 해명되지 못한 채 있으며, 그리하여 이미 언급한 도덕상 불가사의한 것을 숭배하는 자들은 매우 만족하고 있다. 왜냐하면 일반적으로 설명되어 있지 않은 것은 전혀 설명할 수 없는 것이며, 설명할 수 없는 것은 완전히 비자연적이며 초자연적이며 불가사의해야만 하기 때문이다. — 모든 종교인과 형이상학자(그들이 동시에 사상가인 경우, 예술가 역시)의 영혼의 요구는 이런 의미이다 ; 반면에 학문적인 인간은 이 요구를 '나쁜 원리'라고 본다. — 금욕과 신성함을 고찰하면서 최초로 마주치는 보편적인 확실성이란, 이들이 복잡한 본성을 가지고 있다는 점이다 : 왜냐하면 물리적 세계뿐만 아니라 도덕적 세계 안의 거의 모든 방면에서도 사람들은 소위 불가사의한 것을 복잡한 것, 다양하게 조건 지워진 것으로 환원시켜왔기 때문이다. 따라서 우선 과감하게 성자와 금욕자의 영혼에 있는 개개의 충동들을 분리한 다음, 마지막에 그것을 서로 결합해서 생각하도록 하자.

137.

금욕의 많은 형식들은 자기 자신에 대한 반항의 가장 승화된 표현들에 속한다. 곧 어떤 사람들은 힘과 지배욕을 행사하려는 강한 욕구를 가지고 있어, 항상 실패만 해왔기 때문에 다른 대상이 없을 경우 결국 자신의 본질의 특정 부분들, 즉 자신의 단면 또는 부분들을 학대하려고 한다. 그래서 많은 사상가들은 자신의 명성을 높이거나 향상시키는 데 아무런 도움도 주지 못하는 견해들을 신봉하기도 한다 ; 몇몇 사람들은 침묵함으로써 쉽게 존경받는 사람으로 남을 수 있었던 반면에, 오히려 다른 사람의 멸시를 자신에게 불러들이기도 한다 ; 또다른 사람들은 과거의 생각들을 철회하고 난 후 일관성이 없다고 불리는 것을 부끄러워하지 않는다 : 오히려 그들은 그렇게 되려고 노력한다. 그들은 말이 먼저 땀에 범벅되어 난폭해진 후 겁에 질려 있는 것을 가장 즐겨하며 우쭐대는 기수처럼 행동한다. 인간은 자신의 두려움과 부들부들 떨리는 무릎을 극복하기 위하여 가장 높은 산맥으로 위험한 길을 오른다 ; 철학자는 이렇게 금욕과 겸허와 신성함에 대한 모든 견해를 인정하지만, 그 광채 속에서 자신의 모습은 극도로 추악해진다. 이러한 자기 자신의 파괴, 자신의 본성에 대한 이러한 조소, 이처럼 자기를 가볍게 여기는 것에서 종교는 아주 많은 것을 만들어냈으며, 이것은 허영심의 극히 높은 차원이다. 산상수훈(山上垂訓)의 도덕 전체가 여기에 속한다 : 인간은 지나친 요구들로 자신을 억압하고 나중에 폭군처럼 요구하는 그 무엇을 자신의 영혼 속에서 신으로 받드는 데서 참된 쾌감을 느낀다. 인간에게는 모든 금욕적인 도덕에서 자신의 일부를 신으로 숭배하고, 나머지 부분을 악마로 여기는 것이 필요하다.

138.

인간은 반드시 항상 똑같이 도덕적이지 않다는 것은 주지의 사실이다 : 만약 사람들이 헌신적인 위대한 결심과 자기부정(지속되어 습관이 되어버린 신성함)의 능력에 의해서 도덕성을 판정한다면, 인간은 정념에서 가장 도덕적일 것이다. 좀 심한 흥분은 그가 다른 때처럼 객관적이고 냉정한 상태에서는 할 수 있으리라고 생각하지 못했던 전혀 새로운 동기들을 가져다준다. 어떻게 이런 일이 생기는가? 아마도 이것은 모든 위대한 것과 지나친 흥분은 가깝다는 데서 오는 것이리라 ; 인간은 한번 특별한 긴장 상태에 빠지면, 무서운 복수심뿐 아니라 자신의 복수욕을 무섭게 터트릴 결심을 할 수도 있다. 그는 압도적인 감정의 영향을 받아 어쨌든 위대한 것, 강력한 것, 엄청난 것을 바란다. 그리고 그가 자기 자신의 희생이 다른 사람의 희생과 똑같거나 그를 더 많이 만족시킨다는 사실을 우연히 깨닫게 되면, 그는 이 희생을 선택하는 것이다. 따라서 그에게는 근본적으로 자신의 감정을 발산하는 것만이 중요하다 ; 그때 그는 자신의 긴장을 완화시키기 위해서 적의 창을 함께 잡고 자신의 가슴을 찌르게 할 것이다. 복수뿐만이 아니라 자기부정에도 위대한 그 무엇이 있다는 사실은 인류가 오랫동안의 적응을 통해서 비로소 배운 것이다 ; 자기 자신을 희생하는 신적 존재는 이런 종류의 위대함에서 가장 강하고 효과적인 상징이었다. 가장 극복하기 어려운 적을 극복하는 것, 격정을 순식간에 억제하는 것 ― 부정은 이런 것으로 모습을 나타낸다 ; 그리고 그런 점에서 그것은 도덕적인 것의 절정으로 간주된다. 사실상 여기서 문제되는 것은 하나의 표상을 다른 표상과 바꾸는 일이며, 반면에 마음은 자신의 똑같은 높이와 수위를 유지해나가는 일이다. 격정에서 벗어난 냉정한 사람들은 이와 같은 순간의 도덕성을 더 이상 이해하지 못하겠지만, 그것을 함께 체험한 모든 사람의 찬탄은 그것을 지지한다 ; 격정과 자신들의 행동이 굴복할 때, 자만심이 곧 그들의 위안이 된다. 따라서 근본적으로 자기부정의 행위도 엄밀한 의미에서는 그것이 다른 사람을 위해 한 것이 아닌 한 도덕적 행위가 아니다 ; 다른 사람이 오히려 극도로 긴장된 심정에 그러한 자기부정을 통하여 긴장을 완화할 기회를 주는 것이다.

139.
여러 가지 관점에서 볼 때 금욕주의자 역시 자신의 삶을 가볍게 만들려고 애쓴다. 즉 그는 흔히 생소한 의지 또는 광범위한 법규와 의식(儀式)에 완전히 복종함으로써 자신의 삶을 가볍게 만들려고 한다. 예를 들면 브라만 승려가 자기 자신의 규정에는 아무것도 의존하지 않고, 항상 모든 일을 신성한 규칙에 따라서 규정하는 것과 같다. 이 복종은 스스로 자신의 주인이 되기 위한 강력한 수단이 된다. 사람들은 열중하고 있으면 지루함을 느끼지 않게 되고, 고집과 정열의 자극도 받지 않게 된다 ; 행동을 완수한 뒤에도 책임감이 없고 따라서 후회의 고통도 없다. 인간이 단 한 번에 완전히 자신의 의지를 포기해버린다면, 그것은 때때로 자신의 의지를 포기하는 것보다는 훨씬 더 쉬울 것이다 ; 그것은 어떤 욕망을 완전히 단념해버리는 것이 욕망의 절도를 지키는 것보다 더 쉬운 것과 마찬가지다. 만약 우리가 국가에 대한 군인의 현재 입장을 생각해보면, 여기에서도 무조건적인 복종이 조건 있는 복종보다 훨씬 더 편한 것임을 알 수 있다. 따라서 성자는 개인적인 것을 완전히 포기함으로써 자신의 삶을 가볍게 만든다. 우리가 그 현상을 도덕성의 최고의 영웅적 부분이라고 감탄한다면, 우리는 착각하고 있는 것이다. 이미 언급한 방법으로 풀이하자면, 어쨌든 자신의 개인적인 것을 아무런 동요와 애매함도 없이 관철시킨다는 것은 훨씬 더 어려운 일이라는 것이다 ; 뿐만 아니라 그런 일에는 훨씬 많은 정신과 사색이 필요하다.

140.

나는 감성 그 자체의 쾌감이 설명하기 어려운 많은 행위들 속에서 표현되는 것을 발견한 후부터는, 신성함의 상징에 속하는 자기

경멸 그리고 마찬가지로 자기 학대의 행위(단식과 채찍질, 손발의 탈구, 광기의 위장 등에 의한) 역시 그런 본성을 가진 사람들이 그들의 삶의 의지(그들의 신경)가 일반적으로 쇠약해짐에 대항하여 투쟁하기 위한 수단으로 인식하고자 한다 : 심각한 정신적 태만과 이미 설명한 생소한 의지에 대한 복종이 그처럼 자주 빠져드는 무기력함과 권태에서 얼마간 벗어나기 위해 가장 고통스러운 자극제와 잔인한 행위를 이용하는 것이다.

141.

삶을 그래도 아직은 견딜 만하고 즐거운 것으로 만들기 위해서 금욕주의자와 성자가 사용하는 가장 일반적인 수단은 가끔씩 전쟁을 일으키는 데 그리고 승패의 반전에 있다. 그러기 의해서 그는 상대자를 필요로 하고 소위 '내적인 적'에서 그 상대를 발견한다. 즉 그는 자신의 삶을 부단한 전쟁으로 간주하고, 자신을 선한 정신과 악한 정신이 승리를 위해 교대로 싸우는 전쟁터로 간주하기 위해서 그의 허영심, 명예욕, 지배욕의 경향과 감성적 욕구들을 모두 활용한다. 주지하듯이 감각적인 상상은 규칙적인 성적 교제를 통하여 완화되고, 거의 억압된다. 반대로 억제되거나 무질서한 성적 교제를 통해서는 속박에서 풀려 방종하게 된다. 많은 그리스도교 성자들의 상상은 특이할 정도로 추악했다 ; 이 욕망은 그들 속에서 미쳐 날뛰는 실제의 데몬일 것이라는 이론 덕분에, 그들은 거기에 그다지 책임을 느끼지 않았다. 우리가 그들의 자기증언에서 그렇게 교훈적인 솔직함을 가질 수 있는 것은 이 감정 덕택이다. 이 투쟁이 어느 정도로 항상 즐겁게 유지되는지가 그들의 관심사였다. 왜냐하면 앞서 말한 바와 같이 그것에 의해서 그들의 황폐한 삶이 즐겁게 유지되었기 때문이다. 그러나 이 전쟁이 성자가 아닌 사람들에게도 지속적인 참여와 감탄을 자극할 만큼 충분히 중요하게 보이려면, 감성이 더 많이 이단시되고 나쁜 것으로 낙인찍혀야만 했다. 실로 모든 시대에 걸쳐 그리스도교인은 아마도 양심의 가책으로 어린아이를 낳았을 정도로 영원한 저주의 위험은 이러한 것과 아주 밀접하게 결부되어 있다. 그것 때문에 분명 인류는 큰 손해를 입었다. 그리고 여기서는 진리가 완전히 전도되어 있다 : 이것은 진리에 전혀 맞지 않는 것이다. 그러나 그리스도교는 모든 인간이 죄 속에서 잉태되고 태어난다고 말해왔다. 그리고 이 생각은 참을 수 없을 정도로 과장된 칼데론Calderon의 그리스도교 속에서 다시 한번 한데 얽히고 짜 맞추어졌으며, 그는 다음의 유명한 시구에서 존재하는 것 중 가장 왜곡된 역설을 시도했다 :

    인간의 가장 큰 죄는
    그가 태어났다는 사실이다.

모든 염세적 종교에서 생식 행위는 그 자체로서 나쁜 것으로 여겨지고 있지만, 이러한 감정이 결코 보편적인 인간의 감정은 아니다 ; 모든 염세주의자의 판단도 이 점에서는 한 번도 서로 일치하지 않는다. 예를 들면 엠페도클레스는 성적인 모든 사항에서 어떤 부끄러운 것, 악마적인 것, 죄스러운 것도 전혀 인정하지 않는다 ; 오히려 그는 재난의 거대한 초원에서 행복하고 희망에 찬 유일한 환영 아프로디테를 본다. 엠페도클레스는 아프로디테를 투쟁이란 영원히 지배하는 것이 아니라 언젠가는 훨씬 더 온화한 데몬에게 그

왕관을 내줄 것이라는 데 대한 보증으로 간주한다. 그리스도교의 실천적 염세주의자들은 이미 설명한 바와 같이 전혀 다른 의견이 지배하고 있었다는 사실에 관심을 가지고 있었다 ; 고독함과 그들 자신의 삶의 정신적 황야를 위하여 그들에게는 항상 활발한 적이 필요했다 : 그리고 그와 싸워 제압함으로써 성자가 아닌 자들에게 자신들을 거의 알 수 없는 초자연적인 존재로 새롭게 표현해줄 보편적으로 인정된 적이 필요했던 것이다 : 만약 이 적이 그들의 생활양식과 파괴된 건강의 결과로 영원히 도망치게 되면, 그들은 곧 자신의 내부에 새로운 데몬들이 살고 있다고 보고 받아들였다. 욕망과 안정된 마음의 변화가 그런 것처럼 오만과 겸손의 저울판이 상하로 동요하는 것은 골똘해 있는 그들의 머리에 즐거움을 가져다준다. 그 당시 심리학은 인간적인 모든 것을 의심하는 데뿐만 아니라 중상하고 채찍질하고 십자가에 못 박으려는 데도 기여했다 ; 인간은 가능한 한 자신을 나쁘고 사악하게 보기를 원했다. 또한 영혼의 구원에 대하여 두려워하고 자신의 힘에서 좌절하려 했다. 예를 들면 아직도 성적인 것에 관해서 통례로 되어 있는 것처럼, 인간이 나쁜 것, 죄 많은 것이라는 표상을 뒤집어씌우는 모든 자연적인 것은 상상을 어렵게 하고 침울하게 하며 겁에 질린 시선을 갖도록 하고, 인간으로 하여금 자기 자신과 싸우게 하며 불안전하고 신뢰감이 없는 존재로 만든다 ; 그의 꿈에까지도 고뇌하는 양심의 뒷맛이 남는다. 그러나 자연적인 것에 대한 이 고뇌는 전혀 사물의 실재성에 근거한 것이 아니다. 오히려 그것은 사물에 대한 견해들의 결과에 지나지 않는다. 우리는 인간들이 불가피한 자연적인 것을 나쁘다고 표현하고 나중에는 인간이란 항상 그렇게 창조된 것이라고 느낌으로써, 인간이 얼마나 더 곤경에 처하는지를 쉽게 파악하게 될 것이다. 인간에게 자연을 의심하게 하고 인간 자신을 스스로 나쁘게 만드는 것은, 인간의 본성이 사악하고 죄 많은 것이기를 바라는 종교와 저 형이상학자의 술책이다 : 왜냐하면 인간은 자연이라는 옷을 벗어버릴 수가 없으므로, 스스로를 나쁘다고 느끼는 것을 그렇게 배우기 때문이다. 자연적인 것 속에서 오래 살면서 죄의 무거운 짐에 압박받게 되면, 이 짐을 벗어버리기 위해서 점점 초자연적인 힘들이 필요하게 되는 것을 느끼게 된다 ; 그와 동시에 이미 말한 구원의 욕망이 무대 위로 나타나게 되는데, 이 욕망은 결코 현실적인 죄책감이 아니라 단지 상상된 죄책감과 비슷한 것일 뿐이다. 그리스도교의 원전에 있는 개개의 도덕적 주장을 점검해보면 여기저기서 인간이 충족시킬 수 없는 갖가지 요구들이 과장되어 있는 것을 발견할 수 있을 것이다 ; 그 의도는 인간이 더욱 도덕적으로 되는 것이 아니라 그 자신을 가능한 한 죄 많은 자로 생각하는 데 있다. 만약 인간에게 이 감정이 즐거운 것이 아니었다면 무엇 때문에 그들은 이와 같은 표상을 만들어내서 그렇게 오랫동안 그것에 집착해왔는가? 고대 세계에서는 삶의 즐거움을 축제의 예배를 통해 증대시키기 위해서 발명을 위한 재능과 정신의 엄청난 힘이 소모되었던 것처럼, 그리스도교 시대에도 마찬가지로 헤아릴 수 없을 만큼 많은 정신이 또다른 노력에 희생되어왔다. 인간은 모든 방법을 동원해서 자신을 죄 많은 존재로 느껴야 했고, 그럼으로써 자극되고 활기를 얻고, 고무되기도 했다. 여하튼 자극되고 활기를 얻고 고무되는 일―이것은 쇠약해지고 너무 성숙된 그리고 너무 문명화된 시대의 표어가 아닐까? 모든 자연적인 감각의 영역은 수백 번 지나갔고, 영혼은 그런 감각에 지쳐버렸다 : 그때 성자와 금욕주의자는 새로운 종류의 삶의 자극을 발명했다. 그들은 원래 많은 사람들에게 모방시키기 위해서가 아니라 전율적이고 황홀한 연극으로 모습을 드러냈는데, 이 연극은 당시 모든 사람이 어떤 때는 천국의 불빛을, 어떤 때는 땅 속 깊은 곳에서 타오르는 불꽃의 혀를 보는 것으로 믿었던 곳, 즉 세계와 초감성적 세계 사이에 있는 경계에서 행해졌다. 어떤 관점에서든 짧은 이 땅에서의 삶이 지닌 두려운 의미를 향해 있는 그리고 끝없이 새로운 삶의 여로에 대한 마지막 결정에 가까운 곳을 향해 있는 성자의 눈, 반쯤 파멸된 육체에서 검게 타들어가고 있는 그 눈은 고대 세계의 사람들을 철저하게 무서워 떨게 했다 ; 결국은 바라보는 것, 놀라서 시선을 돌리는 것, 다시 연극의 매력을 느끼고 그것에 굴복하는 것 또는 영혼이 불덩어리와 오한 속에서 떨게 될 때까지 그것으로 만족하는 것—이것이 바로 짐승들의 격투와 인간들의 격투를 보는 데 무감각해진 후에 고다가 발명한 마지막 쾌감이었다.

142.

언급된 것들을 정리하면 다음과 같다 : 성자 또는 성자가 되어가는 자가 만족스러워하는 영혼의 상태는, 우리 모두가 아주 잘 알고 있는 요소들로 이루어져 있다. 그러나 이 요소들은 종교적 표상과는 다른 표상의 영향 아래에서 다른 색깔을 띠고 나타날 뿐이다. 이 요소들이 종교와 현존재의 궁극적인 의미심장함으로 포장되어 있을 때는 감탄과 숭배를 기대해도 되었겠지만—적어도 옛날에는 기대해도 되었다―지금은 그와 똑같이 심한 비난을 받곤 한다. 어떤 경우, 성자는 자기 자신에 대한 그 반항을 감행하는데, 그런 반항은 지배욕과 매우 유사한 것으로 가장 고독한 자에게도 역시 힘의 감정을 가져다준다 ; 그의 고조된 감각이 자신의 정열을 관철하고자 하는 요구로 인해 곧 달리는 말을 쓰러뜨리듯이, 그 정열은 자랑스런 영혼의 강한 압력 아래에서 쓰러뜨리고 싶은 요구로 돌변한다 ; 얼마 안 있어 그는 교란하고 괴롭히며 자극하는 모든 감각이 완전히 멈추기를 원하며, 깨어 있는 잠 그리고 둔한 동물적이고 식물적인 무감각함의 무릎에서 오랫동안 휴식하기를 원한다 ; 또 얼마 안 있어 그는 투쟁을 바라고 자신 속에 투쟁의 불을 붙인다. 왜냐하면 권태가 하품하는 얼굴로 그에게 다가오기 때문이다 : 그는 자신의 자기우상화를 자기경멸과 잔혹성으로 채찍질한다. 그는 자신의 욕망의 거친 격동, 죄의 격렬한 통증을 즐길 뿐만 아니라 파멸의 표상도 즐긴다. 그는 자신의 격정, 예를 들어 극단적인 지배욕의 격정에 올가미를 씌우는 법을 알고 있다. 그래서 그는 극단적인 굴욕의 격정으로 옮겨가고 내몰린 그의 영혼은 이러한 차이에 의해서 완전히 허물어진다 ; 그리고 마침내 모든 환영들, 죽은 자 또는 신적인 존재와 대화를 하고 싶어 견딜 수 없게 되면, 그는 결국 이상한 종류의 쾌감을 갈망하게 된다. 그러나 아마도 그 쾌감은 모든 다른 쾌감이 하나의 매듭에 서로 엉켜 있는 것과 같은 쾌락일 것이다. 경험과 본능을 통하여 신성함의 문제에 대한 권위자 중의 한 사람이 된 노발리스Novalis는 언젠가 그 모든 비밀을 소박한 즐거움으로 이야기하고 있다 : "안락함, 종교, 잔인함의 연합이 그들의 밀접한 유사성과 공통적인 경향에 대해 진작부터 인간들의 주의를 집중시키지 못했다는 것은 실로 놀랄 만한 일이다."

143.

성자에게 세계사적 가치를 부여하는 것은 성자가 어떤 존재인가가 아니라, 성자가 아닌 자의 시선으로 보았을 때 그가 무엇을 의미하는가이다. 사람들이 그에 관해서 잘못 생각하고 있었던 점, 그의 영혼의 상태를 잘못 해석했던 점 그리고 비교할 수 없이 뛰어나고 이질적이며 초인적인 사람으로 가능한 한 분명하게 그를 자신들과 분리했던 점 : 이런 점들 때문에 그는 특별한 힘을 획득하고, 그 힘으로 모든 민족과 모든 시대의 상상력을 지배할 수 있었다. 그 스스로도 자신의 정체를 몰랐다 ; 그는 성서의 정령에 대한 해석처럼 과장되고 인위적인 해석술에 따라서 자신의 기분, 성향, 행위들의 문자를 이해했다. 정신적 빈곤함, 형편없는 지식, 망친 건강, 몹시 흥분된 신경들이 한데 얽힌 그의 본성의 괴팍함과 병적인 면은 그를 보는 사람의 눈에도 그의 눈에도 숨어 있다. 그는 결코 특별히 선량한 인간이 아니었으며, 특별히 현명한 인간은 더더욱 아니었다 : 그러나 그는 선량함과 현명함이라는 인간적 척도를 초월하는 그 무엇을 의미했다. 그에 대한 신앙은 신적인 것과 불가사의한 것에 대한, 모든 현존의 종교적 의미에 대한, 다가오는 최후의 심판의 날에 대한 신앙을 지탱해주었다. 모든 그리스도교 백성 위로 빛을 던져준 세계 몰락의 저녁놀 속에서 성자의 영상은 거대하게 커나갔다 : 사실 더 이상 신을 믿지 않는 우리 시대에조차도 여전히 성자를 믿는 사상가는 존재할 정도로 커졌던 것이다.

144.

분명 더 기분 좋은 느낌을 가져다줄 몇 가지 묘사들이 전체 유형의 평균에 따라 그려진 성자에 대한 이런 묘사와 대비될 수 있을 것이다. 그 유형의 몇 사람의 예외자는 위대한 온유함과 인류애를 통해 또는 비범한 활동력이 가진 매력을 통해 두각을 나타내고 있다 ; 다른 예외자들은 극도로 매력적이다. 왜냐하면 특정한 광기의 표상이 그들의 본질 전체에 빛을 쏟아 붓기 때문이다. 예를 들면 자신을 타고난 신의 아들로 간주하고, 그 때문에 죄가 없다고 느꼈던 저 유명한 그리스도교 창시자가 있다 ; 즉 그는 상상—고대 전체가 신의 아들들로 득실거리고 있었으므로 그 상상은 너무 엄격하게 평가할 수 없다—을 통하여 현재에는 학문에 의해서 누구나 얻을 수 있는 완전한 무죄, 완전한 무책임의 감정이라는 동일한 목표에 이르렀던 것이다. —마찬가지로 나는 그리스도교의 성자와 그리스의 철학자의 중간 단계에 존재했기 때문에 순수한 유형을 제시하지 못하는 인도의 성자들도 간과했다 : 불교도에게는 인식, 학문—그와 같은 것이 있었다고 가정한다면—사고의 논리적인 훈련과 교육을 받아 다른 사람들보다 탁월해지는 것이 성자다움의 표시로 요구되었다. 같은 특징들이 그리스도교 세계에서는 성자답지 않음의 표시로 거부되고 이단시되었지만 말이다.

제4장
예술가와 저술가의 영혼으로부터

145.

완전한 것은 생성된 것이어서는 안 된다 ─ 우리는 완전한 것에 대해서는 모두 그것의 생성에 의문을 갖기보다는 오히려 현존하는 것이 마치 마술에 의해 땅에서 솟아나기라도 한 것처럼 그것을 즐기는 데 익숙해 있다. 아마 우리는 이 점에서 아직도 아주 오랜 신화적 감각의 영향 아래 있는지도 모른다. 그것은 마치 (예를 들면 페스툼Pästum의 신전과 같은 그리스의 신전 속에 있으면) 어느 날 아침 신이 장난삼아 거대한 암석으로 그의 집을 지어놓은 것처럼 느끼는 것과 거의 같은 것이다 : 또한 그것은 다른 한편으로 영혼이 갑자기 마법에 걸려 바위 속으로 들어가, 마치 그 바위를 통해 말하려는 것처럼 느끼는 것과도 거의 같은 것이다. 예술가는 자신의 작품이 즉흥적인 것이라는, 기적처럼 갑자기 생긴 것이라는 믿음을 불러일으킬 때 완전한 효과를 줄 수 있다고 생각한다. 그래서 그는 기꺼이 이런 망상을 지지하며, 창작을 시작할 때의 감동적인 불안, 맹목적으로 더듬는 듯한 무질서함, 혼란, 주목을 끄는 꿈과 같은 요소를 예술 속에 끌어들이는데, 이것은 보는 자와 듣는 자의 영혼으로 하여금 완전한 작품은 갑자기 생겨난다는 것을 믿도록 속이는 수단이다. ─ 예술의 학문은 이런 착각을 가장 분명하게 거부해야 하고, 예술가의 그물에 걸리는 한, 지성의 그릇된 추론과 악습들을 적발해내야 한다. 그것은 자명한 일이다.

146.

예술가의 진리감각―예술가는 진리를 인식한다는 관점에서는 사상가보다 더 약한 도덕성을 가지고 있다. 그는 삶에 대한 찬란하고 심오한 해석을 결코 포기하지 않으며, 소박하고 단순한 방법과 결론들도 거부한다. 그는 인간의 더 높은 가치와 의의를 위해서 투쟁하고 있는 듯이 보인다 ; 실제로 그는 자신의 예술을 위해서는 가장 효과적인 전제, 즉 환상적인 것, 신화적인 것, 불확실한 것, 극단적인 것, 상징적인 것에 대한 감각 그리고 개인의 과대평가와 천재에게 있는 기적적인 그 무엇에 대한 믿음을 포기하려 하지 않는다 : 따라서 그는 어떤 형태이든, 비록 그 형태가 다소 간결해 보이더라도, 참된 것에 대한 학문적 노력보다는 나름대로의 창작을 지속시키는 것이 훨씬 더 중요하다고 생각한다.

147.

죽은 자를 불러내는 무당으로서의 예술―예술은 보존하는 과제 외에도 꺼져가는 빛 바랜 표상을 약간 다시 채색한다는 과제를 수행한다 ; 이러한 과제를 수행할 때, 예술은 서로 다른 시대들을 이어 붙이고 그 시대의 정신들을 부활시킨다. 이렇게 해서 생겨나는 삶은 무덤 위에 있는 듯한, 또는 꿈속에서 사랑했던 죽은 자가 되돌아온 듯한 가상의 삶에 지나지 않는다. 그러나 적어도 잠시 동안은 옛날의 감각이 다시 한번 생생히 되살아나서, 거의 잊고 있던 박자에 따라 심장이 고동치게 된다. 그래서 우리는 비록 예술가가 발전하는 인류의 남성화와 계몽의 선두에는 서지 않는다 하더라도, 예술이 지닌 이런 일반적인 효용성 때문에 그를 관대히 보아야 한다 : 예술가는 일생 동안 어린아이와 젊은이인 채로 있으며 자신에게 예술 충동이 엄습했던 지점에 머물러 있다. 그러나 누구나 인정하듯이 삶의 처음 단계에서 가지게 되는 감각들은 현세기의 감각보다 과거의 감각들에 좀더 가깝다. 본의 아니게 인류를 어린아이답게 만드는 것이 예술가의 과제가 된다 ; 이것이 예술가의 명성이자 한계이다.

148.

삶을 가볍게 하는 자로서의 시인들─시인들이 인간의 삶을 가볍게 하려고 애쓰는 한, 그들은 비참한 현재로부터 시선을 돌리게 하거나, 과거에서 비쳐오는 빛에 의해서 현재가 새로운 색깔을 띠도록 돕는다. 이것을 수행하기 위해서 시인들은 스스로 여러 가지 관점에서 역행하는 존재가 되어야 한다 : 따라서 인간은 그들을 아주 먼 시대와 표상으로 나아가는, 죽어가는 또는 죽은 상태의 종교와 문화로 나아가는 다리로 이용할 수 있다. 그들은 본래 항상 그리고 필연적으로 아류이다. 물론 삶을 가볍게 하려는 그들의 수단에 대해 몇 가지 부적절한 점을 지적해야 한다. 즉 그들은 우선 잠정적으로만, 한 순간만 완화시키고 치유할 뿐이다 ; 시인들은 행동으로 헤쳐나가려는 불만에 찬 자들의 열정을 허체하고 일시적으로 해소시킴으로써, 사람들로 하여금 진정으로 자신들의 상태를 개선하려는 노력을 저지한다.

149.

아름다움이라는 느린 화살—가장 고귀한 종류의 아름다움은 갑자기 매혹시키는 그런 아름다움이나, 폭풍처럼 도취시키는 아름다움이 아니라(그와 같은 것은 역겨움을 일으키기 쉽다), 인간이 거의 의식하지 못한 채 계속 지니고 있는 아름다움, 꿈속에서 한 번 만난 듯 우리들 마음속에 겸손히 자리 잡은 후 결국 우리를 점령하여 우리의 눈을 눈물로, 우리의 마음을 동경으로 채우면서 천천히 스며드는 아름다움이다.—우리는 아름다움을 보고 무엇을 동경하게 되는가? 아름다움에는 틀림없이 많은 행복이 결부되어 있으리라고 우리는 공상한다.—그러나 그것은 착각이다.

150.

예술에 감정을 불어넣는 일—예술은 종교가 몰락한 곳에서 두각을 나타낸다. 예술은 종교에 의해 빚어진 많은 감정과 분위기를 이어받고, 또 그것들에 주의를 기울여 과거에는 할 수 없었던 감동과 영감을 전할 수 있을 정도로 지금은 한층 더 심오하고 영적으로 충만해져간다. 큰 강물로 변모한 풍요로운 종교적 감정들은 계속 넘쳐흘러 새로운 세계를 정복하려고 한다 : 그러나 자라나는 계몽 사상은 종교의 교의들을 흔들어놓고 근본적으로 불신감을 조장한다 : 이렇게 계몽 사상에 의해 종교의 영역에서 밀려난 감정이 예술로 나아간다 ; 몇몇 경우에는 정치적 삶으로, 아니 곧바로 학문에까지 나아간다. 인간의 계획에 지나치게 어두운 색채가 엿보이는 모든 곳에는, 음산한 혼들, 말향(抹香), 교회의 그림자가 달라붙어 있다고 짐작해도 된다.

151.

무엇을 통해서 운율은 미화되는가—운율은 현실 위에 베일을 드리운다. 그것은 약간의 변론술과 사유의 불순함을 야기한다 : 운율은 사상 위에 던져지는 그림자에 의해 은폐되기도 하고 돋보이기도 한다. 아름답게 보이기 위해서는 그림자가 필요한 것처럼, 명료하기 위해서는 '모호함'이 필요하다.—예술은 불순한 사유의 베일을 삶 위에 드리움으로써 삶의 모습을 견딜 만한 것으로 만든다.

152.

추한 영혼의 예술—예술에서는 오직 정돈되고 도덕적인 균형 속에서 표류하는 영혼만을 표현하도록 요구한다면, 인간은 예술의 한계를 너무나 편협하게 정하는 것이다. 조형미술에서와 마찬가지로 음악과 시에서도 아름다운 영혼의 예술과 함께 추한 영혼의 예술이 있다 ; 그리고 예술의 가장 강한 작용, 즉 영혼을 변화시키고 돌을 움직이고 동물까지도 인간화하는 일은 아마도 대부분 추한 예술의 분야에서 이루어졌을 것이다.

153.

예술은 사상가의 마음을 무겁게 한다—형이상학적 욕구가 얼마나 강한 것인가, 그리고 결국 본성이 아직도 이 형이상학적 욕구에서 벗어나기가 얼마나 어려운가 하는 점은, 자유정신이 모든 형이상학적인 것을 제거해버렸을 때, 예술의 최고 작용이 오랫동안 소리내지 못하고 찢어진 채 있었던 형이상학적 현의 공명을 자유정신 안에서 쉽게 불러일으키는 것에서 추측할 수 있다. 예를 들면 베토벤의 〈제9 교향곡〉의 한 부분에서 자유정신은 불멸성의 꿈을 마음속에 품고 지상을 초월하여 별들의 둥근 천장을 표류하는 듯이 느끼게 된다 : 모든 별이 그의 주위에서 반짝이고, 땅은 점점 더 깊이 가라앉는 듯이 보인다.—이 상태를 의식하면 자유정신은 찌르는 듯한 깊은 아픔을 느끼게 된다. 자유정신은 사람들이 그 연인을 종교라고 부르든, 형이상학이라고 부르든, 잃어버린 연인을 다시 데려다 줄 사람들을 그리워하게 될 것이다. 이런 순간들 속에서 그의 이지적 성격은 시련을 겪게 된다.

154.

삶과 함께 유희하다—그리스인의 지나치게 정열적인 감정과 너무나 예리한 오성을 진정시키고 잠시 중단시키기 위해서는 호메로스적인 상상력의 가벼움과 경쾌함이 필요했다. 오성이 그리스인들을 지휘한다면, 삶은 얼마나 쓰고 비참하게 보일까! 그들은 자신을 속이지 않지만 거짓말을 하며 의도적으로 삶 주위를 맴돌며 유희한다. 시모니데스Simonides는 자기 동포들에게 삶을 유희로 받아들이라고 충고했다 : 그들에게 진실함은 고통으로 간주되었다(사실상 신들이 즐겨 듣는 노래의 주제는 바로 인간의 불행이다). 그리고 그

들은 오로지 예술에 의해서만 불행까지도 즐거움이 될 수 있다는
것을 알고 있었다. 그러나 그리스인들은 이런 통찰의 벌로, 일상생
활에서도 거짓과 기만을 벗어나기가 어려울 정도로 공상하는 즐거
움 때문에 심한 곤란을 겪게 되었다. 시인의 민족은 모두 거짓말에
대한 이와 같은 즐거움과 동시에 결백함을 가지고 있듯이 말이다.
이웃의 민족들은 그것을 보고 아마 때로는 절망하는 것이라고 생각
했을 것이다.

155.

영감에 대한 믿음─예술가들은 사람들이 예술작품, 시의 이념,
철학의 근본 사상이 은총의 빛처럼 하늘에서 비쳐 내리는 듯이 오
는 순간적인 착안, 소위 영감을 믿는다는 사실에 관심이 있다. 사실
은 뛰어난 예술가 또는 사상가의 상상력은 언제나 좋은 것과 일반
적인 것, 또 나쁜 것을 생산해낸다. 그러나 극도로 서련되고 숙련된
그들의 판단력이 이것을 내버리기도 하고 가려내기도 하며 때로는
결합시킨다 ; 오늘날 우리가 베토벤의 노트에서 그가 가장 훌륭한
멜로디를 단계적으로 간추려서, 많은 발상 중에서 그 멜로디를 특
별히 발췌했다는 사실을 알 수 있듯이 엄격한 것만 구분하지 않고,
모방적인 기억에 기꺼이 자신을 맡기는 사람은 경우에 따라서 위대
한 즉흥 연주자가 될 수 있다. 그러나 예술적 즉흥이라는 것은 진지
한 태도로 노력하여 엄선된 예술사상과 비교한다면 낮은 자리에 위
치한다. 모든 위대한 예술가는 고안해내는 일뿐 아니라 내버리고,
검토하여 정리하며, 수정하고, 정돈하는 일에서도 권태를 모르는

위대한 노동자이다.

156.

다시 한번 영감에 대하여―생산력이 잠시 막혀버려서 장애물 때문에 유출이 불가능해졌을 경우, 결국에는 갑작스러운 유출이 발생한다. 그것은 마치 앞서야 할 내면적인 활동을 가지지 못한 직접적인 영감, 즉 기적이 일어나는 것과 같다. 이것이 우리가 잘 아는 착각이라는 것을 만들어내며 앞에서 말한 것처럼 이와 같은 착각을 유지하는 것에 모든 예술가의 관심이 지나칠 정도로 구속되어 있다. 자본은 단지 축적된 것이지 갑자기 하늘에서 쏟아진 것이 아니다. 게다가 또한 다른 분야, 예를 들어 자비, 덕, 악덕의 영역에서도 그와 같은 공허한 영감이 존재한다.

157.

천재의 고뇌와 그것의 가치―예술의 천재는 즐거움을 주기를 원한다. 그러나 그가 극히 높은 단계에 있으면 그 예술을 감상해줄 사람이 없어지게 된다 : 그는 성찬을 제공하지만 사람들은 그것을 바라지 않는다. 이런 사실이 사정에 따라서는 웃음을 자아낼 정도로 비장한 격정을 가져온다. 왜냐하면 결국 그에게는 사람들을 만족시킬 만한 그 어떤 타당성도 없기 때문이다. 그의 피리는 울리는데 아무도 춤추려 하지 않는다 : 이것이 비극적일 수 있는가? 아마도 그러할 것이다. 결국 예술의 천재는 이런 결핍의 보상으로 그 밖의 사람들이 다른 여러 활동에서 얻을 수 있는 것보다 더 많은 만족을 창작하면서 음미하게 될 것이다. 인간은 자신의 고통을 지나치게 크게 느낀다. 왜냐하면 자신이 한탄하는 소리는 훨씬 더 크고, 입은 훨씬 더 웅변적이기 때문이다 ; 때로는 그의 고통이 사실상 크다. 그러나 그 이유도 그의 공명심, 그의 질투심이 너무 크기 때문일 뿐이다. 케플러Kepler와 스피노자Spinoza 같은 지적 천재는 일반적으로 그처럼 탐욕적이지 않고, 사실상 훨씬 더 큰 자신의 고민과 결핍을 과장하지도 않는다. 지적 천재는 더 큰 확신을 갖고 후세를 기대하고 현재의 고통을 타파한다 ; 반면 탐욕적인 예술가는 언제나 절망적인 유희를 하고 있으며, 그의 마음은 슬픔에 젖어 있을 수밖에 없다. 아주 드문 경우에는—즉 동일한 개인 속에 능력과 인식의 천재와 도덕적 천재가 한데 녹아들어 있을 경우에는—앞서 언급했던 고통에 덧붙여 세상에서 가장 기이한 예의로 간주되는 종류의 고통이 부가된다 : 그것은 개인을 벗어난 그리고 개인을 초월한, 한 민족과 인류, 문화 전체, 모든 것을 고민하는 현존을 향한 감정들이다 : 이 감정들은 특히 어렵고 멀리 떨어져 있는 인식에 이름으로써 그 가치를 얻게 되는 것이다(동정 그 자체는 조금의 가치밖에 없다).—그러나 이런 감정의 순도를 측량하는 데 어떤 척도, 어떠한 황금 저울이 있단 말인가? 제정신으로 이런 감정에 대해 말하는 사람은 모두 의심받을 여지가 있다는 것은 거의 분명한 일이 아닌가?

158.

위대함의 운명—모든 위대한 현상 뒤에는 퇴락이 따른다. 특히 예술의 영역에서 그러하다. 위대함의 전형이 허영심 강한 본성을 자극해서 외면적으로 모방하게 하거나 능가하게 만든다 ; 게다가 위대한 천부적 소질들은 수많은 허약한 힘과 싹을 짓누르고 그 주위에서 본성을 황폐하게 하는 운명적 성질을 가지고 있다. 예술의 발전에서 가장 행복한 경우란, 여러 명의 천재가 서로 견제할 때이다 ; 이렇게 투쟁하는 경우에는 일반적으로 약하고 섬세한 본성을 가진 사람에게도 공기와 빛의 혜택이 주어지는 것이다.

159.

예술가에게 위험한 예술—예술이 어떤 개인을 강렬히 감동시키면, 이때 그는 그 예술이 가장 힘차게 꽃피었던 시대의 의견으로 다시 되돌아가게 되는데, 예술은 그때 퇴화한다. 예술가는 돌발적인 흥분을 더 많이 존중하게 되고, 여러 신과 데몬들을 믿고, 자연에 영혼을 불어넣고, 학문을 미워하며, 고대인처럼 기분에 따라 변화한다. 그리고 그는 예술에 적합하지 않은 모든 상태를 전복시킬 것을 갈망하는데, 그러나 이것은 어린아이 같은 외고집과 부당성을 가지고 있는 것이다. 이제 예술가 그 자체로는 이미 퇴보한 존재이다. 왜냐하면 그들은 유년기와 소년기에 속하는 유희에 만족하고 있기 때문이다 : 더욱이 그들은 점차 다른 시대로 퇴화해간다. 그러므로 마침내 그들과 그들 세대의 사람들 간에는 치열한 적대 관계가 생기고 또한 불행한 결과가 생긴다 ; 옛 사람의 말에 의하면 호메로스와 아이스킬로스Aeschylos가 만년에는 우울한 세월을 보내다가 죽었다는 것과 같이.

160.

창작된 인간들—만약 극작가 (그리고 모든 예술가)가 여러 성격들을 실제로 **창작한다**고 하면 이것은 대단한 착각이며 과장이다. 예술은 이러한 착각과 과장이 존재하고 파급되면서 의도하지 않은 이른바 여분의 승리를 올리게 된다. 사실 인간에게 이러저러한 성격이 있다고 말할 경우 그것은 실제로 살아 있는 인간을 충분히 이해하지 못하고 극히 피상적으로 일반화하는 것이다 : 인간에 대한 이러한 우리들의 아주 불완전한 입장과, 이제 마찬가지로 인간에 대한 피상적인 묘사를('창작한다'는 의미에서) 하는 시인의 입장은 일치한다. 예술가에 의해 창작된 이런 성격에는 다분히 불가사의한 것이 있다 ; 그것들은 결코 살아 있는 자연적 산물이 아니라, 그림으로 그려진 인간과 비슷해서 너무나 희미하여 가까이에서도 볼 수 없을 정도이다. 하물며 보통 살아 있는 인간의 성격은 흔히 모순적이며 극작가에 의해서 창작된 인간이 바로 본성 주위에서 맴돌고 있었던 원형이라고 말하는 것은 완전히 잘못된 생각이다. 현실의 인간은 완전히 필연적인 어떤 존재이다(소위 그 모든 모순에서까지도). 그러나 우리는 이 필연성을 항상 인식지는 못한다. 가공된 인간, 즉 환상은 필연적인 그 무엇을 의미하고자 하지만, 그것은 단지 현실의 인간까지도 조야하고 부자연스럽게 단순화함으로써만 이해할 수 있는 사람들 앞에서만 필연적인 그 무엇을 의미할 뿐이다 : 그래서 강하고 자주 반복된 몇몇 경향들이 많은 빛과 함께 주위에 아주 많은 그림자와 어두움을 드리우며 그러한 사람들의 요구를 완전히 채워주게 된다. 따라서 그들은 환상을 현실의 필연적인 인간으로 취급하려는 생각을 쉽게 하게 된다. 왜냐하면 그들은 현실의 인간에게서 환상, 그림자, 임의대로 그린 그림을 전체 모습으로 간주하는 데 익숙해져 있기 때문이다.—하물며 화가와 조각가가 인간의 '이념'을 표현한다는 것은 공허한 몽상이며 착각이다 : 만약 그런 말을 한다면, 그는 눈에 의해 억제당하고 있는 것이다. 왜냐하면 인간의 몸 자체에 있는 눈은 단순히 표면, 피부만을 보기 때문이다 ; 그러나 내부의 몸 또한 이념에 속하는 것이다. 조형미술은 성격들을 표면적으로 보이도록 하려고 한다 ; 말하는 예술은 언어를 같은 목적으로 이용하며 소리로 성격들을 나타낸다. 예술은 인간의 내면(몸과 특징에서의)에 대한 인간 자신의 본성적인 무지에서 출발한다 : 예술은 자연과학자와 철학자를 위한 것이 아니다.

161.

예술가와 철학자에 대한 믿음 속에 있는 자기 과대평가—우리는 모두 우리를 감동시키고 동요시키면, 예술품과 예술가의 훌륭함이 증명된 것이라고 생각한다. 그러나 그때 무엇보다 먼저 판단과 감각에서 우리 자신의 훌륭함이 입증되어 있어야 하지만 사정이 그렇지 않다. 그 누가 조형미술의 영역에서 베르니니Bernini보다 더 감동을 주고 더 황홀하게 만들었던가? 그 누가 아시아적인 문체를 도입해서 2세기에 걸쳐 유행하게 했던 데모스테네스 후의 바로 그 수사가(修史家)보다 더 강하게 영향을 미쳤는가? 이렇게 그 세기 전체를 유행했다는 것이 곧 한 가지 문체의 훌륭함과 지속적 타당성을 입증하는 것은 아니다. 그러므로 사람은 어떤 예술가에 대한 자신의 호의적인 믿음을 확신해서는 안 된다. 이런 믿음은 우리가 지닌 감각의 진실성에 대한 믿음일 뿐만 아니라 판단의 정확성에 대한 믿음이기도 하다. 반면 판단이나 감각 또는 이 두 가지는 모두 너무 거칠거나 지나치게 엉뚱하거나 과민하거나 조잡한 상태일 수도 있다. 철학과 종교의 축복과 행복 역시 그 어떤 진리를 증명하지는 못한다 : 그것은 마치 정신병자가 자신의 고정관념에서 얻는 행복으로 이러한 관념의 합리성에 대하여 그 무엇을 증명하려는 것과 마찬가지로, 아무런 진리도 증명하지 못한다.

162.

허영심에서 오는 천재 예찬 — 우리는 스스로를 우수하다고 생각하지만 우리 자신이 라파엘로 그림을 스케치하거나 셰익스피어 극 같은 장면을 하나 만들 수 있다고 기대하지는 않기 때문에, 그러한 능력을 지나치게 특별한 것, 아주 희귀한 우연으로 믿거나 종교적으로 신의 은총이라고 믿는다. 이렇게 우리의 허영심과 자기애가 천재 예찬을 부추긴다. 왜냐하면 천재를 한낱 기적으로서 우리와는 아주 먼 존재라고 생각할 때만 천재가 우리의 감정을 상하게 하지 않기 때문이다. (질투 없는 사람인 괴테조차 셰익스피어를 그의 가장 먼, 가장 높은 별이라고 불렀다 ; 여기에서 우리들은 "별, 그런 것을 사람들은 원하지도 않는다" 라는 그의 시구를 상기하는 것이 좋겠다.) 그러나 우리의 허영심의 그러한 속삭임을 간과하면, 천재의 활동도 결코 기계의 발명가, 천문학자 또는 역사학자, 전략의 대가의 활동과 근본적으로 다를 것이 없다. 이 모든 활동은 자신의 사고를 한 방향으로 활용하거나 모든 것을 소재로 이용하고, 자신과 다른 사람의 내적인 삶을 진지하게 관찰하며 여기저기에서 모범과 자극이 되는 것을 찾아내어 그것들을 자기의 수단으로 짜 맞추기를 게을리하지 않는 사람들을 상상해보면 잘 알 수 있다. 천재도 먼저 주춧돌을 놓고, 그 다음 그 위에 세우는 일을 배우게 되면 부단히 소재를 구하고, 그것을 이리저리 만들어보는 일을 할 뿐이다. 단지 천재의 활동만이 그런 것이 아니라 인간의 모든 활동은 놀랄 만큼 복잡하다 : 하지만 그 어느 것도 '기적'은 아니다.—그런데 예술가, 연설가, 철학자에게만 천재가 있다는 믿음, 그들만이 직관을 가졌다는 믿음은 어디서 온 것일까? (그것으로 인해서 그들에게는 직접 '본질'을 볼 수 있는 일종의 마법의 안경이 있다고 생각한다!) 사람들은 분명 위대한 지성이 끼치는 영향이 가장 기분 좋게 느껴져서 자신이 질투를 느끼지 않을 만한 곳에서만 천재에 대하여 말하게 된다. 누군가를 '신과 같다'고 하는 것은 '여기에서는 우리가 경쟁할 필요가 없다'는 것을 의미한다 : 만들어진 모든 것, 완전한 것은 경탄의 대상이며, 생성 중인 모든 것은 경시된다. 그런데 예술가의 작품인 경우에 그것이 어떤 방법으로 '생성되었는가'를 그 누구도 볼 수가 없다 ; 이것이 예술가의 유리한 점이다. 왜냐하면 인간은 생성 과정을 볼 수 있는 경우에는 언제나 조금 냉정해지기 때문이다. 완성된 표현예술은 생성에 관한 모든 사유를 거부한다 ; 그것은 현재 완성된 것으로 위력을 발휘한다. 그러므로 표현의 예술가는 주로 천재적이라고 인정되지만 학자는 그렇지 않다. 실로 예술가를 존중하는 것과 학자를 경시하는 것은 이성의 유아기적 행위에 지나지 않는 것이다.

163.

손으로 하는 작업의 성실성 ─ 재능과 타고난 능력에 대해서만 말하지 말라! 타고난 재능이 거의 없이도 위대해진 여러 사람들의 이름을 들 수도 있다. 그러나 그들은 위대한 사람이 되었고 (사람들이 말하는 대로) '천재'가 되었다. 그러한 자질을 의식하고 있는 사람이라면 아무도 그것이 없다고는 말하지 못할 것이다 : 그들은 모두 하나의 커다란 전체를 만드는 일을 감행하기 전에, 우선 부분을 완전히 만드는 것을 배우는 숙련된 장인의 성실성을 가지고 있었다 ; 그들은 부분을 완성하기 위하여 시간을 부여했다. 왜냐하면 그들은 현혹시키는 전체의 효과보다 작은 것, 지엽적인 것을 잘 만드는 일에 더 많은 즐거움을 느꼈기 때문이다. 예를 들어 어떻게 하여 훌륭한 소설가가 될 수 있을까 하는 방법은 쉽게 제공할 수 있으나, '나에게는 재능이 충분치 않다'라고 말한다면 그것은 자질을 전제하고 있는 말이다. 그런데 사람들에게는 그 자질을 보지 않으려는 경향이 있다. 2페이지를 넘지는 않지만 거기에 포함된 모든 단어가 필연적이라고 할 만큼 명확한 소설을 백 개 이상 습작해보라 ; 가장 함축적이고 가장 효과적인 일화의 형식을 배울 때까지 매일 일화를 쓰도록 하라. 인간의 유형과 성격을 수집하거나 윤색하는 일을 게을리하지 말라. 특히 주위의 다른 사람들에게 미치는 효과를 유심히 바라보고, 가능한 한 모든 사람에게 말을 자주 하고 남이 말하는 것을 귀를 쫑긋 세워 듣도록 하라. 풍경화가와 의상 디자이너처럼 여행하도록 하라. 잘 표현되면 예술적 효과를 줄 수 있는 모든 것을 개개의 학문에서 발췌하도록 하라. 끝으로 인간 행위의 동기에 대해서 잘 생각하고 이 점에서 가르침을 주게 될 어떤 지침도 냉대하지 말고 밤낮으로 이런 것들의 수집가가 돼라. 이와 같은 다양한 훈련으로 2,30년을 보내라 : 그 후에는 작업실에서 창작된 것이 거리의 빛 속으로 나가도 좋다.—그런데 대부분의 사람들은 어떻게 하고 있는가? 그들은 부분에서가 아니라 전체에서부터 시작한다. 아마 한 번은 그 선택이 적절하여 주목을 끌게 되지만 그때부터 항상 실패할 것이다. 그것은 충분히 당연한 근거에서 나오는 일이다.— 때때로 이러한 예술적 삶의 계획을 세울 수 있는 이성과 성격이 결여되어 있는 경우에는 운명과 필요가 그 자리를 물려받아 미래의 거장을 한 걸음 한 걸음 인도하여 그의 손으로 하는 작업의 모든 조건을 거쳐 단계적으로 이끌어갈 것이다.

164.

천재 예찬의 위험과 이익—위대하고 탁월하며 창작력이 풍부한 정신에 대한 믿음은, 반드시 그렇지는 않지만 극히 자주, 그 정신이 초인적인 근원을 가졌다거나 특정한 신비로운 능력을 갖추고 있어, 그 능력을 이용하여 다른 사람들과 전혀 다른 방법으로 인식에 관여할 수 있다고 여기는 종교적인 미신과 전적으로 또는 반 정도는 여전히 결부되어 있다. 사람들은 흔히 그들에게는 현상이라는 외투의 구멍을 통하여, 세계의 본질을 직접 볼 수 있는 안목이 있어서, 그들이 학문의 노력과 엄밀성 없이도 이 신비로운 투시력으로 인간과 세계에 대한 궁극적이고 결정적인 그 무엇을 전할 수 있다고 믿는다. 인식의 영역에서도 여전히 기적을 믿는 사람들이 있다면 그들은 위대한 정신에 무조건 따름으로써 자신들의 정신에 그 발달

기간 중 최선의 학과와 학습을 제공하는 한 그들에게 어떤 이익이 생길 것이라고 믿게 될 수도 있다. 그에 반해서 천재, 천재의 특권 그리고 특수한 능력에 대한 미신이 천재 자신 속에 뿌리를 내리고 있을 경우, 그것이 그에게 이익을 가져올지 그렇지 않을지는 의문이다. 저 유명한 로마 황제의 공포든, 여기서 문제가 되는 천재의 공포든 어쨌든 자기 자신에 대한 공포가 인간을 엄습한다면 그리고 당연히 신에게만 바쳐지는 제물의 냄새가 천재의 사고에까지 스며들어, 그로 인해 동요하고 자신을 초인적인 존재라고 믿기 시작한다면 그것은 위험한 징후이다. 그 징후의 결과는 무책임, 예외적 특권의 감정, 자신의 교제를 통하여 이미 은혜를 베풀고 있다는 믿음, 그를 다른 사람과 비교하거나 하물며 더 낮게 평가하거나 또는 그의 작품의 잘못된 점을 공개하려는 시도에 대한 미친 듯한 분노 등으로 서서히 나타난다. 그는 자신에 대한 비판을 중단함으로써 마침내 그의 깃에서 깃털이 하나하나 떨어져나가게 된다 : 그 미신은 그의 능력의 뿌리를 파내고 그의 능력이 완전히 사라지고 난 후에는 아마 그를 위선자로까지 만들게 될 것이다. 따라서 위대한 정신들에게는 자신들의 능력과 그 근원에 대해서 통찰하고 어떤 순수한 인간적인 여러 특질이 그 속에서 섞여 있는지 그리고 어떤 행운의 상황들이 동반해온 것인지를 이해하는 것이 훨씬 더 유익하다 : 즉 행운의 상황들이란 지속적인 열정, 각각의 목표를 향한 결단력 있는 몰두, 개인적인 큰 용기이며 또한 최고의 스승, 모범, 방법을 초기에 제공해준 교육에 의한 행운이다. 물론 자기 자신에 대한 망상과 거의 광기와도 같은 부가적인 성질도 그들의 목적이 가능한 최대 효과를 올리는 것일 경우, 항상 크게 기여해왔다 ; 왜냐하면 어느 시대를 막론하고, 사람들의 의지를 상실시키고, 초자연적인 지도자가 그들을 앞서 인도한다는 망상으로 미혹하게 하는 그 천재들의 능력을 찬탄하기도 하고 부러워하기도 했기 때문이다. 사실 초자연적인 능력을 소유하고 있는 어떤 사람을 믿는다는 것은 인간을 고무하고 감동시키는 일이다. 그런 한에서 플라톤이 말하듯이 광기는 최대의 축복을 인간들에게 가져왔다.―개개의 드문 경우에 이러한 광기의 한 부분은 다방면으로 지나친 본성을 단단히 묶어두는 수단이 되기도 했을 것이다 : 개인의 삶에서도 또한 광기의 표상 그 자체는 독약이지만 흔히 구원의 수단이라는 가치를 지닌다 ; 그럼에도 결국 자신의 신성을 믿는 모든 '천재'에게는 '천재성'이 늙어가는 만큼의 독이 나타난다 : 예를 들어 나폴레옹의 경우를 상기해 보라. 그의 본성은 확실히 자기 자신과 자신의 별에 대한 믿음을 통해 그리고 이 믿음에서 나오는 인간에 대한 경멸을 통해 모든 근대인들 중에서 두드러지는 강한 통일성으로 함께 성장했던 것이다. 그러나 결국 이 믿음은 거의 광기를 띤 숙명주의로 이행해서 그에게서 민감하고 예리한 안목을 빼앗고 그를 몰락시키는 원인이 된 것이다.

165.

천재와 졸작―예술가 중에서 스스로 창조하는 독창적인 두뇌를 가진 자들은 경우에 따라 완전히 공허한 것 그리고 피상적인 것을 만들어낼 수도 있다. 반면에 더욱 의존적인 본성, 소위 재주꾼들은 온갖 좋은 것의 기억으로 가득 차 있어서 능력이 저하된 상태에서도 역시 참을 만한 작품을 생산한다. 그러나 독창적긴 사람들이 자기 자신을 상실하게 될 경우에 그에게 기억들은 아무런 도움도 되지 않는다 : 그 기억들은 공허해진다.

166.

관중―대중은 원래 비극에서 한 번 실컷 울 수 있도록 감동받기만을 바랄 뿐이다. 반면 새로운 비극을 통찰하는 예술가는 재치 있는 기술적 발명과 기교, 소재를 다루고 할당하며 낡은 동기와 생각을 새롭게 변화시키는 것에서 기쁨을 느낀다. 그의 태도는 예술작품에 대한 미학적 태도이며, 창작자의 태도이다 ; 주로 처음에 진술한 태도는 소재를 고려하고 있는 대중의 태도이다. 그 중간에 속하는 인간에 대해서는 말할 것이 아무것도 없다. 그는 대중도 예술가도 아니며 자기가 원하는 것이 무엇인지도 모른다 : 따라서 그의 기쁨 역시 불명료하고 보잘것없다.

167.

대중의 예술적 교육―동일한 주제가 서로 다른 거장에 의해서 수많은 방식으로 다루어지지 않는다면 대중은 소재에 관심을 갖는 것 이상으로 나아가는 것을 배우지 못할 것이다. 그러나 여러 가지 작업들에 의해 그 주제를 알게 되고 새로운 것이 주는 매력과 긴장감의 매력을 더 이상 느끼지 못하게 되면, 결국에는 이 주제를 취급할 때의 어떤 뉘앙스, 섬세하고 새로운 발명도 파악하고 즐기게 될 것이다.

168.

예술가와 그의 추종자는 보조를 맞춰야 한다―양식이 한 단계에서 다른 단계로 진행하는 것은, 예술가뿐 아니라 청중과 관중도 이 진행에 참여하여 무슨 일이 일어나고 있는지를 정확히 파악할 수 있을 만큼 아주 느리게 진행되어야 한다. 그렇지 않으면 상당히 멀리 떨어진 높은 곳에서 작품을 만드는 예술가와 더 이상 그 높은 곳까지 올라갈 수 없어 마침내 불만스럽게 다시 더 아래로 내려오는 대중 사이에는 당장 커다란 간격이 생기게 된다. 왜냐하면 예술가가 대중을 끌어올리지 않으면, 이미 대중은 급속히 낮은 곳으로 가라앉기 때문이다. 더욱이 천재가 대중을 높이 끌고 올라갈수록 그만큼 더 깊고 위태롭게 떨어지게 된다. 그것은 마치 독수리에 의해 구름 위까지 끌어올려진 거북이가 독수리 발톱에서 떨어져 화를 입는 것에 비교할 수 있다.

169.

희극적인 것의 기원―몇십만 년 동안 공포의 최고 경지까지 근접한 동물은 인간이었다는 사실 그리고 그 후에 모든 안전은 사회적 관계에, 곧 행동에서 예상된 것과 관습적인 것에서 나온다는 사실을 고려하면, 사람들은 다음과 같은 사실을 놀랍게 여길 필요가 없다. 즉 말과 행동 속에 있는 온갖 돌발적이고 예기치 않은 것이 아무런 위험과 해로움이 없이 시작되면 인간은 긴장이 풀어지고 공포의 정반대로 옮겨가는 것이다 : 불안에 떨며 웅크리고 있던 본질이 솟아나와 넓게 펼쳐진다—즉 인간은 웃게 된다. 사람들은 일시적인 불안에서 잠깐 동안의 즐거움으로 옮겨가는 이 과정을 희극적인 것이라고 부른다. 반면에 인간은 비극적인 것의 사건에서는 크고 지속적인 즐거움에서 커다란 불안으로 급속히 옮겨간다 ; 그러나 인간에게는 크고 지속적인 즐거움이 불안의 동기보다도 훨씬 드물기 때문에, 세상에는 비극적인 것보다 희극적인 것이 훨씬 많이 존재한다 ; 따라서 사람들에게는 감동받는 일보다 웃는 일이 훨씬 자주 있는 것이다.

170.

예술가의 명예심—그리스의 예술가, 예를 들면 비극작가는 승리를 위하여 창작을 했다. 그들의 예술 전체는 내기 없이는 생각될 수 없다 : 헤시오도스Hesiodos의, 훌륭한 에리스Eris라는 명예심이 그들의 천재성에 날개를 달아주었던 것이다. 그런데 이 명예심은 무엇보다 그들의 작품이 자신들의 눈앞에서 최고의 우수성을 가지는 것만을, 즉 지배적인 취향과 예술작품의 우수성에 관한 일반적인 의견을 고려하지 않고 그들이 우수하다고 이해했던 것만을 얻고자 했다. 그래서 아이스킬로스와 에우리피데스도 마침내 그들의 작품을 자신들이 설정한 척도로 예술을 평가하는 사람을 만들어낼 때까지는 오랫동안 성공을 거두지 못했다. 그리하여 그들은 자신들의 심판석 앞에서 스스로의 평가에 따라 경쟁자에 대한 승리를 쟁취하려 한다. 그들은 더 탁월해지기를 바란다 ; 그런 다음 그들은 이런 자기평가에 대한 동의와 자기들의 판단의 확증을 외부에 요구하는 것이다. 명예를 얻고자 하는 것은 여기에서 '자신을 탁월하게 만들고, 공적으로도 그렇게 보이기를 바란다' 는 것을 의미한다. 우리는 전자가 결여되어 있음에도 불구하고 후자를 갈망하면 **허영심**이라 부른다. 그리고 후자가 결여되어 있음에도 그것을 구하지 않으면 **자만심**이라 부른다.

171.

예술작품의 필연적인 것—예술작품에서 필연적인 것에 대해서 너무 많이 말하는 사람들은, 만약 그들이 예술가라면 예술의 큰 영광을 위해 과장하고, 또 만약 그들이 비전문가라면 무지하기 때문에 과장하게 된다. 작품의 사상을 말하게 하는, 즉 작품을 표현하는 방식인 예술작품의 형식은 여러 종류의 언어와 마찬가지로 항상 철저하지 못한 그 무엇을 가지고 있다. 조각가는 사소한 선을 많이 덧붙이거나 삭제할 수 있다 : 연출자나 배우 또는 음악에서의 연주가나 지휘자도 마찬가지다. 이런 사소한 특징과 조탁들은 오늘은 만족을 주겠지만 내일은 만족을 주지 않는다. 그러한 것은 예술보다는 오히려 예술가 때문에 존재한다. 왜냐하면 주요 사상을 표현할 때 필요한 엄격함과 자제를 행하려면 예술가에게도 의욕을 잃지 않도록 때때로 설탕과자와 장난감이 필요하기 때문이다.

172.

거장을 잊게 만드는 것―거장의 작품을 연주하는 피아니스트가 가장 연주를 잘하는 경우는 마치 그가 자기 자신의 삶의 이야기를 설명하거나 지금 막 뭔가를 체험한 듯이 보일 때 그리고 그 거장을 잊어버렸을 때이다. 물론 : 그 피아니스트가 뛰어나지 않은 사람이라면, 누구나 다 자신의 삶을 설명하는 그의 수다를 저주하게 될 것이다. 따라서 그는 청중의 상상력이 자기 자신에게 호감을 가지게 하는 법을 알아두어야 한다. 거기서부터 '거장의 기질'의 모든 결점과 어리석음이 다시 드러난다.

173.

운명을 수정하는 것―위대한 예술가의 삶에는 고약한 우연이 있다. 예를 들어 화가가 자신의 가장 중요한 그림을 순간적인 착상으로 스케치만 남기거나, 또 베토벤이 몇 개의 위대한 소나타(저 위대한 B장조에서와 같이)들을 단지 교향곡에서 불완전하게 피아노 곡을 발췌한 정도로만 남기는 경우가 그러하다. 그리하여 이제 후세의 예술가는 위대한 사람들의 삶을 나중에 수정해야 한다 : 예를 들어 그는 온갖 관현악을 효과적으로 표현할 거장으로서, 피아노의 가사(假死) 상태에 빠져 있는 교향곡을 우리에게 되살려주는 일을 하는 것이다.

174.

작게 만드는 것—많은 사물, 사건 또는 인물은 작은 규모로 다루어지는 작업과는 어울리지 않는다. 라오콘Laokoon 군상을 장식 인형으로 작게 만들 수는 없다 ; 그것은 크기를 필요로 한다. 그러나 자연적으로 작은 그 무엇이 크게 만들어지는 작업과 어울리는 경우는 훨씬 더 드물다 ; 그 때문에 전기(傳記)를 쓰는 작가는 작은 인물을 위대하게 표현하기보다는 오히려 위대한 인물을 작게 표현하는 편이 항상 더 성공적일 것이다.

175.

현대예술의 감성—예술작품의 감각적 효과를 위해 작업을 할 경우, 오늘날 예술가들이 흔히 잘못 평가하는 경우가 있다. 왜냐하면 그들의 관중 또는 청중은 더 이상 완전한 감각을 갖고 있지 않아서, 예술가의 의도와는 정반대로 그 예술작품에 의하여 무료한 느낌과 매우 유사한 감각의 '마비'에 빠지게 되기 때문이다.—그들의 감성은 아마 예술가의 감성이 끝나는 바로 거기서 시작할 것이다. 따라서 예술가와 관중은 기껏해야 한 점에서 서로 만나게 될 뿐이다.

176.

도덕주의자로서의 셰익스피어—셰익스피어는 정열에 대한 사색을 많이 했고, 아마 그의 기질로 보아 많은 정열과 극히 밀접한 관계가 있었을 것이다(극작가는 일반적으로 상당히 나쁜 인간이다). 그러나 그는 몽테뉴처럼 그것에 대해서 말하지 못했고 정념에 관한 여러 가지 관찰들을 정념에 사로잡힌 등장인물들로 하여금 말하게 했다 : 그것은 분명 자연스러운 일은 아니다. 그러나 그 등장인물들은 다른 모든 희곡을 공허하게 보이게 하고, 그것들에 대한 일반적인 혐오감을 일으키게 할 정도로 그의 희곡을 사상적으로 풍부하게 만들고 있다. 실러의 문장(거의 늘 잘못된 또는 하찮은 착상에서 나온)은 바로 연극의 문장들이며, 이런 것으로서 아주 강하게 작용한다 : 반면에 셰익스피어의 문장은 그의 모범인 몽테뉴의 명성을 높일 정도로 참으로 세련된 형식 속에 진지한 사상을 내포하고 있다. 그러나 바로 그 때문에 셰익스피어의 문장들은 연극 관객의 눈에는 너무나 멀고 세련되어, 차라리 비효과적이다.

177.

잘 들리게 하는 것 — 사람들은 훌륭하게 연주하는 일뿐만 아니라 잘 들리게 하는 일도 알아야 한다. 가장 위대한 거장의 손에 있는 바이올린도 장소가 너무 넓으면 벌레가 울어대는 것 같은 소리만 낼 수 있을 뿐이다. 그때 사람들은 거장을 능숙하지 못한 사람으로 혼동할 수도 있다.

178.

효과적인 것으로서의 불완전한 것 — 부조상(浮彫象)들이 벽 쪽에서부터 모습을 드러내던 도중에 무엇인가에 가로막혀서 갑자기

멈추게 되면, 그 부조상들은 이 효과를 통해 상상력에 아주 강한 영향을 미치게 된다. 그와 마찬가지로, 어떤 사상과 철학 전체를 부조하는 것과 같은 방식으로 불완전하게 표현하는 것은 때때로 철두철미하게 표현하는 것보다 더 효과적이다 : 더 많은 것이 보는 사람의 작업으로 떠맡겨진다. 그는 매우 심한 빛과 어둠 속에서 그 앞에 모습을 드러내는 것을 계속 구성해가면서 끝까지 생각하고, 그때까지 그것이 완전히 모습을 드러내는 데 방해가 되었던 장애물을 스스로 극복하도록 자극받게 된다.

179.

독창적인 것에 반대하여—사람들은 예술이 심하게 닳아 해진 천으로 된 옷을 입고 있을 때, 그것이 예술임을 가장 잘 간파한다.

180.

집단정신—훌륭한 저술가는 자신의 정신뿐만 아니라 자신의 친구들의 정신까지도 가지고 있다.

181.

두 가지 오해—예리하고 명확한 저술가의 불행은, 독자가 그들은 평범하다고 간주하기 때문에 그들에 대해 아무런 노력도 기울이지 않는다는 것이다 : 그리고 명확하지 못한 저술가의 행운은 독자가 그들에게 노력을 아끼지 않기 때문에 자신의 열성에서 느끼는 기쁨을 저술가 덕분이라고 여기는 것이다.

182.

학문에 대한 관계―학문 속에서 그들 스스로 어떤 것을 발견했을 때 비로소 학문을 흥미롭게 여기기 시작했던 사람은 모두 학문에 대해 진정한 관심을 갖고 있는 사람들이 아니다.

183.

열쇠―뛰어난 사람이 평범한 사람의 웃음거리와 조롱거리가 되면서도 커다란 가치를 두고 있는 바로 그 사상은 평범한 사람에게는 한 조각의 고철에 불과하지만 그에게는 숨겨진 보고의 열쇠다.

184.

번역할 수 없는―한 권의 책에서 번역할 수 없는 것은, 그 책의 가장 좋은 부분도 가장 나쁜 부분도 아니다.

185.

작가의 역설들―소위 독자가 불쾌하게 느끼는 작가의 역설들은 그 작가의 책 속에 있는 것이 아니라 흔히 독자의 머리 속에 있다.

186.

기지 — 가장 기지에 넘친 작가들은 쉽게 알아볼 수 있는 미소를 거의 만들어내지 않는다.

187.

반대명제 — 반대명제는 그것을 통해 오류가 가장 즐겨 진리로 몰래 숨어 들어가는 좁은 문이다.

188.

문장가로서의 사상가 — 사상가는 대부분 좋은 글을 쓰지 못한다. 왜냐하면 이들은 자신의 사상뿐만 아니라 그 사상을 사유하는 것까지 우리에게 전달하기 때문이다.

189.

시에서의 사상 — 시인은 운율의 마차 위에 사상을 태우고 성대하게 끌고 온다 : 왜냐하면 보통 사상은 자기 발로 걸어갈 수 없기 때문이다.

190.

독자의 정신을 거역하는 죄 — 단지 독자와 같아지기 위해서 저자가 자신의 재능을 부인한다면, 그는 독자가 결코 용서하지 않을 치명적인 죄를 범하는 것이다. 즉 독자가 그것에 대하여 무엇인가를 눈치채는 경우에 말이다. 인간은 인간에게 모든 나쁜 욕을 해도 좋다 : 그러나 어떻게 그 말을 하는지의 양식에서는 인간의 허영심을 다시 바로 세워줄 방법을 알고 있어야만 한다.

191.

성실성의 한계 — 가장 성실한 저술가에게서도, 그가 하나의 복합문을 마무리하려고 하면, 한 단어가 꼭 부족하게 된다.

192.

가장 훌륭한 작가 — 가장 훌륭한 작가는 저술가가 되는 것을 부끄러워하는 사람일 것이다.

193.

저술가에 대한 가혹한 법칙 — 사람들은 저술가를 극히 드문 경우에만 무죄판결 또는 사면받을 수 있는 범죄자로 간주하는 것이 좋다 : 이것이 책이 지나치게 많아지는 것을 막는 수단일 것이다.

194.

현대 문화의 광대들—중세 궁정의 광대들은 오늘날에는 문예란 작가에 해당한다 ; 이들은 같은 부류의 인간으로 반쯤 이성적이며 위트가 있고 도에 넘치는 행동을 하고 고지식하다. 또한 때로는 기분의 열정을 묘안과 수다를 통해 완화하고, 위대한 사건의 매우 엄숙하고 성대한 종소리를 고함 소리로 느끼지 못하게 만드는 자들이다 ; 그들은 옛날에는 왕후와 귀족을 섬겼고, 지금은 당에 봉사한다(민중이 영주를 대할 때의 낡은 노예근성이 아직도 당파심과 당의 규칙들 속에 남아 있는 것처럼). 그러나 현대의 문필가 계층 전체는 문예란의 작가에 아주 가깝다. 그들을 충분한 판단력이 없는 사람으로 간주해서 관대하게 평가하면 '현대 문화의 광대'이다. 저술업을 평생의 직업으로 생각하는 것은 당연히 미친 짓의 일종으로 간주되어야 할 것이다.

195.

그리스인들을 따라—모든 단어는 수백 년에 걸쳐 감정을 지나치게 묘사함으로써 불분명해지고 과장되어 현재 심각한 인식의 장애가 되고 있다. 인식의 지배(비록 횡포는 아니긴 하지만)하에 있는 좀더 높은 문화의 단계에서 필요한 것은 감정의 큰 각성과 모든 단어들의 강렬한 압축이다 ; 이 점에서는 데모스테네스 시대의 그리스인들이 우리를 앞서 간 셈이다. 현대적인 글들의 특징은 모두 지나치게 과장되었다는 것이다 : 그리고 물론 그 글들이 간결하게 씌어졌을 경우에도, 그 안의 단어들은 여전히 너무 핵심에서 벗어나 있는 것으로 느껴질 것이다. 엄격한 고려, 간결성, 냉담함, 단순성 그리고 의도적으로 한계에까지 내려가서 결국 감정을 절제하고 침묵하는 것이 도움이 될 수 있을 뿐이다.―그런데 다 조적인 것으로서의 이런 냉담한 표현양식과 감정의 처리양식은 오늘날에는 매우 자극적이다 : 거기에는 한 가지 새로운 위험이 들어 있다. 왜냐하면 엄격한 냉담함은 높은 열과 마찬가지로 하나의 자극제이기 때문이다.

196.

훌륭한 소설가는 서툰 해석자이다―훌륭한 소설가가 만들어낸 등장인물의 행위에서 나타날 수 있는 놀라운 심리학적 안정성과 일관성은 가끔씩 그들의 심리학적 사고의 미숙함과 우스꽝스러운 대조를 이루고 있다. 그래서 그들의 교양은 어느 순간에는 아주 높게 보이고 다음 순간에는 한심할 정도로 낮게 보이기도 한다. 소설가가 자신의 주인공과 그 행동들을 분명 잘못 설명하는 일은 그야말로 자주 일어난다―이것은 사실이 아닌 것 같지만 거기에는 의심의 여지가 전혀 없다. 아마 위대한 피아니스트도 각 손가락이 가진 기술적 조건들과 특수한 장점과 단점, 효용성과 훈련 가능성(강약약[强弱弱]의 윤리)에 대해서는 거의 생각해보지 않았을 것이며, 또 그런 것들에 대해서 언급하는 일은 커다란 실수를 범하는 것이 된다.

197.

아는 사람의 글과 그 독자—우리는 아는 사람(친구와 적)의 책을 이중으로 읽는다. 즉 우리의 인식이 옆에서 끊임없이, 한 쪽의 인식은 "이것은 그의 것이다. 그의 내적 본질, 그의 체험, 그의 재능의 표시다"라고 속삭이고 있고, 또다른 종류의 인식은 이 작품 자체의 수확은 무엇인가, 저자는 별도로 하고 도대체 이것은 어떤 평을 받을 만한가, 이 작품은 지식의 어떤 이득을 가져다주는가 등을 확정하고자 한다. 이러한 두 가지 독서 방법과 음미 방법이 서로를 방해하는 것은 당연한 일이다. 친구와의 대화 역시 두 사람이 마침내 문제만을 생각하고 그들이 서로 친구라는 것을 잊게 될 때 비로소 좋은 인식의 열매를 익게 할 수 있을 것이다.

198.

운율의 희생—단지 평범한 독자들에게서는 초고에서 따라왔던 복합문 운율을 파악할 만한 능력이 있는지 확신할 수 없다는 이유 때문에, 훌륭한 저술가들은 몇몇 복합문의 운율을 수정한다 : 따라서 그들은 더 잘 알려진 운율을 선호함으로써 독자를 도와주는 것이다.—오늘날의 독자가 가진 운율상의 무능력에 대한 이러한 고려는, 이미 한숨짓는 사람들을 여럿 생기게 했다. 왜냐하면 훌륭한 저술가들은 이미 많은 부분을 희생해왔기 때문이다. 훌륭한 음악가들도 비슷한 사정에 있는 것이 아닐까?

199.

예술적 자극제로서의 불완전한 것 ― 불완전한 것은 종종 완벽함보다 훨씬 더 효과적이다. 특히 칭찬의 말에서 그러하다 : 칭찬의 말을 하기 위해서 사람들에게 필요한 것은 충동적인 불완전함이다. 그것은 비합리적인 요소로, 듣는 사람의 환상 속에 바다를 떠올리게 하고 마치 안개처럼 맞은편 해변을 덮어버리는 것, 즉 칭찬받아야 할 대상의 한계를 은폐하는 것과 같은 것이다. 만약 우리가 어떤 사람의 유명한 업적을 상세하고 폭넓게 언급한다면, 그 언급은 항상 그것이 유일한 공적이라는 그릇된 추측을 불러일으킨다. 완벽하게 칭찬하는 사람은 칭찬받는 사람의 위에 서서 상대를 무시하는 것처럼 보일 수 있다. 따라서 완벽한 것은 효과를 약화시킨다.

200.

글쓰기와 가르치기에서의 주의점 ― 처음으로 글을 써보았거나 자신의 마음속에서 글쓰기에 대한 정열을 느끼는 사람은 자신이 시도하고 체험하는 모든 것에서 문체상으로 전달할 수 있는 것만을 배운다. 그는 더 이상 자기 자신에 대하여 생각하지 않고 저술가와 독자들만을 생각한다. 통찰을 원하지만 그것은 자신의 필요를 위해서가 아니다. 가르치는 사람은 대부분 뭔가 자신의 행복을 위해 자기 일을 하는 데는 무능력하다. 그는 언제나 자기 학생의 행복을 생각하고, 그가 그것을 가르칠 수 있는 것인 한 모든 인식은 그를 기쁘게 한다. 결국 그는 자기 자신에 대한 열의를 잃어버리고, 지식의 한 통로, 흔히 수단으로 자신을 파악한다.

201.

저급한 저술가도 필요하다―저급한 저술가들도 언제나 있어야만 한다. 왜냐하면 그들은 서툴고 미숙한 연령층의 취향에 맞기 때문이다 ; 이런 사람들에게도 성숙한 사람과 마찬가지로 자기의 욕망이 있다. 만약 인간의 수명이 훨씬 더 길다면, 성숙한 개인들의 수가 더 많아지거나 적어도 미숙한 사람의 수와 같은 정도가 될 것이다 ; 그러나 사실상 사람들은 대부분 너무 일찍 죽는다. 이것은 저급한 취향을 가진 미성숙한 지성이 언제나 훨씬 많다는 것을 의미한다. 게다가 이런 사람들은 젊은이보다도 강한 열의를 가지고 욕망을 만족시킬 것을 갈망한다. 그리고 그들은 저급한 작가들에게 강요한다.

202.

너무나 가깝고 너무나 먼―흔히 독자와 작가는 서로 잘 이해하지 못한다. 그 이유는 작가는 자기 테마를 너무나 잘 알고 있어 그것을 거의 지루하게 여겨 몇백 가지나 알고 있는 실례를 생략하게 되고, 독자는 그 문제가 낯설어서 실례가 없으면 그것을 쉽게 잘못 규정하기 때문이다.

203.

자취를 감춰버린 예술을 위한 준비―김나지움이 실행했던 모든 일 중 가장 가치 있는 것은 라틴어 문체의 연습이었다 : 이것은 그야말로 예술의 연습이었다. 반면 다른 모든 수업은 지식만을 목적으로 했다. 독일어 작문을 앞세우는 것은 야만적인 행동이다. 왜냐하면 우리는 모범이 될 만큼 공적인 웅변으로 고양된 독일어 문체를 가지고 있지 않기 때문이다 ; 그러나 독일어 작문에서 사고하는 훈련을 시키려 한다면, 우선 문체는 도외시하고 사고 연습과 표현 연습을 구별하는 편이 확실히 더 낫다. 표현 연습은 주어진 내용을 여러 가지 어법과 관련시키는 것이지 내용을 독창적으로 만들어내는 것과는 상관이 없다. 라틴어 문체의 과제는 내용을 단순하게 표현하는 것이었다. 옛날의 교사들에게는 이미 오래 전에 사라져간 라틴어 문체에 대한 청각의 자유로움이 있었다. 현대어로 잘 쓰는 법을 배웠던 사람은 그때 이 연습의 혜택을 받는다(지금은 부득이 나이 든 프랑스인에게서 배워야 한다) ; 그러나 혜택은 더 있다 : 그것은 그가 형식의 고귀함과 어려움을 이해하는 것을 전수받았다는 것과, 예술 일반에 대한 유일하고 올바른 방식 즉 실습을 통해 준비했다는 것이다.

204.

어두운 것과 너무 밝은 것이 나란히—일반적으로 자신의 사상에 명확성을 부여하지 않는 저술가는 개별적으로 가장 강하고 과장된 기호와 최상급을 즐겨 선택한다 : 그것을 통해 당황스러운 숲길에서 햇불을 비춰주는 것과 같은 효과가 생겨나기 때문이다.

205.

저술가의 화가 기질—그림에 사용하는 색채를 화학자처럼 대상 그 자체에서 뽑아내고 예술가처럼 색채의 경계면과 사이에서 윤곽이 생겨나도록 색채를 사용할 때, 중요한 대상이 가장 잘 표현될 수 있다. 그림은 이렇게 대상 자체를 의미 있게 만드는 매혹적인 자연 요소에서 무엇인가를 획득한다.

206.

춤을 가르치는 책들—불가능한 것을 가능한 것으로 표현하고, 윤리적인 것과 천재적인 것에 대해서는 마치 두 가지 모두 일시적 기분이며 감정에 불과하다고 말함으로써 오만한 자유의 감정을 불러일으키는 저술가가 있다. 그 감정은 마치 인간이 내적인 욕망 때문에 발끝으로 서서 끝까지 춤을 추어야만 하는 것과 같다.

207.

완성되지 않은 사상—장년기뿐 아니라 청년기나 유년기 역시 그 자체로 가치 있는 것처럼, 완성되지 않은 사상도 자신의 가치를 지닌다. 그리고 그것들은 결코 통로와 다리로만 평가되어서는 안 된다. 따라서 우리는 시인을 미묘한 해석으로 괴롭혀서는 안 된다. 마치 수많은 사상으로 통하는 길이 여전히 열려 있는 것처럼 우리는 우리 자신의 지평의 불확실성에 만족해야 한다. 인간은 문턱에 서 있다 ; 인간은 마치 보물의 발굴에 참여할 때처럼 기다리고 있다 :

그는 마치 명상에서 행운이 막 발견되려는 순간처럼 그렇게 있다. 시인은 중요한 사상을 발견할 때 사유자의 기쁨에서 그 무엇을 선취한다. 그럼으로써 시인은 우리로 하여금 그것을 갈망하게 만들고, 우리는 이 사상을 좇아간다 ; 그러나 이 사상은 우리의 머리 위를 훨훨 날아서 가장 아름다운 나비의 날개를 보여줄 뿐이다 — 그리고 그것은 우리에게서 달아난다.

208.

책은 거의 인간이 되었다 — 책도 그러하지만, 모든 저술가도 책이 자신에게서 분리될 때, 자신의 삶을 스스로 계속 살아갈 수 있다는 새로운 사실에 놀란다 ; 그것은 마치 곤충의 일부분이 떨어져 나가서 그 일부분이 자신의 길을 계속 나아가는 듯한 느낌과 흡사하다. 아마도 저술가는 책을 거의 완전히 잊고 있을 것이며, 그 책에 씌어진 견해를 초월해 있을 것이고, 아마 그 책을 더 이상 이해하지 못할 것이며, 그 책을 생각하던 그때 그가 달고 날았던 날개를 잃어버렸을 것이다 : 반면 책은 자신의 독자를 찾아 나서고 삶에 불을 붙이며, 기쁘게 하고, 놀라게 하여, 새 작품을 만들어내고, 계획과 행동을 가진 영혼이 된다 — 간단히 말해서 그 책은 정신과 영혼이 갖추어진 존재처럼 살지만, 그럼에도 불구하고 인간은 아니다. — 노인이 되었을 때, 자신의 내부에서 생명을 낳고 힘을 돋우며 고양하고 계몽시키는 사상과 감정이 모두 자신의 책 속에 존속하고 있다는 사실과 자신은 다만 꺼져가는 재를 의미할 뿐이지만, 불은 도처에서 되살아나 지속된다는 것을 말할 수 있는 작가는 가장 행복한 제비를 뽑은 것이다.―그런데 우리는 책에서만이 아니라 인간의 모든 행위가 어떤 양식으로든 또다른 행위, 결정, 사상을 위한 원인이 된다는 것을 숙고할 때, 그리고 현재 일어나고 있는 모든 일과 앞으로 일어나게 될 모든 것과 풀 수 없을 만큼 단단하게 서로 묶여 있다는 사실을 숙고할 때, 현실의 불멸성을 인식하게 된다. 그리고 그것은 존재하고 있는, 운동하고 있는 불멸성이다 : 한 번 움직였던 것은 호박(琥珀) 속에 있는 곤충처럼 모든 존재자의 총체적 결합 속에 싸여 영원히 전해진다.

209.

노령(老齡)의 기쁨―좀더 나은 자기 자신을 작품 속에 감추어놓은 사상가와 예술가는 자신의 육체와 정신이 서서히 시간 속에서 망가지고 파괴되는 것을 보면, 거의 악의에 찬 기쁨을 느낀다. 그것은 마치 모든 보물을 이미 구해냈고 그의 금고는 비어 있는데 도둑이 그 금고를 열려고 애쓰는 것을 한구석에서 바라볼 때의 기쁨과 같다.

210.

은근한 풍요로움―타고난 정신의 귀족들은 지나치게 서두르지 않는다 ; 그들의 창조물들은 지나치게 갈망되고 요구되거나 새로운 것에게 쫓기는 일 없이 모습을 드러내어 어느 조용한 가을 저녁에 나무에서 떨어진다. 끊임없는 창작욕은 저급한 것으로, 경쟁심, 시기, 공명심을 나타내는 것이다. 만약 인간이 그 무엇을 가진 존재라면, 그는 원래 아무것도 할 필요가 없다. ― 그럼에도 불구하고 극히 많은 일을 한다. '생산적인' 인간들 위에는 아직 더 높은 종류의 인간이 있다.

211.

아킬레우스와 호메로스 ― 언제나 아킬레우스와 호메로스의 관계 같은 것이 존재한다 : 한쪽은 체험과 감각을 가지고 있고, 다른 한쪽은 그것들을 기술하는 것이다. 참다운 저술가는 남의 격정과 체험에 다만 단어들을 부여할 뿐이며, 자기가 경험했던 적은 것들에서 많은 것을 추측해내는 예술가이다. 예술가들은 결코 대단한 열정을 가진 인간이 아니다. 그러나 그들은 흔히 열정을 가진 인간으로 무의식적인 감정 속에서 다음과 같은 사실, 즉 그들의 삶이 예술의 영역에서 체험을 말하게 될 때, 사람들은 그들이 그렸던 열정을 더욱 신뢰할 것이라는 점을 보여주고 있다. 사실 사람들은 자신을 자유롭게 내버려두고 자제하지 않으며 자신의 분노와 욕구를 위해 넓은 자리만 내주기만 하면 된다. 그러면 곧 세상 사람은 저 사람은 얼마나 열정적인가! 하고 외친다. 그러나 깊이 파고드는, 개인을 소모시키며 때로는 잠식해 들어가는 열정인 경우에는 그 자체에 문제가 있다 : 이러한 열정을 체험하는 사람은 분명히 그것을 극이나 음악 또는 소설에서 묘사하지 않을 것이다. 예술가들은 예술가가 아니라면 흔히 방종한 개인이다 : 그러나 그것은 별개의 문제다.

212.

예술의 작용에 관한 오래된 의혹—아리스토텔레스가 주장하듯이, 청중이 더 냉정하고 편안해진 상태로 집으로 돌아가게 될 정도로 동정과 공포가 진정 비극으로 해소되는 것일까? 괴담은 두려움과 미신을 더 감소시켜주는 것일까? 몇 가지 생리적인 경우들, 예를 들어 사랑을 즐길 때 욕망이 만족되는 동시에 충동이 완화되고 일시적으로 감퇴하는 현상이 나타나는 것은 사실이다. 그러나 공포와 동정은 그러한 의미에서 완화되기를 바라는 특정 신체기관의 욕구가 아니다. 그리고 주기적으로 완화되더라도 모든 충동은 오랜 시간 만족하는 것을 연습함으로써 강화된다. 개별적인 경우에서는 동정과 공포가 비극에 의해 완화되고 해소되는 것이 가능할지도 모른다 : 그럼에도 불구하고 동정과 공포는 전체적으로 비극의 영향을 받아 더 커질 수도 있다. 그리고 플라톤이 인간은 비극에 의해서 대체로 더욱 겁이 많고 감상적이 된다고 말한 것은 타당하다. 그렇다면 비극시인 자신도 반드시 음울하고 공포에 가득 찬 세계관과 연약하고 신경질적이며 눈물을 잘 흘리는 영혼을 가지게 될 것이다. 그와 마찬가지로 비극시인들과 그들에게서 즐거움을 느끼는 도시 공동체 전체도 더 큰 무절제와 방종으로 변질해간다면 그것도 플라톤의 의견과 일치하는 것이다.—그러나 우리 시대가 도대체 예술의 도덕적 영향에 대한 플라톤의 중대한 문제에 해답을 제시할 수 있는 어떤 권리를 갖고 있는가? 가령 우리 자신이 예술을 가지고 있다면 우리는 예술의 어떤 영향을 어디에 가지고 있는 것일까?

213.

무의미에서 느끼는 기쁨—어떻게 인간이 무의미에서 기쁨을 가질 수 있을까? 인간이 세상에 대해 웃음을 터트리게 될 때가 바로 그런 경우이다. 행복이 있는 곳에는 거의 어디에나 무의미에 대한 기쁨이 있다고 할 수 있다. 경험을 그 반대의 것으로, 합목적적인 것을 무목적적인 것으로, 필연적인 것을 임의적인 것으로 전환하는 것은 인간을 기쁘게 하며 게다가 이 과정이 아무런 해도 주지 않고 일시적인 즐거움으로만 나타나는 것은 더군다나 인간을 기쁘게 한다. 왜냐하면 그것은 우리가 통상적으로 우리의 무자비한 주인으로 느끼는 필연적인 것, 합목적적인 것, 경험적인 것의 속박에서 일시적으로 우리를 해방시키기 때문이다. 기대되었던 것(보통 우리를 불안하게 만들고 긴장시키는 것)이 아무런 해를 주지 않고 해결될 때, 우리는 즐거워하며 웃음을 터트린다. 그것은 사티로스 축제에서 노예들이 느끼는 기쁨이다.

214.

현실의 고상해짐—인간들이 아프로디테적 충동에서 일종의 신성을 발견하여 그 충동이 자신 안에서 작용하는 것을 숭배하고 감사의 마음으로 느끼게 됨으로써, 시간이 지남에 따라 그 격정은 좀 더 높은 표상계와 한데 얽혀 실제로 아주 고상해졌다. 따라서 몇몇 민족들은 이상화시키는 이런 기술에서 질병에서 문화를 창조하는 위대한 힘들을 이끌어냈다 : 예를 들어 그리스인은 초기의 몇 세기에 심한 신경성 돌림병(간질과 무도병 같은 종류의)으로 고통받았는데, 거기에서 바쿠스Bacchus의 무당이라는 훌륭한 유형을 만들어냈다. —즉 그리스인들은 억세고 건강했다. —그들의 비밀은, 질병도 힘만 있다면 신으로 숭배하는 것이다.

215.

음악—음악 그 자체는 우리의 내면을 위해 중요한 것도 아니고, 감정의 직접적인 언어로 간주해도 좋을 만큼 깊은 감동을 주는 것도 아니다. 음악과 시의 지극히 오랜 결합으로 인해 운율의 움직임과 음의 강약 속에는 대단히 많은 상징성이 들어 있다. 그래서 우리는 오늘날 음악이 직접 내면을 향하여 말하며 내면에서 나온다고 잘못 생각하고 있다. 극음악은 음향 예술이 노래, 오페라, 여러 가지 음악화의 시도를 통하여 상징적인 수단의 거대한 영역을 정복했을 때에야 비로소 가능하다. '절대 음악'이란 박자와 여러 가지 강도를 가진 음 일반이 기쁨을 주는 음악의 원시 상태에서 형식 그 자체이거나, 또는 시 없이도 이해력에 호소할 수 있는 형식의 상징성이다. 그런데 이 상징성은 오랜 발전을 거치면서 음악과 시라는 두 가지 예술이 결합되고, 마침내 음악적 형식이 개념과 감정의 실로 완전히 자아내진 후에 오는 것이다. 음악의 발달에서 퇴보한 사람들은 진보된 사람들이 상징적으로 이해하는 것과 똑같은 악곡을 단지 형식적으로만 느낄 수 있을 뿐이다. 어떠한 음악도 그 자체로는 심오하고 중요하지 않다. 그런 음악은 '의지'와 '물 자체'에 대해서 말하지는 않는다. 그것은 음악적 상징성을 위해 내면적 삶의 전 영역이 지배되어버린 시대에서야 비로소 지성이 꿈꿀 수 있었던 일이었다. 지성이 스스로 이 의미를 처음으로 음향 속에 집어넣었던 것이다. 그것은 마치 지성이 건축 양식의 경우에, 그 자체로는 역학적 법칙과는 전혀 무관한 의미를 선(線)과 양(量)의 여러 관계 속에 부여해온 것과 같다.

216.

몸짓과 언어—언어보다도 오래된 것은 몸짓의 모방이다. 몸짓의 모방은 자기도 모르게 생기는 것이다. 그리고 몸짓의 언어를 일반적으로 억제하거나 근육을 조심스럽게 통제하는 오늘날에도 그것은 대단히 강력한 것이어서, 우리는 감동한 얼굴을 보면 우리 자신의 얼굴에서 반드시 신경 자극을 일으키게 된다(우리는 어떤 사람의 가짜 하품이 그것을 보는 사람으로 하여금 진짜 하품을 일으키게 하는 것을 관찰할 수 있다). 모방된 몸짓은 모방한 사람을 모방의 대상이 된 사람의 얼굴과 몸에 나타났던 감각으로 거꾸로 유도한다. 이렇게 사람은 서로 이해하는 것을 배웠다 : 또 이렇게 어린 아이는 어머니를 이해하는 것을 배웠다. 일반적으로 고통의 느낌은 아마 그 자체가 고통을 야기하는 몸짓들에 의해서 표현된 것이리라(예를 들어 머리를 쥐어뜯고 가슴을 치며 얼굴 근육을 억지로 일그러뜨리고 긴장시킴으로써). 반대로 쾌감의 몸짓은 그 자체가 유쾌하고, 따라서 이해를 전달하는 데 적합했다(유쾌함을 나타내는 간질일 때의 웃음은 또다른 유쾌한 감각을 표현하는 데도 도움이 되었다).—사람들이 몸짓으로 서로 이해하게 되었을 때, 곧바로 몸짓의 상징성이 생겨날 수 있었다 : 이것은 사람들이 음을 표시하는 언어를 서로 이해할 수 있었다는 것을 의미한다. 사람들은 처음에는 음 그리고 몸짓(몸짓에 음이 상징적으로 더해졌다)을, 나중에는 오로지 음만을 나타내었다. ─현재 우리의 눈과 귀에 일어난 것과 같은 것이 옛날에는 음악, 특히 극음악의 발전에서 흔히 일어났던 것처럼 보인다 : 처음에 설명하는 춤과 몸짓(몸짓 언어)이 없는 음악은 공허한 소음이었는데, 음악과 운동이 병행하는 것에 오랫동안 익숙해짐으로써 귀는 음향의 비유를 즉시 해석할 수 있도록 훈련되어 마침내 시각적인 운동이 전혀 필요없게 되었고, 그것 없이도 작곡가를 이해하는 민첩한 이해의 높은 수준에 이른다. 그때 우리는 더 이상 아무런 도움 없이 그 속에서 모든 것이 상징적으로 이해되는 그런 음악, 즉 절대 음악을 거론하게 되는 것이다.

217.

좀더 높은 예술의 탈감성화─새로운 음악이 기술적으로 발전함으로써 특별히 지성의 훈련이 가능해지고, 우리의 귀는 더욱 지적으로 되었다. 따라서 우리는 지금 훨씬 강한 음의 강도와 훨씬 많은 '소음'에도 견딜 수 있다. 그 이유는 우리가 선조들보다 소음 속의 이성에 귀를 기울이도록 훨씬 잘 훈련되어 있기 때문이다. 실제로 지금 우리의 모든 감관은 어느 정도 둔해져 있다. 왜냐하면 감관은 항상 이성에 대하여, 즉 '그 의미' 만을 물을 뿐, '그 존재'에 대해서는 묻지 않기 때문이다 : 그런 둔감함은 예를 들어 음의 평균율이 무조건적으로 지배하고 있는 것에서 추측할 수 있다. 왜냐하면 지금도 올림 다와 내림 라 사이의 더욱 미세한 차이를 구별할 수 있는 청각은 드문 경우이기 때문이다. 이런 관점에서 우리의 귀는 거칠어졌다. 그러고 나서는 세계의 나쁜 측면, 즉 근원적으로 감관에 적대적인 세계의 측면이 음악의 영역에 의해 정복되었다. 특히 이름하여 숭고한 것, 두려운 것, 신비적인 것을 표현하는 음악의 세력권은 놀랄 만큼 확대되었다. 우리의 음악은 이제 과거에는 소리를 내지 않았던 사물까지 소리내게 만든다. 비슷한 방식으로 몇몇 화가들은 눈을 좀더 지적으로 만들어 과거에 색채와 형태의 기쁨이라 불렸던 것을 초월하게 되었다. 여기에서도 근원적으로 나쁜 것으로 간주되었던 세계의 측면이 예술적 오성으로 정복되었다.—이 모든 것의 결론은 무엇인가? 시각과 청각의 사고력이 향상될수록 그것들은 비감성적이 되는 한계에 더욱 접근한다. 즉 기쁨이 머리 속으로 옮겨지고, 감각기관 자체가 둔해지고 약해지며, 상징적인 것이 더욱더 많이 존재자의 자리를 대신한다—이렇게 우리는 다른 길에서처럼 이 길에서도 분명히 야만에 이르는 것이다. 잠정적으로 표현하자면, 세계는 예전보다 추하기는 하지만 예전보다 아름다운 세계를 의미한다고 말할 수 있다. 그러나 의미의 용연향(龍涎香)이 더 많이 흩어져 퍼져나갈수록, 또 그것을 감지하는 사람들도 더욱 드물어져간다. 그리고 나머지 사람들은 결국 추한 것에 머물러 그것을 직접 즐기려고 하지만, 그런 일은 언제나 실패할 수밖에 없다. 독일에는 이렇게 음악의 발전에 이중의 흐름이 있다. 하나는 좀더 숭고하고 섬세하기를 요구하며 더욱 '그 의미'에 귀 기울이는 수만 명의 무리들이고, 다른 하나는 감성적 추악함의 형식 속에 있는 중요성을 이해하는 일이 해가 갈수록 불가능해지자 음악에서의 추악함과 역겨움 그 자체, 즉 저급하고 감성적인 것을 더욱 편하게 붙잡아보려는 엄청난 수의 사람들이다.

218.

돌은 전보다 더 많은 돌이다 ─ 우리는 일반적으로 건축에 대해서 더 이상 이해하지 못한다. 적어도 음악을 이해하는 그런 방식으로는 건축을 이해하지 못한다. 우리는 수사학의 발음 효과에서 젖을 뗀 것처럼 선과 도형의 상징에서 벗어났고, 우리 삶의 첫 순간부터 더 이상 이런 종류의 교양의 젖을 빨아먹지 않았다. 그리스 건축물과 그리스도교 건축물에서는 모든 것이 사물의 더욱 높은 질서를 상징하는 그 무엇을 의미했다 : 무한하며 의미심장한 분위기가 마법의 베일처럼 건물을 싸고 있었다. 아름다움은 단지 부수적으로만 이 체계 안으로 들어와 있어, 그것은 신들이 가까이 있음과 마술에 의해 봉헌된 것 그리고 엄청나게 숭고한 것에 대한 기본감정을 본질적으로 손상하는 일이 없었다. 아름다움은 기껏해야 **공포**를 완화했을 뿐이다. ─ 그러나 이 공포는 어느 곳에서든 전제였다. ─ 오늘날 우리에게 건물의 아름다움이란 무엇인가? 우둔한 여자의 아름다운 얼굴과 같은 것, 즉 가면과 같은 그 무엇이다.

219.

근대 음악의 종교적 기원 ─ 감정이 담긴 음악은 트리엔트 공의회 후에 재건된 카톨릭교에서, 그리고 새롭게 눈뜬 내면적이고 깊이 감동된 정신이 울려퍼지는 데 기여했던 팔레스트리나Palestrina를

통하여 성립된다. 또 그 후에 이와 같은 음악은 바흐와 함께, 경건
주의자들에 의해 심화되었고 본래의 교의적인 근본 성격에서 벗어
나고 있었던 한, 프로테스탄트 주의에서도 성립한다. 이 두 가지가
성립되기 위한 전제이며 필연적인 전 단계가 되는 것이 르네상스
5 시대와 전 르네상스 시대 특유의 음악 해석, 즉 음악에 관한 해박한
연구, 화성학과 합창 지휘 기술에 대한 근본적인 학문적 취향이다.
다른 한편으로 오페라 역시 이미 앞서 있었다. 비전문가들은 오페
라의 지나치게 학구적이고 냉담한 음악에 대해 항의를 제기하고,
폴리힘니아Polyhymnia에 다시 감정을 선사하려 했건 것이다.―그
10 깊고 종교적인 분위기의 전환이 없었더라면 그리고 내면 깊이 감동
된 마음의 울림이 없었더라면, 음악은 학구적인 것 또는 오페라적
인 것으로 머물러 있었을 것이다. 반(反) 종교개혁의 정신은 근대
음악의 정신이다. (왜냐하면 바흐 음악의 경건주의 역시 일종의 반
종교개혁이기 때문이다.) 우리는 이렇게 깊이 종교 생활에 힘입고
15 있는 것이다. 음악은 예술 분야에서의 반 르네상스였다. 그것에 속
하는 것으로는 무릴로Murillo의 후기 화법과 아마 바로크 양식을
들 수 있다. 아무튼 바로크는 르네상스 또는 고대 건축 양식 이상의
것이다. 그리고 지금도 역시 다음과 같은 의문이 제기될 수 있다.
만약 우리의 근대 음악이 돌을 움직일 수 있는 것이라면, 그 돌들로
20 고대 건축을 축조하게 될까? 나는 매우 회의적이다. 왜냐하면 이
음악에서 지배하고 있는 것, 격정, 고양되고 널리 긴장된 기분에서
의 기쁨, 어떤 희생을 치르더라도 생동하려는 의욕, 감정의 급격한
변화, 빛과 그림자 속의 강렬한 부조적 효과, 황홀함과 소박함의 병
행, 이러한 것은 모두 일단 조형미술에서 지배적이었고 새로운 양

식의 법칙을 창조해낸 것이었다 : ―그러나 그러한 것은 고대에도 르네상스 시대에도 없었다.

220.

예술에서의 저편―각 시대에 걸쳐 최고의 비약기에 있던 예술가들은, 오늘날 우리가 잘못이라고 판단하는 그러한 표상들을 내세적으로 미화하여 끌어올렸다는 사실을 깊은 고통 없이 고백하지는 못할 것이다. 그런 예술가들은 인류의 종교적이고 철학적인 오류를 찬미하는 자이다. 그리고 이들은 이러한 오류를 절대적인 진리라고 믿지 않고는 그렇게 할 수도 없었을 것이다. 만약 이와 같은 진리 일반에 대한 믿음이 쇠퇴하고 인간의 인식과 망상의 양극을 감싸는 무지갯빛 색채가 퇴색한다면 신곡, 라파엘로의 그림, 미켈란젤로의 프레스코 그림, 고딕 사원들 같은 예술적인 대상이 내포하는 우주적 의미뿐만 아니라 형이상학적 의미도 전제하는 그런 종류의 예술은 결코 다시 꽃피지 못할 것이다. 그와 같은 예술, 그와 같은 예술가의 믿음이 존재했다는 것은 감동적인 전설로 남을 것이다.

221.

문예혁명―행위, 장소, 시간의 통일이라는 관점에서 그리고 문체, 시구와 문장의 구성, 단어와 사상의 선택의 관점에서 프랑스의 극작가들이 덧붙여놓은 엄격한 억압은, 근대 음악 발전에서의 대위법과 푸가의 훈련이나 그리스 웅변술에서의 고르기아스의 비유만큼이나 중요한 하나의 학습이었다. 자신을 이렇게 구속하는 것이 불합리하게 보일 수도 있다. 그럼에도 불구하고, 자연화에서 벗어나기 위해서는 신을 가장 강하게(아마도 가장 자의적으로) 제한하는 것 외에 다른 수단이 없다. 이렇게 하여 인간은 현기증이 날 정도로 깊은 심연 위에 걸쳐진 좁은 다리라도 우아하기 건널 수 있고, 그 수확으로 가장 유연한 동작을 얻을 수 있게 된다 : 그것은 음악의 역사가 지금 살고 있는 모든 사람에게 증명하고 있는 것과 같은 것이다. 여기서 사람들은 속박이 결국 완전히 풀어질 때까지 한 단계 한 단계 느슨해져가는 것을 볼 수 있다 : 이 가상은 예술의 필연적인 발전에서의 최고의 성과이다. 근대 문학에서는 이렇게 스스로 만든 구속에서 성공적이고 단계적으로 벗어나지 못했다. 레싱 Lessing은 프랑스의 형식, 즉 유일한 근대적 예술형식을 독일에서 조롱거리로 만들고 셰익스피어를 참조하도록 지시했다. 그래서 사람들은 그 해방의 연속성을 상실하고 단번에 자연주의로, 즉 예술의 출발점으로 되돌아왔다. 괴테는 다른 방식으로 다시 새롭게 구속하는 방법을 알고 있었기 때문에, 자연주의에서 벗어나려는 시도를 했다. 그러나 한번 발전의 실이 끊어져버리면 가장 탁월한 자일지라도 끊임없이 실험해볼 수밖에 없다. 실러가 어느 정도나 안정된 자신의 형식을 가지고 있는 것은, 그가 부인하기는 했지만 무의식적으로 존경했던 프랑스 비극이라는 본보기 덕택이다. 그리고 그는 레싱에 대해서 상당히 독립적인 입장을 취하고 있었다. (알려진 바와 같이 레싱의 연극 시론을 실러는 배척했던 것이다.) 볼테르 후 프랑스인들에게는 구속에서 자유의 모습으로 비극의 발전을 이끌어나가는 위대한 인재들이 없었다. 그들도 나중에는 독일의 선례를 따라 루소식의 예술의 자연 상태로 뛰어들어가 실험을 했다. 그러한 전통의 단절을 통해 유럽 문화가 영원히 잃어버린 것이 무엇인가를 명백히 마음에 그려보기 위해서는 때때로 볼테르의 《마호멧 Mahomet》을 읽어보면 된다. 볼테르는 자신의 천태만상의 그리고 가장 큰 비극적 뇌우에서도 성장했던 영혼을 그리스적인 절도를 통해 억제했던 위대한 극작가들 중 마지막 사람이었다. 그는 아직 어느 독일인도 할 수 없었던 것을 해낼 수 있었다. 왜냐하면 독일인의 본성보다 프랑스인의 본성이 그리스의 본성에 훨씬 가깝기 때문이다.—이와 같이 그는 문예론을 취급할 때 그리스적인 귀, 그리스적인 예술가적 양심의 엄격성, 그리스적인 소박함과 우아함을 가지고 있었던 최후의 위대한 저술가이기도 했다. 뿐만 아니라 그는 우유부단하고 비겁하지 않으면서 정신의 최고의 자유와 완전한 비혁명적인 성향을 자신 안에서 합일시킬 수 있었던 최후의 사람들 중 하나였다. 그 후로 척도와 제한에 증오와 불안을 가진 근대 정신이 여러 분야를 지배하기에 이르렀다. 처음에는 혁명에 대한 정열 때문에 고삐를 풀고, 자기 자신에 대한 불안과 전율이 엄습했을 때는 다시 고삐를 잡아당겼다.—그러나 그것은 논리의 고삐이지 더 이상 예술적 절도의 고삐는 아니다. 확실히 우리는 그 구속에서 해방됨으로써, 여러 민족의 문예, 은폐된 장소에서 성장한 것, 자연 그대로인 것, 야생의 꽃처럼 피는 것, 신비롭게 아름다운 것, 엄청나게 불규칙적인 것과 같은 모든 것을 민요에서부터 '위대한 야만인' 셰익스피어에 이르기까지 한동안 즐기고 있다. 우리는 모든 예술적 민족에게서 지금까지 생소했던 지방색과 시대 의상에 대한 즐거움을 맛보고 있다. 괴테가 《파우스트 Faust》의 무형식성을 가장 유리한 자리에 세우기 위해 반(反) 실러의 입장에서 주장했던 우리 시대의 '야만적 장점들'을 우리는 충분히 이용하고 있는 것이다. 그러나 언제까지 가능할까? 모든 민족의 온갖 양식을 가지고 범람하는 문학은 여전히 조용하고 감춰진 성장이 가능했을 그러한 토양을 서서히 씻어내버릴 것임이 틀림없다. 모든 시인은 그들의 힘이 처음부터 아주 크다 하더라도 반드시 실험적인 모방자, 무모한 복제자가 되지 않을 수 없다. 표현력을 억제하고 여러 가지 예술 수단을 조직적으로 구사하는 가운데 본래의 예술적 행동을 발견하는 법을 잊어버린 대중은 마침내 힘을 위한 힘, 색채를 위한 색채, 사상을 위한 사상, 영감을 위한 영감을 더 존중하게 될 것이 틀림없다. 따라서 대중은 예술작품의 여러 요소와 조건들을 격리시키지 않으면 그것들을 전혀 즐길 수가 없게 되고, 결국 예술가도 그 요소와 조건들을 분리해서 대중에게 내밀어야만 하는 당연한 요청을 제시하게 될 것이다. 그렇다. 사람들은 프랑스적인 그리스 예술의 불합리한 속박은 버렸지만 모르는 사이에 이미 모든 속박과 제한을 불합리하다고 보는 데 익숙해지고 만 것이다.—그리하여 예술은 해체를 향하여 움직이며, 그때—물론 극히 교훈적인 일이지만—예술의 출발, 유년기, 불완전성, 한때의 대담성과 일탈의 모든 단계를 스쳐 지나가게 된다 : 예술은 멸망해가면서 발생과 생성을 해석한다. 그의 본성을 사람들이 쉽게 신뢰했고 그의 이론이 곧 30년 이상의 실천이었던 한 위대한 인간 바이런 경은 언젠가 이렇게 말했다. "일반적으로 문학에 관한 한, 내가 그것에 대해 생각하면 할수록 더욱더 확고하게 우리 모두 잘못된 길에 들어서 있음을 확신하게 된다. 우리는 모두 내면적으로 잘못된 혁명 방식을 좇고 있다. 우리 세대 또는 우리 다음 세대 역시 같은 확신에 이를 것이다." 이것은 바이런 경이 "나는 셰 익스피어를 가장 탁월한 시인이긴 하지만 가장 좋지 않은 모범으로 보고 있다"라고 말한 것과 같은 의미이다. 그러면 괴테의 생애에서 후반기의 원숙한 예술적 통찰도 결국 완전히 같은 말을 하고 있는 것이 아닐까?―그 통찰로 그는 여러 세대를 훨씬 앞지르게 되었다. 그래서 사람들은, 괴테는 아직 아무런 영향도 미치지 않고 있는데, 그의 시대는 장차 다가오는 것일까?라고 대강 말할 수도 있을 것이 다. 바로 그의 본성이 그를 오랫동안 시적 혁명의 궤도에 머물게 했 기 때문에, 그리고 바로 그가 전통의 그러한 단절에 의하여 새로운 연구, 전망, 방법에서 간접적으로 발견하고 동시에 예술의 폐허 밑 에서 발굴해낸 것들을 모두 철저하게 음미했기 때문에, 괴테의 후 반기의 변화와 회심은 아주 중요한 것이다 : 이 변화와 회심은 예술 의 전통을 되찾고 싶다는 깊은 욕구를 그가 느꼈다는 것을 의미한 다. 또한 그것은 파괴하기 위해서 그렇게 엄청난 힘들이 필요했던 그곳을 건설하기에는 팔의 힘이 너무도 약하다는 것을 알았다면, 남아 있는 사원의 잔해와 열주랑(列柱廊)을 적어도 눈의 환상으로 나마 옛날의 완벽함과 전체성을 그려보고 싶다는 깊은 욕구를 그가 느꼈음을 의미한다. 그는 이렇게 예술 속에서, 즉 참된 예술을 회상 하는 것으로서의 예술 속에서 살았다 : 그의 창작은 아득한 옛날에 멀어져버린 낡은 예술시대를 회상하고 이해하기 위한 보조수단이 되었다. 그의 욕구는 새로운 시대의 힘을 고려할 때 성취될 수 없는 것이었다. 그러나 그에 따르는 고통은 그 요구가 이미 한 번 성취된 적이 있고, 우리도 여전히 이 성취에 동참할 수 있다는 기쁨으로 충 분히 상쇄되었다. 개체가 아니라 어느 정도는 상상의 가면, 현실이 아니라 비유적인 보편성, 거의 보이지 않을 정도로 흐려지고 신비적으로 되어버린 시대성과 향토색, 가장 단순한 형식으로 압축하여 그 형식의 매력적이고 긴박감 넘치며 병리학적인 특성들을 벗겨버림으로써 예술적 의미 외의 어떤 의미에도 **효과가** 없게 되어버린 현대 감각과 현대 사회의 문제들, 새로운 재료와 성격이 아니라 오래된 그리고 끊임없이 지속되는 정신의 새로운 충만함과 개조에 이미 오래 익숙해진 재료와 성격 : 이것이 그리스인뿐만 아니라 훗날 괴테가 이해했고 또 프랑스인이 **실행했던** 예술이다.

222.

예술에서 남는 것─특정한 형이상학적 전제에서 예술이 훨씬 위대한 가치를 지니는 것은 사실이다. 예를 들어 성격은 변하지 않으며 세계의 본질은 모든 성격과 행위들에서 끊임없이 진술되고 있다는 믿음이 통용되고 있는 경우가 그러하다. 그때 예술가의 작품은 영원히 지속하는 것의 상(象)이 된다. 그런데 우리의 생각으로 예술가는 자신의 상에 언제나 일시적인 타당성밖에 부여할 수 없다. 왜냐하면 인간은 전체 안에서 생성하고 변화하며, 개별적인 인간도 역시 결코 고정적인 것과 지속적인 것은 아니기 때문이다.─또 하나의 다른 형이상학적 전제에서도 마찬가지다 : 우리에게 보이는 세계가 형이상학자들이 가정하듯이 다만 현상에 불과하다면, 예술은 현실 세계에 매우 근접하게 될 것이다. 왜냐하면 현상계와 예술가의 꿈의 세계 사이에는 너무나 많은 유사성이 있을 수도 있기 때문이다. 그리고 그 외의 차이점도 예술의 의미를 자연의 의미보다 더 높이 두게 될 것이다. 그 이유는 예술은 자연 속에 있는 같은 모양의 것과 자연의 유형과 모범을 표현했기 때문이다.—그러나 이런 전제는 옳지 않다. 이 인식 뒤에는 어떤 입장이 오늘날 아직도 예술에 남아 있는 것일까? 예술은 무엇보다도 수천 년 동안 삶에 대한 관심과 기쁨을 가지고 삶의 모든 형상을 바라볼 것과, 마침내 "비록 그것이 어떤 것이든 삶은 좋은 것이다!"라고 외칠 때까지 우리의 감각을 이끌어갈 것을 가르쳐왔다. 현존에 관심을 가지고 너무 과격하게 함께 동요하지 않으면서 한 조각의 자연과 같은 인생을 합법적인 발전 과정의 대상으로 보는 예술의 이 교훈—바로 이 교훈은 우리 내부에 성장하고 있어 오늘날 강한 인식의 욕구로 다시 드러난다. 사람은 예술을 포기할 수는 있을 것이다. 그러나 그것과 함께 예술에서 배운 능력까지 잃어버리지는 않을 것이다 : 그것은 마치 종교는 포기했으나 종교를 통해 얻는 마음의 상승과 고양을 포기하지 않는 것과 같다. 조형예술과 음악이 종교에 의해 실제 습득되고 얻은 감정의 풍요로움을 재는 척도인 것처럼, 예술이 심어준 삶의 기쁨의 강도와 다양성은 예술이 사라진 후에도 여전히 채워지기를 원한다. 학문적 인간은 예술적 인간이 더 발전된 것이다.

223.

예술의 저녁놀—인간이 노년에 이르면 청춘기를 회상하고 추억의 축제를 즐기게 되는 것처럼, 인류는 청춘의 기쁨에 대한 감동적인 회상이라는 맥락에서 예술을 접하게 된다. 죽음의 마술이 예술

주위에서 장난하고 있는 듯 보이는 오늘날처럼 예술이 심오하고 감정이 충만한 것으로 파악된 적은 과거에 결코 없었을 것이다. 자신들이 유지해온 풍습에 더해 더 많은 이도의 야만성이 승리를 거둔데 대한 비탄과 눈물 속에서도 1년 중 하루는 그리스적 축제를 즐겼던 이탈리아 남쪽 어느 그리스의 도시를 생각해보라. 그 누구도 멸망해가는 그리스인만큼 그리스적인 것을 잘 즐기지 못했으며, 그어느 곳에서도 이 황금빛 신의 음료를 이처럼 기쁘게 마시지 않았다. 과거 시대의 행복을 좌우하는 힘과 아름다움을 갖고 있었던 신기한 이방인을 대하듯이, 예술가는 하나의 훌륭한 유물로 간주되어, 사람들은 예술가에게 우리 같은 사람에게는 쉽게 주어지지 않는 그러한 경의를 표하게 될 것이다. 우리에게서 최고의 것은, 아마 과거 시대의 감각들에서 계승된 것이며, 지금 우리는 직접적인 길로는 그런 감각에 거의 이를 수 없다. 태양은 이미 저물어버렸다. 그러나 우리의 삶의 하늘은 불타고 있어 우리가 태양을 더 이상 보지 않는다 해도 여전히 빛을 발하게 될 것이다.

제5장
좀더 높은 문화와 좀더 낮은 문화의 징후

224.

퇴화를 통해 고상해짐 ― 우리는 한 민족의 혈통은, 사람들이 대부분 자신들의 일상적이고 논란의 여지가 없는 근본 법칙들의 동일성에 따라, 즉 그들의 공동 믿음에 따라 살아 있는 공동심(共同心)을 가지고 있을 때 가장 잘 존속한다는 사실을 역사에서 배워야 한다. 여기서 훌륭하고 탄탄한 풍습이 강화되고, 개체의 종속성을 배우며 품성에는 이미 강인함이 생일선물로 주어져서 그 후에는 그것이 습관화된다. 강하고 동질적이며 특징적인 개체들을 기반으로 하는 이런 공동체가 가지는 위험은 세습에 의해 점차 강화되는 우둔화이다. 이것은 한번 정착되면 그림자같이 뒤따라다닌다. 그와 같은 공동체의 정신적 진보는 속박받지 않고 더 불안정하며 도덕적으로 더 약한 개체들에게 따라다닌다 : 대개 새로운 것과 다양한 것을 시도하는 사람들이 있다. 이런 종류의 무수히 많은 사람들은 자신들의 나약함 때문에 별 뚜렷한 영향도 보이지 않고 소멸해간다. 그러나 일반적으로 그들이 후손을 가지게 되면, 긴장이 완화되어 때로는 공동체의 안정된 요소에 상처를 초래한다. 새로운 그 무엇은 바로 이 상처로 인해 약화된 자리에서부터 전체로 접종되는 것이다. 그러나 그것의 전체적인 힘은 이 새로운 것을 그의 피 속으로 받아들여 동화시킬 수 있을 만큼 강해야 한다. 퇴화해가는 본성들은 진보가 이루어지는 모든 곳에서 지극히 중요한 의미를 지닌다. 대개 모든 진보에는 어떤 부분적 약화가 선행되어야 한다. 가장 강한 본성들은 유형을 계속 지켜나가고 좀더 약한 본성은 유형을 계속 형성해나가는 것을 돕는다―비슷한 일이 개별적인 인간들에게도 일어난다. 일종의 퇴화, 불구, 나아가서는 악덕 그리고 신체적 또는 도덕적 결손까지도 다른 한편으로는 때때로 하나의 장점이 되기도 한다. 예를 들어 더 심하게 병든 인간들은 아마 호전적이고 침착하지 못한 종족 속에서 혼자 있을 계기를 더 많이 가지게 됨으로써 더욱 침착하고 현명해지며, 외눈을 가진 사람은 더욱 강한 한쪽 눈을 가지게 될 것이고, 눈먼 사람은 한층 더 깊이 내부를 보고 어쨌든 더욱 날카롭게 듣게 될 것이다. 그런 점에서 나는 저 유명한 생존 경쟁이 한 인간과 종족의 진보와 강화가 해명될 수 있는 유일한 관점이라고 여기지 않는다. 오히려 두 가지 것이 한데 합쳐져야 한다 : 그 하나는 신앙과 공통된 감정 안에서 정신들을 결합함으로써 정착된 힘을 증대하는 것이며, 다른 하나는 퇴화해가는 본성들을 그리고 그 정착된 힘을 부분적으로 약화시키고 손상시킴으로써 더 높은 목표에 이를 수 있는 가능성이다. 좀더 여리고 섬세한 것으로서의 더 약한 이 본성들이 대체로 모든 진보를 가능하게 한다. 어디에서인가 부패하고 약해져가는, 그러나 전체로서는 아직 강하고 건강한 민족은 새로운 것의 감염을 받아들여 장점으로 동화시킬 수가 있다. 개별적인 인간의 경우, 교육의 과제는 전체적인 인간으로서의 그가 더 이상 자신의 궤도에서 벗어나지 않도록 그를 확고하고 확실하게 일으켜 세우는 일이다. 그러나 그 후에 교육자는 그에게 상처를 입히거나 아니면 운명이 그에게 입힌 상처를 이용해야 한다. 그리하여 고통과 욕구가 생겨나면, 그 상처 입은 부분에 새롭고 고상한 그 어떤 것이 접종될 수 있는 것이다. 교육자의 전체적 본성은 그것을 받아들여, 나중에 그 열매들 속에서 고상해지는 것을 느끼게 하는 것이다.—국가에 관해서 마키아벨리는 이렇게 말하고 있다. "어설프게 교육받은 사람들은 다르게 생각하겠지만, 통치의 형식은 아주 사소한 의미만을 가질 뿐이다. 정치의 최대 목표는 영속성이며, 이것은 자유보다도 훨씬 가치가 있어 다른 모든 것을 능가한다." 대체로 지속적인 발전과 고상하게 하는 접종은 확실하게 기초가 마련되고 영속성이 최대한 보증될 때에만 가능하다. 물론 모든 영속성의 위험한 동료인 권위라는 것이 통상적으로 그 일을 방해하게 될 것이지만 말이다.

225.

자유정신은 상대적 개념이다—어떤 혈통과 환경, 신분과 지위 또는 지배적인 시대의 견해를 근거로 그에게서 예상할 수 있는 것과 다르게 사유하는 사람을 자유정신이라고 부른다. 자유정신은 예외이며 속박된 정신은 상례이다. 속박된 정신은 자유정신의 자유로운 기본 원칙이란 눈에 띄고 싶은 병적인 욕구에서 나오는 것이거나 또는 속박된 도덕과는 전혀 화해할 수 없는 순전히 자유로운 행위에 불과한 것이라고 단정짓고 자유정신을 비난한다. 때때로 사람들은 이러저러한 자유로운 기본 원칙들이 머리의 괴팍함과 엉뚱함에서 나온다고 추론하기도 한다. 그러나 그것은 그런 말을 하면서 자신의 말을 믿고 있는 것이 아니라, 그렇게 말함으로써 단지 상처를 입히려는 악의를 가지고 있는 것에 불과하다. 왜냐하면 자유정신의 얼굴에는 보통 속박된 정신도 충분히 잘 이해할 수 있을 정도로 그 지성의 비범한 우수성과 예리함이 증거로서 역력히 드러나 있기 때문이다. 그러나 자유정신 활동의 이 두 가지 서로 다른 기원은 공정하게 평가된 것이다. 사실상 많은 자유정신이 이러한 또는 저러한 양식으로 성립하고 있다. 그러나 오히려 그 때문에 자유정신이 그런 방법으로 성취한 원칙들은 속박된 정신의 원칙들보다도 더 진실하며 신뢰할 수 있다. 진리의 인식에서는, 어떤 충동에서 그것을 추구했으며, 어떤 방법으로 그것을 발견했는지가 아니라 그 진리를 인식하고 있다는 사실이 중요하다. 자유정신이 정당하다면 따라서 속박된 정신은 정당하지 않은 것이다. 전자가 부도덕에서 진리에 이르렀는가 그리고 후자가 지금까지 도덕에서 비진리를 고집했는가의 여부는 중요하지 않다. —어쨌든 자유정신이 정당한 견해를 가지고 있다는 사실이 아니라 성공과 실패에 관계 없이 그가 관습적인 것에서 해방되었다는 사실이 자유정신의 본질에 속한다. 그러나 일반적으로 자유정신은 역시 진리를, 또는 적어도 진리탐구의 정신을 자기 편으로 삼게 될 것이다 : 자유정신은 근거를 요구하고 다른 정신들은 신앙을 요구한다.

226.

신앙의 기원—속박된 정신은 자신의 입장을 근거에서가 아니라 습관에서 받아들인다. 예를 들면 그가 그리스도교인인 것은, 여러 종교들에 대한 통찰을 거치고 그것들 중에서 선택했기 때문이 아니다. 그가 영국인인 것은 자신이 영국을 결정했기 때문이 아니라, 마치 포도주 산지에서 태어난 사람이 포도주를 즐겨 마시는 사람이 되는 것처럼 그에게 그리스도교와 영국 국적이 놓여 있어서 그것들을 아무런 근거 없이 가지게 되었기 때문이다. 그리스도교인과 영국인이 되고 난 후에, 그는 아마 또 자신의 습관에 들어맞는 몇 가지 근거들을 발견했을 것이다. 만약 사람들이 이런 근거들을 뒤엎는다 하더라도, 그의 모든 입장에서 그를 뒤엎지는 못할 것이다. 예를 들어 속박된 정신으로 하여금 이중 결혼을 반대하는 자신의 근거를 말하게 하면, 일부일처제를 찬성하는 그의 신성한 열성이 근거에서 나온 것인지, 습관에서 나온 것인지를 알 수 있을 것이다. 근거 없이 정신적 원칙들에 습관화되는 것을 우리는 신앙이라고 부른다.

227.

근거와 무근거는 결과에서 역으로 추론된다 ― 모든 국가와 신분, 결혼, 교육, 법률과 같은 사회질서, 이 모두는 그것들에 대한 속박된 정신의 믿음 속에서만 힘과 영속성을 가지게 된다. ― 즉 근거들이 결여되어 있거나 적어도 그 근거들에 대해 의문을 제기하는 것이 거부될 때만 힘과 영속성을 가진다. 속박된 정신은 이 사실을 인정하고 싶어하지 않는다. 그리고 속박된 정신은 아마 그것이 치부라는 것을 느끼고 있을 것이다. 지적 발상에서 매우 천진난만했던 그리스도교는 이 치부에 대해서 전혀 눈치채지 못하고 신앙, 오직 신앙만을 요구하고 근거에 대한 요구를 강력히 배척했다. 그리고 신앙의 성과를 지적했다 : 즉 그리스도교는 너희들이 신앙의 장점을 곧 깨닫게 될 것이며 신앙에 의해 행복하게 될 것이라고 암시했다. 사실 국가도 그와 같은 방식으로 처리하고 모든 아버지도 같은 방법으로 자기 아들을 교육한다. 아버지는, 이것이 오직 진리라고 생각하라, 그러면 너는 이것이 얼마나 좋은지를 느끼게 될 것이다라고 말한다. 그러나 이것은 어떤 의견이 가져오는 개인적인 이익에서 그 의견이 가지는 진리가 증명되어야 한다는 사실과 어떤 이론의 유익성은 지적 확실성과 근거 규정으로 보증해야 한다는 사실을 의미한다. 이것은 피고가 법정에서 다음과 같이 말하는 것과 같다 : 나의 변호인은 완전한 진리를 진술하고 있다. 왜냐하면 그것은 그의 변론이 어떻게 귀결되는지 보면 알게 될 것이기 때문이다. 나는 무죄 판결을 받을 것이다.—속박된 정신은 자신의 이익 때문에 자신의 원칙을 가지고 있으므로, 그 견해에 의하면 자유정신 역시 그의 이익을 추구하고 그에게 도움이 되는 것만을 진리로 간주할 것이라고 추측한다. 그러나 자유정신에게는 동포와 같은 신분의 사람들에게 이익이 되는 것과는 정반대의 것이 이익이 되는 것처럼 보이기 때문에, 그들은 자유정신의 원칙들은 자신들에게 위험하다고 믿는다. 그들은 자유정신이 우리에게 유해하기 때문에 그 정신은 정당해서는 안 된다고 말하거나 느끼고 있다.

228.

강하고 좋은 성격—익숙해짐으로써 본능이 되어버린 견해들의 구속성은 사람들이 성격의 강함이라고 부르는 것과 상통한다. 어떤 사람이 몇 가지 동기, 그러나 항상 같은 동기에서 행동하면, 그의 행위는 커다란 활력을 얻는다. 이런 행동이 속박된 정신의 원칙들과 일치해 있으면 그 행동은 인정받고, 게다가 그것을 행하는 사람의 내면에는 선한 양심이라는 감각이 형성된다. 몇 가지 동기, 힘있는 행동 그리고 선한 양심이 사람들이 성격의 강함이라고 부르는 것을 만드는 것이다. 성격이 강한 사람에게는 행위할 수 있는 수많은 가능성과 그 방향에 대한 지식이 결여되어 있다. 그의 지성은 자유롭지 못하고 속박되어 있다. 왜냐하면 그의 지성은 주어진 어떤 경우에 대체로 두 가지 가능성밖에 보여주지 못하기 때문이다. 이 두 가지 가능성 중에서 그는 필연적으로 자신의 전체적 본성에 따라 선택해야만 한다. 그리고 그는 쉽고 빠르게 선택한다. 그 이유는 그가 50가지 가능성 중에서 선택할 필요가 없기 때문이다. 교육 환경은 모든 사람에게 항상 최소한의 가능성만을 부여함으로써 그를 자유롭지 못하게 만들려고 한다. 개인은 자신을 교육하는 교육자에 의해, 마치 그가 확실히 새로운 어떤 존재이기는 하지만 하나의 반복되어야 하는 존재인 것처럼 다루어진다. 만약 인간이 먼저 알려지지 않은 존재, 한 번도 있었던 적이 없는 존재로 보인다면, 그는 이미 잘 아는 존재, 이미 있었던 존재로 만들어져야 한다는 것이다. 사람들은 이미 있었던 존재에 의한 구속성이 어린아이에게서 나타나는 것을 좋은 성격이라고 부른다. 어린아이는 속탁된 정신 편에 서게 됨으로써 처음에는 싹트는 공공심을 명백히 나타내게 된다. 그는 나중에 이 공공심의 기초 위에서 자기 국가와 신분에 기여하게 되는 것이다.

229.

속박된 정신에서의 사항의 척도—속박된 정신들은 네 가지 종류의 사항에 대하여 그것들이 옳다고 말한다. 첫째, 영속성이 있는 모든 사항은 옳다. 둘째, 우리에게 방해가 되지 않는 모든 사항은 옳다. 셋째, 우리에게 이득을 가져오는 모든 사항은 옳다. 넷째, 그것을 위해 우리가 희생을 치른 모든 사항은 옳다. 예를 들어 이 마지막 것은, 왜 국민의 의지를 거역하여 시작된 전쟁이 우선 희생이 치러지면 곧바로 열광적으로 계속되는가를 설명하고 있다.—속박된 정신들의 법정에 서서 자신들의 문제를 제시하는 자유정신들은, 언제나 자유정신들은 존재해왔다는 사실, 즉 자유정신의 활동에는 영속성이 있다는 사실, 그 다음으로 자유정신은 방해가 되고자 하지 않는다는 사실, 끝으로 자유정신은 속박당한 정신들에게 전체적으로 이득을 가져다 줄 것이라는 사실을 입증하지 않으면 안 된다. 그러나 자유정신들은 속박된 정신들에게 이 마지막 사실을 확신시킬 수 없기 때문에, 첫번째와 두 번째 사실을 입증했다고 하더라도 아무 소용이 없게 된다.

230.

강한 정신—관습을 자기 편에 두고 자신의 행동에 대해 어떤 근거도 필요하지 않는 사람과 비교하면, 자유정신은 항상 약한 쪽이다. 특히 행동에서 그렇다. 왜냐하면 자유정신은 너무나 많은 동기와 관점들을 알고 있고, 그 때문에 확신이 없으며 미숙한 손을 가지고 있기 때문이다. 그러면 그가 적어도 자신을 관철시키며 아무 성과도 없이 파멸하지 않을 정도로, 그를 비교적 강하게 만들기 위해서는 어떤 수단이 있는 것일까? 강한 정신은 어떻게 생겨나는가? 이것은 개별적인 경우에는 천재의 생산에 대한 문제이다. 한 개인이 관습에 맞서 완전히 개인적인 세계 인식을 지향하는 그 활력, 그 불굴의 힘, 그 인내력은 어디에서 오는 것일까?

231.

천재의 형성—자신을 해방할 수단을 찾고 있는 죄수의 기지, 가장 작은 이익이라 하더라도 그것을 가장 냉정하고 끈질기게 이용하는 것은 자연이 때때로 천재—나는 이 단어가 어떤 신화적이고 종교적인 인상을 주는 일 없이 이해되기를 바란다—를 형성하기 위해서 어떤 수단을 쓰는지를 알려줄 수 있다. 자연은 천재를 감옥에 가두고 자신을 해방하고자 하는 천재의 열망을 극도로 자극한다.—또는 다르게 표현하자면, 숲속에서 완전히 길을 잃어버렸던 사람이 특출한 힘으로 어떤 방향을 향해 넓은 곳으로 나가려고 노력하다가, 아무도 모르는 새로운 길을 종종 발견하게 된다. 독창성으로 명성을 얻는 천재들도 이렇게 해서 형성된다. 이미 언급한 것처럼 불구와 기형, 한 기관의 현저한 결함은 흔히 다른 한 기관이 특별히 잘 발달하게 되는 원인을 제공한다. 왜냐하면 그 기관은 자기 자신의 기능과 또 하나의 다른 기능을 관장해야 하기 때문이다. 이것으로부터 우리는 번뜩이는 여러 재능의 근원을 추측할 수 있다.—사람들은 천재가 형성되는 것에 관한 이 일반적인 암시들에서 특수한 경우, 즉 완전한 자유정신이 형성되는 것을 응용할 수 있다.

232.

자유정신의 활동의 근원에 대한 추측 ─ 적도 지방에서 태양이 이전보다 더 큰 불덩어리로 바다로 떨어지면 빙하가 증가하는 것과 마찬가지로, 매우 강렬하게 뻗어나가는 자유정신 활동도 아마 어느 곳에서 감정의 불덩어리가 특별히 증대했다는 증거일 수도 있다.

233.

역사의 목소리 ─ 일반적으로 역사는 천재의 산출에 대허 다음과 같은 교훈을 주고 있는 것처럼 보인다 : 인간들을 학대하고 괴롭혀라 ─ 이렇게 역사는 정열, 질투, 증오, 경쟁심을 향하여 외친다 ─ 그들을 극단으로 몰고 가라, 즉 한 사람이 다른 한 사람에 대항해서, 민족이 민족에 대항해서, 몇 세기 동안 그렇게 하라! 그러면 아마 그것에 의해 불붙은 나부끼는 무서운 활력의 불꽃 옆에서 천재의 빛이 갑자기 솟아올라 불길이 타오를 것이다. 말이 기수의 박차 때문에 난폭해지듯이 그때 의지는 분출하여 다른 영역으로 건너뛰어간다. ─ 천재의 산출에 대하여 자각하고 자연이 보통 그 경우에 행하는 방법을 실천적으로 수행하고자 했던 사람은, 자연이 그래야만 했던 것과 똑같이 악하고 무자비해야 할 것이다. ─ 그러나 우리가 잘못 들었을지도 모른다.

234.

중도(中道)의 가치 ─ 아마 천재의 산출은 오로지 인류의 한정된 시기에만 있는 것이리라. 왜냐하면 과거의 특정한 조건들만이 생산할 수 있었던 모든 것, 예를 들어 종교적 감정의 불가사의한 작용을 동시에 인류의 미래에서 기대해서는 안 되기 때문이다. 종교적 감정만이 자기 시대를 누렸으며 진정으로 선한 많은 것들은 결코 다시 생겨날 수 없다. 왜냐하면 그것은 오직 그러한 종교적 감정에서부터 자라날 수 있었기 때문이다. 따라서 다시는 종교적으로 경계 지워진 삶과 문화의 지평은 존재하지 않을 것이다. 아마 성자(聖者)의 유형조차도 모든 미래를 지나온 것처럼 보이는 특정한 지성의 편견에서만 가능하게 될 것이다. 그래서 지성의 전성기는 아마 인류의 어느 한 시대로 미루어져 있는지도 모른다 : 이러한 전성기는 나타났고―나타나고 있다. 왜냐하면 우리는 아직도 특별하고 오래 축적된 의지의 활력이 유전되어 예외적으로 정신적인 목표에 옮겨진 이 시대에 살고 있기 때문이다―. 만약 이 격렬함과 활력이 더 이상 키워지지 않는다면, 전성기는 지나가버릴 것이다. 인류는 아마 존재의 말기에서보다 중기에서, 즉 중도에서 본래의 목표에 좀더 가까이 갈 수 있을지도 모른다. 예를 들면 예술을 제안했던 모든 힘은 곧 쇠퇴할 수도 있다 : 거짓말, 정확하지 않은 것, 상징적인 것, 도취, 황홀에 대한 쾌감은 멸시될지도 모른다. 그뿐만 아니라 삶이 완전한 국가 안에서 비로소 정돈되면, 이미 현재에서는 시작(詩作)에 대한 아무런 동기도 끌어낼 수 없고, 시적인 비현실성을 요구하는 사람은 시대에 뒤떨어진 인간이 될 뿐이다. 이런 인간들은 어쨌든 동경을 가지고 되돌아보면서, 불완전한 국가와 반야만적인 사회의 시대, 즉 우리 시대를 회고할 것이다.

235.

모순 관계에 있는 천재와 이상국가─사회주의자는 가능한 한 많은 사람을 위하여 유복한 삶이 이루어지길 바란다. 만약 유복한 삶의 영속적인 고향인 완전한 국가가 실제로 달성되면, 위대한 지성과 대체로 강한 개체가 성장하던 땅은 유복한 삶에 의하여 파괴될 것이다 : 나는 위대한 지성과 강한 개체를 강한 활력이라고 생각한다. 만약 이러한 완전한 국가가 이루어지면, 인류는 너무나 힘이 빠져 천재를 더 이상 산출할 수 없을 것이다. 그러므로 우리들은 삶이 그 강제적인 특성을 유지하고 항상 새로운 것에 의하여 격렬한 힘과 활력을 불러일으키기를 원해야 되지 않겠는가? 하지만 따뜻하고 동정적인 마음은 삶의 강제적이고 격렬한 성격을 제거하고자 한다. 그리고 인간이 생각할 수 있는 한 가장 따뜻한 마음은 가장 정열적으로 그것을 바랄 것이다 : 그런데 그런 정열은 삶의 격렬하고 강제적인 특성으로부터 불 같은 열정, 따뜻함, 나아가 자신의 실재까지 받아왔던 것이다. 가장 따뜻한 마음은 자기 기초가 제거되기를, 자기 자신이 파멸하기를 바라고 있다 : 그 마음은 비논리적인 그 무엇을 바라고 있는 것이며 따라서 현명하지 못하다. 가장 높은 지성과 따뜻한 마음이 하나의 인격 속에 모여 있을 수 없다. 그리고 삶에 관해서 판단을 내리는 현명한 사람은 동정을 넘어서서, 삶을 전체적으로 결산할 때 단지 함께 평가될 수 있는 것으로서만 동정을 고려할 뿐이다. 현명한 사람은 현명하지 않은 동정의 그 극단적인 소망을 거역해야만 한다. 왜냐하면 그에게는 자신의 유형을 존속해나가고 최고의 지성을 궁극적으로 형성하는 것이 중요하기 때문이다. 적어도 현명한 사람은 단지 피로에 지친 개인만이 자리를 차지하고 있는 것으로서의 '완전한 국가'의 건설을 촉구하려 하지는 않을 것이다. 그와 반대로 우리가 결국 가장 따뜻한 마음으로 생각하고 싶어하는 그리스도는 인간이 어리석게 되는 것을 촉구하고 마음이 가난한 자의 편에 서서, 최고의 지성이 생산되는 것을 저지했다 : 그리고 이것은 당연한 일이었다. 그의 정반대인 완전한 현자는—아마 이렇게 예언해도 괜찮겠지만—마찬가지로 그리스도의 산출에 필연적인 방해가 될 것이다.—국가란 개인을 서로서로 보호하게 하려는 현명한 실행이다 : 만약 국가가 지나치게 고상해진다면, 개인은 결국 국가에 의해 약화되고 나아가 해체된다.—즉 국가의 근본적인 목적이 가장 철저하게 무효화된다.

236.

문화의 지대—문화의 시대들은 다양한 기후대와 일치하는데, 다만 지리적인 지역처럼 좌우로 나란히 놓여 있는 것이 아니라 앞뒤로 나란히 놓여 있다고 비유적으로 말할 수 있다. 문화의 온대 지대와 비교할 때 과거의 문화는 개략적으로 말해서 열대 기후 지대라는 인상을 준다. 그 문화의 온대 지대로 건너가는 것이 우리의 과제이기도 하다. 강렬한 대조, 주야의 급격한 변화, 뜨겁게 타오름과 색채의 화려함, 모든 뜻하지 않은 것, 신비로운 것, 굉장한 것에 대한 숭배, 돌발적인 폭풍의 속도, 여기저기에 사치스럽게 넘치는 자연의 보물들 : 반면 우리 문화에는 밝지만 빛나지는 않는 하늘, 맑고 거의 불변하는 대기, 날카로움, 게다가 때로는 추위 : 이렇게 두 지대는 서로 대조를 이루고 있다. 가장 광포한 정열이 그곳에서 어떻게 형이상학적 표상들을 통해 공포의 힘에 눌려 파괴되는지를 보면, 마치 열대 지방에서 사나운 호랑이가 구렁이에게 감겨 짓눌리는 것을 눈앞에서 보는 듯한 기분이 든다. 우리의 정신적 풍토에는 이런 사건들이 결여되어 있다. 우리의 상상력은 억제되어 있다. 옛날 여러 민족이 깨어 있을 때 본 것이 우리에게는 꿈속에서조차 보이지 않는다. 그러나 비록 열대 문화가 소멸함에 따라서 예술가는 근본적으로 약화되었고 우리 비-예술가들이 지나치게 냉정하다는 것을 인정하더라도, 우리는 이 변화를 기뻐해야 하지 않을까? 그러한 한 확실히 예술가는 '진보'를 부정할 권리를 갖고 있다. 왜냐하면 사실 지난 3천 년이 예술에서 진보하는 과정을 보여주는가에 대한 문제는 적어도 회의적이기 때문이다. 그와 마찬가지로 형이상학적 철학과 종교에 관한 한 지난 4천 년을 조망해볼 때, 쇼펜하우어 같은 형이상학적 철학자는 진보를 인식할 만한 어떤 이유도 발견하지 못할 것이다. — 그러나 우리에게는 문화의 온대 지대의 존재 그 자체가 곧 진보로 인식되고 있다.

237.

르네상스와 종교개혁 — 이탈리아의 르네상스는 근대 문화가 은혜를 입은 모든 긍정적인 힘을 자신 안에 숨기고 있었다 : 즉 그 힘들은 사상의 해방, 권위의 멸시, 혈통의 긍지에 대한 교양의 승리, 학문과 인간의 학문적인 과거에 대한 감격, 개인의 해방, 겉모습과 단순한 효과에 대한 혐오와 성실성의 불타는 열정(자기 작품에서의 완전함, 자신의 최고의 도덕적 순수성을 가지고 오로지 완전함만을 요구했던 예술적인 성격들로 가득 차 활활 타올랐던 열정)이었다. 실로 르네상스는 지금까지의 우리 현대 문화에서 단 한 번도 그렇게 다시 강했던 적 없는 긍정적인 힘을 가지고 있었다. 르네상스는 모든 오점들과 부도덕에도 불구하고 이 천 년의 황금시대였다. 그런데 이에 비해 독일의 종교개혁은 뒤떨어진 정신들의 단호한 항의라는 점에서 대조적이다. 그들은 여전히 중세의 세계관에 전혀 싫증을 내지 않았으며, 중세가 해체되어가는 징후, 종교적 삶이 지나치게 천박해지고 피상적으로 되는 것을 당연한 일로 환호하는 것이 아니라 깊은 불만을 느꼈을 뿐이다. 그들은 북유럽적인 힘과 완고함으로 사람들을 다시 퇴보시켰고, 카톨릭교의 정당방위 즉 반종교개혁 운동을 계엄 상태와 같은 폭력행위로 제압했다. 그리고 고대의 정신과 근대의 정신이 완전히 하나로 유착되는 것을 아마 영원히 불가능하게 만들었을 뿐만 아니라 학문들의 완전한 각성과 지배를 2, 3백 년 정도 지연시켰다. 르네상스의 위대한 과제는 끝까지 이루어질 수가 없었다. 그 사이에 뒤떨어진 독일적 본성(독일적 본성도 중세 시대에는 그들의 안녕을 위해 끊임없이 도 풀이하여 알프스를 넘어가고자 했던 분별력은 충분히 가지고 있었다)의 저항이 이것을 방해했던 것이다. 그 당시 루터가 살아남은 것과 그의 저항이 힘을 얻었던 것은 특별한 정치적인 우연에 의한 것이었다. 왜냐하면 황제는 그의 개혁을 교황에 대한 압력의 도구로 활용하기 위하여 루터를 보호했고, 마찬가지로 교황은 프로테스탄트적인 제후들을 황제에 대한 견제의 힘으로 이용하기 위하여 은밀히 그를 지원했기 때문이다. 모든 의도의 이런 진기한 합작극이 없었다면 루터는 후스처럼 화형당하고 말았을 것이다.—그리고 계몽의 아침놀은 아마 우리가 지금 예상할 수 있는 것보다 훨씬 빨리 더 아름다운 광채를 띠고 떠올랐을 것이다.

238.

생성하는 신에 반대하는 정당성 — 문화의 역사 전체가 악한 표상과 고귀한 표상, 참된 표상과 거짓된 표상의 혼란으로 눈앞에 전개될 때 그리고 이러한 파도가 밀려오는 것을 보면서 거의 멀미를 하는 듯한 기분이 느껴질 때, 사람들은 생성하는 신을 상상하는 것이 어떤 위로가 되는지 깨닫게 된다 : 신은 변신과 운명 속에서 인간에게 차츰 모습을 드러낸다. 모든 것이 맹목적인 역학은 아니며 힘들의 무의미하고 목적 없는 혼란의 유희도 아니다. 생성을 신으로 숭배하는 것은 하나의 형이상학적 전망이며 — 말하자면 역사의 바닷가에 서 있는 등대에서 내려다보는 것과 마찬가지로 — 모든 것을 역사적으로 보는 학자의 세대는 이 전망에서 위안을 발견했던 것이다. 사람들은 그것에 대해서 나쁘게 생각해서는 안 된다. 왜냐하면 그런 상상이 틀린 것일 수도 있기 때문이다. 쇼펜하우어처럼 오로지 발전을 부인하는 사람만이 이 역사의 파도가 밀려오는 것의 비참함을 전혀 느끼지 못한다. 그는 생성하는 신과 그것을 인정할 필요에 대해서 아무것도 알지 못하고 느끼지 못하기 때문에 당연히 조소를 표출할 수 있는 것이다.

239.

계절이 지난 과일들 — 인류에게 실현되기를 바라는 더 높은 미래는 모두 몇몇 관점에서는 필연적으로 더 나쁜 미래이다. 왜냐하면 인류의 좀더 높은 새로운 단계는 모두 앞선 단계들의 장점들을 자신 안에 함께 가지고 있을 것이며, 예를 들어 반드시 예술의 최고 형태를 산출할 것이라고 믿는 것은 광신이기 때문이다. 오히려 모든 계절에는 그 자체로 장점과 매력이 있어서, 다른 계절의 장점을 받아들이지 않는다. 종교에서, 그리고 그 주변에서 자라난 것은 종교가 파괴되고 나면 다시 자라날 수 없다. 제 계절이 아닌 때 피어난 뒤늦은 어린 가지는 기껏해야 마치 때때로 분출하는 고대 예술에 대한 추억처럼 단지 착각으로 이끌 수 있을 뿐이다. 그것은 상실과 결핍의 감정을 가져오는 상태이기는 하지만, 새로운 예술을 낳을 수 있을 만한 힘의 증거는 아니다.

240.

세계에 대한 점점 커지는 엄숙함 — 인간의 문화가 좀더 높이 고양되면 될수록, 그만큼 많은 영역들이 농담과 조소에서 멀어진다. 볼테르는 결혼과 교회를 착안해낸 것에 대하여 진심으로 하늘에 감사했다 : 하늘이 그것으로 우리의 기분 전환을 아주 잘 배려해주었기 때문이다. 그러나 볼테르와 그의 시대 그리고 그보다 앞선 16세기는 이런 논제들을 철저하게 조소했다. 오늘날 어떤 사람이 이 영역에서 아직 농담을 하는 것은 모두 뒤늦은 일이며, 무엇보다 그것은 보는 사람의 욕구를 자극하기에는 너무 평범하기까지 하다.

지금 사람들은 원인을 묻는다. 진지함의 시대인 것이다. 현실과 까다로운 가상, 인간은 무엇인가와 인간은 무엇을 표상하려고 하는가의 차이점을 농담 섞인 관점에서 보는 것이 오늘날 누구에게 중요하게 여겨지겠는가. 이런 대조에 대한 느낌은, 우리가 그 근거를 찾으려고 할 경우 금방 아주 다르게 작용한다. 누구든지 삶을 철저하게 이해하면 할수록, 점점 더 삶을 조소하지 않게 된다. 아마 결국 그는 '자기 이해의 철저함' 에 대하여서만 조소하게 될 것이다.

241.

문화의 천재―문화의 천재를 상상해본다면, 과연 그는 어떤 성질을 가졌을까? 그는 나쁜 악마적 존재로밖에 불릴 수 없을 정도로, 거짓말, 폭력, 무자비한 이기심을 자신의 도구처럼 확실하게 다룰 수 있다. 그러나 여기저기에서 틈 사이로 비치는 그의 목표들은 위대하고 선하다. 천재는 반인 반수의 켄타우로스이며 머리에는 천사의 날개까지 달고 있다.

242.

기적적 교육―사람들이 신과 신의 배려에 대한 믿음을 포기하는 바로 그곳에서 교육의 관심은 비로소 크게 성장할 것이다. 마치 기적의 치료에 대한 믿음이 끝났을 때 비로소 치료술이 발전할 수 있었던 것처럼 말이다. 그러나 오늘날에도 사람들은 모두 기적적인 교육을 여전히 믿고 있다 : 사람들은 실제로 엄청난 무질서, 목표의 혼란, 상황의 불리한 조건에서 가장 창작력이 풍부하고 가장 강한 사람들이 성장하는 것을 보았다 : 도대체 어떻게 해서 이러한 것이 당연한 일로 일어날 수 있었던가? ─ 이제 사람들은 앞으로 이런 경우들을 좀더 상세히 관찰하고 세심하게 조사하게 될 것이다. 그때 기적은 결코 발견되지 않을 것이다. 같은 상황 아래에서 많은 사람들이 계속 멸망해간다. 대신 구제된 각 개인들은 대체로 훨씬 더 강력해지고 있다. 왜냐하면 그들은 타고난 강인한 힘으로 이 역경을 타개하고 이 힘을 더욱 훈련하여 키웠기 때문이다 : 이렇게 기적은 설명될 수가 있다. 기적을 이미 믿지 않는 교육은 세 가지 사항에 대하여 유의해야 한다. 첫째, 얼마나 많은 활력이 우전되는가? 둘째, 무엇을 통하여 새로운 활력이 점화될 수 있는가? 셋째, 어떻게 하면 개인이 불안에 빠져 그 고유성을 파괴당하지 않고 문화의 다양한 요구들에 적응할 수 있는가? ─ 간단히 말하면, 어떻게 한 개인이 사적 문화와 공적 문화의 대위법 속에 참가할 수 있을까? 어떻게 그가 곡조를 지휘하면서 동시에 그 곡조를 연주할 수 있을까?

243.

의사의 미래 ─ 정신적인 의사, 소위 영혼의 목회자들이 사회적인 지지를 받으면서 마술적 기술을 더 이상 실행할 수 없게 되고, 교양 있는 사람이 그들을 피하게 된 후로 오늘날 의사라는 직업만큼 높은 상승이 허용되었던 직업은 없다. 만약 의사가 가장 좋고 새로운 방법을 알고 그것에 능숙하며, 결과에서 원인을 신속하게 추리하는 법에 통달한 유명한 진단자라고 하더라도, 그가 의사의 최고의 정신적 완성에 이른 것은 아니다 : 그 외에도 의사는 어느 개인에게든지 적응하여 그 사람의 몸에서 마음을 끌어낼 만한 웅변술, 눈빛이 벌써 소심함(모든 환자들의 악)을 날려버릴 만한 남성다움, 쾌유를 위하여 기쁨이 필요한 사람과 건강상의 이유로 기쁨을 주어야 하는 (또 줄 수 있어야 하는) 사람들을 중개하는 외교관 같은 유연함, 남에게 알리지 않고 어떤 영혼의 비밀을 이해하는 경찰관과 변호사의 섬세함을 갖지 않으면 안 된다.—간단히 말해서 오늘날 훌륭한 의사에게는 모든 다른 직업들의 비결과 기술적 특권이 필요하다. 이런 채비가 갖추어져 있으면, 그는 좋은 행위들과 정신적 기쁨 그리고 생산성을 증가시킴으로써, 나쁜 사상, 의도, 비행(그것들의 구역질나는 원천은 실로 하복부에 있다)을 방지함으로써, 정신적 육체적 귀족주의를 수립함으로써(결혼 중매인과 결혼 방해자로서) 그리고 소위 모든 영혼의 고민과 양심의 가책을 호의적으로 해결해줌으로써, 사회 전체에 자선을 베푸는 사람이 될 수가 있다. 이렇게 해서 비로소 그는 '치료하는 자'에서 구세주가 된다. 그는 기적을 행할 필요도 없고 또 십자가에 못 박힐 필요도 없다.

244.

광기의 이웃에서—신경력과 사고력의 과도한 자극이 일반적인 위험이 될 정도로, 감정, 지식, 체험의 총량 즉 문화의 전체적인 부담이 대단히 커져버렸다. 또한 유럽 국가들의 시민층은 모두 노이로제에 걸려, 거의 모든 대가족 중 한 구성원은 광기에 가까이 있다. 사람들은 오늘날 온갖 방법을 써 건강하기를 바란다. 그러나 중요한 문제로 남는 것은 감정의 긴장 상태와 저 문화의 압박하는 짐을 경감시키는 일이다. 이 일은 그 자체가 커다란 희생을 치르더라도 우리에게 새로운 르네상스의 원대한 희망을 품을 여지를 마련해 준다. 사람들은 그리스도교, 철학자, 시인, 음악가의 덕택으로 깊이 감동된 감정에 충만해 있다 : 이러한 감각이 우리를 뒤덮지 않도록 우리는 학문의 정신을 불러일으켜야 한다. 학문의 정신은 전체적으로 냉정하고 회의적이 되게 하며, 특히 최후의 궁극적인 진리에 대한 믿음의 불타오르는 강을 식혀줄 것이다. 그런 믿음은 주로 그리스도에 의해 그렇게 격렬해진 것이다.

245.

문화의 종(鐘)을 주조하는 일—문화는 종과 같이 좀더 조잡하고 저속한 물질로 된 틀 속에서 이루어진 것이다. 자아와 모든 개별적인 민족의 불성실, 횡포, 끝없는 확장 등이 이 종의 틀이었다. 지금은 이 틀을 벗어버려야만 하지 않을까? 더 이상 형이상학과 종교적 오류에 의존할 필요가 없고 인간과 인간, 민족과 민족 사이에 가로놓인 가장 강력한 결합수단으로서의 가혹함과 폭력도 필요 없을 정도로, 유동적인 것은 굳어버렸으며 훌륭하고 유익한 충동들과 더 고상한 심정의 습관들도 안정되고 보편화되지 않았는가?—이 질문에 대답하기 위해서 신의 암시는 우리에게 더 이상 아무런 도움도 되지 않는다 : 우리 자신의 통찰이 여기서 결단을 내려야만 한다. 인간 스스로 대규모의 땅을 통치하는 일에 착수해야만 하고 그의 '전지함'은 앞으로의 문화의 운명을 예리한 눈으로 지켜보지 않으면 안 될 것이다.

246.

문화의 외눈 거인들―빙하의 깊은 자국이 남겨진 분지를 보는 사람은, 바로 같은 장소에 시냇물을 모두 끌어들이는 초원과 숲의 골짜기가 펼쳐질 날이 오는 일은 거의 불가능하다고 생각할 것이다. 인류 역사에서도 그렇다. 가장 격렬한 힘들이 먼저 파괴적으로 길을 터놓는다. 그럼에도 불구하고 그 힘들의 활동은 그 후 더 온화한 문화가 집을 세우기 위해 필요했다. 사람들이 악이라 부르는 그 공포스러운 활력은 외눈 거인과 같은 건축가이며 인간성의 길을 만드는 자이다.

247.

인류의 순환―어쩌면 인류 전체는 제한된 시간에 존재하는 한 특정 종류의 동물이 발전하는 과정에 지나지 않을 수도 있다 : 그래서 인간은 원숭이에서 출발하여 다시 원숭이로 돌아가는 것이다. 그런데 아무도 이 의심스러운 희극의 종말에 관심을 가지지 않는다. 마치 로마 문화의 몰락과 몰락의 가장 중요한 원인인 그리스도교의 보급과 함께 로마제국 안에서 인간의 일반적인 가증스러움이 만연한 것처럼, 더 높이 고조된 인간의 가증스러움이 언젠가 한 번은 일어날 지구문화의 몰락에 의해서 야기될 수도 있다. 그리고 마침내는 원숭이적인 것에까지 이르는 인간의 동물화가 야기될 수 있다.―우리는 바로 이런 전망을 주시할 수 있기 때문에, 아마도 미래의 이런 결말을 예방할 수 있을 것이다.

248.

절망적인 진보에 대한 위로의 말―우리의 시대는 하나의 중간 상태라는 인상을 준다. 진부한 세계관과 오래된 문화가 여전히 부분적으로 남아 있고, 새로운 문화는 아직도 확실하지 않고 습관적이지도 않기 때문에 완결성과 일관성이 없다. 이것은 마치 모든 것이 혼돈 상태에 빠져 있고, 오래된 것은 상실되었으며, 새로운 것은 아무 쓸모없이 점점 더 약해져가는 것으로 보인다. 그러나 그것은 마치 행진을 연습하는 듯한 군인들의 경우도 마찬가지다. 그는 잠시 동안 불확실하고 어떻게 해야 할지 모르는 상태에 빠지게 된다. 왜냐하면 근육 운동이 오래된 체계에 따라 움직이다가 금방 새로운 체계를 따라 움직임으로써 아직 어느 편도 결정적인 승리를 주장하지 못했기 때문이다. 우리는 동요하고 있다. 그러나 그것 때문에 불안해하거나 새로 얻은 것을 포기할 필요는 없다. 게다가 우리는 오래된 것으로 되돌아갈 수도 없다. 우리는 이미 배를 불태워버리고 말았다. 용감해져야 하는 수밖에 없다. 이제 이렇게 아니면 저렇게 귀착될 것이다.―다만 우리는 걷자. 이 자리에서 빠져나가자! 그래도 우리의 행동은 아마 **진보**처럼 보일 것이다. 그러나 그렇지 못할 경우에 다음과 같은 프리드리히 대왕의 말은 우리를 위로하기 위한 말일 수도 있다 : 아! 친애하는 슐처Sulzer여, 당신은 우리가 속해 있는 이 저주받은 종족에 대하여 잘 알지 못하고 있는 것이다.

249.

문화의 과거에 의해 고통받는 것—문화의 문제를 명백히 규정했던 사람은, 부당한 방법으로 획득한 부를 상속받은 사람이나 선조의 폭정에 의해서 통치자가 된 영주와 비슷한 감정들로 고통받게 된다. 그는 비통하게 자신의 근원에 대해 생각하고, 때때로 부끄럽게 여기며 화를 내기도 한다. 자신이 소유한 것을 향한 힘, 삶의 의지, 즐거움의 모든 총량은 심한 권태감과 함께 균형을 이룬다 : 그는 자신의 근원을 잊을 수가 없다. 그는 슬픔에 잠겨 미래를 바라보고 그의 자손들 역시 과거로 고통받게 될 것임을 이미 알고 있다.

250.

예의범절—훌륭한 예의범절은 궁정 체제와 폐쇄적인 귀족주의의 영향이 약화됨에 따라 사라져간다 : 공적인 행동 절차를 살피는 안목을 가지고 있으면, 사람들은 10년마다 이런 감퇴 현상을 명백히 관찰할 수 있다. 공적인 행동 절차는 눈에 띄게 더 야비해져가고 있다. 아무도 더 이상 총명한 방법으로 경의를 표하거나 아첨하는 방법을 모른다. 그래서 오늘날 경의를 표해야 하는(예컨대 위대한 정치가 또는 예술가에게) 경우에는, 재치와 우아함이 부족하고 당황해서 가장 깊은 감정과 성의 있는 성실한 정직함이 깃들인 언어를 빌려 쓰는 우스운 일이 벌어지는 것이다. 사람들의 공적이고 의식적인 만남은 항상 더 어색하고, 사실은 전혀 그렇지 않으면서도 더 정성스럽고 성실한 것처럼 보이는 것이다.—그러나 항상 예의범절이 추락해도 되는 것인가? 나에게는 오히려, 예의범절이 깊은 곡선을 그리고 있고 우리는 그 최저 상태에 접근한 듯이 보인다. 사회의 의도와 원리들이 형식을 구성하는 것으로 작용하게 될 정도로 (그런데 오늘날에는 과거의 형식을 구성하는 상태에서 습득된 예의범절이 점점 더 약하게 전수되고 습득되고 있다), 사회가 그 의도와 원리들 속에서 더 안정되었을 때에야 비로소 일상의 예의범절과 사교의 태도와 표현들이 성립될 수 있을 것이다. 그것은 의도와 원리들이 그랬던 것처럼 그렇게 필연적이고 완전히 자연스럽게 보여야만 한다. 이 일은 시간과 일의 더 나은 분배, 모든 좋은 여가 시간의 동반자가 된 체조훈련, 육체에까지도 기민성과 유연성을 주는 더 많아지고 엄격해진 사색, 이 모든 것을 수반한다.—물론 여기서 사람들은 약간의 조소와 함께 우리 학자들을 회상할 수도 있다. 새로운 문화의 선구자임을 자처하는 그들이 실제로 더 훌륭한 예의범절을 통해 특징을 드러내고 있는가? 아마 그렇지는 않을 것이다. 비록 그들의 정신은 그럴 수 있다 하더라도, 그들의 몸은 허약하다. 그들의 몸 속에는 아직 과거가 너무나 강하게 남아 있다 : 그들은 여전히 부자유스러운 상태에 있으며, 그들의 반은 세속적인 성직자, 또 반은 상류사람들과 신분에 얽매인 교육자이며, 더구나 그들은 학문의 번잡한 일에 구애됨으로써 낡아빠지고 우둔한 방법으로 불구가 되어 생동력을 잃어가고 있다. 따라서 학자들은 어떤 경우든 그 몸과 흔히 그 정신의 4분의 3은 여전히 낡고 늙어버리기까지 한 문화의 아첨꾼이며, 그 자신도 그러한 자로 늙어버렸다. 이런 낡은 집안에서 때때로 떠드는 새로운 정신은 얼마 동안 그들을 더 불안정하고 불안하게 만들 뿐이다. 학자들 속에는 과거의 유령뿐만 아니라 미래의 유령이 함께 떠돌고 있다 : 그들이 가장 고상한 표정을 짓지 않고 가장 호의적인 태도를 취하지 않는다고 하더라도 이상할 게 무엇이겠는가?

251.

학문의 미래 — 학문은 노력하고 탐구하는 사람에게는 많은 만족을 주고, 그 성과를 배우는 사람에게는 극히 적은 만족밖에 주지 않는다. 그러나 학문의 모든 중요한 진리는 조금씩 평범하고 저속해지지 않을 수 없으므로, 이 조금밖에 없는 만족도 사라지게 된다 : 그것은 우리가 그 경탄할 만한 구구단을 일단 배우게 되면 이미 더 이상 기쁨을 느끼지 않는 것과 마찬가지다. 그런데 학문이 스스로를 통하여 점점 더 작은 기쁨밖에 주지 못하게 되면, 그리고 위로를 주는 형이상학, 종교, 예술을 의심하게 만듦으로써 더 많은 기쁨을 빼앗게 되면, 인류의 거의 전부가 혜택을 입고 있는 쾌감의 가장 큰 샘이 고갈되어버린다. 그러므로 좀더 높은 문화는 인간에게 우선 학문을, 그 다음에 비학문을 느낄 수 있는 두 개의 뇌실 즉 이중 두뇌를 주지 않으면 안 된다 : 그리고 그 두뇌는 혼란 없이 병행하고 분리할 수도 있고 폐쇄할 수도 있어야 한다. 이것은 건강상의 요구사항이다. 한 영역에는 동력원이 있고 다른 영역에는 조절기가 있어서 환상, 편협, 정열로 가열되어야 하며 인식하는 학문의 도움으로 과열된 것의 나쁘고 위험한 결과들이 예방되어야 한다. ─ 만약 좀더 높은 문화의 이런 요구가 채워지지 않는다면, 앞으로의 인간 발전의 경과는 거의 확실히 예언될 수 있다. 쾌감을 적게 제공하게 되면 참된 것에 대한 관심은 사라져버린다. 환상, 오류, 공상은 쾌감과 결부되어 있었기 때문에 과거에 자신들이 주장했던 땅을 단계적으로 쟁취해간다. 그 다음의 결과는 학문의 쇠퇴이며 야만으로의 역전이다. 인류는 페넬로페Penelope처럼 밤에는 그 베를 풀어버린 후, 곧 새롭게 베짜기를 시작해야 한다. 그러나 인류가 그런 힘을 항상 되풀이해서 찾아낼 수 있으리라고 누가 우리에게 보증하겠는가?

252.

인식에서의 쾌감─무엇 때문에 학자와 철학자의 요소인 인식이 쾌감과 결부되어 있는 것일까? 첫째, 무엇보다도 그때 사람은 자기의 힘을 의식하기 때문이다. 그것은 체조 연습이 구경꾼 없이도 즐거운 것과 같은 근거에서이다. 둘째, 사람들은 인식의 과정에서 과거의 표상들과 그 옹호자를 능가하여 승리자가 되거나, 적어도 그렇게 되리라고 믿기 때문이다. 셋째, 우리는 아주 사소한 새로운 인식을 통해서도 자신을 모든 것 위에 있는 숭고한 사람으로 느끼고, 이 점에서 올바른 것을 알고 있는 유일한 사람으로 느끼기 때문이다. 이것이 쾌감에 대한 가장 중요한 세 가지 근거다. 그러나 인식하는 사람의 본성에 따라 아직 많은 부차적인 근거들이 있다.─그러나 이러한 근거들이 보잘것없는 것이 아니라는 사항은, 쇼펜하우어에 관해 경고하는 내 책의 한 대목에서 드러나는데, 사람들은 그것을 쉽게 찾지 못할 수도 있을 것이다 : 경험이 풍부한 인식의 하인은 모두 그 책의 서술에 대하여 만족하게 될 것이다. 비록 그 몇 페이지에 들어 있는 약간의 풍자적인 징후가 없었더라면 하고 원할지라도 말이다. 왜냐하면 학자가 만들어지기 위해서는 '아주 많은 인간의 충동과 사소한 충동들이 함께 주조되어야만 한다'는 사실, 학자는 분명 아주 귀한 금속이긴 하지만 결코 순수한 금속은 아니라는 사실 그리고 그는 '여러 가지 원인과 자극이 뒤섞인 편물로 되어 있다'는 사실이 참이라면, 결국 똑같은 사실이 예술가, 철학자, 도덕적 천재의 성립과 본질에서도 그리고 그 책 속에서 영광스러운 위대한 이름으로 나타나는 자들에게도 해당되기 때문이다. 모든 인간적인 것은 그 기원의 관점에서 볼 때 아이로니컬하게 관찰될 만하다 : 따라서 세상에는 이렇게 아이러니가 넘쳐난다.

253.

확실성의 증거로서의 성실—한 이론의 창시자가 그 이론에 대해서 40년 동안이나 불신감을 품지 않는다면 이것은 그 이론의 우수함을 완벽하게 표시하는 것이다. 그러나 자신의 청년기에 생각해낸 철학을 결국 과소평가함으로써—적어도 의심을 갖고—얕보지 않았던 철학자는 아직 한 사람도 없었다고 나는 주장한다. 그러나 아마도 그는 이러한 의견의 변화를 공공연하게 말하지는 않았을 것이다. 그 이유는 명예심 때문이거나—고상한 본성의 사람에게는 더욱 그러하겠지만—그를 추종하는 사람들을 위한 부드러운 보호심 때문일 것이다.

254.

흥미로운 것의 증가—좀더 높은 교양으로 나아감에 따라서 인간에게는 모든 것이 흥미로워진다. 그는 자신의 사고의 빈 틈이 교양으로 채워질 수 있거나 사상이 교양으로 인해서 확인될 수 있는 곳에서는 재빨리 그 문제의 교훈적인 측면을 발견해내고 그것을 지적할 줄 안다. 거기서 권태는 점점 더 사라지고, 그와 함께 지나친 감정의 흥분도 사라진다. 그는 마침내 식물 사이를 지나다니는 자연 연구자처럼 인간들 사이를 지나다니며, 자기 자신을 단지 그의 인식 충동을 강하게 자극하는 데 불과한 하나의 현상으로 인지한다.

255.

동시에 일어나는 것에서의 미신—동시에 일어나는 그 무엇은 서로 관련이 있다고 사람들은 믿는다. 친척 한 사람이 멀리서 죽게 되면, 같은 때에 우리는 그의 꿈을 꾼다—따라서 그렇다고 믿는다! 하지만 수많은 친척이 죽는다 해서 그들의 꿈을 다 꾸는 것은 아니다. 그것은 기도하는 난파자의 경우와 같을 것이다 : 사람들은 나중에 죽어간 사람들의 봉헌판을 사원에서 발견할 수 없다.—한 사람이 죽고, 올빼미가 울어대며, 어떤 시계가 서 있다는 것이 모두 같은 밤 같은 시간에 일어났을 때, 거기에는 아무런 관련성이 없을 것인가? 이런 예감을 추정하는 자연에 대한 친밀성은 인간을 허영심에 들뜨게 만든다.—이러한 종류의 미신은 무엇보다 개인과 민족들의 삶 속에 많이 있는 무의미하게 병존하는 모든 것에 대해 마치 일종의 공수병에 걸린 듯이 대하는 경향을 지닌 역사가와 문화 묘사가들에게서 훨씬 더 세련된 형식으로 재발견된다.

256.

학문을 통해서 훈련되는 것은 지식이 아니라 능력이다—인간이 어느 일정한 시간 동안 엄밀한 학문을 철저히 해왔다는 것의 가치는 그 성과들을 근거로 하지 않는다 : 왜냐하면 그 성과들은 알 만한 가치가 있는 것들로 이루어진 바다에 비교한다면 사라져 없어질 만큼 작은 물방울에 지나지 않기 때문이다. 그러나 그것은 활력, 추진력, 인내력의 강인함을 증대시킨다. 인간은 어떤 목적을 합목적적으로 달성하는 것을 배우게 되었다. 그러한 한에서, 언젠가 학문적인 인간이었다는 사실은 그 뒤에 하게 될 모든 일에서 볼 때 대단히 높이 평가받을 만하다.

257.

학문의 젊은 매력—진리의 연구는 오늘날에도 여전히 매력을 가지고 있다. 그것은 진리가 모든 점에서 낡고 권태를 느끼게 하는 오류와 선명하게 대조된다는 점에 있다. 그 매력은 점차 사라져가고 있다. 그러나 지금 우리는 학문의 청년기에 살고 있으며 아름다운 소녀를 좇듯이 진리를 좇고 있다. 그러나 진리가 언젠가 늙고 시들어버린 눈매를 가진 여인이 되어버렸다고 하면 어떻게 되겠는가? 거의 모든 학문에서 이와 같은 통찰은 최근에 겨우 발견되었거나 아직도 찾고 있는 중이다. 이것은, 이미 중요한 모든 것이 발견되었고, 이제 학자에게는 겨우 빈약한 가을이삭 정도밖에 남아 있지 않을 경우(사람들은 이러한 감각을 역사의 몇몇 부문에서 알 수 있다)와는 얼마나 다른 자극을 주게 될까.

258.

인류의 상(像) ─ 문화의 천재는 마치 첼리니Cellini가 페르세우스 Perseus 상을 만들었을 때와 같은 방법을 취한다 : 용해된 양이 충분하지 않을 것 같았으나 그것은 만들어져야만 했다. 따라서 첼리니는 그릇과 접시 그리고 그 밖에 손에 닿는 대로 던져 넣었다. 이와 마찬가지로 천재도 오류, 악덕, 희망, 환상 그리고 그 밖에 약간 저질인 금속과 조금 귀한 금속도 던져 넣는다. 왜냐하면 인류의 상이 모습을 드러내어 완성되어야 하기 때문이다. 여기저기에서 약간 저질의 소재가 사용되었다는 것이 무슨 문제란 말인가?

259.

남성의 문화 ─ 고전시대의 그리스 문화는 남성의 문화이다. 여성에 관해서 페리클레스Perikles는 그의 애도사에서, 남성들 사이에서는 여성에 관해 가능한 한 적게 말하는 것이 가장 좋다는 말로 모든 것을 이야기하고 있다 : 소년에 대한 남성들의 연애 관계는 우리가 이해할 수 없을 정도로 모든 남성 교육에 없어서는 안 될 유일한 전제였다. (이것은 여성의 고등 교육이 모두 오랫동안 연애와 결혼으로 비로소 이루어진 것과 거의 비슷하다.) 그리스적 본성이 지닌 힘의 모든 이상주의는 그 연애 관계에 몰두했다. 그리고 기원전 5~6세기에서만큼 젊은이들이 그렇게 주의 깊고 친절하게 단지 그들의 그 최고의 것(남성다움)의 관점에서 논의된 적은 아마 결코 없었을 것이다. ─ 횔덜린Hölderlin의 아름다운 문구처럼 "왜냐하면 죽음에 임박한 자는 사랑하고 있을 때 자신의 최고의 것을 주기 때문이다." 이 관계가 높이 해석되면 될수록 여성과의 교제는 어린아이의 출산과 관능적 쾌락이라는 관점에서 그만큼 더 낮게 보여졌다.—여성과의 교제에서는 어린아이의 출산과 쾌락 이상의 것은 아무것도 고려되지 않았다. 정신적인 교제는 없었고, 진정한 연애조차 없었다. 나아가 여성이 각종 경기와 연극에서까지 배제되었던 사실을 고찰하면, 종교적 예배만이 여성의 유일한 고급오락으로 남을 뿐이다. — 그런데 비극에서 엘렉트라Elektra나 안티고네Antigone를 등장시켰던 경우는, 삶에서는 원하지 않았음에도 불구하고 예술이었기 때문에 그만큼 참았던 것이었다 : 그것은 우리가 오늘날 비참한 모든 것을 삶에서는 참을 수 없지만 예술에서는 즐겨 보는 것과 마찬가지다.—또한 여성들에게는 아버지의 성격이 가능한 한 손상되지 않은 채로 계속 살아 있는 아름답고 강한 육체를 낳고, 그럼으로써 고도로 발달한 문화에 의한 신경의 자극이 필요 이상으로 늘어나는 것을 막는 과제만이 있을 뿐이었다. 바로 이것이 그리스 문화를 비교적 오랫동안 젊게 유지해왔다. 왜냐하면 그리스의 천재는 그리스의 어머니들에게서 항상 또다시 자연으로 되돌아갔기 때문이다.

260.

거대한 것에 호의적인 편견—사람들은 분명히 모든 거대한 것과 뚜렷한 것을 과대 평가한다. 이는, 만약 어떤 사람이 한 가지 분야에 전력투구하여 자신을 흡사 하나의 거대한 기관으로 만들 때, 이 일이 대단히 유익하다고 느끼게 되는 의식적이거나 무의식적인 통찰에서 유래하는 것이다. 확실히 인간 스스로에게는 자신의 능력을 균형 있게 훈련하는 것이 더 유익하고 더 많은 행복을 가져다준다. 왜냐하면 모든 재능은 다른 힘들에서 피와 힘을 빨아먹는 흡혈귀이며, 지나친 생산은 가장 재능 있는 사람까지도 거의 미치게 만들지 모르기 때문이다. 예술 안에서도 역시 극단적인 성질을 가진 사람들이 매우 주의를 끈다. 그러나 그들에게 사로잡히기 위해서는 훨씬 낮은 문화가 필요하다. 사람들은 습관적으로 힘을 가지기를 원하는 모든 것에 굴복한다.

261.

정신의 폭군들—그리스인들의 삶은 오직 신화의 빛이 비치는 곳에서만 빛나고 있다. 그 밖의 부분은 어둡다. 그런데 그리스의 철학자들은 바로 이 신화를 포기하고 있다 : 마치 햇빛에서 그늘과 어둠으로 나아가려 했던 것 같지 않은가? 그러나 어떤 식물도 빛을 피하지는 못한다. 결국 그 철학자들은 더 밝은 태양을 찾았던 것뿐이었다. 신화는 그들에게서 충분히 순수하지도 밝지도 않았다. 그들은 그 빛을 그들 모두 '진리'라고 불렀던 것에서, 즉 인식에서 발견했다. 그러나 그 당시 인식은 아직 커다란 광채를 가지고 있었다. 그 인식은 아직 젊어서, 사잇길의 모든 어려움과 위험에 대해서는 아직 조금밖에 알지 못했다. 당시에 인식은 단 한 번의 도약으로 모든 존재의 중심점에 이를 수 있었고 거기에서 세계의 수수께끼를 풀 수 있는 것으로 기대할 만했다. 이 철학자들은 자기 자신과 그들의 '진리'에 대하여 확실한 믿음을 가지고 있었고, 이 진리를 가지고 그들의 이웃과 그들을 앞서간 자들을 모두 쓰러뜨렸다. 그들은 누구나 다 싸움하기를 좋아하는 난폭한 폭군이었다. 아마도 세상에서 진리를 소유하고 있다는 믿음 속에서의 행복이 이보다 더 컸던 적은 없었을 것이다. 그러나 그러한 믿음에서의 강함, 오만, 포악한 면과 악한 면 역시 이보다 더 컸던 적도 없었을 것이다. 그들은 그리스인이라면 누구나 될 수 있다면 되고 싶어했고 또 되기도 했던 폭군이었다. 아마 솔론Solon만은 제외해야 할 것이다. 그의 시에서 솔론은, 자신이 얼마나 개인의 폭정을 경멸했는지를 말하고 있다. 그러나 그가 그렇게 한 것은 자신의 일과 법칙 규정에 대한 사랑에서였다. 법칙 규정자가 되는 일은 폭정이 순화된 형식이다. 파르메니데스도 법칙들을 세웠고 아마 피타고라스와 엠페도클레스도 그렇게 했을 것이다. 아낙시만드로스는 도시를 하나 건설했다. 플라톤은 최고의 철학적 법칙 규정자와 국가 건설자가 되고 싶다는 욕망의 화신이었다. 그는 자신의 본질이 충족되지 않음으로 인해 심하게 괴로워했던 것처럼 보인다. 그리고 그의 영혼은 말년에 가서 가장 검고 쓰디쓴 즙으로 채워졌다. 그리스의 철학자들이 힘을 잃어가면 갈수록, 그들은 내면적으로 더 많이 신랄함과 비방으로 고통받았다. 여러 분파들이 거리에서 그들의 진리를 위해서 싸웠을 때, 거기에는 이 진리를 구하는 모든 사람의 영혼이 질투와 분노로 엉망진창이 되어 있었다. 폭군적 요소는 이제 그들의 몸 속에서 독이 되어 날뛰었다. 이들 수많은 작은 폭군들은 서로 산 채로 잡아먹을 수도 있을 것 같았다. 그들에게는 더 이상 사랑의 불꽃이 없었고 그들 자신의 인식에 대한 기쁨은 너무나 적게 남아 있었다.—어쨌든, 폭군들은 대부분 살해되고 그 자손도 제 명을 다하지 못한다는 신조는 정신의 폭군들에게도 역시 해당된다. 그들에 대한 이야기는 짧고 폭력적인 것이며, 그들의 영향은 갑자기 중단된다. 예를 들면 아이스킬로스, 핀다로스, 데모스테네스, 투키디데스가 그랬듯이, 우리는 거의 모든 그리스인에 대해서 그들은 너무 늦게 왔다고 말할 수 있다. 그들 후에 한 세대가 존재했고 그것으로 모든 것이 끝이었다. 이것이 바로 그리스의 역사에서 격렬하고 공포스러운 부분이다. 사실 오늘날 사람들은 거북이의 복음을 환영하고 있다. 역사적으로 생각한다는 것은 오늘날에는 거의, '가능한 한 긴 시간에, 가능한 한 적게!' 라는 원칙에 따라 마치 모든 시대에 걸쳐 역사가 만들어져왔다는 정도만을 의미한다. 아, 그리스의 역사가 이렇게 빨리 지나가버리고 말았다! 그렇게 사치스럽고 과격하게 살 수 있었던 때는 결코 다시 오지 않을 것이다. 나는 그리스인들의 역사가 흔히 찬양되고 있는 것처럼 **자연스러운** 과정을 거쳐왔다고 믿지 않는다. 거북이가 아킬레우스와 경주할 때처럼, 한 걸음씩 나아가는 방법 속에서 **점차적으로** 그 무엇이 되기에는 그들은 너무 다양한 재능을 가지고 있었다 : 그런데 사람들은 이 점차적인 것을 자연스러운 발전이라고 부르고 있다. 그리스인의 경우 모든 것은 급속하게 전진하지만, 마찬가지로 급속하게 하강한다. 차바퀴에 던져진 하나의 돌이 기계를 튀어나가게 만들 정도로, 기계 전체의 운동은 대단히 고조되어 있다. 그런 하나의 돌은, 예컨대 소크라테스였다. 그때까지 그렇게 놀랄 만큼 규칙적이지만 그러나 물론 너무 빠르기도 했던 철학적 학문의 발전이 하룻밤 만에 파괴되어버렸다. 플라톤이 소크라테스의 마법에서 벗어나 있었다면, 우리에게 영원히 상실되어버린 철학적 인간의 더 높은 유형을 발견하지 않았을까라는 물음은 결코 무의미한 것이 아니다. 이러한 유형을 만드는 조각가의 작업실 안을 들여다보듯이 플라톤 이전의 시대를 들여다보자. 기원전 6세기와 5세기는 그 자체가 생산했던 것보다 더 많은 것과 더 높은 것을 약속하고 있는 것처럼 보인다. 그러나 그것은 약속과 예고에 머물고 말았다. 그러나 유형을 상실한 것보다 더 중대한 상실은 거의 없을 것이다. 이 유형은 그때까지 발견되지 않은 새로운 그리고 가장 높은 철학적 삶의 가능성이다. 더 오래된 유형들조차 대부분은 잘못 전해졌다. 나에게는 탈레스부터 데모크리토스에 이르는 모든 철학자를 인식하는 것이 특별히 어렵게 느껴진다. 그러나 이 인물들을 잘 모방하는 사람은 가장 강하고 순수한 유형의 형상들 사이를 두루 다니게 될 것이다. 이러한 능력은 물론 흔하지 않다. 이러한 능력은 고대 철학의 지식을 연구했던 후기 그리스인들에게조차 결여되어 있었다. 특히 아리스토텔레스는, 그가 위에 언급한 사람들 앞에 설 때는 머리 속에 전혀 자신의 안목을 가지고 있지 않은 것처럼 보인다. 따라서 이 훌륭한 철학자들이 마치 헛되이 살아왔던 것처럼 여겨지거나, 아니면 마치 그들이 단순히 논쟁을 즐기고 말하기 좋아하는 소크라테스 학파의 무리들을 준비시켜야만 했던 것처럼 여겨진다. 앞에서 말한 바와 같이, 여기에는 발전하는 과정 속에 하나의 틈, 즉 하나의 단절이 놓여 있다. 어떤 큰 불행이 일어났음이 틀림없다. 저 위대한 조각의 예행연습의 의미와 목적을 인식할 수 있었던 유일한 조상이 부서졌거나 또는 실패했던 것이다. 도대체 무슨 일이 일어났는지는 영원히 작업실의 비밀로 남아 있다.—그리스인에게서 일어났던 일, 즉 모든 위대한 사상가는 자신이 절대적 진리의 소유자라는 믿음 속에서 폭군이 되었으며, 그리하여 그리스인들의 정신사 역시 그들의 정치사가 보여주고 있는 폭력적이고 성급하며 위험한 성격을 가지게 되었다.—이런 종류의 사건은 그것으로 끝난 것이 아니었다 : 물론 차츰 더 드물어지고 있고 오늘날에는 더욱 그리스 철학자들과 같은 순수하고 소박한 양심을 가지고 있기가 어렵지만, 똑같은 일들이 최근에 이르기까지 많이 일어났다. 왜냐하면 전체적으로 오늘날에는 반대론과 회의가 너무나 거세고 소리 높이 말하고 있기 때문이다. 정신의 폭군들의 시대는 지나갔다. 더욱 높은 문화의 영역에서는 물론 항상 하나의 지배권이 있어야만 할 것이다.—그러나 이 지배권은 지금부터는 정신의 과두정치가들의 손에 놓여 있다. 모든 공간적이고 정치적인 분리에도 불구하고, 대중에게 영향을 미치는 신문기자와 잡지기자의 판단들과 여론이 유리한 평가를 퍼뜨리거나 불리한 평가를 퍼뜨리거나 간에 그들은 그의 구성원을 서로 인식하고 인정하는 하나의 공동사회를 이루고 있다. 과거에는 분리시키고 적대시하기만 했던 정신적 우월성이 오늘날에는 결합하는 경향이 있다 : 만약 개별 인간들이 반(半)정신과 반(半)교양의 우민정치적 성격에 맞서 투쟁하게 될 경우뿐만 아니라 대중 효과의 도움으로 전제정치를 수립하려는 시도에 맞서 투쟁하게 될 경우, 그들과 같은 사람들이 여기저기서 같은 조건 아래에서 살고 있는 것을 보고서도 그들의 손을 잡지 않는다면, 어떻게 그 개별 인간들이 자기 자신을 주장할 수 있으며 모든 조류를 거슬러 자신의 궤도에서 삶을 끝까지 헤엄쳐 나갈 수 있을 것인가? 과두정치가들은 서로를 필요로 하며 서로에게서 최고의 기쁨을 느낀다. 그들은 자기들의 표지를 알고 있다.—그러나 그럼에도 불구하고 그들 각자는 자유로우며 **자신**의 위치에서 싸우고 승리한다. 그리고 굴복하기보다는 차라리 몰락한다.

262.

호메로스 — 그리스인의 교양에서 가장 대단한 사실은 호메로스가 그렇게 빨리 범헬레니즘적이 되었다는 것이다. 그리스인이 이루어낸 정신적이고 인간적인 모든 자유는 이 사실로 거슬러올라간다. 그러나 동시에 이것은 그리스적인 교양이 지닌 본래적인 불운이기도 했다. 그것은 호메로스가 중심에 집중시킴으로써 그리고 독립에 대한 좀더 진지한 충동들을 해체함으로써 모든 것을 천박하게 만들었기 때문이다. 때때로 후기 그리스적인 것의 가장 깊은 밑바닥에서부터 호메로스에 대한 거부가 생겨났다. 그러나 그는 언제나 승리를 거두었다. 모든 위대한 정신적 힘은 해방시키는 작용 외에 억압하는 작용도 한다. 그러나 물론 인간을 폭압하는 것이 호메로스인가 성서인가 또는 학문인가 그렇지 않은가는 다른 문제다.

263.

재능 — 오늘날의 인류처럼 고도로 발달한 인류에서는, 누구나 다 많은 능력을 가질 가능성을 자연에서 얻는다. 누구나 타고난 재능을 가지고 있다. 그러나 소수의 사람만이 강인함, 인내심, 활력을 타고나며 또 습득한다. 그래서 그는 실제로 재능 있는 사람이 되는 것이다. 즉 있는 그대로의 그가 되는 것이다. 이것은 재능을 작품과 행동에서 발휘하는 것을 의미한다.

264.

재기 있는 사람은 과대평가되거나 과소평가된다―학문적이지는 않지만 재능이 있는 사람들은, 옳은 길에 있든 잘못된 길에 있든 정신의 모든 징후를 높이 평가한다. 그들은 무엇보다 교제하는 사람이 자신들을 재기로 즐겁게 해주고 격려해주며 감격시키고, 진지함과 농담으로 매료시키며, 어쨌든 가장 힘있는 부적으로 권태에서 지켜주기를 바란다. 학문적인 본성을 지닌 사람들은 이와는 반대로, 학문의 정신에 의하여 수많은 착안들을 가지고 있는 재능이 가장 엄격하게 규제되어야 한다고 알고 있다. 학문의 정신이 인식의 나무에서 흔들어 떨어뜨리기를 원하는 열매는 빛나고 그럴듯해 보이며 자극적인 것이 아니라, 바로 보이지 않는 진리다. 그 정신은 아리스토텔레스처럼 '권태로운 것'과 '재기에 넘치는 것'을 구별하지 않아도 된다. 그의 수호신이 그 정신으로 하여금 어디에서든 현실적인 것, 확고한 것, 참된 것에서만 즐거움을 느끼도록, 열대식물뿐 아니라 사막도 지나가게 한다.―보잘것없는 학자들은 재기 넘치는 삶들을 멸시하고 불신하게 되고, 재기 넘치는 사람들은 흔히 학문을 혐오하게 된다. 거의 모든 예술가들처럼.

265.

학교에서의 이성―학교는 엄밀한 사고, 신중한 판단, 일관성 있는 추론을 가르치는 것 외의 다른 과제를 가지고 있지 않다 : 따라서 학교는 이 작업에 도움이 되지 않는 모든 것, 예를 들어 종교를 무시해야 한다. 물론 학교는 인간적인 불투명함, 습관 그리고 욕망이 아주 팽팽하게 당겨진 사고의 활을 나중에 다시 느슨하게 만들 게 되리라는 것을 계산할 수 있다. 그러나 학교는 그 영향력이 미치는 한, 인간에게 있는 본질적인 것과 탁월한 것을 강요해야 한다 : 그것은 적어도 괴테가 판단하듯이, '인간의 이성과 학문은 최상의 힘'이다. ─ 위대한 자연 탐구자 폰 베어von Baer는 동양인에 비해서 모든 유럽인이 뛰어난 점을, 자신이 믿고 있는 것에 대한 근거들을 말할 수 있는, 훈련된 능력에서 찾고 있다. 동양인들은 이런 능력이 전혀 없다. 유럽은 일관성 있고 비판적인 사고의 학교로 나아갔고, 동양은 여전히 진리와 허구 사이에서 구별할 줄을 모르고, 자신의 확신이 자신의 관찰과 규칙에 따른 사고에서 유래하는 것인지, 또는 상상력에서 유래하는 것인지를 자각하지 못하고 있다. ─ 학교에서의 이성은 유럽을 유럽으로 만들었다 : 중세에 유럽은 다시 동양의 한 부분과 부속물이 되어가고 있었다. ─ 즉 그리스인에게 감사해야 했던 학문적 감각을 잃어가고 있었던 것이다.

266.

과소평가된 김나지움 수업의 효과 ─ 사람들은 김나지움의 가치를, 거기서 실제로 배운 것들과 잃어버리는 일 없이 집으로 가지고 온 것들에서 찾는 일은 드물고, 오히려 가르치는 것들과 학생이 마지못해 습득하지만 빨리 떨쳐버려도 되는 것들에서 찾고 있다. 도처에서 행해지고 있는 것처럼, 고전작가들을 읽는다는 것은 ─ 과도한 수준의 일이다 : 그것은 교양 있는 사람이라면 누구나 인정한다 ─ 이 일은 어떤 관계에서 보더라도 그것을 읽기에는 아직 미숙한 젊은이들 앞에서, 그들의 한 단어 한 단어만으로도 때로는 그 모습만으로도 훌륭한 저자에게 곰팡이 병을 덧붙이는 듯한 그런 교사들에 의하여 이루어지고 있다. 그러나 그 안에는 보통 오인되고 있는 가치가 있다. ―그 가치는 답답하고 이해 하기 어렵지만 고도의 두뇌 체조가 되는, 좀더 높은 문화의 추상적 언어를 교사들이 말한다는 것과 젊은이들이 가족 간의 대화와 거리에서는 거의 한 번도 듣지 못한 개념, 전문용어, 방법, 암시들이 교사의 언어 속에서 끊임없이 보여지고 있다는 것이다. 학생들은 단지 듣기만 하더라도, 알지 못하는 사이에 그들의 지성에 학문적 고찰 방법이 미리 형성되는 것이다. 이런 훈련에서 추상화에 완전히 접촉하지 않은 순수한 자연의 아이가 나오는 것은 불가능하다.

267.

많은 언어들을 배우는 것 ― 많은 언어들을 배우면 기억은 사실과 생각 대신 단어들로 채워진다. 그런데 기억은 모든 사람에게 일정하게 정해진 양의 내용을 담을 수 있는 용기(容器)다. 그리고 그 기억이 사람들로 하여금 유능하다는 믿음을 가지게 만들고 교제할 때 실제로 특정한 매력적인 외관을 부여하는 것이 되는 한, 많은 언어를 배우는 것은 해를 끼치는 일이다. 또한 철저한 지식을 획득하고 성실한 방법으로 사람들의 존경을 얻고자 하는 의도를 저해함으로써 간접적으로도 해를 끼치게 된다. 끝으로 많은 언어를 배우는 것은 모국어 내에서의 더욱 섬세한 어감의 뿌리를 내리치는 도끼다 : 그럼으로써 이 어감의 뿌리는 치명적으로 상하게 된다. 가장 위대한 문장가들을 배출했던 두 민족, 그리스인과 프랑스인은 외국어를 배우지 않았다.―그러나 사람들의 교제가 더욱 세계 시민적이 되지 않을 수 없었기 때문에, 예를 들어 런던의 한 유능한 상인은 오늘날 이미 여덟 개의 언어를 가지고 서면으로 구술로 자신을 이해시켜야 하기 때문에, 많은 언어를 배우는 것은 물론 하나의 필요악이다. 그러나 마침내 이것이 궁극에는 인류로 하여금 치료제를 발견하지 않으면 안 되게 만들 것이다 : 그리고 먼 장래 언젠가는 하나의 새로운 언어가, 우선 국제상용어로 그리고 나중에는 정신적 교제 일반의 언어로 모든 사람을 위해 존재하게 될 것이다. 이것은 언젠가 항공비행이 있게 될 것과 마찬가지로 확실한 일이다. 무엇을 위하여 언어학이 백 년 동안이나 언어의 법칙을 연구하고, 모든 개별 언어에 나타난 필수적인 점, 가치 있는 점 그리고 성공적인 점을 평가해왔겠는가!

268.

개인의 투쟁사에 대해서―여러 문화들을 거쳐가는 개별적인 인간의 삶 속에서, 우리는 아버지와 아들의 두 세대 사이에서 벌어지는 투쟁이 집중되어 있음을 볼 수 있다 : 혈연 관계의 가까움이 이 투쟁을 더 첨예하게 만든다. 왜냐하면 한 쪽은 그가 잘 알고 있는 상대의 내면을 가차없이 투쟁에 끌어들이기 때문이다. 그래서 이 투쟁은 각 개인 속에서도 가장 격렬한 것이 된다. 여기에서는 모든 새로운 단계가 잔인할 정도로 부당하게 그리고 그 수단과 목적들을 오해한 채 과거의 단계들을 무시해버린다.

269.

15분 빨리—우리는 간혹 자신의 시대를 넘어선 견해들을 가지고 있지만 단지 앞으로의 10년에 대한 통속적인 견해들을 선취하는 것에 불과한 사람을 볼 수 있다. 그는 여론을, 그것이 여론이 되기 전에 가지고 있는 것이다. 즉 그는 당연히 통속적이 될 만한 이 견해를 다른 사람들보다 15분 빨리 수중에 넣은 것이다. 그러나 그의 명성은 실제로 위대한 사람들과 탁월한 사람들의 명성보다 흔히 더 높은 경향이 있다.

270.

읽는 기술—강력한 방향은 모두 일방적인 것이다. 그것은 직선의 방향에 가깝고 직선처럼 배타적이다. 즉 그것은 약한 당과 약한 본성을 지닌 사람들이 파도에 밀려 왔다갔다하는 것처럼 다른 많은 방향들과 부딪치지 않는다 : 따라서 우리는 문헌학자들이 일방적이라는 점 역시 눈감아주어야만 한다. 수백 년 동안 하나의 동업 조합 속에서 계속되어온 원문의 복구와 그대로의 보존 그리고 원문의 해석은 마침내 올바른 방법을 찾도록 해주었다. 중세는 엄밀한 문헌학적 해석, 즉 저자가 말하는 것을 단순하게 이해하고자 하는 일을 거의 할 수가 없었다. —이러한 방법들을 찾아내는 일은 대단한 것이었다. 사람들은 이런 일을 과소평가해서는 안 된다! 올바르게 읽는 기술, 즉 문헌학이 높은 수준에 이르렀을 때 비로소 모든 학문은 지속성과 불변성을 얻었다.

271.

추론하는 기술—인간이 이루었던 가장 위대한 진보는 올바르게 추론하는 것을 배운다는 데 있다. 이것은 결코 쇼펜하우어가 "추론은 모든 사람이, 판단은 몇몇 사람만이 할 수 있다"고 말하면서 가정한 것처럼, 자연적인 그 무엇이 아니라 나중에 습득되는 것으로서 오늘날에는 아직 지배적인 것이 되지 못하고 있다. 고대에는 잘못 추론하는 것이 규칙이었다 : 모든 민족의 신화, 그들의 마술과 미신, 종교적 예배, 그들의 율법은 이 지론에 대한 무진장한 증거 소재지들이다.

272.

개인적인 문화의 연륜—정신적인 생산성의 강하고 약함은 유전적인 재능에 의한 것이라기보다는 오히려 가지고 있는 정력의 양에 의한 것이다. 30세의 젊은 교양인들은 대부분 그들의 삶의 하지점(夏至點)으로 되돌아가 그때부터는 정신적으로 새롭게 방향을 바꾸는 것을 좋아하지 않는다. 따라서 이때 계속 성장해나가는 문화가 안전하기 위해서는 하나의 새로운 세대가 필요하다. 그러나 그것도 마찬가지로 멀리 가지는 못할 것이다 : 왜냐하면 아버지가 아들을 낳았을 당시, 그 삶의 단계에서 아버지 스스로 가지고 있었던 유전된 활력을 아들은 아버지의 문화를 회복하기 위해서 거의 소모해야만 하기 때문이다. 그는 조금 남은 활력으로 계속 전진한다. (왜냐하면 여기서 길은 두 번째로 지나는 것이므로 조금 빨리 앞으로 나아갈 수 있기 때문이다. 아들은 아버지가 알고 있던 것과 같은 것을 배우는 데 그만큼 많은 힘을 소모하지 않는다.) 예를 들어 괴테처럼 아주 정력적인 인물들은 계속해서 거의 4세대에 걸쳐서도 불가능한 많은 것을 끝까지 통과해나간다. 그러나 이 때문에 그들은, 다른 사람들이 겨우 다음 세기에 가서야 따라잡을 수 있을 정도로 너무 빨리 앞서가게 된다. 그래도 아마 한 번도 완전히 따라잡을 수 없을 것이다. 왜냐하면 그들에게는 잦은 중단으로 인해 문화의 완결성과 발전의 일관성이 약해져 있기 때문이다. ─사람들은 역사의 과정에서 성취된 정신 문화의 일반적인 단계들을 점점 빨리 회복하게 된다. 그들은 현재 종교적으로 감동받은 어린아이들로서 문화에 발을 들여놓기 시작했고, 아마 열 살 때에는 그것을 이 감각들의 가장 높은 활동력에까지 이르게 만들 것이다. 그 후 그들은 더 약화된 형식(범신론)들로 옮겨가게 되면서 학문에 접근해간다. 신과 불멸성 그리고 그와 같은 것에서 완전히 벗어나기는 하지만, 형이상학적 철학의 마법에 걸리게 된다. 결국 이 철학도 그들에게는 믿을 수 없는 것이 되고 만다. 그에 비해 예술은 점점 많은 것을 허용하는 것처럼 보인다. 그래서 잠시 동안은 형이상학이 예술로 바뀌거나 예술적으로 미화하는 분위기로 남아 있다가 계속 지속될 것이다. 그러나 학문적 감각은 더 단호해지고, 인간을 자연과학과 역사라는 가장 엄격한 인식 방법으로 이끌어간다. 반면 예술에는 더 부드럽고 관대한 의미가 주어진다. 이 모든 일은 흔히 한 인간의 최초의 30년 안에 일어나는 것이 보통이다. 그것은 아마도 인류가 3만 년 동안 완수했던 과업의 되풀이일 것이다.

273.

뒤돌아간 것이 아니라 물러서 있는 것이다—지금은 아직 종교적 감각에서 발전하기 시작하여, 나중에는 아마 훨씬 더 오랫동안 형이상학과 예술 속에 살아가게 되는 사람은, 물론 어느 정도 길을 돌아온 것이다. 그는 다른 현대인들과 경주할 때 불리한 전제에서 시작하게 되는 것이다 : 그는 공간과 시간을 허비하고 있는 것처럼 보인다. 그러나 그는 열정과 활력이 속박을 벗어나 끊임없는 힘이 마르지 않는 샘에서 용암처럼 흘러나오는 그런 영역에 머물렀던 것이기 때문에, 단지 적당한 시기에 그 영역에서 떨어져나오기만 한다면, 훨씬 더 빨리 앞으로 나아가게 될 것이다. 그의 발은 날개를 달고 있고 가슴은 더 조용하고 더 길게 더 참을성 있고 끈질기게 호흡하는 것을 배우고 있다.—그는 도약하는 데 충분한 공간을 얻기 위하여 단지 뒤로 물러섰을 뿐이다 : 따라서 이처럼 뒤로 물러서 있었던 것에는 그 어떤 무섭고 위협적인 것마저 들어 있을 수 있다.

274.

예술적 대상으로서의 우리 자신의 한 단면—더 열등한 사람들이 거의 멍청하게 살아가면서 자신들의 마음의 칠판에서 지워버리고 마는 특정 발전 단계들을 의식적으로 붙잡아 그것에 대한 정확한 그림을 그린다는 것은 더 탁월한 문화의 표시다 : 왜냐하면 이것은 겨우 몇 명만이 이해할 수 있는 더 높은 종류의 회화예술이기 때문이다. 그러기 위해서는 그 단계들을 기술적으로 분리시키는 것이 필요하다. 역사적인 연구들은 이러한 그림을 그릴 능력을 길러준다. 왜냐하면 그것은 역사의 한 부분, 한 민족 또는 한 인생을 계기로 우리로 하여금 아주 특정한 사상의 지평, 감각들의 특정한 강도, 이것의 우세, 저것의 쇠퇴를 표상하도록 끊임없이 촉구하기 때문이다. 역사적 의식이란 우연히 남아 있는 몇 개의 기둥들과 벽의 잔해에서 어느 신전에 대한 인상을 불러일으키듯 주어진 계기들에서 빨리 그와 같은 사상과 감정의 체계를 재건할 수 있는 능력에서 성립된다. 역사적 의식이 거둔 바로 다음 성과는, 우리가 우리의 이웃들을 아주 특수한 이러한 체계로 그리고 여러 문화를 대변하는 사람으로 이해하는 일이다. 즉 필연적이기는 하지만 변할 수 있는 것으로 이해하는 일이다. 그리고 또한 우리가 우리 자신의 발전 속에서 단편들을 떼어내어 그것을 독립된 것으로 세울 수 있는 일이다.

275.

퀴닉 학파와 에피쿠로스 학파—퀴닉 학파는 좀더 높은 문화인들이 느끼는 증가되고 심해진 고통과 가득 찬 욕망들 사이의 관계에 대하여 인식하고 있다. 따라서 퀴닉 학파는 아름답고 적절하며 잘 어울리고 즐거운 것에 대한 많은 생각이 다양한 쾌감의 샘은 물론 불쾌감의 샘들도 함께 솟아나오게 하는 것이 틀림없다고 파악한다. 그들은 이 통찰에 따라 이러한 즐거운 생각의 대부분을 포기하고 문화의 특정한 요구에서 벗어남으로써 퇴보하게 된다. 그렇게 함으로써 그들은 자유롭고 힘이 솟아나는 느낌을 얻는다. 그리고 차츰 그 생활방식이 습관에 의해 견딜 만한 것으로 만들어지면, 그들은 실제로 교양 있는 사람들보다 더 드물게 그리고 더 약하게 불쾌감을 느끼게 되고 마침내는 동물에 가까워진다. 게다가 그들은 모든 것을 대조의 자극 속에서 느끼고, 그와 마찬가지로 욕설도 마음이 내키는 대로 할 수 있게 된다. 그것을 통하여 그들은 다시 동물의 감각계를 높이 뛰어넘게 되는 것이다.—에피쿠로스 학파는 퀴닉 학파와 같은 관점을 가지고 있다. 이 두 학파 사이에는 일반적으로 기질의 차이만 있을 뿐이다. 그 후에 에피쿠로스 학파는 지배적인 여론들에서 해방되기 위해 그들의 좀더 높은 문화를 이용한다. 퀴닉 학파는 부정 속에 머물러 있는 반면, 에피쿠로스 학파는 지배적인 여론들을 넘어선다. 그들 위에서는 바람 속에서 나뭇가지들이 윙윙거리며 저 바깥에 있는 세계가 얼마나 심하게 동요하고 있는지를 알리고 있어도, 에피쿠로스 학파는 바람 한 점 없이 잘 지켜진 어두컴컴한 복도를 거니는 것과 같다. 그에 비해 퀴닉 학파는 알몸으로 바람 부는 바깥에서 돌아다니며 감각을 잃어버릴 정도가 될 때까지 몸을 단련하고 있는 것과 같다.

276.

문화의 소우주와 대우주—만약 인간이 자신 속에서 서로 다른 두 가지 힘이 지배하고 있는 것을 본다면, 그는 바로 자기 자신 속에서 문화에 대한 가장 훌륭한 발견을 한 것이 된다. 학문의 정신에 마음을 빼앗긴 것과 마찬가지로, 조형예술 또는 음악에 대한 사랑 속에 살고 있는 어떤 사람이 있는데, 그는 한쪽 힘을 파멸시키고 다른 한쪽 힘을 완전히 해방시킴으로써 이 모순을 지양하는 것은 불가능하다고 생각한다는 가정을 해보자. 그러면 그는 두 힘이 비록 건물의 서로 다른 끝에 있을지라도 그 속에서 함께 살 수 있도록 아주 큰 문화의 건물을 스스로 짓는 수밖에 없다. 또한 필요한 경우에는 돌발적인 싸움을 조정할 수 있고 그들 사이를 중재하는, 좀더 우세한 힘을 지닌 중간 힘들이 그들의 거처를 마련하게 하는 수밖에 없다. 그러나 개별적인 개인에게 있는 이러한 문화의 건물은 시대 전체의 문화 구조와 가장 유사하여, 이 구조에 대한 향상된 유추적 지식을 줄 것이다. 왜냐하면 문화의 위대한 건축이 발달된 모든 곳에서 이러한 건축술의 과제는 서로 대립하고 있는 힘들을 억압하거나 속박하여 쳐부수지 않고, 어느 정도 친화력을 지닌 다른 강력한 집단의 힘들로 서로 융화할 수 있도록 만드는 것이었기 때문이다.

277.

행복과 문화 — 우리의 어린 시절의 환경을 돌아보는 일은 우리에게 충격을 준다 : 정원이 있는 집, 묘지가 있는 교회, 작은 연못과 숲, — 이런 것을 우리는 언제나 고뇌하는 자가 되어 다시 바라보게 된다. 우리 자신에 대한 동정심이 우리를 엄습한다. 우리는 그 후 얼마나 많은 고뇌를 겪어왔는가! 그런데 그것은 여기에 아직도 이렇게 조용하게, 영원히 남아 있다. 오직 우리들만이 이렇게 변하고 움직이고 있는 것이다. 우리는 떡갈나무에서처럼, 시간이 더 이상 자신의 이로 마모시키지 못한 몇몇 사람들도 다시 만나게 된다 : 농부, 어부, 나무꾼들, 그들은 그때와 똑같다. — 더 낮은 문화 앞에서 감동하고 자기를 동정하는 일은 더 높은 문화의 표시이다 : 거기서 나오는 결론은 좀더 높은 문화에 의해서는 어쨌든 행복이 커지지 않았다는 사실이다. 삶에서 행복과 안일을 수확하려는 사람은 항상 좀더 높은 문화를 피하려 할 것이다.

278.

춤에 대한 비유―어떤 사람이 인식할 때는 순수하고 엄격하며, 또한 다른 순간에는 시, 종교, 형이상학에 백 걸음의 여유를 주고 그들의 위력과 아름다움에 공감할 수 있는 힘과 유연성을 가지고 있다면, 그것은 오늘날 위대한 문화의 결정적인 표시라고 간주될 수 있다. 이렇게 상이한 두 요구들 사이에서 그런 입장을 취하는 것은 아주 어려운 일이다. 왜냐하면 학문은 그의 방법이 절대적으로 지배하기를 요청하지만 이 요청은 관철되지 않기 때문이다. 따라서 여러 다른 충동 사이에서 학문이 힘없이 위아래로 동요하는 또다른 위험이 생겨나게 된다. 어쨌든 이 문제점의 해답을 적어도 하나의 비유로 보기 위해서, 우리는 여러 충동들 사이에서 지쳐 이리저리 휘청거리는 것과 똑같은 것이 춤이 아니라는 사실을 상기하는 것이 바람직하다. 높은 문화는 과감한 춤과 비슷하게 보일 것이다. 왜냐하면 그것에는 앞서 말한 바와 같이 많은 힘과 유연성이 필요하니까.

279.

삶을 가볍게 하는 것에 대하여―삶을 가볍게 하기 위한 주요 수단은 삶의 모든 과정을 이상화하는 것이다. 그러나 우리는 이상화하는 것이 무엇인지를 그림을 통해서 똑백히 이해해야 한다. 화가는 보는 사람이 너무 정확하거나 너무 예리하게 보지 않을 것을 요구한다. 그리고 일정하게 먼 곳으로 물러서서 관찰할 것을 요구한다. 화가에게는 그림과 관찰자 사이에 특정한 거리를 두는 것이 필요하다. 게다가 그는 관찰자의 눈이 지닌 특정한 예리함의 정도까지도 가정해야 한다. 이러한 것들에서 그는 전혀 동요해서는 안 된다. 따라서 자신의 삶을 이상화하려는 모든 사람은 삶을 지나치게 정확하게 보려고 하지 않아야 하며, 항상 일정한 거리 뒤로 물러나서 자신의 눈길을 고정시켜놓아야만 한다. 이러한 요령을 괴테는 알고 있었다.

280.

가볍게 함으로써의 어렵게 함 그리고 그 반대 경우―사람들의 특정한 단계에서 삶을 어렵게 하는 많은 것들이 좀더 높은 단계에서는 삶을 가볍게 하는 데 도움을 준다. 왜냐하면 그러한 사람들은 삶을 더 어렵게 하는 것에 대하여 체험하여 알고 있었기 때문이다. 마찬가지로 그 반대의 경우도 생긴다 : 예를 들어 종교는 인간이 자신의 짐과 궁핍을 종교에 의해 제거하기 위해 그것을 우러러보는 경우 또는 인간이 너무 높게 공중으로 뜨지 않도록 얽어놓은 사슬을 보듯이 그것을 내려다보는 경우에 따라 이중의 얼굴을 가지고 있다.

281.

좀더 높은 문화는 필연적으로 오해된다―지적 충동 외에는 단지 습관이 된 종교적 충동만을 하나 더 가지고 있는 학자들처럼, 자신의 악기에 줄을 두 개만 매어놓고 있는 사람은, 더 많은 현으로 연주할 수 있는 사람들을 이해하지 못한다. 더 낮은 사람들에 의하여 항상 잘못 해석되는 것은 **많은 현을** 가진 더 높은 문화의 본질에 속한다. 잘못된 해석은 예를 들어 예술이 종교적인 것의 가장된 형식으로 간주되는 경우에 일어나게 된다. 오로지 종교적이기만 한 사람들은, 마치 농아들이 눈으로 볼 수 있는 움직임이 아닌 음악이 무엇인지를 알 수 없는 것과 마찬가지로 학문조차도 종교적 감정을 추구하는 것이라고 해석한다.

282.

비탄의 노래―우리 시대가 명상적 삶의 퇴보와 때로는 멸시를 반드시 수반하고 있다는 것은 아마 우리 시대의 장점들일 것이다. 그러나 우리 시대에는 위대한 도덕주의자가 부족하고, 파스칼Pascal, 에픽테토스Epiktētos, 세네카Seneca, 플루타르코스Plutarchos가 조금도 읽히지 않으며, 일과 근면함―건강이라는 위대한 여신에 수반되는―이 질병처럼 종종 맹렬히 날뛰는 듯이 보인다는 것을 시인해야 한다. 사색하기 위한 시간과 사색할 때의 평온함이 결여되어 있기 때문에, 사람들은 다른 견해들에 대해서는 더 이상 숙고하지 않는다 : 그들은 그 견해들을 미워하는 것으로 만족한다. 삶의 엄청난 속도와 더불어 정신과 눈은 어중간하게 또는 그릇되게 보고 판단하는 것에 익숙해지고, 모든 사람은 철도 여행을 통해서 마치 그 나라와 국민을 알게 되는 여행자와 비슷해진다. 사람들은 독자적이고 신중한 인식 태도를 거의 일종의 광기로 멸시하는데, 자유정신은 특히 학자들에게 악평을 받고 있다. 학자들은 자유정신의 사물을 관찰하는 기술에는 자신들이 지닌 철저함과 개미 같은 근면함이 없다고 생각하고, 자유정신을 학문의 한구석에 가두어두려고 한다 : 반면에 자유정신은 외딴 곳에 있는 처지로 학문적이며 박식한 사람들로 소집된 군대 전체를 지휘하고 그들에게 문화의 길과 목표들을 보여주고자 하는 완전히 다른 좀더 높은 과제를 가지고 있다.—비탄은 막 흘러간 노래처럼 아마 그들의 시간을 다하게 될 것이며 명상의 천재가 위세를 떨치며 돌아올 때 저절로 침묵할 것이다.

283.

활동적인 사람들의 주요 결점—활동적인 사람들에게는 흔히 더 높은 활동이 결여되어 있다 : 여기서는 개인적인 활동을 말하는 것이다. 그들은 관리, 상인, 학자들로서 즉 유적 존재로서는 활동적이지만 아주 특정한 한 개인, 유일무이한 인간으로서는 활동적이지 않다. 이러한 관점에서 그들은 태만하다 : 활동적인 사람들의 불행은 그들의 활동이 거의 언제나 약간은 비이성적이라는 사실에 있다. 예를 들면 사람들은 돈을 모으고 있는 은행가에게 그가 쉬지 않고 일하는 활동의 목적이 무엇인지 물어서는 안 된다 : 이 활동은 비이성적인 것이다. 활동적인 사람들은 돌이 굴러가듯 기계적인 성격의 우둔함에 따라 굴러간다.—모든 인간은 모든 시대가 그랬던 것처럼 지금도 여전히 노예와 자유인으로 나뉘어 있다. 왜냐하면 하루의 3분의 2를 자신을 위해 가지고 있지 않는 사람은 노예이기 때문이다. 그렇더라도 그는 자신이 원하는 그 누구, 즉 정치가, 상인, 관리, 학자이다.

284.

한가한 사람들 편에서—명상적 삶에 대한 평가가 떨어진 것에 대한 징후로, 학자들은 오늘날 일종의 성급한 즐거움을 걸고 활동적인 사람들과 경쟁을 하고 있다. 따라서 그들은 이렇게 즐기는 것을, 그들에게 본래적으로 속해 있고 실제로 훨씬 더 많은 즐거움이 되는 것을 즐기는 것보다 더 높이 평가하고 있는 듯이 보인다. 학자들은 한가함을 부끄럽게 여긴다. 그러나 한가함과 무위는 고상한 것이다.—무위가 실제로 모든 악덕의 시작이라면, 무위는 적어도 모든 덕에 가장 가까이 있는 것이 된다. 한가한 사람은 아직도 활동적인 사람보다 더 나은 사람이다.—그러나 그대들은 내가 한가함과 무위라는 말로 그대, 쓸모없는 자들을 가리키는 것으로 생각하고 있지는 않는가?

285.

현대의 동요—현대의 격동은, 미국인들에게 유럽의 주민들은 전부가 편안히 누워 즐기는 존재로 보일 정도로 서쪽을 향해 점점 더 커져가고 있다. 그런데 이들 자신은 꿀벌과 말벌처럼 한데 뒤엉켜 날고 있다. 이 격동은 대단히 커서 더 높은 문화는 더 이상 그들의 과일들이 익도록 할 수가 없다. 이것은 마치 사계절이 너무 성급하게 겹쳐져 이어지는 것과 같다. 우리의 문명은 안정이 결여되어 있기 때문에 하나의 새로운 야만으로 끝날 것이다. 어떤 시대에도 활동적인 사람, 즉 침착하지 않은 사람은 더 많이 인정받지는 못했다. 따라서 명상적 요소를 집중적으로 강화하는 것은 인류의 성격에 시도되어야 할 필수적인 수정 작업에 속한다. 사실 안정되고 변함없는 마음과 머리를 지니고 있는 모든 개인은 이미 자신이 단지 훌륭한 기질뿐 아니라 일반적으로 유익한 덕까지 소유하고 있으며, 이 덕을 유지함으로써 좀더 높은 과제까지 완수할 것이라고 믿을 권리가 있다.

286.

활동적인 사람은 어느 정도까지 태만한가 — 나는 다양한 의견이 가능한 모든 것에 대하여 모든 사람이 다 자신의 의견을 가지고 있어야 한다고 믿는다. 왜냐하면 그 개인은 스스로 다른 모든 사물에 대해서 하나의 새로운, 한 번도 존재하지 않았던 위치를 차지하는 자기만의 그리고 일회적인 존재이기 때문이다. 그러나 활동적인 사람의 마음속에 근본적으로 들어 있는 태만함은 인간으로 하여금 자기 자신의 샘에서 물을 긷는 것을 방해한다. 의견의 자유는 건강과 마찬가지다 : 양쪽이 모두 개인적인 것이며, 양쪽 모두에게서 인정되는 보편 타당한 개념은 세워질 수 없다. 한 개인의 건강을 위해 필요한 것이 다른 한 개인에게는 이미 질병의 원인이 되고 있다. 그리고 정신의 자유를 향한 많은 수단과 방법이 더 높이 발달한 본성을 지닌 사람들에게는 부자유로 향하는 방법들과 수단으로 여겨질 수도 있다.

287.

삶의 평가—사랑과 증오가 교체되는 것은 오랫동안 삶에 대한 자신의 판단에서 자유롭게 되기를 원하는 인간의 내면적 상태를 의미하고 있다. 그는 잊어버리지 않고 사물들의 좋은 것과 나쁜 것을 마음속에 품고 있다. 마침내 그의 마음의 칠판이 경험으로 가득 채워지게 되면, 그는 현존을 경멸하지도 증오하지도 않게 된다. 더욱이 사랑도 하지 않는다. 오히려 그는 현존 위에 누워 때로는 기쁨의 눈으로, 때로는 슬픔의 눈으로 그리고 때로는 마치 자연처럼 여름 같은 기분에, 때로는 가을 같은 기분에 젖어 있게 될 것이다.

288.

부수 효과—진정 자유로워지기를 원하는 사람은 아무런 억압이 없어도 결점과 악덕의 경향들을 버리게 될 것이다. 분노와 불쾌함이 그를 엄습하는 일도 좀더 드물어질 것이다. 즉 그의 의지는 인식하는 것과 인식하기 위한 수단, 즉 그 안에서 그가 인식하기에 가장 적합한 지속적인 상태 외의 아무것도 더 절실히 원하지 않게 될 것이다.

289.

질병의 가치 — 병에 걸려 누워 있는 사람은 때로는 그가 자신의 일상적 직분, 업무 또는 교제에서도 병에 걸려 있으며, 그로 인해 자기 자신에 대해 숙고하는 일을 완전히 잃어버리고 있었다는 사실을 깨닫게 된다 : 그는 질병이 그에게 강요한 한가함에서 이러한 지혜를 얻게 된다.

290.

시골에 있는 느낌 — 산맥과 숲의 선처럼 확고하고 안정된 선을 삶의 지평에 가지고 있지 않으면, 인간의 가장 내면적인 의지까지도 도시 사람들의 본성처럼 침착하지 못하고 산만하며 탐욕스러워진다 : 그러한 사람은 행복을 가지고 있지 않을 뿐만 아니라 행복을 주지도 못한다.

291.

자유정신의 조심성 — 인식만을 위해 사는 자유로운 사상가들은, 예를 들어 사소한 관직과 단지 생활에 필요한 정도의 재산에 만족함으로써 자신들의 외면적인 삶의 목표, 사회와 국가에 대한 그들의 궁극적인 입장이 곧 성취되었다고 생각한다. 왜냐하면 그들은 외적 재물에 큰 변화가 생기고 정치적 질서가 전복될 때 자신들의 삶이 함께 내던져지지 않도록 준비하며 그렇게 살 것이기 때문이다. 그들은 축적한 모든 힘으로 그리고 긴 호흡으로 인식의 기초 지식에 침잠하기 위해서, 이 모든 일에서는 가능한 한 최소한의 활력만을 사용한다. 그렇게 해야만 그들은 깊이 잠수하여 그 바닥까지 보기를 바랄 수 있다. — 이러한 정신은 한 가지 사건에서 즐겨 그 끄트머리만을 잡고 싶어할 뿐, 사물들을 그 주름의 전체 넓이와 극단적인 상세함 속에서 보는 것을 좋아하지 않는다 : 왜냐하면 그는 그 주름 속에 말려들기를 원치 않기 때문이다. — 그 역시 부자유, 구속, 근무와 함께하는 일상들을 알고 있다. 그러나 때때로 그에게는 자유의 일요일이 와야 하며, 그렇지 않으면 삶을 견뎌내지 못할 것이다. — 아마 인간에 대한 그의 사랑까지도 조심스럽고 약간 순조롭지 못할 것이다. 왜냐하면 그는 인식의 목적에 필요한 한에서만 애정과 맹목의 세계에 관계하려 하기 때문이다. 만약 사랑이 결핍되어 있다고 그를 힐책하는 목소리로 말할 경우, 그는 정의의 수호신이 바로 제자이며 피보호자인 자신을 위하여 변호해줄 것이라고 믿고 있음이 틀림없다. — 그의 생활방식과 사고방식에는, 그의 세련되지 못한 형제가 하는 것처럼 숭배하는 거대한 대중 앞에 나서기를 꺼려하며 조용히 세상을 지나 세상에서 나오는 경향을 가진 세련된 영웅주의가 들어 있다. 그가 어떤 미로를 배회하고, 어떤 바위 아래에서 그의 흐름이 잠시 머무르든 그는 세상에 공개된다. 그는 밝고 가볍게 그리고 거의 소리내지 않고 자신의 길을 가며 햇빛이 그의 밑바닥에까지 비쳐 장난하도록 내버려둔다.

292.

앞으로 나아가라 — 그러면 확실한 발걸음과 신뢰를 가지고 지혜의 길로 나아가라! 네가 어떤 존재이든 스스로 경험의 샘이 되어 너 자신을 도우라! 너의 본질에 대한 불만을 던져버리그 네 자신의 자아를 용서하라. 왜냐하면 어쨌든 너는 인식으로 올라갈 수 있는 백 개의 계단으로 이루어진 사다리를 가지고 있기 때문이다. 바로 이 행복 때문에, 깊은 유감을 가지고 네가 던져진 것으로 느끼던 시대는 너를 복되다고 찬양하고 있다. 시대는 너에게, 아 나중의 사람들은 없이 지내야 할 경험들도 지금 너에게는 여전히 주어지도록 환호를 보내고 있다. 아직까지 종교적이었던 시대를 경멸하지 말라. 어떻게 네가 아직도 예술에 진정하게 접근하고 있었는지를 철저하게 규명하라. 너는 바로 이러한 경험들의 도움으로 앞서 간 인류의 엄청난 길의 여정을 더욱 잘 이해하며 뒤따라 갈 수 있지 않을까? 고대 문화의 가장 훌륭한 열매들 중 많은 것이 때로는 네 마음에 들지 않는 그 땅, 즉 순수하지 못한 사고의 바로 그 땅에서 성장한 것은 아닐까? 사람들은 종교와 예술을 어머니와 유모처럼 사랑해봤어야만 한다. ―그렇지 않으면 현명해질 수가 없다. 그러나 그것을 넘어서서 바라보고 그것에서 벗어날 수 있어야 한다. 그 마력 속에 머물러 있으면, 그것을 이해할 수 없다. 마찬가지로 너는 역사에 정통해야 하고, '이쪽―저쪽'의 조심스러운 저울접시 놀이에도 정통해 있어야 한다. 과거의 황야를 통해 그 고통에 찬 위대한 걸음을 걸었던 인류의 발자취를 밟아서 거꾸로 거닐어보라. 그러면 인류가 결코 다시 갈 수 없고 가서는 안 되는 곳을 너는 가장 확실하게 알게 되는 것이다. 그리고 어떻게 미래의 매듭이 또 맺어질 것인지를 전력을 다하여 미리 탐색함으로써, 네 자신의 삶은 인식을 위한 도구와 수단으로서의 가치를 얻게 된다. 네가 체험한 모든 것,

모든 시도, 오류, 실수, 착각, 정열, 너의 사랑과 희망이 너의 목표 속에서 남김없이 꽃을 피우도록 성취하는 것은 네 손에 달려 있다. 이 목표란, 스스로 문화의 고리의 필연적인 하나의 사슬이 되는 것이며, 이 필연성에서 보편적인 문화의 진행 속에 있는 필연성을 추론하는 일이다. 만약 너의 눈이 너의 본질과 너의 인식의 어두운 샘 밑바닥을 볼 수 있을 만큼 충분히 강해져 있다면, 아마 그 거울 속에서 미래 문화의 먼 별자리도 보일 것이다. 너는 이러한 목표를 지닌 그러한 삶이 너무나 힘들고 모든 유쾌함과는 거리가 먼 것이라고 생각하는가? 만약 그러하다면, 너는 아직 그 어떤 꿀도 인식의 꿀보다 달지 않다는 것, 드리워진 고난의 구름도 하나의 유선(乳腺)으로 너에게 도움이 될 것이 틀림없으며 너는 기운을 회복하기 위해 그것에서 우유를 짜내게 되리라는 것을 배우지 못한 것이다. 노년이 되면, 네가 얼마나 자연의 목소리, 즉 세계 전체를 쾌감을 통하여 지배하는 저 자연의 목소리에 귀를 기울이고 있었는지를 비로소 올바르게 깨달을 것이다 : 노년에야 정점에 이르는 그 삶은 지혜 속에서도, 변함없는 정신적 기쁨의 그 부드러운 태양의 광채 속에서도 역시 그 정점을 갖고 있다. 너는 이 두 가지, 즉 노년과 지혜를 삶의 한 산등성이에서 만나게 된다. 자연이 그렇게 원했던 것이다. 그 후 죽음의 안개가 다가오는 것은 때가 왔다는 것이며, 화를 낼 아무런 까닭도 없다. 빛을 향하여—너의 마지막 움직임, 인식의 환성—너의 마지막 목소리.

제6장
교제하는 인간

293.

호의적인 위장―사람들과 교제할 때에는 흔히 우리가 마치 그들의 행위의 동기를 간파하지 못한 듯 호의적으로 위장하는 것이 필요하다.

294.

모사―사람들은 드물지 않게 위대한 사람을 모사한 것과 마주치게 된다. 그리고 그림의 경우처럼 여기서도 대부분의 사람에게는 원래의 것보다 모사된 것이 더 마음에 든다.

295.

웅변가―우리는 지극히 적절하게 말할 수도 있고 또한 온 세상이 그 반대를 외치도록 말할 수도 있다 : 즉 온 세상을 향하여 말하지 않을 경우에 그러할 것이다.

296.

친밀함의 부족―친구 사이에 친밀함이 부족한 것은, 그것이 치유될 수 없는 것이 아니라면 비난될 수도 없는 결점이다.

297.

선물하는 요령에 대하여―단지 올바른 방법으로 받지 않았다는 이유로 선물을 거절해야만 한다는 것은 선물한 사람을 분개하게 한다.

298.

가장 위험한 당원―모든 당에는 당의 원칙들을 너무 신뢰하는 의견을 말함으로써 나머지 사람들로 하여금 탈당을 자극하는 사람이 하나씩 있다.

299.

환자에게 충고하는 자―환자에게 조언을 하는 사람은, 그것이 받아들여지거나 거절당하거나 간에 그에 대한 우월감을 가지고 있다. 그 때문에 예민하고 자존심이 강한 환자들은 자신들의 질병보다도 조언하는 사람을 더 미워한다.

300.

평등의 두 가지 방식―평등의 욕구는 다른 모든 사람을 자신에게까지 끌어내리려고 하거나(헐뜯거나 비밀로 하거나 다리를 걸어서) 또는 자신을 모든 사람과 함께 끌어올리려는(인정하거나 도와주거나 남의 성공을 기뻐함으로써) 것으로 표현될 수 있다.

301.

당혹에 대해서 ― 아주 당혹해하는 사람들을 돕고 그들을 진정시키는 가장 좋은 수단은 그들을 단호하게 칭찬하는 일이다.

302.

개별적인 덕에 대한 편애 ― 우리는 우리의 적에게 덕이 완전히 결여되어 있음을 확인할 때까지는, 우리가 덕을 소유하고 있다는 것에 특별한 가치를 두지 않는다.

303.

반대하는 이유 ― 한 의견이 우리들에게는 단지 그 전달된 어조만이 호의적이지 않을 뿐인데도, 사람들은 흔히 그 의견을 반대한다.

304.

신뢰와 친밀함 ― 다른 사람과 의도적으로 친밀해지려고 애쓰는 사람은 대체로 자신이 상대방의 신뢰를 얻고 있는지에 대하여 확신

을 하지 못하기 때문이다. 신뢰를 확신하는 사람은 친밀함에 큰 가
치를 두지 않는다.

305.

우정의 균형—우리와 어떤 다른 사람들의 관계에서 간혹 우리가
우리 자신의 저울접시에 극히 적은 양의 부당함만을 올려놓았을
때, 우정의 올바른 균형이 되돌아온다.

306.

가장 위험한 의사들—완전하게 속이는 기술을 가진 타고난 배우
가 되어 타고난 의사를 모방하는 사람들은 가장 위험한 의사들이
다.

307.

역설들이 적합할 때—재치 있는 사람들은 어떤 명제를 설득시키
기 위하여 때때로 같은 명제를 단지 엄청난 역설의 형식으로 제시
하기만 하면 된다.

308.

용감한 사람들이 어떻게 설득되는가—어떤 행위를 실제의 행위

보다 훨씬 더 위험하게 표현함으로써 사람들은 용감한 사람들이 어떤 행위를 하도록 설득할 수 있다.

309.

공손함―우리는 우리가 좋아하지 않는 사람들에 대해서는 그들이 보여주는 공손함도 위반하는 행위라고 평가한다.

310.

기다리게 하는 것―사람들을 흥분하게 하고 그들 머리 속에 나쁜 생각을 하게 하는 가장 확실한 수단은 그들을 오래 기다리게 하는 것이다. 이것이 비도덕적으로 만든다.

311.

친밀한 사람들에 대해―우리에게 완전한 신뢰를 보이는 사람들은 그렇게 함으로써 우리의 신뢰를 얻을 권리가 있다고 믿는다. 이것은 잘못된 추리다. 선물로 권리를 획득할 수는 없다.

312.

화해의 수단―우리가 불이익을 끼친 다른 사람에게, 개인적으로 보상을 하고 그가 우리를 좋게 보도록 하기 위해서는 때때로 우리에 대하여 한번 농담할 기회를 그에게 주는 것만으로 충분하다.

313.

혀의 허영심—인간이 자신의 나쁜 성질과 부도덕을 숨기든 또는 공공연하게 고백하든 그의 허영심은 이 두 경우에서 모두 이득을 얻고자 한다 : 사람들은 다만 그가 어떤 사람 앞에서는 그러한 성질을 숨기고 어떤 사람 앞에서는 정직하고 솔직해지는 것을 얼마나 세심하게 구별하는지 눈여겨볼 뿐이다.

314.

사려 깊은—아무도 기분 상하게 하지 않고, 아무에게도 폐를 끼치지 않으려고 하는 것은 정의로운 기질의 표시일 뿐만 아니라 두려움이 많다는 표시일 수도 있다.

315.

논쟁하는 데 필요한 것—자신의 사상을 얼음 위에 놓는 법을 이해하고 있지 않은 사람은 논쟁의 열기 속에 들어가서는 안 된다.

316.

교제와 자만심—사람들은 자신이 항상 공로 있는 사람들 사이에 있다는 것을 알게 되면, 자만심을 잊어버리게 된다. 혼자 있다는 것은 교만을 심는 결과가 된다. 젊은 사람들은 자만하크 있다. 왜냐하면 그들은 아무것도 아니면서 많은 것을 의미하려는 그들 자신과 똑같은 사람과 사귀고 있기 때문이다.

317.

공격의 동기—사람들은 단지 누구에게 아픔을 주고 그를 이기기 위해서가 아니라 아마 자신의 힘을 의식하기 위해 공격하기도 한다.

318.

아첨—교제할 때 아첨을 통하여 우리의 조심성을 무디게 하려는 사람들은, 위험한 수단 즉 수면제를 사용하고 있는 것이다. 만약 그 수면제가 잠이 들게 하지 못하면, 오히려 더 깨어 있게 만들 것이다.

319.

편지를 잘 쓰는 사람—책을 쓰지는 않으면서, 생각은 많이 하고 충분히 사교 생활을 하지 못하며 사는 사람은 대개 편지를 잘 쓰는 사람이 된다.

320.

가장 추한—여행을 많이 한 사람이 인간의 얼굴보다 더 추한 곳을 세상 어디에서라도 발견한 적이 있는지 의심스럽다.

321.

동정심이 많은 사람—드물게는 동정심이 많고 불행 속에서 언제나 남을 돕기를 좋아하는 성질을 지닌 사람들이 동시에 즐거움을 함께 나눌 수 있는 사람일 수도 있다 : 그들은 다른 사람이 행복할 때 할 일이 없어지고 불필요한 존재가 된다. 그리고 그때 그들은 자신들이 우월함을 가지고 있다는 것을 느끼지 못하기 때문에 쉽게 불만을 표시한다.

322.

자살한 사람의 가족들—자살한 사람의 가족들은 가족의 평판을 고려하여 그가 살아주지 않은 것을 유감스럽게 생각한다.

323.

예상할 수 있는 배은망덕—무언가 큰 선물을 한 사람은 아무런 감사도 받지 못한다. 왜냐하면 선물을 받은 사람은 받아들인 것만으로도 이미 너무 많은 부담을 가지기 때문이다.

324.

재치 없는 동료들 속에서 ― 재치를 드러내는 것을 정중하지 않다고 생각하는 동료들 사이에서라면, 만약 재치 있는 사람이 그들과 같아진다고 해도, 아무도 재치 있는 사람에게 그의 정중함에 대하여 감사하지 않는다.

325.

목격자가 함께 있음 ― 사람들은, 마침 그런 일을 감행하지 못하는 사람들만 함께 있을 경우, 한층 더 기꺼이 물에 빠진 사람의 뒤를 따라 뛰어든다.

326.

침묵 ― 양편 모두에게 가장 불쾌한 논쟁의 응수 방법은 화를 내고 침묵을 지키는 일이다. 왜냐하면 공격하는 편은 흔히 침묵을 경멸의 표시로 표명하기 때문이다.

327.

친구의 비밀 ― 대화의 소재가 없어서 당혹스러울 때, 친구의 비밀스러운 사항을 누설하지 않은 사람들은 거의 없을 것이다.

328.

인간다움 — 정신적인 유명인들의 인간다움은 유명하지 않은 사람들과 교제할 때 부당함을 친절한 방식으로 받아들이는 데 있다.

329.

수줍은 사람 — 사교에 자신이 없는 사람은, 자신보다 열등한 옆 사람에 대한 우월감을 동료들 앞에서 공개적으로 드러내기 위해 모든 기회를 이용한다. 예를 들어 야유를 함으로써.

330.

감사 — 고상한 영혼은 자신에게 감사할 의무가 있는 누군가를 알게 되면 우울해지고, 천박한 영혼은 자신이 누구에게 감사할 의무를 가진 것을 알게 되면 우울해진다.

331.

소원해짐의 특징 — 두 사람에게서 의견들이 소원해지는 가장 뚜렷한 특징은, 그들이 서로 몇 번 빈정대며 말하지만, 양쪽의 어느 편도 그것에서 빈정댐을 느끼지 못한다는 점이다.

332.

공로가 있는 자들의 자만심—공로가 있는 자들의 자만심은 공로가 없는 사람의 자만심보다 훨씬 더 기분을 상하게 만든다. 왜냐하면 그 공로가 이미 기분을 상하게 하기 때문이다.

333.

목소리의 위험—종종 대화를 하면서 자신의 목소리의 울림이 우리를 당황하게 하고, 우리로 하여금 자신의 의견과는 일치하지 않는 주장으로 유도한다.

334.

대화를 하면서—대화를 하면서 상대방이 말하는 것에 대하여 정당함이나 부당함을 인정하는 것은 전적으로 습관의 문제다 : 전자를 인정하는 것도 후자를 인정하는 것과 마찬가지로 의미가 있다.

335.

이웃에 대한 공포—우리는 이웃 사람의 적대적인 기분을 두려워한다. 그 이유는 이웃 사람이 적대적인 기분으로 우리의 비밀을 알아내는 것을 두려워하기 때문이다.

336.

비난을 통해서 우대해주는 것—아주 명망 있는 인물들은 비난마저도 우리를 우대해주기 위해 한다. 그것은 그들이 얼마나 열성적으로 우리에게 열중하고 있는지를 우리가 알아채게 하려는 것이다. 만약 우리들이 그들의 비난을 사실대로 받아들여 그것에 대하여 변명을 한다면, 우리는 그들을 완전히 잘못 이해하는 것이다. 그렇게 함으로써 우리는 그들을 화나게 하며 그들과 소원해진다.

337.

다른 사람의 호의에 대한 불만—우리는 사람들이 우리를 미워하고 두려워한다고 믿을 때 그 정도에 대해 착각한다. 왜냐하면 우리는 스스로 한 인물, 방향, 당파에 대한 우리 자신의 편차를 잘 알고 있지만 다른 사람은 우리를 아주 피상적으로 알고 있으며, 따라서 역시 피상적으로만 미워하기 때문이다. 우리는 흔히 우리에게 밝혀지지 않은 친절을 대할 때가 있다. 그러나 사실을 알게 되면, 그것은 우리를 불쾌하게 한다. 왜냐하면 그것은 사람들이 우리를 충분히 진지하고 중요하게 보지 않았다는 것을 의미하기 때문이다.

338.

엇갈리는 허영심—똑같이 큰 허영심으로 만난 두 사람은 나중에 서로에 대하여 나쁜 인상을 가지게 된다. 왜냐하면 그들은 각자 자신들이 상대방에게 주고 싶었던 인상에만 몰두했으므로 상대방도 그들에게 아무 인상도 주지 못했기 때문이다. 마침내 두 사람은 자신의 노력이 빗나갔다는 것을 알게 되고 상대방에게 그 책임을 전가시킨다.

339.

좋은 징후로서의 나쁜 버릇들―탁월한 정신은 야심에 찬 젊은이들이 보여주는 자기 자신에 대한 무례, 불손함 나아가 적대심까지도 만족해한다. 그것은 아직 기수가 타지는 않았지만 곧 기수를 태우는 것을 긍지로 여기게 될 불 같은 말의 나쁜 버릇들이다.

340.

언제 부당함을 유지하는 것이 유리한가―고발하는 사람이 우리 쪽의 부당함이 더 크다고 보는 경우, 우리가 그 사람에 대하여 반대하거나 반박해야 한다면, 그 유죄의 논고가 우리에게 부당하더라도 반박하지 않고 받아들이는 것이 잘하는 일이다. 물론 이런 방식으로 한 사람은 항상 부당하면서 또 정당성을 유지하게 되며, 결국에는 세상의 가장 편한 양심을 가진 가장 참을 수 없는 폭군과 성가신 사람이 될 수도 있다. 그리고 개인에 해당되는 일은 역시 사회 계급 전체에도 일어날 수가 있다.

341.

너무 적게 존경받는—예상했던 것보다 훨씬 적은 존경의 표시만을 받은 아주 자만심이 강한 사람들은, 오랫동안 자신과 다른 사람이 그 일을 오해하게 하려고 시도하며, 다른 사람이 그들을 역시 충분히 존경했다는 것을 밝혀내려는 궤변을 일삼는 심리학자가 된다 : 만약 그들이 목적을 달성하지 못하고 기만의 베일이 찢어지면, 그들은 더욱 심한 노여움에 빠져든다.

342.

말에 여운을 남기고 있는 원시 상태들—오늘날 남성들이 교제하면서 주장하는 방법 속에서 사람들은 흔히 그들이 무엇보다 무기에 대하여 더 잘 알고 있었던 시대의 여운을 인식할 수가 있다 : 그들은 자신의 주장들을 마치 총을 겨냥하고 있는 사수처럼 다루고 있고, 또 사람들이 금방 휙휙거리고 짤랑짤랑 부딪치는 소리를 듣는 것처럼 여길 때도 있다. 그리고 몇몇 남성들의 경우에는 어떤 주장을 거친 통나무처럼 쿵 내려치기도 한다.—그와 반대로 여성들은 몇천 년 동안 베틀 앞에 앉아 있거나 바느질을 하거나 또는 어린아이들과 함께 있음으로써 어린아이 같은 사람처럼 말을 한다.

343.

설명하는 사람—그 무엇을 설명하는 사람은 그 사실이 그의 관심을 끌기 때문에 말하는 것인지, 아니면 설명하는 것을 통해서 관심을 불러일으키고 싶기 때문에 말하는 것인지를 쉽게 알아차리게 만든다. 후자의 경우에 그는 과장을 하고, 최상급도 사용하며 그와 비슷한 행동을 하게 될 것이다. 그러면 그는 일반적으로 더 서툴게 말하게 된다. 왜냐하면 그는 자기 자신에 대하여 생각하는 것처럼 그렇게 사실에 대하여 잘 생각하고 있지 못하기 때문이다.

344.

낭독하는 사람—극시를 낭독하는 사람은 자신의 여러 가지 성격을 발견하게 된다 : 그는 다른 경우에서보다 특정한 분위기와 장면들에서, 예컨대 모든 비장한 것이나 기발한 것에 자신의 목소리가 훨씬 더 자연스럽다는 것을 알게 된다. 그런데 그는 일상생활에서는 아마 비장함이나 기발함을 보여줄 기회를 가지지 못했던 것뿐이다.

345.

삶 속에서 일어나는 희극의 한 장면—어떤 사람이 사교적 모임에서 발표하기 위해 하나의 주제에 대한 재치 있는 의견을 생각해 낸다. 이제 사람들은, 그가 어떻게 돛을 올리고 자신의 생각을 말할 수 있는 그 점에 이르기 위해 동료들을 거기에 태우려고 애쓰는지를, 또한 어떻게 그가 끊임없이 하나의 목표를 향해 이야기를 밀고 나가며, 때로는 방향을 잃고 다시 찾기도 하며, 드디어 그 순간을 포착하는지를 마치 희극에서처럼 듣고 보게 될 것이다 : 그는 거의 호흡이 멈출 듯하다—그런데 그 순간 모임의 한 사람이 그의 입에서 나올 생각을 빼앗아가버린다. 그는 어떻게 할 것인가? 자신의 의견을 반대할 것인가?

346.

본의 아니게 예의에 벗어난—어떤 사람이 본의 아니게 다른 사람에게 예의에 벗어난 행동을 했을 경우, 예를 들면 그 사람을 알아보지 못했기 때문에 인사를 못한 경우, 이 일은 그가 자신의 입장을 비난할 수 없는 일임에도 불구하고 그를 끊임없이 화나게 만든다. 그는 자신이 다른 사람에게 불러일으킨 그 나쁜 평 때문에 걱정하거나, 또는 감정을 상하게 한 결과를 두려워하거나, 다른 사람에게 상처를 입혔다는 것에 고통을 느낀다—즉 허영심, 공포심 또는 동정심이, 어쩌면 이 모든 것이 함께 일어날 수도 있다.

347.

배신자의 걸작품—사람들이 그들 자신이 배신하고 있는 바로 그 순간에 함께 맹세를 한 사람에 대해 그가 배신하고 있는 것은 아닌지 모욕적인 의심을 표현하는 것은 악의의 걸작품이다. 왜냐하면 그 다른 사람은 자기 사정에 급급하여 잠시 동안은 아주 의심을 받지 않게 그리고 거침없이 행동할 수밖에 없게 되며, 그래서 실제의 배신자는 자유롭게 행동하게 되었기 때문이다.

348.

모욕하는 것과 모욕당하는 것—모욕하고 나중에 용서를 비는 것이 모욕당하고 용서해주는 것보다 훨씬 기분 좋은 일이다. 전자를 행하는 사람은 힘을 과시하고 그 뒤에 성격이 호의적임을 보여주는 것이 된다. 후자는, 만약 그가 비인간적이라고 인정받지 않으려면, 이미 용서할 수밖에 없다. 이러한 강박관념 때문에 상대방을 굴복시킨 데 대한 즐거움도 적어진다.

349.

논쟁에서—사람들이 하나의 다른 의견에 반대하고 그와 동시에 자신의 의견을 전개할 때에는, 일반적으로 다른 의견에 대해 끊임없이 고려하는 것은 자기 의견의 자연스러운 진행을 방해한다 : 그것은 훨씬 더 의도적으로 더 예리하게 그리고 아마 약간은 과장되어 나타난다.

350.

요령—다른 사람에게서 어려운 무엇인가를 얻고자 하는 사람은 대체로 그 사실을 문제로 파악하는 것이 아니라, 자신의 계획을 마치 그것이 유일한 가능성인 것처럼 솔직하게 내놓아야만 한다. 만약 상대방의 눈에 이의와 거부의 기색이 분명해지면, 빨리 그것을 중단하고 그에게 시간을 주지 말아야 한다.

351.

사교 모임 후의 양심의 꺼림칙함—왜 우리는 일반적인 사교 모임 후에 꺼림칙함을 느끼게 되는 것일까? 그 이유는 우리가 중대한 사실을 가볍게 받아들였기 때문이거나, 인물들에 대하여 논의할 때 완전히 정확하게 이야기하지 않았기 때문이며, 또는 말을 해야 했을 때 침묵했기 때문이며, 적당한 시기에 일어나서 가버리지 않았기 때문이다. 간단히 말해서 우리가 사교 모임에서 마치 우리가 거기에 속하는 것처럼 행동했기 때문이다.

352.

잘못 평가된다—자신이 어떻게 평가받고 있는가에 언제나 귀 기울이고 있는 사람은 항상 화가 나 있다. 왜냐하면 우리는 우리와 가장 가까이 있는('우리를 가장 잘 알고 있는') 사람들에게서 이미 잘못 평가되고 있기 때문이다. 친한 친구들조차도 자신들의 언짢음을 때로는 시기하는 말들로 표출한다. 그리고 만약 그들이 우리를 정확하게 알고 있다면 그들이 우리의 친구가 될 수 있을까? 아무 상관없는 사람들의 판단은 많은 아픔을 준다. 왜냐하면 그 판단들은 아주 솔직하고 거의 사실처럼 들리기 때문이다. 그러나 적대자인 어떤 사람이 우리가 비밀로 하고 있는 점을 우리 자신처럼 그렇게 잘 알고 있는 것을 알게 되면, 처음에 그 불쾌한 기분은 얼마나 크겠는가!

353.

초상화의 횡포—각각의 특징에서 신속하게 한 인간과 사건의 전체적인 상을 결합하는 예술가와 정치가는 이후에도 그 인간과 사건이 현실적으로 그들이 그린 그대로여야 함을 요구하는 점에서 더할 나위없이 부당하다. 그들은 바로 자신들의 표상 속에 살고 있는 것처럼 한 사람이 그렇게 재능이 있고 그렇게 교활하고 그렇게 부당하기를 요구하고 있다.

354.

가장 좋은 친구로서의 가족—친구가 무엇인지 아주 잘 알고 있었던 그리스인들, 모든 민족 가운데에서도 오직 그들만이 우정에 대한 깊고 다양한 철학적 이론을 가지고 있다. 친구라는 것은 우선 그리스인들에게서 그리고 마침내 오늘날까지 해결할 가치가 있는 문제로 나타나 있다—그런 그리스인들이 가족들을 '친구'라는 최상급의 단어로 표현했다. 이것이 나에게는 해명할 수 없는 일이다.

355.

오해된 정직함—대화를 하면서 자기 자신을 인용하는 것은("나는 그때 이렇게 말했다", "나는 이렇게 말하곤 한다") 자만하는 듯한 인상을 주게 된다. 반면 그것은 자주 이와는 정반대의 근원에서 나온다. 그것은 적어도 그 순간을 과거의 어떤 순간에 속하는 묘안들로 장식하고 꾸미지 않으려는 정직함에서 나오는 것이다.

356.

기생충—어떤 사람이 자신이 의존하는 사람들에 대하여 은근히 분개하면서도 단순히 힘들지 않기 위해 차라리 의존해서 다른 사람의 부담으로 살고 싶어한다면, 그것은 고귀한 성향이 완전히 결여되어 있음을 나타낸다.—그러한 성향은 남성들보다도 여성들에게 훨씬 많으며 또한 훨씬 관대하게 보아줄 수 있다(모든 역사적 근거들에서).

357.

화해의 제단에서—반드시 그의 감정을 상하게 하고 서로 적이 됨으로써만 한 사람의 사물을 얻어내는 상황들이 있다 : 적을 만들었다는 이 감정은, 화해를 위한 부드러운 분위기의 첫 징후를 기꺼이 이용하여, 과거에는 그에게 그렇게 중요했고 어떤 희생을 치르더라도 주지 않으려 했던 그 사물을 화해의 제단에 바치게 될 정도로 그를 괴롭힌다.

358.

자만심의 징후로서 동정심의 요구—화를 내고 다른 사람을 모욕하면서 처음에는 자신을 나쁘게 여기지 않기를, 두 번째에는 자신이 극심한 발작에 지배당하고 있으므로 동정해주기를 요구하는 사람들이 있다. 인간의 자만심은 이렇게 멀리 나아간다.

359.

미끼 — '모든 사람은 제 값을 가지고 있다.' — 이 말은 옳지 않다. 그러나 아마도 모든 사람에게는 스스로 묻지 않을 수 없는 하나의 미끼가 있을 것이다. 따라서 사람들은 어떤 일을 많은 사람에게 설득시키려면 인간애를 가진 것, 고상한 것, 자비심이 많은 것, 헌신하는 것의 광택을 이 일에 부여하기만 하면 된다. — 그리고 어떤 것에 그것을 부여하지 못하겠는가! — 그것은 그들의 영혼의 사탕이며 과자들이다. 다른 사람들은 또 다른 것을 가지고 있을 것이다.

360.

칭찬받을 때의 태도 — 친한 친구들이 재능 있는 본성을 지닌 사람을 칭찬하면, 그는 예의와 호의에서 그 칭찬에 대하여 기뻐하는 태도를 자주 보일 것이다. 그러나 사실 칭찬은 그에게 중요하지 않다. 그의 원래의 본질은 그러한 것에 아주 둔해서, 자신이 누워 있는 햇볕이나 그늘에서 한 걸음도 나오지 않는다. 그러나 사람들은 그를 칭찬함으로써 기쁘게 만들려고 하며 그 칭찬을 기뻐하지 않으면 슬퍼할 것이다.

361.

소크라테스의 경험 — 인간은 한 가지 일에 대가가 되고 나면, 통상적으로 바로 그 때문에 대부분의 다른 일들에서는 완전히 무능해진다. 그러나 이미 소크라테스가 경험한 것처럼, 사람들은 정반대로 판단하고 있다. 이것이 대가들과의 교제를 즐겁지 않게 만드는 나쁜 상태다.

362.

난폭하게 된 수단—우둔함과의 투쟁에서는 가장 정당하고 부드러운 사람들도 결국 난폭하게 변한다. 그들은 그렇게 함으로써 아마도 방어의 올바른 길을 가고 있는 것이다. 왜냐하면 우둔한 이마에는 정당한 수단으로 꽉 쥔 주먹이 논증으로 어울리기 때문이다. 그러나 앞서 말한 바와 같이, 그들의 성격이 정당하고 부드럽기 때문에 그들은 이러한 정당방위의 수단을 통해서도 고통을 주는 것보다 더 많이 고통받을 것이다.

363.

호기심—만약 호기심이 존재하지 않는다면, 이웃 사람의 행복을 위한 일들은 적게 하게 될 것이다. 그러나 호기심은 의무나 동정이라는 이름 아래 불행한 사람과 곤궁한 사람의 집안으로 몰래 숨어들게 된다.—아마 잘 알려진 모성애에조차도 어느 정도의 호기심은 들어 있을 것이다.

364.

사교모임에서의 오해—이 사람은 자신의 판단을 통해, 저 사람은 자신의 애착과 혐오를 통해, 또 세 번째 사람은 자신의 아는 사람들을 통해 그리고 네 번째 사람은 자신의 고독을 통해 관심을 끌려고 한다. 그런데 이들은 모두 오해하고 있는 것이다. 왜냐하면 연극이 상연되는 것을 보고 있는 사람은 자기 자신을 곧 유일하게 주목받는 연극이라고 생각하기 때문이다.

365.

결투―만약 어느 사람이, 제삼자가 이것저것을 그에 대하여 말하거나 생각할 경우 살고 싶지 않을 정도로 예민한 감정을 가지고 있다면, 모든 체면 문제와 결투의 편에서 말하자면, 그는 이쪽이나 저쪽의 죽음에 이 일을 걸 권리를 가지고 있는 것이다. 그가 그렇게 민감하다는 것은 권리를 다툴 일이 전혀 아니다. 이렇게 해서 우리는 과거와 과거의 위대함의 상속자가 된다. 또한 의대함이라고는 한 번도 없었던 과장된 행위들의 상속자가 되기도 한다. 만약 죽음 대신에 피를 인정하게 하는 명예 규범이 존재한다면, 그래서 규칙을 따른 결투를 하고 난 후 마음이 가벼워진다면, 그것은 대단히 고마운 일이다. 왜냐하면 그렇지 않으면 많은 인간의 생명이 위험하기 때문이다.―또한 이런 제도는 사람들로 하여금 자신들의 표현에 주의하도록 교육하고 교제를 가능하게 만든다.

366.

고귀함과 감사하는 마음―고귀한 사람은 감사할 의무가 있다는 것을 즐겁게 느끼고, 의무를 가질 기회들을 소심하게 피하려고 하지 않을 것이다. 마찬가지로 후에 감사함을 표현하는 데에도 태연하다. 반면에 천박한 사람은 모든 의무를 지는 것에 대해 저항하거나, 후에 그 감사를 표현하는 데도 과장된 행동을 하거나 너무 고의적으로 애를 쓴다. 그런데 후자의 행동은 더 낮은 혈통 또는 억압된 입장에 있는 사람들에게서도 나타난다 : 그들에게 보여진 호의가 그들에게는 은혜의 기적을 의미하는 것이다.

367.

웅변의 시간들—어떤 사람은 말을 잘하기 위해서 자신보다 확실히 그리고 세상 사람이 다 인정할 정도로 더 우월한 사람을 필요로 하고, 또다른 사람은 자신보다 우월하지 못한 사람들 앞에서만 연설의 완전한 자유와 웅변의 훌륭한 표현들을 발견할 수 있다 : 두 가지 경우에는 같은 이유가 있다. 그들은 각각 구애받지 않을 때에만 연설을 잘한다. 한편은 더 높은 사람들 앞에서 경합, 경쟁의 충동을 느끼지 않기 때문이며, 다른 한편은 더 낮은 사람들 앞에서 그렇게 느끼기 때문이다.—그런데 경쟁을 하면서 이기려고 하는 의도로만 연설을 잘하는 전혀 다른 부류의 사람들도 있다. 둘 중 명예심이 강한 사람들은 어느 쪽일까? : 자극된 공명심에서 잘하는 쪽인가 아니면 바로 이러한 동기들에서 서툴게 말하거나 전혀 말하지 않는 쪽인가?

368.

우정을 위한 재능—우정에 대해서 특별한 재능을 가지고 있는 사람 중에는 두 가지 유형이 드러난다. 한 가지 유형은 끊임없는 상승 속에서 어떤 발전 단계에서도 잘 어울리는 친구를 발견한다. 그가 이런 방법으로 얻은 일련의 친구들은 그들끼리 관계를 가지는 일이 드물고 때로는 알력과 대립 상태에 빠진다 : 이것은 나중의 발전 단계가 앞의 단계들을 지양하거나 해를 입히는 것과 완전히 일치한다. 이런 사람은 농담으로 사다리라고 불려도 좋을 것이다.—또다른 유형은 전혀 다른 성격과 재능을 가진 사람들에게 매력을 발휘하여 하나의 완전한 동아리를 이룰 정도의 친구들을 얻는 사람이다. 그러나 그럼으로써 이 친구들은 모든 차이점에도 불구하고 그들끼리 서로 친구가 된다. 사람들은 이런 사람을 원이라고 부른다 : 왜냐하면 그에게는 전혀 다른 성향과 본성들의 일체성이 어떻게든 이미 형성되어 있음이 틀림없기 때문이다.—그런데 많은 사람들에게는 좋은 친구를 가지는 재능이 좋은 친구가 되는 재능보다 훨씬 가치 있다.

369.

대화의 전술—사람들은 누군가와 대화를 한 후에 그 앞에서 자신의 재치와 매력을 아주 눈부시게 보여주었을 때 그 대화 상대자에 대해 가장 좋게 말할 수 있다. 영리한 사람들은 이것을 이용한다. 그들은 대화할 때 상대방에게 기발한 농담이나 이와 같은 것을 표현할 가장 좋은 기회들을 그에게 내어줌으로써 그가 자신에 대해 좋은 감정을 가지게 하려고 한다. 아주 영리한 두 사람 사이에서는 우스꽝스러운 대화를 생각할 수 있을 것이다. 그들은 서로 상대가 호감을 가지기를 원하기 때문에 대화 중에 좋은 기회들을 서로 이쪽 저쪽으로 던져주지만 아무도 그것을 받지 않는다 : 그래서 대화는 전체적으로 재치도 없고 매력도 없이 지나가버린다. 왜냐하면 둘 다 상대방에게 재치와 매력을 표현할 기회를 서로 나눠주었기 때문이다.

370.

불만의 해소—어떤 일에서 실패한 사람은 실패의 원인을 우연으로 돌리기보다 차라리 다른 사람의 나쁜 의지로 돌린다. 그의 화난 감정은 그가 실패한 게 사물이 아니라 사람 때문이라고 생각함으로써 가벼워진다. 왜냐하면 사람에게는 복수를 할 수 있지만 우연에 의한 고통스러움은 억지로 삼켜야만 하기 때문이다. 따라서 영주의 측근은 어떤 일에서 실패하면, 어떤 한 사람을 명목상의 원인으로 지목하고 모든 궁신의 이익을 위하여 그를 희생시키곤 한다. 왜냐하면 그렇지 않을 경우, 영주는 운명의 여신 자체에게는 복수를 할 수가 없으므로 그의 불쾌감이 그들 모두에게 표출될 것이기 때문이다.

371.

환경의 색깔을 받아들이는 것—왜 애착과 혐오는 극심하게 감정적인 사람 가까이에서는 마치 그릇처럼 그 사람에 대한 찬성과 반대로 채워지지 않고서는 살 수 없을 정도로 전염되기 쉬운 것일까? 첫째, 그것은 판단을 완전히 억제하는 것이 아주 어려워서, 우리 허영심에는 참을 수 없는 일이기 때문이다. 판단의 억제는 거기서 사상과 감정의 빈곤함 또는 두려움과 남성적이지 않음과 똑같은 색깔을 띠고 있다 : 따라서 우리는 적어도 이러한 입장이 우리의 자존심을 더 만족시켜줄 경우에는, 아마 우리의 환경의 경향을 역행하여 한 당으로 휩쓸려 갈 것이다. 그러나—이 두 번째 이유는 다음과 같다—흔히 우리는 무관심에서 애착이나 혐오로 옮겨가는 과정을 전혀 의식하지 못하고, 차츰 우리의 환경의 감각 방식에 익숙해진다. 호의적인 찬성과 양해는 아주 즐거운 것이기 때문에, 우리는 곧 이 환경의 모든 특징과 당색을 지니게 되는 것이다.

372.

아이러니—아이러니는 교사가 제자들과 관계할 때 어떤 종류이든 교사의 편에서 교육적인 수단으로 쓰일 때에만 적절한 것이다 : 아이러니의 목적은 자존심을 상하게 하고 수치심을 느끼게 하는 것이다. 그러나 그것은 치료의 일종으로 좋은 의도들을 각성시키기도 하고, 그렇게 우리를 치료한 그 사람에게 의사로서 존경과 감사함을 표하도록 하는 것이다. 아이로니컬한 사람은 무지한 체한다. 그는 자신과 이야기하고 있는 학생들이 착각할 정도로 무지한 체를 잘해서, 학생들은 자신들이 그보다 더 잘 알고 있다는 확고한 믿음 속에서 과감해져 온갖 허점을 보이게 된다. 어느 순간 그들은 자신이 교사의 얼굴에 갖다댄 등불이 거꾸로 그 빛을 아주 굴욕적으로 그들 자신에게 비출 때까지 조심성을 잃고 자신들을 있는 그대로 드러내고 만다.―이 아이러니는 교사와 학생 사이 같은 이러한 관계가 이루어지지 않는 곳에서는, 일종의 나쁜 행동이며 저속한 격정이다. 아이로니컬한 모든 저술가는 지각 없는 종류의 사람들에게 의존하고 있는데, 그들은 자신들의 오만함에 대한 대변인으로 간주하는 그 저술가와 더불어 다른 모든 사람보다 우월하다고 느끼고 싶어한다.―아이러니의 습관은 독설의 습관과 마찬가지로 성격을 망쳐놓고 차츰차츰 남의 불행을 기뻐하는 우월감이라는 특성을 부여한다 : 마침내 그는 무는 버릇이 있는데다가 이제 비웃는 것까지 배워 개와 똑같아진다.

373.

자만심―우리의 모든 좋은 수확을 망치는, 자만심이라 불리는 저 잡초가 자라나는 것보다 더 경계해야 할 것은 아무것도 없다. 왜냐하면 자만심은 진실한 마음에, 경의의 표현에, 호의적인 친근감에, 연애에, 친절한 충고에, 실수의 고백에, 남을 위한 동정에 들어 있기 때문이며, 그 잡초가 그 사이에서 자라나면 이 모든 아름다운 것이 반감을 일으키게 하기 때문이다. 자만하는 사람, 즉 있는 대로 또는 인정되는 것보다 더 많은 것을 의미하고 싶어하는 사람은 항상 계산을 잘 한다. 물론 그는 자신의 자만심의 대상이 되는 사람들이 보통 두려움 또는 편리함 때문에 그가 요구하는 정도의 존경을 그에게 표시하는 한, 순간적인 성과만은 얻을 수도 있다. 그러나 그들은 그것에 대하여 나쁜 보복을 하기도 한다. 그것은 그들이 지금까지 그에게 주었던 가치에서 그가 정도를 넘어서 요구한 만큼을 빼는 것이다. 사람들에게 자만심을 꺾는 일보다 더 비싼 대가를 치르게 하는 일은 없다. 자만하는 사람은 자신의 참으로 위대한 업적도 다른 사람의 눈에는 의심스럽고 사소하게 보이게 만들 수 있기 때문에, 사람들은 흙 묻은 발로 그것을 짓밟기도 한다.―자랑스러운 행동이라 할지라도 오해받지 않고 자만으로 보이지 않을 가장 확실한 곳에서만, 예를 들어 친구와 아내 앞에서만 허용될 것이다. 왜냐하면 사람들과의 관계에서 자만심이라는 평판을 초래하는 것보다 더 어리석은 일은 없기 때문이다. 그것은 공손히 거짓말하는 것을 배우지 않은 경우보다 훨씬 더 나쁘다.

374.

두 사람 간의 대화―두 사람 간의 대화는 완전한 대화이다. 왜냐하면 한 사람이 말하는 모든 것에는 마주하고 있는 상대방을 엄격하게 고려한 자신의 특정한 색깔, 음성, 그것에 수반되는 몸짓을 포함하고 있기 때문이다. 즉 그것은 편지를 쓸 때 일어나는 것처럼, 같은 사람이 이 사람에게 쓰는가 또는 저 사람에게 쓰는가에 따라 하나의 그리고 같은 종류의 열 가지 마음을 표현한다는 것과 상응한다. 두 사람 간의 대화에서는 단 하나의 사상의 굴절이 있을 뿐이다 : 이 굴절은 우리가 그 속에서 우리의 사상을 가능한 한 아름답게 다시 바라보고 싶은 그러한 거울로 대화 상대자가 만들어내는 것이다. 그러나 말 상대가 두 사람, 세 사람 그리고 더 많을 때는 어떠한가? 거기에서 대화는 필연적으로 개인적인 섬세함을 상실하고 서로 다른 사정들이 엇갈려 와해되고 만다. 한 사람에게 즐거움을 주는 표현이 다른 사람의 기질에는 맞지 않는다. 이 때문에 여러 사람과 교제할 때에는 사실들을 있는 그대로 내세우는 것과 대화를 세상의 가장 유쾌한 것으로 만들려는 유희적인 인간미의 정기(精氣)는 화제에서 철회하지 않으면 안 된다. 남성들로 이루어진 단체들 속에서 교제하던 남성들이 흔히 말하는 어조를 들어보면, 그것은 마치 모든 이야기의 기초 저음은 "이것이 나이다. 나는 이렇게 말한다. 이제 그대들이 원하는 대로 생각하시오!"라는 것과 같다. 이것이 바로 재치 있는 여성들이, 사교 모임에서 사귀었던 사람에게 대부분 이상하고 거북하며 위협적인 인상을 남기는 이유이다 : 많은 사람을 향하여 많은 사람 앞에서 연설하는 경우, 그 연설은 그녀들에게서 정신적인 모든 상냥함을 빼앗고 오로지 자기 자신에 대한 의식적인 고집과 전술 그리고 공개적으로 승리하고자 하는 의도만을 번쩍이는 빛 속에서 보여준다 : 반면 같은 여성이 두 사람 간의 대화에서는 다시 여성으로 돌아와서 여성의 정신적 우아함을 되찾는다.

375.

사후의 명성 — 사람들이 인류는 본질적으로 불변하며 위대한 모든 것은 한 시대뿐만 아니라 모든 시대에서 위대하다고 느껴져야만 한다고 가정할 때에만, 먼 미래가 인정해주기를 바라는 것이 의미가 있다. 그러나 이것은 오류이다. 인류는 무엇이 아름답고 무엇이 좋은 것인가에 대한 모든 감각과 판단에서 극히 심하게 변화한다. 사람들이 자신은 1마일 앞서 있으며 전인류가 우리의 길을 지나갈 것이라고 스스로 믿는 것은 망상이다. 또한 세상에서 인정받지 못하는 학자는, 자신의 발견이 다른 사람에 의해서도 이루어질 것이며 자신은 기껏해야 나중에 언젠가 어느 역사가에 의해서, 그 역시 이것과 저것을 이미 알고 있기는 했으나 자신의 명제에 믿음을 부여할 수 없었을 뿐이라고 판정될 거라는 사실을 분명히 계산해도 좋다. 인정받지 못한다는 것은 후세에 의해서 항상 힘의 결핍으로 해석된다.—간단히 말해서 우리는 그렇게 쉽게 오만하고 고립된 의견을 적극적으로 지지해서는 안 된다. 그런데 특별한 예외들은 있다. 그러나 대부분 우리의 위대한 특성들이 인정받는 것을 방해하고 있는 것은 우리의 실수, 약함 그리고 어리석음이다.

376.

친구에 대해서—가장 가까이 알고 지내는 사람들 사이에서도 감정들이 얼마나 다르며 의견이 얼마나 분분한지를 자신의 경우를 가지고 한번 숙고해보라. 똑같은 생각들조차도 네 친구의 머리 속에서는 너의 머리 속에서와 얼마나 완전히 다른 입장과 강도를 가지고 있는지, 오해하고 적대적으로 와해하게 되는 동기가 얼마나 많은가에 대하여 숙고해보라. 이 모든 것을 하고 난 후에 너는 너 자신에게 말하게 될 것이다. 우리의 모든 동맹과 우정들이 서 있는 이 땅은 얼마나 불안정한가, 차가운 소나기나 험악한 날씨가 얼마나 가까이 다가와 있는가 그리고 모든 인간은 얼마나 고독한가!라고 말이다. 한 사람이 이것을 통찰하고 게다가 자신의 이웃들의 모든 의견과 그것의 종류와 강도가 그들의 행동들과 마찬가지로 필연적이며 책임이 없다는 것을 통찰하게 되면, 그는 성격, 업무, 재능, 환경에 풀 수 없이 연루되어 있음으로 인해 의견들의 내적 필연성을 보는 안목을 얻게 된다―그리하여 그는 아마도 "친구들이여, 친구라는 것은 존재하지 않는다!"라고 외쳤던 그 비참하고 예민한 감각에서 벗어날 것이다. 오히려 그는 고백할 것이다 : 물론 친구라는 것은 있다. 그러나 너에 대한 오류와 착각들이 그 친구들을 너에게 이끌어온 것이다. 그리고 너의 친구로 계속 남기 위해 그들은 침묵하는 것을 배워두어야만 한다. 왜냐하면 거의 항상 그러한 인간적 관계는 몇 가지 일이 결코 표현되지 않으며 결코 그 일을 들추지 않는 것에서 나오기 때문이다. 그러나 이 작은 돌들이 굴러가기 시작하면 우정은 뒤에서 쫓다가 깨지고 만다. 그들이 가장 믿는 친구들이 근본적으로 자신들에 대해서 알고 있는 것을 깨달았을 때, 치명적으로 상처받지 않는 인간들이 있을까?―우리는 우리 자신을 인식하고 우리의 본질 자체를 가변적인 의견과 기분들의 영역으로 간주하며 그것으로 조금 경시하는 것을 배움으로써, 다른 사람들과의 균형 속으로 다시 돌아간다. 사실 우리는 우리가 아는 모든 사람을, 비록 그가 가장 위대한 사람이라고 해도 경시할 타당한 이유들을 가지고 있다. 그러나 마찬가지로 이 감정을 우리 스스로에게 돌리는 데도 똑같이 타당한 이유가 있다.―그래서 우리는 서로 참고 견디려고 한다. 왜냐하면 우리는 우리 자신에 대해서도 참고 견디기 때문이다. 그러면 아마 누구에게나 한 번쯤은 이렇게 말하게 될 좀 더 즐거운 시간이 올 것이다.

"친구들이여, 친구라는 것은 존재하지 않는다!" 죽어가는 현자가 이렇게 외쳤다. "친구들이여, 적이라는 것은 존재하지 않는다!" — 살아 있는 어리석은 자, 나는 외친다.

제7장
여성과 어린아이

377.

완전한 여성—완전한 여성은 완전한 남성보다 더 높은 인간 유형이다 ; 또한 훨씬 더 드문 그 무엇이다.—동물의 자연과학은 이 명제를 개연성 있게 만드는 하나의 자료를 제공한다.

378.

우정과 결혼—가장 좋은 친구는 아마 가장 좋은 아내를 얻게 될 것이다. 왜냐하면 성공적인 결혼은 우정의 재능에서 나오기 때문이다.

379.

부모의 존속—부모의 성격과 성향에 관련된 해결되지 않는 불협화음은 어린아이의 본질 속에서 계속 울리게 되고 그의 내면적인 고뇌의 역사를 형성한다.

380.

어머니로부터—모든 사람은 어머니에게서 얻은 여성상을 자신

속에 지니고 있다 : 그가 여성들을 대체로 존경하는가 또는 멸시하
는가 또는 일반적으로 무관심한가 하는 것은 이것에 의해 규정된
다.

381.

자연을 수정하는 것—훌륭한 아버지가 없다면, 그런 아버지를
자신에게서 만들어내야만 한다.

382.

아버지와 아들—아버지들은 자신들에게 아들이 있다는 사실을
보상하기 위하여 해야 할 일이 많다.

383.

상류계급 여성들의 오류—상류계급 여성들은 만약 어떤 것에 대
하여 사교 모임에서 말하는 것이 불가능하다면, 그 일은 전혀 존재
하지 않는 것으로 생각한다.

384.

남성의 질병—자기 경멸이라는 남성의 질병에 확실히 도움이 되
는 것은 현명한 여성에게 사랑받는 것이다.

385.

일종의 질투 ─ 어머니들은 아들의 친구들이 특별하고 뛰어난 성공을 하면 쉽게 그들을 질투한다. 일반적으로 어머니는 아들 그 자체보다도 아들 속에 있는 자신을 더 많이 사랑한다.

386.

이성적인 비이성 ─ 삶과 오성이 성숙하면 인간들에게는 아버지가 자신을 낳은 것이 부당했다는 감정이 엄습한다.

387.

어머니의 호의 ─ 어떤 어머니들은 행복하고 존경받는 자식이 필요하고, 또 어떤 어머니들은 불행한 자식이 필요하다 : 그렇지 않으면 어머니로서의 호의가 나타날 수 없기 때문이다.

388.

서로 다른 탄식 ─ 몇몇 남성들은 자신의 아내들이 눈이 맞아 달아난 것을 탄식했고, 대부분의 남성들은 아무도 자신의 아내들을 빼앗아가려 하지 않았던 것을 탄식했다.

389.

연애결혼―연애로 맺어지는 결혼(소위 연애결혼)들은 오류를 아버지로 하고 필요(욕망)를 어머니로 한다.

390.

여성의 우정―여성은 남성과 아주 좋은 우정을 맺을 수 있다. 그러나 그것을 유지하기 위해서는 아마 약간의 생리적인 반감이 협조해야 할 것이다.

391.

지루함―많은 사람들, 특히 여성들은 지루함을 느끼지 않는다. 왜냐하면 그들은 결코 제대로 일하는 것을 배우지 않았기 때문이다.

392.

사랑의 한 요소―모든 종류의 여성의 사랑 속에는 모성애에서 비롯되는 그 무엇이 모습을 나타내고 있다.

393.

장소의 일치와 극―만약 부부가 함께 살지 않는다면 성공적인 결혼이 훨씬 많을 것이다.

394.

결혼의 통상적인 결과—고양시키지 않는 모든 교제는 하락하게 만드는 것이며 그 반대도 마찬가지다. 그 때문에 남성들은 통상적으로 그들이 아내를 얻으면 약간 하락하는 반면 여성들은 약간 고양된다. 너무 지나치게 정신적인 남성들은 마치 그들이 싫어하는 약처럼 결혼을 거부하지만 그들에게는 그만큼 결혼이 필요하다.

395.

명령하는 것을 가르친다—다른 어린아이들에게는 복종하는 것을 가르치는 것과 마찬가지로, 겸손한 가정의 어린아이들에게는 교육을 통하여 명령하는 것을 가르쳐야만 한다.

396.

반하고 싶어 한다—관습에 따라 결합된 약혼자들은 흔히 그들의 차갑고 타산적인 유용성을 비난하는 것에서 벗어나기 위해 사랑에 빠지려고 노력한다. 마찬가지로 그들의 이익 때문에 그리스도교로 전향하는 사람들은 실제로 경건해지려고 노력한다. 왜냐하면 그렇게 하면 종교적 무언극이 그들에게 훨씬 쉬워지기 때문이다.

397.

사랑에는 멈춤이 없다 ― 느린 템포를 사랑하는 음악가는 같은 악곡을 점점 더 느리게 연주하게 될 것이다. 이처럼 어떤 사랑에도 멈춤이 없다.

398.

수줍어함 ― 여자들의 아름다움과 함께 일반적으로 그들의 수줍음도 많아진다.

399.

잘 지속되는 결혼 ― 예를 들면 아내가 남편을 통해 유명해지려 하고 남편이 아내를 통해 인기를 얻으려고 하는 경우처럼, 각자가 다른 사람을 통해 개인적인 목표를 달성하려고 하는 결혼은 잘 지속되어간다.

400.

프로테우스-본성 ― 여성들은 사랑으로 인해 그들을 사랑하고 있는 남성들의 표상 속에 살고 있는 것과 완전히 동일한 존재가 되어간다.

401.

사랑하는 것과 소유하는 것 — 여성들은 대부분 뛰어난 남성을 혼자서만 소유하고 싶어하는 그런 방식으로 사랑한다. 만약 그들의 허영심이 그만두도록 충고하지 않는다면, 그들은 그 남성을 자물쇠로 채워 가둘 것이다 : 허영심은 그가 다른 사람들 앞에서도 뛰어나 보이기를 원한다.

402.

좋은 결혼의 시험 — 결혼의 호의는 한 번쯤은 '예외'를 견뎌내는 것을 통해 지켜진다.

403.

모든 사람에게 모든 것을 하게 하는 수단 — 사람들은 모든 사람으로 하여금 불안, 두려움, 일과 생각들의 지나친 부담 등으로 지치고 약하게 만듦으로써, 복잡한 것처럼 보이는 일에는 더 이상 저항하지 않고 포기하도록 만들 수가 있다. — 이 사실을 외교관들과 여성들은 알고 있다.

404.

성실함과 정직함 — 오로지 자신들의 젊은 매력만으로 일생의 생계를 신세지려 하고 그런 교활함에 약아빠진 어머니들이 작은 소리로 대사를 읽어주기까지 하는 저 소녀들은 고대 그리스의 매춘부들과 똑같은 것을 원하고 있으며 단지 그들보다 훨씬 더 영악하고 정직하지 못할 뿐이다.

405.

가면들—아무리 찾아보아도 내면적인 것이 없고 순전히 가면에 불과한 여성들이 있다. 이런 거의 유령 같은 그리고 필연적으로 불만족스러운 존재와 관계하는 남성은 불평할 만하다. 그러나 그들은 남성의 요구를 가장 강하게 자극할 수 있다 : 남성은 그러한 여성들의 마음을 찾고 있다—그리고 항상 계속해서 찾을 것이다.

406.

긴 대화로서의 결혼—사람들은 결혼하기 전에, 너는 이 여성과 나이가 들 때까지 즐겁게 대화할 수 있다고 믿는가?라는 질문을 해보아야 한다. 결혼에서의 다른 모든 것은 일시적인 것이지만, 관계의 대부분의 시간은 대화에 속한다.

407.

소녀의 꿈들—경험이 없는 소녀들은 한 남성을 행복하게 만드는 것이 자신들의 힘에 달려 있다는 생각으로 허영심에 들떠 있다. 나중에 그들은 남성을 행복하게 하는 데 오직 한 소녀만 필요하다고 생각하는 것은 남성을 경멸하는 것을 의미한다는 사실을 배우게 된다.—여성들의 허영심은 남성이 행복한 남편 이상이 되기를 요구한다.

408.

파우스트와 그레첸의 사멸—어느 학자의 극히 통찰력 있는 소견에 의하면, 현재 독일의 교양 있는 남성들은 메피스토펠레스와 바그너를 합쳐놓은 것과 비슷하지만 전혀 파우스트를 닮지는 않았다 : 할아버지들은(적어도 그들의 젊은 시절에는) 자신의 내부에서 파우스트가 시끄럽게 소리내고 있다고 느꼈다. 따라서 그들에게는—그 명제를 계속 이어가자면—두 가지 이유에서 그레첸이 맞지 않는다. 그리고 그들은 더 이상 갈망되지도 않기 때문에 그들 역시 사멸한 듯하다.

409.

김나지움의 학생으로서의 소녀들—무슨 일이 있어도 우리의 김나지움 교육까지 소녀들에게 전수하는 것은 안 된다! 재치 있고 지식을 갈망하는 불 같은 젊은이들을 흔히—교사들의 복제품으로 만들고 마는 그 교육을.

410.

경쟁상대 없이—여성들은 남성에게서 그의 마음이 이미 자기 것이 되었는지의 여부를 쉽게 알아차린다. 그들은 경쟁상대 없이 사랑받기를 원하며 남성이 그러한 일에 정열을 쏟는다면 그의 명예욕의 목표들, 정치적 과제 그리고 그의 학문과 예술들을 나쁘게 여긴다. 그런데 남성이 그것들을 통해서 주목받게 되면—그 후에 그들은 그 남성과 연애관계에 있을 경우, 자신들의 영광도 동시에 커지기를 바란다. 그렇게 되면 그들은 그 연인을 우대해준다.

411.

여성적인 지성—여성들의 지성은 정신의 완전한 통제, 또렷한 정신 그리고 모든 장점들을 이용하는 것으로서 나타난다. 그들은 그 지성을 자신들의 근본 특징으로 자신의 아이들에게 유산으로 남기고 아버지의 의지라는 더 어두운 배경을 거기에 추가한다. 아버지의 영향은 새로운 생명을 연주해야 할 리듬과 하모니를 규정한다. 그러나 그 생명의 멜로디는 여성에게서 나온다.—그 무엇을 정립할 수 있는 사람들을 위하여 말하는 것이지만, 여성들은 오성을 가지고 있고 남성들은 감정과 정열을 가지고 있다. 이 말은 남성들이 현실적으로 그들의 오성으로 훨씬 많이 앞으로 나아간 사실과 모순되지 않는다. 즉 남성들이 더 깊고 더 강력한 충동을 지니고 있으며 이 충동이 그 자체로서는 수동적인 것이라 할 수 있는 오성을 그렇게 멀리 이끌어주는 것이다. 여성들은 때때로 남성들이 그들의 심정에 표하는 커다란 존경에 내심 놀라게 된다. 배우자를 선택하는 데서도 남성들은 무엇보다 먼저 깊고 감정이 풍부한 사람을 구하는 반면 여성들은 현명하고 냉정하며 뛰어난 남성을 구하는 것에서 근본적으로 어떻게 남성은 이상화된 남성을, 여성은 이상화된 여성을 구하는지를 명백히 보게 된다. 즉 자신들이 가진 장점들을 보충하는 것이 아니라 완성하려고 한다는 것을 명백히 보게 된다.

412.

헤시오도스의 판단을 뒷받침하는 것―여성들의 현명함을 나타내는 하나의 표시는 그들은 거의 모든 경우 꿀벌통의 수펄처럼 생계를 유지하는 법을 알았다는 점이다. 그러나 이것이 근원적으로 무엇을 의미하는지 그리고 왜 남성들은 여성들에게 부양되려 하지 않는지를 숙고해보라. 그 이유는 확실히 남성적인 허영심과 명예욕이 여성적인 현명함보다 더 크기 때문이다. 왜냐하면 여성들은 종속됨으로써 압도적인 장점은 물론 지배권도 확보하게 될 것을 알았기 때문이다. 아이들을 돌보는 일 그 자체도 근원적으로는 가능한 한 일에서 벗어나기 위한 구실로 여성의 현명함에 이용되는 것일 수도 있다. 지금도 역시 그들은 예를 들어 한 가정의 주부로서 실제로 일할 때, 정신이 혼란할 만큼 법석을 떠는 법을 알고 있다 : 그래서 그들의 활동의 업적은 남성들에 의해 열 배나 과대 평가되는 경향이 있다.

413.

근시안적인 사람들은 반해 있다—반해 있는 사람을 치료하기 위해서는 때때로 도수가 높은 안경만으로도 충분하다. 그리고 20년 후의 얼굴과 모습을 상상할 수 있는 상상력을 가진 사람은 아마 아주 평안하게 삶을 살아갈 수 있을 것이다.

414.

증오하는 여성—증오 상태에서 여성들은 남성들보다 위험하다. 왜냐하면 무엇보다도 먼저 여성들의 한번 격앙된 적대감은 그 어떤 정당성을 고려해서도 제어되지 않으며 오히려 그 증오는 방해받지 않고 최후의 결말까지 계속 커지기 때문이다. 또한 상처 입은 자리(모든 사람과 모든 당파가 다 가지고 있는)를 찾아내어 거기를 찌르는 데 훈련이 되어 있기 때문이다 : 그것을 위하여 그들의 비수 같이 날카로운 오성이 탁월한 업적을 수행한다(반면 남성들은 상처를 바라보는 것도 꺼려하여 흔히 관대하고 화해적인 기분이 된다).

415.

사랑—여성들이 사랑을 모두 이상화함으로써 그들의 힘을 높이기도 하고 자신들을 남성들의 눈에 점점 더 갈망할 만한 존재로 표현하는 한, 그들이 사랑과 함께 행하는 우상숭배는 근본적으로 그리고 본래적으로 영리함에 의한 발명품이다. 그러나 여성들은 사랑에 대한 과장된 평가에 몇백 년 동안 익숙해짐으로써, 자기 자신들의 그물에 걸려들어 그 기원을 잊어버리는 일이 생겼다. 지금 여성들 자신은 남성들보다 더 많이 기만당한 사람들이며 그 때문에 역시 그들은 환멸로 인해 더 많이 고통받고 있다. 그리고 여성이 기만당하고 환멸을 느낄 수 있는 환상과 오성을 지니고 있는 한, 이 환멸은 모든 여성의 삶에 거의 필연적으로 찾아오는 것이다.

416.

여성해방에 대하여 ─ 여성들이 대체로 그런 식으로 사랑하고 금방 찬성 또는 반대를 느끼는 데 익숙하다면 그들은 과연 공정할 수 있을까? 따라서 그들 역시 사물에 호감을 가지는 경우가 드물고 사람에게 더 많은 호감을 가진다 : 그들이 사물에 호감을 가질 경우, 그들은 또 쉽게 그것의 지지자가 되어 그 사물의 순수한 작용을 망쳐놓는다. 그리하여 만약 그들에게 정치와 학문의 개별적인 분야(예를 들어 역사)가 맡겨지면 적지 않은 위험이 생기게 된다. 도대체 학문이 무엇인가를 참으로 알고 있는, 한 명의 여성보다 더 희귀한 것이 무엇이 있겠는가? 가장 우수한 여성들마저도 마치 자신들이 그 무엇에 의해서 학문보다 더 우월한 것처럼, 가슴속에서는 은밀하게 학문에 대한 경멸에 가까이 가고 있다. 아마 이 모든 것은 달라질 수 있겠지만 당분간은 그러하다.

417.

여성의 판단 안에 있는 영감 ─ 여성들이 곧잘 하는 모든 찬성과 반대의 순간적인 결정, 갑자기 솟아나오는 애착과 혐오감을 통한 인간관계를 번개처럼 재빨리 해명하는 것, 간단히 말해서 이러한 여성적인 불공정함의 증거들은 마치 여성들이 델포이의 솥과 월계관이 없이도 지혜를 일깨우는 힘을 가진 것처럼 사랑하는 남성들에 의해 화려하게 치장된다 : 그리고 그 여성들의 의견은 그 후에도 오랫동안 예언자의 신탁처럼 해석되고 정리된다. 그러나 모든 사람, 모든 사물이 어느 정도는 긍정적으로, 어느 정도는 부정적으로 타당한 것이며 모든 사물은 이면적일 뿐만 아니라 삼면적, 사면적이기도 하다는 것을 숙고해보면 그러한 순간적인 결정들을 완전히 틀린 것으로 보기는 힘들다. 그래서 사물들의 본성은 여성들이 항상 정당성을 가지도록 그렇게 갖추어져 있는 것이라고 말할 수도 있다.

418.

자신을 사랑하게 만드는 것—보통 사랑하는 두 사람 중에서 한 사람은 사랑하는 쪽이고 다른 한 사람은 사랑을 받는 쪽이기 때문에, 모든 사랑의 관계에는 불변하는 사랑의 양이 있다는 믿음이 생겨났다 : 한 사람이 그것의 많은 것을 앗아가면 갈수록, 다른 한 사람에게 남는 것은 그만큼 더 적어진다. 두 사람의 허영심은 사랑을 받아야 하는 쪽이 바로 자신이라고 확신하게 함으로써 두 사람이 모두 자신을 사랑하게 만들려고 하는 경우도 예외적으로는 일어난다 : 이로써 특히 결혼에서 반쯤은 우스꽝스럽고 반쯤은 황당무계한 장면들이 생기게 된다.

419.

여성적인 두뇌의 모순들—여성들은 객관적이기보다는 훨씬 더 개인적이기 때문에, 그들의 사상 영역에서는 논리적으로 서로 모순되는 방향들이 서로 잘 조화하고 있다. 즉 여성들은 이 방향들의 대표자들에게 차례대로 열성을 보이고 그들의 체계를 일괄하여 받아들인다. 그래서 어떤 새로운 인물이 나중에 우세한 힘을 얻게 되면 거기에는 도처에 빈 자리가 생겨나게 된다. 아마 한 늙은 부인의 머리에 있는 모든 철학이 완전히 그러한 빈 자리로 이루어져 있는 경우도 있을 것이다.

420.

누가 더 많이 고통받는가?—남녀 사이의 개인적인 불화와 말다툼 후에 한쪽은 상대방에게 아픔을 주었다는 생각으로 가장 많이 고민한다. 반면 여성은 상대방에게 충분히 아픔을 주지 못했다는 생각에 가장 많이 괴로워하며, 그 때문에 눈물과 흐느낌 그리고 제정신이 아닌 얼굴로 나중에도 상대방의 마음을 괴롭히려고 애쓴다.

421.

여성적인 관용의 기회—풍습의 요청들을 생각 속에서 한번 무시해버리면, 아마 사람들은 자연과 이성은 남성으로 하여금 다음과 같은 형식으로 여러 번 잇따라 결혼할 것을 지시하고 있는 것이 아닌가 하고 생각할 수 있을 것이다. 즉 우선 남성이 스물두 살 때에는 정신적으로 그리고 윤리적으로 그를 능가하며, 20대의 모든 위험(모든 종류의 명예욕, 증오, 자기경멸, 정열)들을 통하여 그를 이끌어가는 사람이 될 수 있는 연상의 여성과 결혼한다. 이 여성의 사랑은 나중에 완전히 모성적인 것으로 넘어가게 될 것이다. 그러면 남성이 30대에 완전히 젊은 처녀와 관계를 맺고 그 처녀의 교육을 그가 직접 맡게 되면, 여성은 그 사실을 견뎌낼 뿐만 아니라 가장 효과적인 방법으로 그것을 촉구할 수도 있을 것이다.—결혼은 20대에는 필수적인 것이며 30대에는 필수적이지 않지만 유익한 제도다 : 이 결혼은 흔히 훗날의 삶에서는 해가 되고 남성의 정신적 퇴화를 촉진시키게 될 것이다.

422.

어린 시절의 비극—고상하고 높은 것을 추구하는 사람들이 유년기에 가장 혹독한 투쟁을 견뎌내야 했다는 것은 아마 드물지 않게 있는 일일 것이다 : 그들은 비천하게 생각하고 겉치레와 거짓을 따르는 아버지를 거역하고 자신들의 의향을 관철시켜야만 하거나 바이런 경처럼, 끊임없이 어린아이 같고 화내기 잘하는 어머니와 싸우며 살아가야만 한다. 그러한 것을 체험했다면 사람들은 평생 동안 한 사람에게 가장 크고 가장 위험한 적이 과연 누구였던가를 알게 된 사실을 견디지 못할 것이다.

423.

부모의 어리석음 — 한 인간을 평가하는 데 가장 중대한 실수를 하는 사람은 그의 부모들이다 : 이것은 사실이다. 그러나 이것을 어떻게 설명해야 할 것인가? 부모는 자식에 대해 너무 많은 경험들을 가지고 있어서, 더 이상 그것들을 통일할 수 없는 것인가? 낯선 민족들 사이를 여행하는 사람들은 그곳에 머무를 때의 초기에만 한 민족의 보편적이고 특징적인 경향들을 올바르게 파악한다는 것을 알 수 있다. 그들이 그 민족에 대해 많이 알게 될수록, 그 민족의 전형적인 것과 특징적인 것을 보는 법을 그만큼 더 많이 잊어버리게 된다. 그들이 근시안적이 되면 곧 그들의 눈은 더 이상 멀리 내다보지 못하게 된다. 그러므로 부모도 자식에게서 결코 충분히 멀리 떨어져 있지 않았기 때문에 자식에 대하여 잘못 판단하는 것이 아닐까? — 완전히 다른 해석은 다음과 같다 : 인간들은 자신을 둘러싸고 있는 가장 가까운 것에 대해서는 더 이상 숙고하지 않고 그것을 단지 받아들이기만 하는 경향이 있다. 아마 부모의 습관적인 멍청함이 언젠가 그들의 자식들에 대한 판단을 내려야 할 때 그렇게 빗나간 판단을 하게 되는 원인일 것이다.

424.

결혼의 미래로부터 — 여성의 교육과 고양을 과제로 삼고 있는 저 고상하고 자유로운 사상을 가진 여성들은 하나의 관점을 간과해서는 안 된다 : 그 여성들이 더 높은 견해로 생각한 결혼, 서로 다른 성을 가진 두 사람 간의 영혼의 우정으로서의 결혼, 따라서 미래에 기대되는 것처럼 새로운 세대의 생산과 교육을 목적으로 맺어진 결혼—단지 위대한 목적을 위한 드물고 임시적인 수단으로서만 감성적인 것을 사용하는 그러한 결혼은 사람들이 염려해야 하듯이, 아마도 하나의 자연적인 보조수단, 즉 **첩**의 신분을 필요로 하게 될 것이다. 왜냐하면 만약 남성의 건강상의 이유들로 인해 아내가 오로지 성적 욕구를 충족시키기 위해 봉사해야 한다면 아내를 선택할 때 이미 잘못된, 즉 앞서 언급된 목표들에 대립하는 관점이 결정적인 역할을 할 것이기 때문이다 : 자손의 생산은 우연적인 것이 되며, 훌륭한 교육도 거의 불가능하다. 여자친구이며 조수이고 아이를 낳는 여자이자 어머니이고 가장이며 관리인이어야 하며, 게다가 아마 남편과는 무관하게 자기 자신의 일과 직무를 맡아야만 하는 좋은 아내는 동시에 첩이 될 수가 없다 : 그것은 일반적으로 너무 많은 것을 그 여성에게 요구하는 것이다. 그리하여 미래에는 페리클레스의 시대에 아테네에서 일어났던 일과는 정반대의 일이 일어날 수도 있다 : 당시에는 자신들의 아내에게서 첩에게서 얻는 것보다 그다지 많은 것을 얻지 못했던 남성들은 따로 아스파시아와 같은 여성들에게로 돌아섰다. 왜냐하면 그들은 여성들의 우아함과 정신적 유연성만이 제공할 수 있는, 머리와 마음을 해방시켜주는 교제로 자극받기를 원했기 때문이다. 결혼 같은 모든 인간적인 제도는 단지 적당한 정도의 실천적인 이상화만을 허용할 뿐이다. 그렇지 않은 경우에는 곧 과감하게 결함을 제거하는 것이 필요하다.

425.

여성의 질풍노도기 — 유럽의 서너 문명국에서는 몇백 년 동안 교육에 의해 여성들에게서 원하는 모든 것을, 즉 원하기만 한다면 여성에게서 남성까지도 만들어낼 수가 있다. 물론 여기서는 성적인 의미가 아니라 그 밖의 모든 다른 의미에서이다. 여성들은 그러한 영향 아래 언젠가는 남성들의 덕과 강점을 몸에 익히게 될 것이며 동시에 물론 그들의 약점과 악덕도 감수해야 할 것이다 : 앞에서 언급한 바와 같이 그 정도까지는 강요할 수 있다. 그러나 아마 몇백 년이 걸릴 수도 있는 그것에 의해 초래된 중간 상태를 우리는 어떻게 견딜 것이며, 그 동안에 얻은 모든 것, 배워 익힌 것 위에서 여성들의 아주 오랜 생일선물인 여성적인 우매함과 불공정이 우세함을 주장하는 그런 중간 상태를 또 어떻게 견딜 것인가? 분노가 본래의 남성적 격정을 만드는 시기는 바로 이때다. 그 분노는 아직까지 들어보지도 못한 딜레탕티슴에 의해서 모든 예술과 학문이 홍수를 이루고 흙투성이가 되었으며, 철학은 감각을 혼란시키는 헛소리들에 의해서 죽고 정치도 그 어느 때보다 더 망상적이고 더 당파적이 되며 오랜 풍습을 지키는 여성들은 스스로 우스꽝스럽게 되어 모든 관계에서 풍습에서 벗어나려고 애쓰기 때문에 사회도 완전히 해체되고 있다는 것에 대한 분노다. 즉 여성들이 그들의 최대의 힘을 풍습에 가지고 있었다면 풍습을 포기해버린 후에 그와 비슷한 힘의 충만을 다시 얻기 위해서, 그들은 무엇을 붙잡아야만 될 것인가?

426.

자유정신과 결혼—자유정신이 여성들과 함께 살아갈 수 있을까? 일반적으로 나는, 자유정신이 고대의 예언하는 새처럼, 현재의 진정으로 생각하는 자 그리고 진리를 말하는 자로 혼자 나는 것을 선호할 것임이 틀림없다고 믿는다.

427.

결혼의 행복—습관화된 모든 것은 더욱더 튼튼해진 거미줄의 그물로 우리를 끌어당긴다. 그리고 우리는 곧 가느다란 실낱 같은 거미줄이 밧줄이 되어버렸다는 것과 우리 자신이 거미가 되어 그 한가운데 앉아 있다는 것을 깨닫는다. 그 거미는 여기에 잡혀 자기 자신의 피를 먹고 살아가야 한다. 그 때문에 자유정신은 모든 습관과 규칙들, 모든 영속하는 것과 확정적인 것을 증오한다. 그는 고통을 무릅쓰고 자신을 에워싼 그물을 끊임없이 찢어버린다 : 마지막에 크고 작은 수많은 상처들로 괴로워할 것임에도 불구하고 말이다.—왜냐하면 그는 그 줄을 자신에게서, 자신의 몸과 영혼에서 벗겨내야 하기 때문이다. 지금까지 증오하고 있었던 그곳에서 그는 사랑하는 것을 배워야 한다. 그리고 그 반대도 배워야 한다. 게다가 과거에 호의의 풍요의 뿔로 풍요롭게 했던 그 똑같은 들판에 불화의 용의 이빨을 뿌리는 것도 그가 해야만 하는 일이다.—여기에서 그가 결혼의 행복에 적합한지 그렇지 않은지가 추론된다.

428.

너무 가깝게―우리가 사람들과 너무 가깝게 살게 되면, 마치 우리가 훌륭한 동판화를 맨손가락으로 자꾸 만지게 되는 경우처럼 된다 : 어느 날 우리 손 안에는 보잘것없고 때 묻은 종이밖에는 아무 것도 남아 있지 않을 것이다. 인간의 영혼도 끊임없는 접촉을 통해서 결국 닳아버릴 수 있다. 결국 적어도 우리에게는 그렇게 보인다.―우리는 그 영혼의 원래 그려진 선과 아름다움을 결코 다시 볼 수 없다.―사람들은 여성과 친구들과 너무 친밀하게 교제함으로써 항상 그 무엇을 잃게 된다. 그리고 때로는 삶의 진주들을 잃어버리기도 한다.

429.

황금의 요람―자유정신은 주위 여성들이 보여주는 저 어머니 같은 염려와 감시를 마침내 떨쳐버릴 결심을 했을 때, 항상 안도의 숨을 내쉰다. 황금의 요람과 공작새 꼬리-부채의 부자유와 또한 자신이 젖먹이처럼 보호받고 호강스럽게 키워진 데 대해 감사해야만 하는 부자유에 비교한다면, 사람들이 그렇게 걱정스럽게 막아주었던 거칠고 센 기류가 도대체 그에게 무슨 해를 끼치겠는가? 그리고 그의 삶에서 현실적인 불이익, 손실, 사고, 질병, 실수, 기만이 많든 적든 무슨 의미가 있겠는가? 따라서 그를 둘러싼 여성들의 어머니 같은 마음이 주는 젖은 아주 쉽게 쓰디쓴 즙으로 변할 수 있는 것이다.

430.

자발적인 희생물—뛰어난 아내들은 자신들의 남편이 유명하고 위대한 사람인 경우, 오직 그들 자신이 그 밖의 사람들의 일반적인 불쾌감과 일시적인 언짢음을 담는 그릇이 되는 것을 통해서만 삶을 가볍게 할 것이다. 동시대 사람들은 만약 자신들의 기분을 편하게 하기 위한 본래적인 희생물로서 학대하고 학살해도 되는 누군가를 발견했다면, 위대한 사람들의 많은 실책과 어리석음, 게다가 대단히 불공정한 행동들조차도 눈감아주는 경향이 있다. 아내는 이따금 자신을 희생물로 바치고 싶은 공명심을 마음속에서 느낀다. 만약 남편이 그러한 자발적인 번개, 폭풍, 비를 유도하는 사람이 가까이 있는 것이 마음에 들 정도로 충분히 이기주의자라면, 그는 물론 대단히 만족할 수도 있다.

431.

기분 좋은 적수—안정되고 한결같으며 잘 조화하는 삶과 교제를 지향하는 여성들의 자연적인 경향, 삶의 바다 위에 떠 있는 기름 같은 그리고 평온하게 만들어주는 여성들의 작용은, 무의식중에 자유정신의 영웅적인 내적 충동에 역행한다. 그것을 알아차리지 못하는 여성들은 길을 걷고 있는 광물학자의 발이 부딪히지 않도록 길의 돌들을 치워주는 행동을 한다—그런데 그 광물학자는 바로 그 돌에 부딪히기 위해서 집을 나왔던 것이다.

432.

두 화음의 부조화—여성들은 봉사하고 싶어하고 거기서 행복을 느낀다 : 그리고 자유정신은 봉사받는 것을 원하지 않으며 거기서 행복을 느낀다.

433.

크산티페—소크라테스는 자신에게 필요했던 한 여성을 발견했다.—그러나 그가 만약 그녀에 대해 충분히 잘 알고 있었다면 그녀를 구하지는 않았을 것이다 : 이 자유정신의 영웅주의도 그렇게 멀리까지는 가지 않았을 것이다. 사실 크산티페는 집과 가정을 불편하고 끔찍하게 만듦으로써, 소크라테스를 고유의 직무 속으로 더 많이 몰아넣었다 : 크산티페는 골목에서 그리고 사람들이 잡담을 하고 하는 일 없이 보낼 수 있는 곳이라면 어디서든 살아갈 수 있도록 그를 가르쳤으며 그렇게 함으로써 그를 아테네 최대의 골목-궤변가로 양성해냈다 : 이 궤변가는 나중에 말이 쉬지 않게 하기 위하여 신이 아테네라는 아름다운 말의 목덜미에 앉힌 한 마리의 끈질긴 등에에 자신을 비유해야 했다.

434.

먼 곳을 보지 못함—마치 어머니들이 자식들의 눈에 띄는 뚜렷한 고통에만 감각과 눈을 가지고 있는 것과 마찬가지로, 높아지려고 노력하는 남성의 아내는 남편이 괴로워하고 시달리고 멸시당하는 것을 도저히 보고 있을 수가 없다.―그런데 이 모든 것은 아마도 그들의 삶의 기준이 올바른 선택이라는 상징일 뿐만 아니라 그들의 위대한 목표가 언젠가 한번은 달성될 것이 틀림없다는 것을 이미 보증하는 것이리라. 여성들은 남편의 좀더 높은 정신에 대하여 항상 은밀하게 음모를 꾸미고 있다. 그들은 고통 없고 편안한 현재를 위해서 남성들의 미래를 위한 더 높은 정신을 기만하려고 하는 것이다.

435.

힘과 자유―여성들이 남편을 매우 존중한다고 해도 그들은 사회에서 인정된 권력과 관념들을 더 많이 존중한다 : 여성들은 수천 년 전부터 모든 지배자 앞에서 허리를 굽히고 손을 가슴 위에 대고 유유히 걸어다니는 데 익숙해져 있으며 공적인 권력에 대한 그 어떤 반항에도 동의하지 않는다. 그 때문에 그들은 의도적이기보다는 오히려 본능으로부터 자유정신의 독립적인 노력의 바퀴들에 제동장치처럼 붙어 있게 된다. 근본적으로 여성들을 그렇게 하도록 재촉하는 것은 사랑이라고 그럴듯하게 말하면서, 경우에 따라서는 그들의 남편들을 극도로 초조하게 만든다. 여성들의 수단은 시인하지 않으면서 이 수단의 동기는 관대하게 존중해주는 것―이것이 남성의 기질이며 흔히 남성의 절망이다.

436.

그래도 그렇게 평가한다―가진 것이 없는 사람들로 이루어진 사회가 상속권 폐지를 결정한다면 그것은 웃어야 할 일이다. 그리고 자식이 없는 사람들이 한 나라의 실천적 입법에 종사한다면 그것은 그보다 더 우스운 일이다 : ―그들은 미래의 대양으로 안전하게 돛을 펴고 나아갈 수 있을 만큼 충분한 무게를 그들의 배에 가지고 있지 않다. 그러나 총체적인 현존을 가장 보편적으로 인식하고 평가하는 일을 자신의 과제로 선택한 사람이 가족에 대한 염려, 즉 아내와 자식의 부양, 안전, 아내와 자식의 존경에 부담을 느끼면서, 먼 별나라의 몇 줄기 광선도 거의 뚫고 나갈 수 없는 저 희미한 베일을 자신의 망원경 앞에 펼치고 있다면, 그것도 마찬가지로 이치가 맞지 않는 일처럼 보인다. 그래서 나는 가장 높은 철학적 양식의 문제들에서는 결혼한 사람들은 모두 의심스럽다는 명제에 이른다.

437.

끝으로―여러 가지 종류의 독미나리가 있다. 그리고 운명은 보통 자유정신의 입술에 이 독이 든 음료의 잔을 갖다 댈 기회를 찾고 있다―온 세상이 말하듯이 그를 '벌하기' 위해서. 그러면 그의 주위 여성들은 어떻게 할까? 그들은 울부짖고 애통해하면서 아마 사상가의 일몰의 고요함을 방해할 것이다 : 그들이 아테네의 감옥에서 그랬던 것처럼. "오 크리톤, 제발 누구에게 이 여자들을 저리 데려가달라고 해!"라고 소크라테스는 마침내 말했다.

제8장
국가에 대한 조망

438.

발언을 청하는 것―선동적인 성격과 대중에게 영향을 미치려는 의도는 현재 모든 정치적 정당들의 공통점이다 : 모든 정당은 바로 이 의도 때문에 그들의 원칙들을 너무나 큰 우둔한 벽화들로 변형시켜 그대로 벽에 그려야만 했다. 거기서는 아무것도 더 이상 바꿀 수가 없다. 게다가 지금은 그 일에 대해서 이의를 제기하는 일도 필요하지 않다. 왜냐하면 이 분야에서는, 대중이 판단에 관여할 때에는 모든 것이 끝이라는 볼테르의 말이 타당하기 때문이다. 지진이 이전의 지형의 경계와 윤곽을 비뚤어지게 하고 소유의 가치를 바꿔 놓은 후에 사람들은 그것을 받아들이는 것처럼, 이 일이 일어난 후로 사람들은 새로운 조건들을 받아들이지 않으면 안 된다. 또한 모든 정치에서 언젠가 문제가 되는 것이 가능한 한 많은 사람들에게 삶을 참을 만한 것으로 만드는 것이라면, 아무튼 가능한 한 많은 사람들이 참을 만한 삶을 어떻게 이해하고 있는지도 규정하는 것이 좋다. 만약 그들이 이 목표들을 위한 올바른 수단을 발견하는 지성을 믿고 있다면, 그것을 의심하는 것이 무슨 도움이 되겠는가? 이제 그들은 한 번쯤 자신들의 행복과 불행을 스스로 만드는 대장장이가 되기를 원한다. 그리고 만약 이러한 자기규정의 감정과 그들의 머리가 숨기고 꺼내 보이는 대여섯 개의 개념에 대한 자부심이 그들의 무지함이 낳은 숙명적인 결과들도 기꺼이 참을 정도로 삶을 실제로 즐거운 것으로 만들어준다면, 거의 이의를 제기할 것이 없다. 단 그 무지함은 이러한 의미에서 모든 것이 정치화되어야 하고 모든 사람이 그러한 척도에 따라 생활하고 영향을 미칠 것을 요구하지는 않는다는 것을 전제로 해야 한다. 즉 먼저 몇 사람에게는 정치를 멀리하고 조금 옆으로 비켜나는 것이 그 어느 때보다 더 많이 허용되어 있어야 한다 : 그들을 그렇게 하게 만드는 것 역시 자기규정의 욕구이다. 그리고 너무 많은 사람 또는 대체로 많은 사람들이 말할 때, 침묵하고자 하는 작은 자부심도 역시 그 욕구와 결부되어 있을 수 있다. 그 다음에는 소수의 사람들이 이 많은 사람들, 즉 민족들 또는 국민계층으로 이해될 수 있는 많은 사람들의 행복을 그다지 중요하게 여기지 않고, 여기저기에서 빈정대는 태도로 과오를 저지르더라도 그들을 너그럽게 봐주어야 한다 : 왜냐하면 그들의 중대함은 다른 어느 곳에 있고 그들의 행복은 다른 개념이며 그들의 목표는 그야말로 다섯 손가락밖에 없는 어설픈 손으로 꽉 움켜쥘 수 있는 것이 아니기 때문이다. 마침내—이것은 그들에게는 확실히 인정받기 가장 어려운 것이지만 역시 인정되어야만 하는 일이다—가끔씩 그들이 그 말없는 고독에서 벗어나서, 자신들의 폐(肺)의 힘을 다시 한번 시험하는 한 순간이 찾아온다 : 그런 다음 그들은 숲속에서 길을 잃은 사람들처럼 서로 자신들을 인식시키고 서로 격려하기 위하여 서로를 향해 외친다. 그때는 물론 그것을 듣도록 규정되지 않은 귀에는 불쾌하게 들리게 될 여러 소리들로 시끄러워질 것이다.—그런데 그 후 곧 숲속은 다시 조용해지고 너무 조용해서, 사람들이 그 숲속 위 아래에 살고 있는 수많은 곤충들이 앵앵거리고, 윙 날갯짓하며 푸드덕 활개치는 소리를 분명히 들을 정도이다.

439.

문화와 사회계층—더 높은 문화는 사회의 서로 다른 두 계층, 노동하는 계층과 여가를 지닌 계층, 즉 참된 여가를 가질 자격을 지닌 계층이 있는 곳에서만 성립할 수 있다. 또는 좀더 강하게 표현하면 강제노동 계급과 자유노동 계급이 있는 곳에서만 성립할 수 있다. 좀더 높은 문화를 생산하는 것이 문제가 될 경우에는 행복의 분배에 대한 관점은 중요하지 않다. 그러나 어떤 경우든 여가를 가진 계층이 고통을 더 잘 견뎌낼 수 있는 계층이며 고통을 받는 계층이고 현존에 대한 그들의 즐거움은 더 적으며 그들의 과제는 훨씬 더 크다. 만약 두 계층이 완전히 교체되어, 머리가 더 둔하고 더 비정신적인 가족과 개인들이 상위계층에서 하위계층으로 낮아지고 다시 더 자유로운 인간들이 상위계층에 이른다면, 사람들은 그것을 넘어서 막연한 소원들로 이루어진 넓은 바다만 바라보게 될 상태에 이미 이른 것이다.—옛 시대의 희미해져가는 목소리가 우리에게 이렇게 말하고 있다. 그러나 어디에 아직까지 그것을 들을 귀들이 있을 것인가?

440.

높은 가문 출신의—높은 가문의 남성과 여성들이 다른 사람들보다 먼저 갖추고 있고 그들에게 더 높은 평가를 받기에 의심의 여지가 없는 권리를 부여하는 것은 유전에 의해 점점 상승된 두 가지 기술이다 : 즉 명령할 수 있는 기술과 긍지를 가진 복종의 기술이다.―그런데 명령하는 것이 일상의 업무에 속하는 모든 곳에서 (큰 상업계와 산업계에서처럼), '높은 가문 출신의' 혈통들과 비슷한 경우도 생겨난다. 그러나 그들에게는 복종할 때 고귀한 태도가 결여되어 있다. 이 태도는 그들에게 봉건주의적 상황들의 유산이며 우리의 문화풍토에서는 더 이상 자라날 수 없는 것이다.

441.

종속―군사국가와 관료국가에서 매우 높이 평가되고 있는 종속이라는 것은 마치 제수이트 교도의 폐쇄적인 전술이 이미 그렇게 되어버린 것과 마찬가지로 곧 우리에게 믿기 어려운 것이 될 것이다. 그리고 이 종속이 더 이상 가능하지 않게 되면, 가장 놀라운 많은 작용도 더 이상 달성되지 않을 것이며 세계는 더 불운해질 것이다. 종속은 사라질 것이 틀림없다. 왜냐하면 그 종속의 토대, 즉 무조건적인 권위에 대한 믿음과 궁극적인 진리에 대한 믿음이 사라져 가기 때문이다. 군사국가에서조차도 종속을 불러일으키기에 육체적 강제는 충분하지 않다. 오히려 초인간적인 그 무엇에 대해서처럼 군주와 같은 것에 대한 세습된 숭배가 필요하다.―좀더 **자유로운** 관계에서 사람들은 단지 상호계약의 결과에 따른 조건들 아래에서만, 즉 이기심을 모두 유보하고서만 종속하는 것이다.

442.

국민군대―오늘날 대단히 찬양받는 국민군대의 가장 큰 단점은 고도로 문명화된 사람들을 낭비하는 데 있다. 그러한 사람들은 대체로 모든 상황들의 유리한 형편을 통해서만 존재한다.―이처럼 섬세하게 짜여진 두뇌를 생산하는 우연적인 조건들을 만들어내기 위해서는 더 많은 시간이 필요하기 때문에, 사람들은 지극히 검소하고 조심스럽게 그들을 다루어야만 할 것이다! 그러나 그리스인들이 그리스인의 피 속에서 광란했듯이 유럽인들은 지금 유럽인의 피 속에서 광란하고 있다 : 그리고 항상 상대적으로 풍부하고 우수한 자손을 보증하는 가장 높은 교양인들이 가장 많이 희생된다. 즉 이러한 사람들은 투쟁할 때는 명령하는 사람으로 선두에 선다. 게다가 더 높은 명예심 때문에 위험에 가장 많이 노출된다.―세련되지 못한 로마의 애국심이라는 것은 조국patria과 명예honor와는 완전히 다른 좀더 높은 과제가 부여되는 오늘날에는 부정직한 그 무엇이거나 아니면 시대에 뒤떨어져 있음의 징후이다.

443.

자만심으로서의 희망―새로운 생각이라는 태양이 새로운 열기로 인간들을 비추었을 때, 곧 모든 과거의 질서가 그랬듯이 우리의 사회질서도 천천히 용해되어 없어질 것이다. 사람들은 단지 희망함으로써 이러한 용해를 원할 수 있을 뿐이다 : 그리고 이성적으로 희망해도 되는 것은 단지, 현존하는 것들의 대표자들에 대해서보다도 자신의 그리고 자신과 같은 사람들의 머리와 가슴에 있는 더 많은 힘을 신뢰할 경우뿐이다. 따라서 통상적으로 이 희망은 하나의 자만심이며 과대평가가 될 것이다.

444.

전쟁—전쟁을 탐탁치 않게 여기는 사람들은 다음과 같이 말할 수 있다 : 전쟁은 승자를 우둔하게 만들고 패자를 악하게 만든다. 전쟁에 호의적인 입장에서 말하자면, 전쟁은 방금 말한 두 가지 작용 속에서 야만적이 되고 그렇게 함으로써 더욱 자연적이 된다. 전쟁은 문화에 대해서는 잠이거나 겨울철이다. 인간은 선과 악에 대해 더 강해져서 전쟁에서 나온다.

445.

군주를 섬기면서—정치가가 완전히 남의 일을 고려하지 않고 행동할 수 있기 위해서는, 자신을 위해서가 아니라 군주를 위해서 그의 업적을 수행해나가는 것이 가장 좋을 것이다. 이 일반적인 사욕 없음이 지닌 빛 때문에 관찰자의 눈은 현혹되고 그는 정치가의 업적이 수반하고 있는 저 간계와 무자비함을 보지 못한다.

446.

권리의 문제가 아니라 힘의 문제—만약 사회주의가 수천 년 동안 실제로 짓눌리고 탄압당한 사람들이 그들을 억압했던 사람에게 하는 반항이라면, 매사에 좀더 높은 이익을 주목하는 사람들에게는 사회주의의 경우 권리의 문제("인간은 어느 정도까지 사회주의의 요구들에 양보해야 할 것인가?"라는 우스꽝스럽고 나약한 질문을 하고 있다)가 아니라, 단지 힘의 문제("인간은 어느 정도 사회주의의 요구를 이용할 수 있는가?")만이 있을 뿐이다. 그것은 즉 자연의 힘, 예를 들어 증기와 마찬가지다. 증기는 인간에 의해서 기계의 신으로 강요되거나 아니면 기계의 결함, 즉 기계의 구조에서 인간의 계산에 실수가 있을 경우 기계와 인간을 함께 산산조각내고 만다. 저 사람들이 힘의 문제를 해결할 수 있기 위해서 사회주의는 얼마만큼 강한가, 사회주의는 어떻게 부분적으로 변경함으로써 아직 현재의 모든 정치적 세력의 유희 안에서 강력한 지레로 이용될 수 있는지를 알아야만 한다. 경우에 따라서 사람들은 사회주의를 강화하기 위해서 스스로 모든 것을 해야만 할 것이다. 인류는 모든 큰 힘에서 —그리고 그것이 가장 위험한 힘이라고 할지라도— 그 힘으로부터 자신의 의도들을 실현하기 위한 도구를 만들어낼 것을 생각하지 않으면 안 된다.—두 개의 힘, 즉 낡은 것과 새로운 것의 대표자 사이에서 전쟁이 일어난 것처럼 보일 때, 그러나 그때 가능한 한 그대로 유지하고 유익을 꾀하려는 영리한 타산이 양편 모두에게 계약의 요구를 일어나게 만들 때, 사회주의는 비로소 권리라는 것을 얻게 된다. 계약 없이는 권리도 없다. 그러나 지금까지 설명한 영역들에는 전쟁도 계약들도 없다. 따라서 아무런 권리도 '당위'도 없다.

447.

　　가장 사소한 부정직함의 이용―신문 잡지의 힘은 거기에 종사하는 모든 개인이 거의 의무를 가지고 있고 결속되어 있는 것으로 느끼지 않는 데 있다. 그는 보통 자신의 의견을 말하지만 그의 당이나 그의 나라의 정치 또는 결국 자신에게 유리하도록 한 번쯤은 그것을 말하지 않는 일도 있다. 그러한 부정직함 또는 아마 단지 부정직한 침묵일 뿐인 사소한 위반 행위는 한 개인에 의한 것이라면 어렵지 않게 책임질 수 있는 일이다. 그러나 이 작은 위반 행위들이 많은 사람에 의해 동시에 이루어지기 때문에, 그 결과는 특별한 것이 된다. 이러한 사람들 중 누구나 다 자신에게 말한다 : "이런 작은 일들을 위해 나는 더 나은 삶을 살고 있고 생계에 충분한 수입을 찾을 수 있다. 이러한 사소한 고려들을 하지 않고는 나는 아무것도 할 수 없다." 한 줄을 더, 아마 서명도 하지 않고 더 쓰거나 쓰지 않는 것은 도덕적으로는 거의 중요한 일이 아니기 때문에, 돈과 영향력을 가진 사람은 모든 생각을 여론으로 만들 수가 있다. 대부분의 사람들은 사소한 일들에서 약하다는 사실을 알고 있는 사람과 이 사소한 일들을 통하여 자기 자신의 목적을 달성하려고 하는 사람은 항상 위험한 인간이다.

448.

　　불평할 때 너무 커지는 어조―어떤 긴급 사태(예를 들어 행정의 결함, 정치 단체 또는 학자 단체의 매수와 정실(正實))가 아주 과장되어 서술되면, 그 서술은 통찰력 있는 사람들에게서는 그럼으로써 효과를 상실하지만 통찰력이 없는 사람들에게는 더 강하게 작용한다. (이러한 사람들은 신중하고 중용을 갖춘 서술에 대해서는 무관심했을 것이다.) 그러나 이러한 사람들은 훨씬 다수 속에 있고, 좀더 강한 의지력, 좀더 열렬한 행위의 욕구를 소유하고 있기 때문에, 이러한 과장은 조사, 처벌, 약속, 재편성의 계기가 된다.―그러한 한, 긴급 사태를 과장해서 서술하는 것은 유익하다.

449.

정치의 날씨를 만드는 것처럼 보이는 사람들―국민들은 날씨에 통달하여 날씨를 하루 앞서서 예보하는 사람이 날씨를 만들어내는 것이라고 은연중에 생각하듯이, 교양 있는 사람과 학자들마저도 미신적인 믿음을 발휘하여, 통치기간 중에 일어났던 모든 중요한 변화와 정세들을 위대한 정치가들의 가장 뛰어난 업적이라고 인정한다. 만약 정치가들이 그것에 대하여 다른 사람들보다 먼저 알고 있었고 그에 따라 계산했던 것이 명백하다면 말이다 : 따라서 위대한 정치가들 역시 날씨를 만드는 사람으로 여겨진다―그리고 이러한 믿음은 그들의 권력의 가장 보잘것없는 도구는 아니다.

450.

정부에 대한 새로운 개념과 낡은 개념―마치 여기에는 둘로 분리된 힘의 영역이 있어서, 좀더 강하고 높은 쪽이 좀더 약하고 낮은 쪽과 교섭하고 협정했던 것처럼 정부와 국민 사이를 나누는 것은,

계승된 정치적 감각의 한 단편이다. 이것은 오늘날에도 대부분의 국가들 속에 나타나는 역사적으로 확정된 권력 관계에 여전히 정확하게 일치하고 있다. 예를 들어 비스마르크가 정부와 국민 사이의 타협으로 입헌적인 정치 체제를 표명할 경우, 그는 그의 이성이 역사 속에서 지니는(바로 그 때문에 물론 비이성도 첨가되는데, 그렇지 않으면 인간적인 그 무엇은 아무것도 존재할 수 없다) 하나의 원리에 따라서 그렇게 말하고 있는 것이다. 반면 사람들은 이제—순전히 머리에서 나왔으며, 이제서야 비로소 역사를 만들어가야 하는 하나의 원리에 입각하여—, 정부라는 것은 국민의 기관 외의 아무것도 아니며 겸손에 익숙해 있는 '아래'에 대비되는 용의주도하고 존경할 만한 가치가 있는 '위'가 아니라는 사실을 배워야만 한다. 사람들은 논리적이기는 하지만 지금까지 비역사적이고 임의적인 이러한 진술을 받아들이기 전에, 반드시 그 결과를 숙고해볼 필요가 있다 : 왜냐하면 국민과 정부의 관계는 가장 강한 모범적인 관계이며, 이 본보기에 따라 모르는 사이에 교사와 학생, 주인과 하인, 아버지와 가족, 사령관과 사병, 장인과 실습생 사이의 관계가 형성되기 때문이다. 이 모든 관계가 오늘날 지배적인 입헌적 정치 체제의 영향 아래 약간 변형되고 있다 : 이 관계들이 **절충되는** 것이다. 만약 이 가장 새로운 개념이 도처에서 두뇌를 지배해버린다면, 그 관계들은 얼마나 뒤바뀌고 변하며 이름들과 본질이 바뀌어야만 하겠는가?—그렇게 되기 위해서는 아마 한 세기는 더 걸릴 것이다. 여기서는 조심스럽고 느린 발전보다 더 바랄 만한 것이 없다.

451.

당파를 유혹하는 소리로서의 정의(正義) — 지배 계급의 고상한 (비록 아주 통찰력이 있지는 않다 하더라도) 대표자들은 아마 "우리는 인간들을 평등하게 다루고 그들에게 동등한 권리를 인정하려 한다"고 맹세할 수도 있을 것이다. 그러한 한에서는 정의에 입각한 사회주의적 사고방식이 가능하다. 그러나 앞에서 말한 바와 같이 그것은 이 경우에 희생과 거절로 정의를 실행하는 지배 계급 내에서만 가능한 일이다. 이에 반해서 피지배 계급의 사회주의자들이 하고 있는 바와 같이 권리의 평등을 요구하는 것은 더 이상 정의의 발로가 아니며 욕망의 발로이다. —야수에게, 마침내 그 야수가 울부짖을 때까지 피 묻은 고기 덩어리를 가까이에서 보여주고 도로 가져올 경우 : 그대들은 이 울부짖는 소리가 정의를 의미한다고 생각하는가?

452.

소유와 정의 — 만약 사회주의자들이 오늘날 인류의 재산 분배는 수많은 부정과 폭력행위들의 결과라는 것을 입증하고, 이와 같이 부당하게 확립된 것에 대해서 전체적으로 의무를 거부한다면, 그들은 그것을 단지 개별적인 그 무엇으로만 보고 있는 것이다. 낡은 문화의 과거는 전부 폭력, 노예제도, 기만, 오류 위에 세워져 있다. 그러나 우리는 이 모든 상태의 상속자이며 게다가 그 모든 과거의 유착물인 우리 자신을 그것에서 떨어지도록 명령할 수 없으며 개별적인 한 부분을 빼내려고 해서도 안 된다. 부당한 생각은 가진 것이

제8장 국가에 대한 조망 361

없는 사람들의 마음속에도 숨어 있다. 그들은 소유한 자들보다 더 선하지도 않고 도덕적인 우선권을 가지고 있지도 않다. 왜냐하면 언젠가 그들의 조상들도 소유한 자들이었기 때문이다. 강제적인 새로운 분배가 아니라 점진적인 의식의 개조가 필요한 것이다. 정의는 모든 사람 속에서 좀더 커지고, 폭력적인 본능은 더 약해져야만 한다.

453.

정열의 항해사─정치가는 공적인 정열을 발휘하는데, 그것은 공적인 정열에 의해 일깨워진 반대의 정열에서 이익을 얻기 위함이다. 하나의 예를 들자면, 독일의 어느 정치가는 카톨릭 교회가 결코 러시아와 똑같은 계획들을 가지지 않을 것이며 또한 러시아보다는 오히려 터키와 기꺼이 동맹을 맺게 되리라는 것을 알고 있다. 마찬가지로 그는 프랑스가 러시아와 동맹을 맺을 경우 모든 위험이 독일을 위협할 것이라는 것도 알고 있다. 그런데 만약 그가 프랑스를 카톨릭 교회의 근원지와 본거지로 만들기만 한다면, 그는 이 위험을 오랫동안 제거할 수 있을 것이다. 따라서 그는 카톨릭 교도에 증오를 표하는 일에 관심을 가지게 되고, 온갖 적대 행위를 통해 교황의 권위를 신봉하는 자들로 하여금 독일의 정치를 적대시하게 하여 자연적으로 독일의 적수인 프랑스와 합병할 수밖에 없도록 하는 정열적인 정치적 힘으로 변화시키는 일에 관심을 가지게 된다 : 미라보Mirabeau가 카톨릭에서 벗어나는 것에서 조국의 안녕을 보았던 것처럼 그의 목표는 그렇게 필연적으로 프랑스를 카톨릭화하는 것이다.—따라서 한 국가는 다른 국가의 백만의 두뇌들을 우둔하게 만들고 이 우둔하게 만드는 일에서 그의 이득을 끌어내려고 한다. 이것은 이웃 나라의 공화적 정치체제, 즉 메리메Mérimée가 말하는 조직된 무질서를 단지 그 정치체제가 국민을 더욱 약화시키고 흩어지게 하며, 전쟁을 할 수 없도록 만든다고 생각하기 때문에 지지하는 것과 똑같은 생각이다.

454.

전복하려는 정신들 중에서 위험한 사람들—사호 전복에 대해 숙고하는 사람들을, 자기 자신을 위해서 그리고 자신의 자식들과 손자를 위해서 그 무엇을 달성하려는 사람들로 나누어보면, 후자가 훨씬 더 위험한 사람들이다. 왜냐하면 그들은 사욕이 없다는 믿음과 거리낌없는 양심을 가지고 있기 때문이다. 전자들은 적당히 물리칠 수가 있다 : 지배적인 사회는 그렇게 하기에 아직 충분할 정도로 부유하고 영리하다. 목표들이 비개인적인 것일 때, 위험은 즉시 시작된다. 비개인적인 관심을 가진 혁명가들은, 현존하는 것을 옹호하는 사람들은 모두 개인적인 관심을 가지는 것으로 간주하며 따라서 그들보다 스스로가 우월하다고 느낄 수 있다.

455.

부성(父性)의 정치적 가치—인간에게 자식이 없을 경우, 그는 개별적인 국가제도의 필요성들에 대해서 함께 논의할 충분한 권리를 가지지 못한다. 사람들은 스스로 자신이 가장 사랑하는 것을 다른 사람들과 함께 국가제도에 걸었어야 한다. 이것이 비로소 그를 국가에 확고하게 결부시킨다. 모든 제도와 그것의 변화에 대해 정당하고 자연스럽게 관여하기 위해서, 사람들은 자신들의 자손의 행복에 주목해야 하며 따라서 무엇보다 먼저 자손을 가져야만 한다. 좀더 높은 도덕의 발전은 한 인간이 자식을 가지고 있다는 사실에 달려 있다. 이 사실은 그를 비이기적으로 보이게 한다. 또는 좀더 정확히 말해서 자신의 이기주의를 시간이 지속함에 따라 확대하여, 그가 자신의 개인적인 삶을 넘어서서 진지하게 목표를 추구하게 만드는 것이다.

456.

조상에 대한 긍지 ― 아버지 대까지 이르는 훌륭한 조상의 끊임없는 서열에 대해서 사람들은 당연히 긍지를 가져도 된다 ― 그러나 서열에 대하여 긍지를 가질 수는 없다. 왜냐하면 서열은 누구나 가지고 있기 때문이다. 조상이 훌륭한 혈통은 진정한 세습 귀족을 만든다. 그 사슬의 단 한 번의 단절, 즉 한 나쁜 선조가 세습귀족을 폐기시킬 수 있다. 자신의 귀족 출신에 대하여 말하는 모든 사람에게 우리는 너의 선조들 중에는 난폭하고 탐욕스럽고 방탕하며 사악하고 잔인한 사람이 전혀 없었는가?라고 물어야 할 것이다. 그가 이 질문에 충분한 지식과 양심으로 아니라고 대답할 수 있다면, 그의 우정을 얻으려고 해보는 것도 좋을 것이다.

457.

노예와 노동자 — 우리가 다른 모든 안락함(안정, 직장, 모든 종류의 만족)보다도 허영심을 충족시키는 데 더 많은 가치를 두고 있다는 사실은 모든 사람이(정치적 이유들은 간과하고) 노예제도의 폐지를 원하고, 인간이 이런 상태에 처하는 것을 극도로 혐오한다는 것에서 우스꽝스럽게 나타난다 : 그런데 노예들이 모든 관계에서 현대의 노동자들보다도 더 안정되고 행복하게 생활하며, 노예의 노동은 '노동자'의 노동에 비해 아주 적은 노동이라는 것을 인정하지 않으면 안 된다. 사람들은 '인간의 존엄'이란 이름 아래 항의한다 : 그러나 그것은 좀더 솔직히 말해서, 평등하지 못함, 공적으로 열등하게 평가되는 것을 가장 잔혹한 운명이라고 느끼는 그 사랑스러운 허영심이다. —퀴닉 학파는 명예를 경멸했기 때문에 그것에 대하여 다르게 생각한다 : —그래서 디오게네스는 한때 노예며 가정교사였다.

458.

지도적인 정신들과 그들의 도구들 — 우리는 위대한 정치가들과 대체로 자신들의 계획을 관철하기 위해 많은 사람들을 이용해야만 하는 모든 사람이 매 순간 이런 방식 또는 저런 방식으로 일을 처리하는 것을 보게 된다 : 그들은 이것이냐 저것이냐의 방법을 선택하는데, 한편으로 그들은 아주 면밀하고 신중하게 자신들의 계획에 적합한 사람들을 선택한 뒤에 그들에게 많은 자유를 준다. 왜냐하면 그들은 이 선택된 사람들의 본성이 자신들 스스로가 원하는 곳으로 자신들을 몰아갈 것임을 알고 있기 때문이다. 아니면 그들은 아무렇게나 선택하여 물론 그들 손에 닿는 것을 취하지만 그 점토에서 그들의 목적에 유용한 그 무엇을 형성한다. 이 후자의 방식은 훨씬 더 강제적인 것으로, 이것은 좀더 비굴한 도구들을 원한다. 앞에 언급한 정신들에서보다 그들의 인간에 대한 지식은 보통 훨씬 더 저급하며 그들의 인간에 대한 멸시는 훨씬 더 크다. 그러나 그들이 설계하는 기계는 대개 전자의 작업실에서 나온 기계보다 일을 더 잘한다.

459.

전제적인 법이 필요하다—법학자들은 어느 한 민족을 성공으로 이끄는 법이 가장 완전하게 숙고된 법인지 아니면 가장 이해하기 쉬운 법인지를 놓고 논쟁하고 있다. 전자의 최고 본보기는 로마법으로, 보통 사람은 이해하기 어렵고 따라서 보통사람의 법 감각의 표현으로 나타나지 않는다. 예를 들어 게르만 법 같은 민족법들은 다듬어지지 않고 미신적이며 비논리적이고 부분적으로는 불합리하기까지 했다. 그러나 이 법은 전해 내려오는 자국의 풍습과 감각에 상응하는 것이었다.—그러나 우리의 경우처럼, 법이 더 이상 관습이 아닌 곳에서는 단지 **명령된** 것, 즉 강제일 수밖에 없다. 우리는 모두 이미 관습적인 법 감각을 더 이상 가지고 있지 않으며 따라서 우리는 법은 반드시 **존재해야 한다**는 필연성의 표현인 **전제법**으로 만족해야 한다. 그러면 어떤 경우든 가장 논리적인 것이 가장 잘 받아들일 수 있는 것이 된다. 왜냐하면 그것은 그 어떤 경우에도 위반과 처벌에 관계하는 가장 작은 단위가 전제적으로 정해져 있다는 사실을 인정하더라도 가장 공평한 것이기 때문이다 :

460.

대중의 위대한 사람—대중에게 위대한 사람이라고 불리기 위한 방법은 간단하게 주어져 있다. 모든 상황에서 대중에게 아주 즐거운 그 무엇을 마련해주거나 또는 먼저 머리 속에 이것저것이 아주 즐거울 것이라는 생각을 넣어주고 그 다음 그것을 제공하면 된다. 그러나 무슨 일이 있어도 곧바로 제공해서는 안 되며 최대한의 노력으로 그것을 쟁취하거나 아니면 쟁취하는 것처럼 보이게 하는 것이 좋다. 강력하고 게다가 정복하기 어려운 하나의 의지력이 거기에 있다는 인상을 대중이 받아야만 한다. 적어도 그러한 의지력이 거기에 있는 것처럼 보이기라도 해야 한다. 강한 의지에는 누구나 다 감탄한다. 왜냐하면 아무도 그런 의지를 가지고 있지 않고 모든 사람은 만약 자신이 그런 의지를 가지고 있다면 자신과 자신의 이기주의에 더 이상 아무런 한계가 없었을 것이라고 스스로 말하기 때문이다. 그런데 만약 그런 강한 의지가 자신의 열망이 원하는 것에 귀 기울이는 대신 대중에게 아주 즐거운 그 무엇을 얻게 해준다는 것이 보이면, 사람들은 다시 한번 감탄하고 그들 자신의 행복을 원한다. 그 밖에도 그는 대중의 모든 특성을 가지고 있다. 그래서 대중은 그의 앞에서 그만큼 수치심을 덜 느끼게 되고 그는 그만큼 더 대중의 인기를 얻는다. 따라서 그는 난폭하고 질투하고 착취를 즐겨하며 음모를 좋아하고 아첨을 잘하고 비굴하고 교만하며 사정에 따라서는 이 모든 것이 될 수도 있다.

461.

군주와 신―군주는 흔히 신의 대표자이고 적어도 그의 제사장이기도 했던 것처럼, 인간들은 종종 신을 대하는 것과 비슷한 방법으로 군주를 대한다. 숭배와 두려움 그리고 수치심의 거의 기분 나쁜 분위기는 많이 약화되었으나 때로는 그것이 불타올라 대체로 강한 인물들에게 집중된다. 천재를 예찬하는 것은 이러한 신과 군주 숭배의 여운이다. 개별적인 인간을 초인적인 존재로까지 끌어올리려고 하는 모든 곳에서는 국민의 모든 계층을 실제보다도 훨씬 더 거칠고 저급하게 나타내는 경향도 생기게 된다.

462.

나의 유토피아―좀더 나은 사회질서 속에서 삶의 고된 노동과 궁핍은 그것에 가장 고통을 적게 받는 사람, 즉 가장 둔감한 사람에게 분배되어야 할 것이며, 가장 높고 고상한 종류의 고통에 대해서도 아주 민감하여 가장 가벼워진 삶에서도 여전히 고통받는 사람에게까지 단계적으로 분배되어야 할 것이다.

463.

전복에 대한 이론에서의 망상―가장 자랑스럽고 훌륭한 인류의 신전이 저절로 드러나리라는 믿음 속에서 모든 질서의 전복을 열렬히 그리고 웅변적으로 촉구하는 정치적이고 사회적인 공상가들이 있다. 이러한 위험한 꿈속에는 루소의 미신이 아직도 여운을 남기고 있다. 그 미신은 기적적이고 근원적이지만 묻혀진 채 있는 인간 본성의 장점을 믿고, 그 묻혀진 채 있는 것에 대한 모든 책임을 사회, 국가, 교육에 나타나는 문화의 여러 제도에 돌린다. 유감스럽게도 사람들은 그러한 모든 전복이 오래 전에 파묻혀버린 아득한 옛 시대의 처참함과 무절제 같은 가장 난폭한 에너지를 새로운 것으로 부활시킨다는 사실을 역사적 체험으로 잘 알고 있다 : 즉 전복은 아마 지쳐버린 인류에게는 일종의 힘의 원천일 수는 있겠지만, 결코 인간 본성을 정리하는 자, 건축가, 예술가, 완성자일 수는 없다는 사실을 잘 알고 있다.—정리하고 정화하며 개조하는 경향이 있는 볼테르의 절도 있는 본성이 아니라, 루소의 정열적인 어리석음과 반쯤의 거짓말들이 혁명의 낙관주의적 정신을 불러일으켰다. 나는 그 정신에 대하여 "그 비열한 자를 굴복시켜라!"고 외친다. 그 정신 때문에 계몽 정신과 진보적 발전의 정신은 오랫동안 축출되었다 : 우리는—각자가 자기 자신에게서—그 정신을 다시 불러오게 하는 것이 가능한지를 주시하자!

464.

척도—사고와 연구의 완전히 단호한 태도, 즉 성격의 특징이 되어버린 자유정신의 활동은 행위에 절도가 있게 해준다 : 왜냐하면 그것은 탐욕을 약화시키고 정신적인 목적들을 촉진하기 위하여 현재 있는 에너지의 대부분을 흡수하고, 모든 갑작스러운 변화들이 반쯤 유익하거나 무익한 것이며 위험한 것임을 보여주기 때문이다.

465.

정신의 부활 — 한 민족은 대개 정치적 병상에서 다시 젊어지고 권력을 추구하고 주장하면서 점차 잃어버렸던 자신의 정신을 되찾는다. 문화는 정치적으로 쇠퇴한 시대에 가장 높은 것을 얻을 수 있다.

466.

오래된 집의 새로운 의견들 — 의견이 전복된 후에 제도들이 뒤따라 곧바로 전복되는 것은 아니다. 오히려 새로운 의견들은 황폐하고 무시무시하게 되어버린 앞서 간 의견들의 집에서 오랫동안 거주하면서 스스로를 보존한다.

467.

학교제도 — 큰 국가들의 학교제도는 항상 기껏해야 평범한 수준일 뿐이다. 그것은 큰 부엌에서 기껏해야 평범한 정도의 음식이 만들어지는 것과 똑같은 이유에서이다.

468.

죄 없는 부패 ― 공적인 비판이라는 날카로운 바람이 불어 들어오지 않은 모든 제도, 예를 들어 학자 단체와 원로원에는 버섯처럼 죄가 없는 부패가 성장한다.

469.

정치가로서의 학자들 ― 정치가가 되는 학자들에게는 일반적으로 정치의 선한 양심이 되어야 하는 희극적인 역할이 부여된다.

470.

양 뒤에 숨은 늑대 ― 거의 모든 정치가에게는 양의 우리를 부수는 굶주린 늑대처럼, 언젠가 어떤 특정한 상황에서 정직한 한 사람이 아주 필요하게 된다 : 그러나 그것은 훔쳐온 숫양을 잡아먹기 위해서가 아니라 부드럽게 털이 난 양의 등뒤에 숨기 위해서다.

471.

행복의 시간들 ― 행복한 시대가 전혀 불가능한 이유는 사람들이 그것을 단순히 원하기만 할 뿐, 가지려고는 하지 않기 때문이며, 모든 개인은 그에게 좋은 날들이 찾아오면 틀림없이 불안과 비참함을 기원하는 것을 배우기 때문이다. 인간들의 운명은 행복한 순간을 맞을 준비가 되어 있다 ― 모든 삶에는 그런 순간이 있다. ― 그러나 행복한 시대를 맞을 준비는 되어 있지 않다. 그럼에도 불구하고 이러한 시대는 '산의 저편'으로 그리고 조상들의 유산으로 인간의 상상 속에 존속해나갈 것이다. 왜냐하면 행복한 시대라는 개념은 아마 아주 오랜 옛날부터 인간이 사냥과 전쟁으로 심하게 긴장한 후, 휴식에 몸을 맡기고 팔다리를 뻗으며 잠의 날개가 자신의 주위에서 소리내는 것을 듣는 그런 상태에서 추측된 것이기 때문이다. 인간이 그 오랜 습관에 따라서 그가 이제 고통과 수고의 모든 시간 후에도 역시 거기에 상응하는 상승과 지속 속에서 그 행복을 받을 수 있다고 상상한다면, 그것은 잘못된 추론이다.

472.

종교와 정부 ─ 국가 또는 좀더 명백히 말해서 정부가 미성숙한 많은 사람들의 후견인으로 임명되었다는 것을 깨닫고, 그들을 위해서 종교를 유지할 것인지 아니면 폐지할 것인지를 숙고해보는 한, 정부는 항상 거의 확실히 종교를 유지하는 쪽으로 결정하게 될 것이다. 왜냐하면 종교는 상실, 결핍, 두려움, 불신의 시간들, 즉 정부가 개인의 마음의 고통을 완화하기 위하여 직접적으로 그 무엇을 할 수 없다고 느끼는 바로 그곳에서 개별적인 심정을 만족시켜주기 때문이다 : 게다가 보편적이고 피할 수 없으며 우선은 불가항력적인 재난(식량난, 금융위기, 전쟁들)에서까지도 종교는 진정시키고 기다리며 신뢰하는 태도를 대중에게 제공하기 때문이다. 국가정부의 필연적 또는 우연적 결함들이나 왕조의 관심사들이 낳은 위험한 결과들이 통찰력 있는 사람들의 관심을 끌어서 그를 반항적으로 만드는 모든 곳에서, 통찰력이 없는 사람들은 신의 손가락을 보게 될 것으로 믿고 위의(이 개념에는 보통 신적 통치 양식과 인간적 통치 양식이 융합되어 있다) 지시들에 인내하면서 복종하게 될 것이다 : 내적인 시민의 평화와 발전의 연속성은 이렇게 인정된다. 민족 감정의 일치와 모든 사람들에 대하여 똑같은 의견과 목표들 속에 있는 힘들은, 사제계급이 소득 때문에 국가권력과 일치하지 못하고 싸우게 되는 드문 경우를 제외하고는 종교에 의해 보호되고 봉인된다. 대체로 국가는 사제들을 끌어들이는 법을 알고 있을 것이다. 왜냐하면 국가는 사제들의 가장 개인적이고 은밀한 영혼의 교육이 필요하고, 겉으로 보아 외면적으로는 전혀 다른 관심을 대표하고 있는 시종들을 존중하는 법을 알고 있기 때문이다. 나폴리옹이 이해하고 있었던 것처럼, 사제들의 도움 없이는 지금도 역시 어떠한 권력도 '합법적'이 될 수가 없다. ― 이렇게 절대적인 후견인인 정부와 종교의 면밀한 유지는 필연적으로 서로 조화하고 있다. 그때 전제되어야 하는 것은 통치하는 사람과 계급들이 종교가 그들에게 가져다주는 이익에 대하여 분명히 알게 되고, 그 결과 종교를 수단으로 사용할 정도까지 자신들이 종교보다 우월하다고 느끼는 것이다 : 따라서 자유정신의 활동의 기원이 여기에 있다. ― 그러나 민주적 국가들에서 가르치고 있는 저 완전히 다른 정부 개념에 대한 해석이 관철되기 시작하면 어떻게 되겠는가? 사람들이 정부를 국민의 의지의 도구에 불과한 것으로, 즉 아래에 대비되는 위로 보는 것이 아니라 단지 유일한 주권자, 즉 국민의 한 기능으로 본다면 어떻게 되겠는가? 여기서는 국민이 종교에 대해 가지는 것과 똑같은 입장만을 정부에 대해서도 취할 수 있을 뿐이다 : 도든 계몽의 확장은 정부의 대표자들에게까지 영향을 미쳐야 하며 종교적인 추진력과 위로를 국가적인 목적들을 위하여 이용하고 착취하는 일이 그렇게 쉽게 가능해서도 안 된다. (그것은 당의 강력한 지도자들이 때때로 계몽된 전제정치와 비슷하게 보이는 그러한 영향을 미치는 경우이기도 하다.) 그러나 국가가 종교에서 더 이상 아무 이익도 스스로 끌어내서는 안 될 경우나, 종교적 조치를 취하는 데 정부에게 같은 종류의 통일적인 방법이 허용되어서는 안 될 정도로 국민이 종교적 사실들에 대하여 너무 다양하게 생각하고 있을 경우에는, 필연적으로 종교를 사적인 일로 취급하고 각 개인의 양심과 습관에 넘겨야 하는 타개책이 나타나게 될 것이다. 그 결과는 제일 먼저 종교감각이 강화되어 나타난다는 것이다. 즉 국가가 무심코 또는 고의적으로 생명의 공기를 기꺼이 허락하지 않았던 은폐되고 억압된 종교감정의 동요가 이제 터져나와 극단적으로까지 무절제해진다. 나중에는 종교가 종파들로 뒤덮이게 되고, 종교가 개인적인 문제가 된 그 순간에 용의 이빨이 뿌려졌다는 많은 사실이 입증된다. 싸움의 광경과 종교적 신조가 지닌 모든 약점에 대해 적개심에 차 폭로하는 것은 결국 더 뛰어난 자와 재능이 있는 자로 하여금 비종교성을 개인적인 문제로 삼게 하는 타개책만을 허용할 뿐이다 : 이러한 의향은 통치하는 사람들의 정신에서도 역시 만연하게 되고, 거의 자신들의 의지와는 반대로 그들이 하는 조처들에 반종교적인 성격을 주게 된다. 이 현상이 나타나면 곧 과거에는 국가를 반쯤 또는 완전히 신성한 그 무엇으로 우러러보았던, 여전히 종교적으로 감동되어 있던 사람들의 분위기는 결정적으로 반국가적인 분위기로 변한다. 그들은 정부의 조치에 대해 동정을 살피고 있다가 그들이 할 수 있는 한 많이 방해하고 충돌하며 교란하려고 한다. 그리고 그렇게 함으로써 반대파와 비종교적인 사람들을 그들의 항의의 열기를 통하여 국가에 대한 거의 광적인 감격으로 몰아넣는다. 여기에는 은밀히, 종교와 분리된 후에 이 집단 속에서 공허감을 느끼고 일시적으로 국가에 헌신함으로써 하나의 대체물, 즉 일종의 충전을 하고자 한다는 사실도 함께 작용하고 있다. 아마도 오래 지속될 이 과도기의 투쟁들 후에 마침내 종교적 당파가 과거 상태를 북돋워 일으켜 바퀴를 되돌릴 수 있을 만큼 충분히 강한 힘을 아직도 가지고 있는지의 여부가 결정되거나 : 이 경우에는 계몽된 전제정치(아마 과거보다 많이 계몽되지도 않고 훨씬 더 소심한)가 국가를 장악하게 될 것이다 ―아니면 종교가 없는 당파들이 자신들의 뜻을 관철하여 몇 세대 동안 수업과 교육으로 반대편의 증식을 대장하고 마침내 불가능하게 만들게 될지의 여부가 결정된다. 그러나 그렇게 되면 그들에게도 역시 국가에 대한 그 감격은 약해진다 : 국가를 불가사의한 것, 초감성적인 재단으로 여기는 종교적 숭배와 더불어 국가에 대한 경외심과 존경심에 찬 관계 역시 더욱 명백하게 뒤흔들려버리게 된다. 앞으로 개인들은 오직 국가가 그들에게 유익하거나 해로울 수 있는 측면만을 보고 어떤 수단을 써서라도 국가에 대한 영향력을 얻기 위하여 몰려든다. 그러나 이 경쟁은 곧 너무나 치열해지고 사람들과 당파들이 너무 빨리 교체되어서 그들이 거의 위에 이르기도 전에 서로를 너무 난폭하게 산에서 다시 밑으로 떨어뜨리게 된다. 정부가 관철하는 모든 조치에는 영속성의 보증이 결여되어 있다. 사람들은 익은 과일들을 얻기 위해 몇십 년, 몇백 년 동안 조용하게 성장해야 하는 그러한 시도들을 꺼린다. 한 원칙을 가져왔던 위력에 일시적으로 굴복하는 것 외에는 아무도 더 이상 원칙에 대한 다른 의무들을 느끼지 않는다 : 그러나 곧 사람들은 그 원칙을 새로운 위력과 새롭게 형성해가는 다수를 통해 토대를 서서히 무너뜨리려고 하는 것이다. 결국에는—확신을 가지고 말할 수 있는 일이지만—모든 통치자들에 대한 불신, 단기간의 투쟁들이 보여주는 무익하고 소모적인 것에 대한 통찰은 사람들로 하여금 완전히 새로운 결심들, 즉 국가 개념의 폐지, '공적인 것과 사적인 것'이 대립하는 것을 지양하도록 몰아갈 것이 분명하다. 사적인 단체들이 한 단계씩 국가의 업무들을 자신 속으로 끌어들인다 : 결국 낡은 통치 활동에서 남아 있는 가장 끈질긴 잔여물(예를 들면 사적인 인간들이 사적인 인간들을 확실히 지켜야 하는 저 활동)까지도 언젠가는 사적인 기업가에 의해 처리될 것이다. 국가의 경시와 붕괴, 국가의 죽음 그리고 사적인 인간(나는 개인이라고 말하는 것을 조심한다)의 해방이 민주 국가 개념의 결과이다. 여기에 그 개념의 사명이 있다. 민주 국가가 자신의 과제(모든 인간적인 것과 마찬가지로 많은 합리성과 불합리성을 잉태하고 있는)를 달성하고 오래된 병이 재발하는 것을 모두 극복하고 나면 인류의 이야기책에는 새로운 한 장이 펼쳐지고 거기서 사람들은 온갖 종류의 기이한 역사들과 아마 몇 개의 좋은 이야기도 읽게 될 것이다.—다시 한번 서술한 것을 짧게 요약하면, 후견인으로서 정부의 관심과 종교의 관심은 서로 손을 맞잡고 있어서 만약 후자가 사멸하기 시작하면 국가의 기초 역시 흔들리게 된다는 것이다. 정치적 일들의 신적 질서와 국가라는 존재의 불가사의함에 대한 믿음은 종교적 기원을 가지고 있다. 만약 종교가 사라지면, 국가도 불가피하게 자신의 낡은 이시스의 베일을 잃어버리게 되며 경외심을 더 이상 불러일으키지 않을 것이다. 자세히 보면 국민의 주권은 이러한 감정들의 영역에 있는 최후의 마력과 미신을 쫓아버리는 데에도 기여한다. 근대 민주주의는 **국가** 붕괴의 역사적인 형식이다.─그러나 이 확실한 붕괴를 통해 생기는 기대는 모든 관점에서 불행한 것은 아니다. 인간의 영리함과 이기심은 그들의 모든 특성 중에서도 가장 잘 형성되어 있다. 만약 국가가 이러한 힘들의 요구에 더 이상 부응하지 않는다고 해도, 적어도 혼돈은 생기지 않을 것이다. 오히려 국가가 과거에 그랬던 것보다 더 합도적인 발명들이 국가를 이겨낼 것이다. 인류는 이미 얼마나 많은 조직적인 위력들이 사멸하는 것을 보아왔는가.─예를 들어 씨족제도의 위력은 수천 년 동안 가족의 위력보다 훨씬 강했으며 가족이 성립하기 오래 전에 이미 그 힘이 작용했고 지배했다. 우리는 직접 로마의 제도가 이르렀던 그만큼의 지배력을 한때 가지고 있었던 가족에 대한 권리와 힘의 중요한 사상들이 점점 더 빛이 바래가고 무력해지는 것을 보고 있다. 이렇게 나중의 한 세대도 지구의 각 지역에서 국가가 무의미해지는 것을 보게 될 것이다─이것은 현재의 많은 인간들이 불안과 혐오 없이는 거의 생각할 수 없는 하나의 표상이다. 이 표상을 전파하고 실현하는 것에 **힘쓰는** 것은 물론 다른 일이다 : 이미 지금부터 쟁기를 손에 들기에는 인간들은 자신의 이성에 대하여 너무 자만하고 있으며 역사를 거의 절반도 이해하지 못하고 있는 것이다.─그런데 아직 아무도 갈라진 땅에 나중에 뿌려질 씨들을 보여줄 수 없다. 따라서 우리는 지금 국가가 아직 어느 정도 오랫동안 존속하도록 그리고 지나치게 열성적이며 성급한 얼치기 학자들의 파괴적인 시도들이 물리쳐질 수 있도록 '인간의 영리함과 이기심'을 신뢰하자.

473.

수단의 관점에서 본 사회주의—사회주의는 거의 노쇠해버린 전제주의의 뒤를 이으려는 공상적인 동생이다. 따라서 사회주의의 노력들은 가장 깊은 의미에서 반동적이다. 왜냐하면 사회주의는 전제주의만이 가졌던 것과 같은 국가 권력의 충만함을 갈망하기 때문이며, 개인의 진정한 파멸을 추구함으로써 과거의 모든 것을 능가하기 때문이다 : 개인은 사회주의에게는 자연의 부당한 사치로 나타나며 사회주의에 의해서 하나의 합목적적인 **공동체의 기관**으로 개조되어야 하는 것이다. 그 유사성 때문에 사회주의는 항상 고대의 전형적인 사회주의자 플라톤이 시칠리아의 전제군주의 궁정에 나타났던 것처럼, 모든 권력 발전의 과도기적인 주변에서 나타난다. 사회주의는 이미 언급한 바와 같이 전제주의의 후계자가 되고 싶어하기 때문에, 이 세기의 독재 권력국가를 원하고 있다. (그리고 경우에 따라서는 촉진하고 있다.) 그러나 그 유산조차도 자신의 목적을 위해서는 충분하지 못할 것이다. 사회주의에는 아직 한 번도 그와 같은 것이 존재하지 않았던, 가장 겸손한 복종이 필요하다. 그리고 그것은 결코 국가에 대한 진부한 종교적 경건함을 기대하는 것이 아니라, 오히려 모든 현존하는 **국가**들을 제거하는 데 힘써야 하므로 그러한 경건함을 제거하기 위하여 무의식적으로 끊임없이 노력해야 한다. 그 때문에 사회주의는 단지 아주 짧은 시간 동안 극단적인 테러리즘을 통하여 여기저기에 한 번씩 존재하기를 희망할 수밖에 없다. 따라서 사회주의는 은밀히 공포정치의 조짐을 보이고, 제대로 교육받지 못한 대중에게 머리에 못을 박듯이 '정의'라는 단어를 머리 속에 박아둔다. 그것은 그들의 오성을 완전히 빼앗아버리고 (오성이 이미 이 얼치기 교양으로 인해 심하게 손상을 입은 뒤에), 그들이 해야 하는 나쁜 장난에 대해서 양심의 가책을 느끼지 않기 위해서이다.—사회주의는 국가 권력의 모든 축적의 위험을 실로 난폭하고 적나라하게 가르치고, 그러한 한 국가 그 자체에 대한 불신감을 품게 할 수가 있다. 만약 사회주의의 거친 목소리가 '가능한 한 많은 국가를'이라는 함성으로 다가오면, 그 함성은 그 어느 때보다 더 시끄러워질 것이다 : 그러나 곧 그것과 반대되는 '가능한 한 적은 국가를'이라는 함성이 더 큰 힘으로 터져나올 것이다.

474.

국가를 두려워했던 정신의 발전—그리스의 도시국가는 모든 조직적 정치권력과 마찬가지로 교양의 성장에 대해서는 배타적이었고 불신감을 가지고 있었다. 도시국가의 압도적인 본능은 교양을 거의 마비시키고 저지하는 것으로만 나타났다. 그것은 교양에서 어떠한 역사도 어떠한 생성도 인정하려 하지 않았다. 국가의 법으로 확정된 교육은 모든 세대에게 의무를 지우고 하나의 단계에 고정시켜야 하는 것이었다. 그 후의 플라톤 역시 그의 이상국가를 위해서 이와 다른 것을 원하지 않았다. 따라서 도시국가에 대한 반항으로 교양이 발전했던 것이다. 물론 간접적으로 그리고 의지와는 달리 도시국가도 한 몫을 했다. 왜냐하면 도시국가에서는 개인의 명예욕이 최고조로 자극되어 있어 한번 정신적 교양의 길에 들어서면 그 길의 극단까지 계속 나아갔기 때문이다. 우리는 이것의 반대이론의 근거로 페리클레스의 찬미연설을 들어서는 안 된다 : 왜냐하면 그것은 도시국가와 아테네 문화의 소위 필연적 관계에 대한 커다란 낙관주의적 환상에 불과한 것이기 때문이다. 투키디데스는 아테네에 밤(흑사병과 전통의 단절)이 오기 직전에, 사람들이 거기서 지나간 나쁜 하루를 잊도록 아름다운 저녁노을처럼 다시 한번 아테네의 문화를 반짝 빛나게 한 것이다.

475.

유럽인과 여러 국가의 파멸―상업과 공업, 책과 편지의 교류, 모든 더 높은 문화의 공통성, 마을과 지방의 빠른 변화, 토지를 소유하지 않은 모든 사람들의 현재의 유목생활, 이러한 상황들은 필연적으로 민족들, 적어도 유럽 민족들의 약화와 마침내는 파멸을 가져올 것이다 : 그래서 그 모든 것에서 끊임없는 교차의 결과로 하나의 잡종이, 즉 유럽인이라는 혼합 종족이 생겨날 수밖에 없다. 오늘날에는 의식적으로 또는 무의식적으로 민족들의 폐쇄가 국가적 적개심을 키움으로써 이러한 목표들을 막고 있다. 그러나 그 혼합의 진행은 일시적인 역류에도 불구하고 서서히 앞으로 나아간다 : 그런데 이 인위적인 민족주의는 인위적인 카톨릭교가 그랬던 것처럼 아주 위험하다. 왜냐하면 민족주의는 본질적으로 소수의 사람들에 의해 많은 사람들에게 선포된 폭력적인 긴급 상태이자 계엄 상태이며 자신의 위신을 유지하기 위해서는 책략, 거짓말, 폭력이 필요하기 때문이다. 사람들이 흔히 말하는 것처럼, 많은 사람들(국민들)의 이해가 아니라 무엇보다도 우선 특정한 왕조의 관심이, 그 다음에는 상업과 사회의 특정한 계층의 관심이 이러한 민족주의를 추구한다. 이것을 언젠가 인식했다면 사람들은 대담하게 자신이 좋은 유럽인이라는 것을 말하고 행동으로 민족들을 융합하는 데 힘써야만 한다 : 그때 독일인은 국민들의 통역사이며 중개자라는 그들의 유능한 특성을 통해 기여할 수 있다. ―덧붙여 말하자면, 유대인의 문제 전체는 민족주의적인 국가들에서만 존재한다. 그러한 한 여기서는 어디서나 그들의 행동력과 더 높은 지성, 오랜 고난의 훈련 속에서 대대로 축적된 그들의 정신과 의지의 자본이 시기와 기움을 일깨울 정도까지 우세해질 것이 틀림없다. 그래서 유대인을 모든 가능한 공적이고 나쁜 상태들의 속죄양으로서 형장으로 끌고 간다는 문학적 악습이 거의 모든 현재의 민족들에게―그런데 그들이 다시 민족적인 체하면 할수록 더 많이―만연해 있기 때문이다. 민족들의 보존은 더 이상 문제가 되지 않고 가능한 한 강한 유럽 혼합 종족의 생산이 문제가 되면, 곧 유대인은 성분으로서 다른 민족적인 잔존물과 마찬가지로 유용하고 환영받는 것이 된다. 모든 민족, 모든 인간에게는 불쾌하고 게다가 위험한 온갖 특성들이 있다. 유대인이 예외가 되어야 함을 요구하는 것은 잔인한 일이다. 그와 같은 특성들은 유대인한테는 특별한 정도로 위험하고 위협적일 수도 있다. 그리고 아마도 거래소의 젊은 유대인은 모든 인종 중 가장 역겨운 발명품일 것이다. 그럼에도 불구하고 나는 전체적인 결말을 지을 때, 우리 모두의 책임이 없지는 않지만 모든 민족 중에서 가장 고통스러운 역사를 가지고 있으며 세상에서 가장 고상한 인간(그리스도), 가장 순수한 현자(스피노자), 가장 위력 있는 책과 가장 영향력 있는 도덕 법칙을 제공해준 민족을 우리가 얼마나 관대히 대해야 하는지를 알고 싶다. 더군다나 동양적인 구름 층이 유럽 위에 무겁게 덮여 있었던 중세의 가장 어두운 시대에, 가장 가혹한 개인적인 압박하에서도 계몽과 정신적 독립의 깃발을 고수하고 동양에 맞서 유럽을 방어한 것은 유대의 자유사상가, 학자 그리고 의사들이었다. 좀더 자연적이고 합리적이며 적어도 비신화적인 세계 해석이 마침내 승리를 거둘 수 있었던 것과 지금 우리를 그리스와 로마의 고대 문화에 의한 계몽과 연결하고 있는 문화의 고리가 단절되지 않고 남아 있을 수 있었던 것은 그들의 노력에 신세진 것이 적지 않다. 만약 그리스도교가 서방을 동양화하기 위하여 모든 일을 다했다고 한다면, 유대민족은 근본적으로 서구를 다시 서양화하는 데 도움을 주었다 : 서양화하는 것이란 특정한 의미에서는 유럽의 과제와 역사를 그리스적인 것을 계승하는 것으로 삼는다는 의미다.

476.

겉으로 보이는 중세의 우월성 ─ 중세는 아주 보편적이며 전 인류를 포괄하는 목표, 게다가 ─ 잘못 생각된 것이지만 ─ 인류의 최고 관심으로 간주했던 목표를 가진 하나의 시설을 교회 속에서 보여주고 있다 : 그에 비하면 근세의 역사가 보여주는 국가와 국민들의 목표는 가슴 답답한 인상을 준다. 그것들은 작고 저속하고 물질적이며 공간적으로 제한되어 있는 것처럼 보인다. 그러나 공상에 대한 이 서로 다른 인상이 우리의 판단을 규정해서는 안 된다. 왜냐하면 그 보편적 시설은 욕구들이 아직 존재하지 않았던 곳에 그것을 먼저 만들어내야만 했던(구원의 욕구), 거짓되고 허구에 입각한 욕구들에 적합한 것이기 때문이다. 새로운 시설들은 현실적인 긴급 상태에 도움이 된다. 그리고 모든 사람의 공통된 참된 욕구들에 기여하고 망상의 전형인 카톨릭 교회를 그늘과 망각 속에 몰아넣을 그러한 시설이 생겨날 때가 올 것이다.

477.

전쟁은 필수적인 것이다―인류가 전쟁하는 것을 잊어버렸을 때 인류에게 여전히 많은 것을(아니면 그때서야 정말 많은 것을) 기대하는 것은 공허한 열망이며 아름다운 영혼의 상태다. 당분간 우리는 지쳐가는 모든 민족에게 야영지의 그 거친 활력, 비개인적인 깊은 증오, 양심에 거리낌없는 살인자의 냉혹함, 적의 전멸 속에서 느끼는 공통된 조직적인 격정, 커다란 상실에 대한, 즉 자신의 현존과 친한 사람의 현존에 대한 자랑스런 무관심, 숨이 막힐 듯한 지진 같은 영혼의 감동은 모든 큰 전쟁이 그러한 것과 마찬가지로 강하고 확실하게 전달될 수 있는 다른 수단을 알지 못한다 : 여기에서 솟아나는 냇물과 강의 흐름은 물론 모든 종류의 돌과 쓰레기를 함께 밀어붙여 연약한 문화의 초원을 파괴하고 있고 나중에 적절한 상황하에서는 정신의 작업실의 톱니바퀴 장치를 새로운 힘으로 회전시키게 될 것이다. 문화는 정열과 악덕 그리고 악의 없이는 전혀 살아남을 수가 없다.―제국이 된 로마 사람들이 전쟁에 약간 싫증이 났을 때, 그들은 동물사냥, 검투사들의 싸움, 그리스도교 박해에서 새로운 힘을 얻으려는 시도를 했다. 전체적으로 역시 전쟁을 포기한 것처럼 보이는 오늘날 영국인들은 사라져가는 힘을 새로 생산해내기 위해 다른 수단을 취한다 : 저 위험한 발굴 여행, 횡단 항해, 등반은 학문상의 목적이라고 불리지만 사실은 모든 종류의 모험과 위험에서 남은 힘을 집으로 가져가기 위해서 시도된 것이었다. 사람들은 그러한 다양한 전쟁의 대용품을 더 발견하게 될 것이다. 그러나 아마 그러한 대용품을 통해서 오늘날 유럽인들처럼 아주 높은 교양을 지니고 있고 그 때문에 필연적으로 쇠약한 인류는 문화의 수단, 즉 그들의 문화와 그들의 현존 그 자체를 잃지 않기 위해 전쟁뿐 아니라 가장 크고 무시무시한 전쟁—즉 야만 상태로의 일시적인 후퇴—이 필요하다는 것이 더 많이 통찰될 것이다.

478.

남쪽과 북쪽의 근면—근면은 완전히 서로 다른 두 가지 양식으로 성립한다. 남쪽의 수공업자들은 소득에 대한 충동에서가 아니라 다른 사람들의 끊임없는 필요에 의해 부지런해진다. 말에 편자를 박고 마차를 고치려는 사람이 항상 찾아오기 때문에 대장장이는 부지런한 것이다. 만약 아무도 찾아오지 않았다면 그는 시장에서 빈둥빈둥 놀고 있을 것이다. 생계를 유지하는 것은 풍요로운 지방에서는 거의 부족함이 없다. 그것을 위해서 그는 조금만 노동하면 되고 어떤 경우든 근면이 필요하지는 않다. 결국 그는 구걸을 하고 만족할지 모른다.—이와 반대로 영국 노동자의 근면은 소득의식을 배후에 가지고 있다 : 그는 자기 자신과 자신의 목표들을 의식하고 있고 소유로 힘을 얻고 힘으로써 가능한 한 가장 큰 자유와 개인적인 품위를 얻고자 한다.

479.

명문귀족의 근원으로서의 부(富)─부는 필연적으로 인종의 귀족주의를 낳는다. 왜냐하면 부는 가장 아름다운 여성들을 선택하고 가장 뛰어난 교사들을 고용할 수 있게 하고 인간에게 청결함을 허용하고 육체적인 단련을 할 시간과 특히 우둔하게 만드는 육체적인 노동에서 벗어나는 것도 허용하기 때문이다. 그런 점에서 부는 몇 세대 동안 인간으로 하여금 품위 있고 아름답게 활동하고 스스로 행위하게 만드는 모든 조건을 제공한다 : 그 조건들은 마음의 더 큰 자유이며 측은하고 하찮은 것과 빵을 주는 사람 앞에서 비굴하지 않아도 되며 잔돈을 아끼지 않아도 되는 것이다.─바로 이 부정적 특성들이 젊은 사람에게는 가장 풍요로운 행운의 생일선물이다. 아주 가난한 사람은 흔히 성향의 고귀함 때문에 파멸하게 된다. 그러한 사람은 앞으로 나아가지 못하고 아무것도 벌지 못하며 그와 같은 인종은 생활능력이 없다.─그러나 이때 고려되어야 할 사실은, 한 사람이 해마다 3백 탈러를 쓸 수 있든 3만 탈러를 쓸 수 있든 부는 거의 똑같은 작용을 한다는 것이다 : 그 후에는 본질적으로 더 이상 유리한 상황들로 발전하지는 않는다. 그러나 좀더 적게 소유하는 것과 소년일 때 구걸을 하고 굴욕당하는 것은 끔찍한 일이다 : 이것이 자신들의 행복을 궁정의 화려함에서 그리고 힘 있는 자와 영향력 있는 자 밑에 종속하는 것에서 추구하거나 또는 교회의

지도자가 되고 싶어하는 사람들에게는 적절한 출발점일 수도 있을 것이다(―그것은 호의가 지나가는 동굴의 길에 몰래 들어가기 위하여 몸을 굽히는 것을 가르친다).

480.

서로 다른 경향의 시기와 나태―적대적인 두 가지 당, 사회당과 국민당―또는 유럽의 여러 다른 나라들에서 이름이 어떻게 불리고 있든지―은 서로 적합하다. 질투와 게으름은 그들 양쪽의 원동력들이다. 사회당 진영에서는 가능한 한 손으로는 아주 조금만 일하려고 하며, 국민당 진영에서는 가능한 한 머리로는 아주 조금만 일하려고 한다. 후자에서는 대중에게 미치는 영향력을 목적으로 하는 일에 자진해서 참여하지 않는 탁월하고 성숙한 개인이 미움받고 시기를 당한다. 전자에서는 더 우수하고 외면적으로 더 유리한 처지에 있는 사회 계층이 미움받고 시기당하며 최고의 문화재를 생산한다는 그들 본래의 과제는 내면적으로 삶을 그만큼 더 힘들고 고통스러운 것으로 만든다. 물론 대중에게 영향력을 미치는 정신을 사회의 더 높은 계층의 정신으로 만드는 데 성공한다면, 사회주의의 무리들이 그들 자신과 더 높은 계층 사이를 외면적으로 평준화하려는 것은 아주 타당한 일이다. 왜냐하면 그들은 내면적으로는 머리와 마음이 이미 서로 평준화되어 있기 때문이다.―더 높은 인간으로 살고 끊임없이 더 높은 문화사업을 실행하라.―그러면 살아 있는 모든 것은 너희들에게 너희들의 권리를 인정할 것이다. 그리고 너희들이 그 꼭대기에 서 있는 그 사회의 질서는 그 어떤 나쁜 눈길과 손짓 앞에서도 안전할 것이다!

481.

위대한 정치와 그 손실 — 한 민족이 전쟁과 전쟁 준비에서 입는 가장 큰 손실이 전쟁 경비의 지출과 상업의 정체에 의한 것이 아닌 것과 마찬가지로, 상비군 유지로 인해 손실을 입는 것도 아니다. — 해마다 2,30억을 그렇게 사용하고 있는 유럽의 8개 국가에서 이러한 손실은 현재에도 아주 큰 것이긴 하지만 말이다. 으히려 한 민족은 해마다 엄청난 수의 가장 유능하고 힘 있는 근면한 남성들이 군인이 되기 위해 그들 본래의 업무와 사명에서 이탈하게 된 것으로 인해 손실을 입는다 : 그와 마찬가지로 막 위대한 정치를 실행하고 가장 강한 국가들 사이에서 결정적인 목소리를 확보하기 시작하는 민족은 흔히 사람들이 발견하지 못하는 곳에서 최대의 손실을 입는다. 이 시점 후부터 가장 탁월한 수많은 재능들이 끊임없이 '조국의 제단' 또는 민족적 명예심 안에서 희생되는 것이 사실이다. 반면에 지금은 정치가 삼켜버린 이러한 재능들을 위해서 과거에는 다른 활동 영역이 열려 있었다. 그러나 이 공적인 다수의 희생의 한편에서는 근본적으로 이것보다 훨씬 더 잔인하게 10만 개의 막으로 동시에 끊임없이 상연되는 어떤 연극이 일어난다 : 정치적 명성의 월계관을 받고 싶어하는 한 민족의, 유능하고 근면하며 재치 있고 노력하는 그 어떤 인간도 이 갈망에 지배되어 더 이상 과거처럼 완전히 그 자신의 문제에 속할 수가 없다 : 공공 복지에 대한 매일매일의 새로운 문제와 배려가 모든 시민이 자신의 정신자본과 마음의 자본을 매일 매일 방출해내는 것을 삼켜버린다 : 개인적인 활력과 노력들의 이 모든 희생과 손실의 총량은 너무 엄청난 것이어서, 한 민족의 정치적 발전은 정신적인 빈곤과 쇠약, 커다란 집중과 편파성을 요구하는 작업에 대하여는 거의 필연적으로 더 감소된 능력을 수반할 수밖에 없다. 결국 우리는 다음과 같이 질문해도 된다 : 지금까지 그 땅에 그렇게 풍요롭게 나 있었던 더 고상하고 연약한 정신적인 식물들과 농작물이 민족의 이러한 거칠고 알록달록하게 갖가지 색으로 빛나는 꽃을 위해 희생되어야 하는 것이라면, 전체의 이 모든 번영과 찬란함(이것은 실로 새로운 거대한 물체에 대한 다른 국가들의 공포로 그리고 국민의 상업과 교역의 번창을 위해서 외국에서 억지로 빼앗은 특혜로 나타나는 것일 뿐이다)은 도대체 가치가 있는 것일까?

482.

그리고 다시 한번 말하자면—여론들—사적인 태만함.

제9장
혼자 있는 사람

483.

진리의 적들 — 신념은 거짓말보다 더 위험한 진리의 적이다.

484.

뒤바뀐 세상 — 우리에게 불쾌한 명제를 내세우는 사상가는 더 혹독한 비판을 받는다 : 그러나 그의 명제가 우리에게 유쾌할 때 그를 비판하는 편이 한층 더 합리적일 것이다.

485.

강한 성격의 — 언제나 자신의 원칙보다는 자신의 기질을 따르기 때문에 어떤 인간은 종종 강한 성격의 소유자처럼 보인다.

486.

하나의 불가피한 것 — 인간이 꼭 가져야 할 것이 한 가지 있다 : 태어나면서부터 가지는 가벼운 마음 또는 예술과 지식을 통해 가벼워진 마음이 그것이다.

487.

일에 대한 정열―학문, 국가의 복지, 문화에 대한 관심, 예술 등 일에 정열을 쏟는 사람은 인간에 대한 자신의 정열에서는 불을 빼앗는 것이다. (정치가, 철학자, 예술가들이 그 모든 창작물의 대표자인 것과 마찬가지로 인간이 그러한 일들의 대표자일 경우에도.)

488.

행동에서의 평온함―폭포수가 떨어질 때 훨씬 더디고 경쾌해지는 것처럼 위대한 인간은 행동하기에 앞서 기대되는 열렬한 욕구보다 훨씬 더 태연하게 행동하려 한다.

489.

너무 집착하지 않도록―어떤 일에 너무 집착하는 사람들이 영원히 그 일에 충실한 것은 드문 일이다. 그들은 단지 그 깊이를 밝혔을 뿐이다 : 항상 그곳에는 매우 불쾌한 것이 보인다.

490.

이상주의자들의 망상―모든 이상주의자들은 자신이 하는 일이 세상의 다른 어떤 일보다 본질적으로 더 좋은 것이라고 상상한다. 또한 그들은 자신의 일이 어떻게 해서든 성공하기 위해서는, 다른 모든 인간의 일에 필요한 매우 심한 냄새가 나는 거름이 필요함을 믿으려 하지 않는다.

491.

자기관찰 — 인간은 자기 자신에 대해서 또는 자기 스스로의 탐색과 포위공격에서 자기 자신을 아주 잘 지킨다. 또한 그는 일반적으로 자신의 바깥에 있는 보루 외에 자신에 관해서 알 수 있는 능력이 없다. 그에게 본래의 요새는, 예를 들어 친구들과 적들이 배신자가 되어 그 자신을 감추어진 길로 이끌어가지 않는 한, 다가갈 수도 볼 수도 없는 곳이다.

492.

올바른 직업 — 남성들은 결국 다른 모든 직업보다 중요하다고 믿지 않거나 또는 그렇게 믿도록 스스로를 설득하지 못한 직업을 계속 유지하는 경우는 좀처럼 없다. 여성들 또한 자신의 연인들을 이와 같이 대한다.

493.

마음의 고상함 — 마음의 고상함은 대부분 순한 성품과 의심의 결여로 이루어져 있다. 그리고 그것은 탐욕적이며 매우 성공한 인간들이 즐겨 우월감과 조소를 띤 채 장황하게 말하는 것을 포함한다.

494.

목표와 길—많은 사람들이 한번 선택한 길에 대해서는 집요하지만, 그 목표에 대해서는 소수의 사람들만이 그러하다.

495.

개인적인 생활양식에서 불쾌한 것—지극히 개인적인 모든 생활 방식은 인간들로 하여금 그런 생활 방식을 따르는 사람들에 대하여 분개하도록 한다. 자신들을 특별히 취급하는 데 대해 그들은 보통의 존재로 비하되었다고 느낀다.

496.

위대한 사람의 특권—하찮은 선물로 큰 행복을 가져다 줄 수 있는 것은 위대한 사람의 특권이다.

497.

의도하지 않은 고결함—사람들에게 아무것도 바라지 않고 그들에게 항상 베푸는 것에 익숙한 사람은 자신도 모르는 사이 고결한 행동을 하게 된다.

498.

영웅들의 조건—누군가가 영웅이 되고자 원한다면, 먼저 뱀이 용으로 변해 있어야 한다. 그렇지 않은 경우는 적당한 적수가 그에게 없는 셈이다.

499.

친구—동정이 아니라 함께 나누는 기쁨이 친구를 만든다.

500.

썰물과 밀물의 이용—우리는 인식이라는 목적을 위해 우리를 어떤 사건으로 이끌어가고, 잠시 뒤에는 그 사건에서 우리를 다시 앞으로 끌고 나가는 내면의 흐름을 이용할 줄 알아야만 한다.

501.

자신에 대한 기쁨—사람들은 '일에 대한 기쁨'이라고들 말한다 : 그러나 사실은 일을 매개로 한 자신에 대한 기쁨이다.

502.

겸손한 사람—인간들에 대해 겸손한 사람은 도시, 국가, 사회, 시대, 인류 등과 같은 일에는 불손함을 훨씬 더 심하게 보인다. 이것이 그의 복수이다.

503.

질투와 시기—질투와 시기는 인간 영혼의 수치스러운 부분이다. 이 비교는 아마도 앞으로 계속될 것이다.

504.

가장 고귀한 위선자—자신에 대하여 전혀 이야기하지 않는 것은 대단히 고귀한 위선이다.

505.

불쾌감—불쾌감은 나중에 그 원인이 제거되는 것만으로 치유되었다고 할 수 없는 일종의 육체적 질병이다.

506.

진리의 대변자—진리를 말하는 것이 위험할 때가 아니라 진리를 말하는 것이 지루할 때 진리는 대변자를 찾기가 가장 힘들다.

507.

적보다 훨씬 더 귀찮은—어떤 이유(예를 들어 감사해야 할 경우)에서든 우리 쪽에서는 무조건적인 공감을 정식으로 표시해야 하는 의무가 있지만, 어떤 상황에서도 호감이 가는 태도를 확인할 수 없는 그러한 사람들이 적들보다 우리의 상상력을 훨씬 더 괴롭힌다.

508.

넓은 자연—자연이 우리에 대하여 아무런 의견도 가지고 있지 않기 때문에, 우리는 그렇게 즐겁게 자유로운 자연 속에 있게 된다.

509.

누구나 한 가지 일에서는 탁월하다—문명화된 상황에서는 누구나 적어도 다른 모든 사람보다 한 가지 일에서는 탁월하다고 느끼고 있다 : 보편적인 호의는 여기에서 나온다. 누구나 사정에 따라서는 도움을 줄 수 있고 따라서 부끄러워하지 않고 도움을 받아도 되는 하나의 인간이기 때문이다.

510.

위로의 이유들—누가 사망했을 때, 사람들은 대부분 격심한 고통을 경감시키기 위해서가 아니라 자신이 그렇게 쉽게 위로를 받았다고 느끼게 된 것을 변명하기 위하여 위로의 이유를 필요로 한다.

511.

신념에 충실한 사람들―해야 할 일이 많은 사람은 자신의 일반적인 견해와 입장들을 거의 변화 없이 유지한다. 이념의 일에 종사하는 모든 사람도 마찬가지다 : 그는 결코 이념 그 자체를 검토하지는 않을 것이다. 그에게는 그런 일을 할 시간이 더 이상 없다. 게다가 이념을 여전히 논할 가치가 있는 것으로 간주하는 것은 그의 관심사에 어긋난다.

512.

도덕성과 양―다른 사람의 도덕성에 비해 어느 한 사람이 더 높은 도덕성을 가지는 것은 흔히 목표가 양적으로 더 큰 경우에서만 성립한다. 좁은 영역에서 작은 목표에 몰두하는 것은 그를 아래로 끌어내릴 것이다.

513.

삶의 수확으로서의 삶―인간은 자신의 인식으로 아주 멀리 자신을 펼쳐나갈 수도 있고 자기 자신에게 아주 객관적으로 보여질 수도 있다 : 그럼에도 불구하고 결국 그는 자기 자신의 전기(傳記)만을 가지고 있을 뿐이다.

514.

엄정한 필연성—엄정한 필연성은 인간이 역사의 흐름 속에서 엄정한 것도 아니며 필연적인 것도 아니라고 통찰하게 되는 바로 그것이다.

515.

경험으로부터—어떤 사건이 불합리하다는 것은 그 사건의 현존을 부정할 이유가 아니라 오히려 현존의 한 조건이다.

516.

진리—지금은 그 누구도 극단적인 진리로 인해 죽지 않는다 : 너무 많은 해독제가 있다.

517.

근본통찰—진리에 대한 요청과 인류의 복지 사이에는 미리 규정된 어떤 조화도 없다.

518.

인간의 운명—자신이 원하는 대로 행위하고 판단하더라도, 좀더 깊이 생각하는 사람은 언제나 자신이 부당함을 알고 있다.

519.

키르케Circe로서의 진리—오류가 동물에게서 인간을 만들어냈다. 진리가 인간에게서 다시 동물을 만들어낼 수 있을까?

520.

우리 문화의 위험—우리는 문화가 문화의 수단으로 인해 몰락할 수도 있는 위험에 처한 시대에 살고 있다.

521.

위대함은 방향을 제시하는 것을 의미한다—어떤 강물도 자기 자신에 의해 크고 풍부해지지는 않는다 : 오히려 아주 많은 지류들을 받아들이며 계속 흘러가는 것, 그것이 강물을 그렇게 만드는 것이다. 모든 정신의 위대함 역시 마찬가지다. 단지 중요한 것은 한 사람이 그 많은 지류들이 뒤따라가야 할 방향을 제시하는 일이다. 그가 처음부터 재능이 없는지 재능이 풍부한지는 중요한 일이 아니다.

522.

약한 양심—인류에 대한 자신들의 중요함에 관해 말하는 사람들은 계약과 약속을 지키는 일 같은 일반적인 시민의 정직함과 관련해서는 약한 양심을 가지고 있다.

523.

사랑받고 싶어하는 것 ─ 사랑받고 싶어하는 요구는 자만 중에서도 가장 큰 자만이다.

524.

인간멸시 ─ 인간을 경멸하는 가장 노골적인 표시는 모든 사람을 자신의 목적을 위한 수단으로만 인정하거나 또는 전혀 인정하지 않는 것이다.

525.

반항에서 생긴 추종자 ─ 사람들로 하여금 자신에 대하여 광분하게 만드는 사람은 항상 한쪽 당파를 자신의 편으로 획득한 것이기도 하다.

526.

체험을 잊어버리는 것 ─ 많이 생각하는 사람 그리고 게다가 사실에 입각해 생각하는 사람은 자기 자신의 체험은 쉽게 잊어버리지만 그 체험에 의해 불러일으켜진 사상은 쉽게 잊어버리지 않는다.

527.

의견을 고수함 ─ 어떤 사람은 그 의견이 자신에게서 나왔다는 것에 대해 어느 정도 자만하기 때문에 의견을 고수하며, 또다른 사람은 그가 그 의견을 애써서 배웠고 그것을 이해한 데 대하여 긍지를 가지기 때문에 의견을 고수한다 : 따라서 양쪽 모두 허영심에서 비롯된 것이다.

528.

빛을 꺼리는 것―선한 행위도 악한 행위와 마찬가지로 빛을 꺼린다. 악한 행위는 알려짐으로써 고통(처벌로서)이 오게 되는 것을 두려워하고, 선한 행위는 알려짐으로써 쾌감(허영심의 만족이 다가오면 곧바로 중지해버리는, 즉 자기 자신에 대한 순수한 쾌감)이 사라지는 것을 두려워한다.

529.

하루의 길이―사람들이 집어넣을 것을 많이 가지고 있다면, 하루는 백 개의 주머니도 가지고 있다.

530.

폭군적 천재―영혼 속에 폭군처럼 자신을 관철하려는 억제할 수 없는 욕구가 움직이고 있고 그 불이 변함없이 유지되면, 보잘것없는 재능을 가진 사람도(정치가와 예술가에게서) 점차적으로 거의 통제할 수 없는 자연의 힘으로 변한다.

531.

적의 생명―적과 싸우는 것으로 살아가는 사람은 적이 살아 있는지에 대하여 관심을 가지고 있다.

532.

더 중요한―인간은 설명이 된 명백한 사항보다 설명할 수 없는 불투명한 사항을 더 중요한 것으로 받아들인다.

533.

표명된 봉사에 대한 평가―어떤 사람이 우리에게 베푸는 은혜에 대하여, 우리는 그 사람이 그것에 부여한 가치에 따라 평가하지, 그것이 우리에 대해 가지는 가치에 따라 평가하지는 않는다.

534.

불행―누가 어떤 사람에게 "그러나 당신은 얼마나 행복한가!"라고 말한다면 사람들은 보통 항의할 정도로, 불행에 들어 있는 특별한 명예(마치 행복하다고 느끼는 것이 천박함, 겸허함, 평범함의 표시인 것처럼)는 대단히 크다.

535.

불안에 대한 상상—불안에 대한 상상은 저 불쾌한 원숭이를 닮은 요괴 코볼트와 같다. 그것은 인간이 이미 가장 무거운 짐을 지고 있을 때 또 인간의 등에 뛰어오른다.

536.

시시한 상대의 가치—사람들은 때때로 상대가 끊임없이 시시하게 구는 바로 그 이유 때문에 어떤 일에 충실하게 된다.

537.

직업의 가치—직업은 깊이 생각할 수 없게 만든다. 그 점에 직업의 가장 큰 은총이 있다. 왜냐하면 그것은 일반적인 종류의 회의와 걱정이 어떤 사람을 엄습할 때 사람들이 그 뒤로 마음대로 피신할 수 있는 울타리이기 때문이다.

538.

재능—많은 사람들의 재능은 실제 있는 것보다 더 적어 보인다. 왜냐하면 그에게는 항상 너무 큰 과제들이 주어졌기 때문이다.

539.

젊음—젊음은 불쾌한 것이다. 왜냐하면 젊을 때에는 어떤 의미에서든 생산적일 수 없거나 이성적이지도 못하기 때군이다.

540.

너무 큰 목표들—공개적으로 큰 목표들을 세우고 그 후 비밀리에 자신은 그것을 하기에 너무나 약하다는 사실을 통찰하게 되는 사람은, 일반적으로 그 목표들을 공개적으로 철회하기에 충분한 힘도 가지고 있지 않고 그 후에는 어쩔 수 없이 위선자가 되어버린다.

541.

강물의 흐름 속에서—세차게 흐르는 물은 많은 암석과 관목숲을 휩쓸고 가며, 강한 정신은 수많은 어리석은 사람들과 명석하지 못한 사람들을 휩쓸고 간다.

542.

정신적 해방의 위험들—신중하게 생각된 정신적 해방에서, 한 인간은 은밀히 그의 정열과 욕망들도 장점으로 보여지기를 바란다.

543.

정신의 육체화 — 한 사람이 많이 그리고 현명하게 사고하면 그의 얼굴뿐만 아니라 육체도 현명한 모습을 얻게 된다.

544.

잘 보지 못하고 잘 듣지 못하는 것 — 잘 보지 못하는 사람은 점점 더 적게 보게 되고, 잘 듣지 못하는 사람은 항상 몇 가지를 더 듣게 된다.

545.

허영심의 자기만족 — 허영심에 차 있는 사람은 탁월해지기를 원하는 것이 아니라 스스로 탁월하다고 느끼기를 원한다. 따라서 그는 자기기만과 자기계략의 수단을 거부하지 못한다. 그에게 잊혀지지 않는 것은 다른 사람의 의견이 아니라 다른 사람의 의견에 대한 자신의 생각이다.

546.

예외적으로 허영심에 차 있는 — 보통 자기를 절제할 줄 아는 사람이 육체적으로 병에 걸리게 되면, 예외적으로 허영심에 차게 되며 평판과 칭찬에 대해 민감해진다. 그가 자신을 상실해가는 정도만큼 그는 다른 사람의 의견 즉 외부에서 다시 자신을 되찾으려고 노력해야 한다.

####### 547.

'재치에 넘치는 사람들'—재치를 구하는 사람은 재치를 가지지 못한다.

####### 548.

당의 지도자를 위한 암시—사람들로 하여금 어떤 일에 대하여 공적으로 찬성을 표명하게 할 수 있다면, 대부분의 경우 내적으로도 그것에 대하여 찬성을 표명하도록 했던 것이다. 그들은 그 후부터 일관성이 있는 것처럼 보이고 싶어한다.

####### 549.

멸시—인간은 스스로를 멸시하는 것보다 다른 사람의 멸시에 상처받기 더 쉽다.

####### 550.

감사의 끈—노예 같은 영혼들이 있는데, 그들은 감사의 끈으로 스스로 목을 매어 죽기까지 할 정도로, 베풀어진 은혜에 대한 감사의 표시를 아주 지나치게 한다.

551.

예언자의 요령—보통 사람의 행동 방식을 미리 추측하기 위해서는 그들이 불쾌한 상황에서 벗어나기 위하여 항상 가장 적은 양의 정신밖에는 소모하지 않는다는 것을 가정해야 한다.

552.

유일한 인간의 권리—관습적인 것에서 벗어난 사람은 비범한 것에 바쳐진 제물이다. 관습적인 것 안에 머무르는 사람은 관습적인 것의 노예이다. 어떤 경우든 사람들은 파멸하게 되어 있다.

553.

동물 아래로 내려가—인간이 고함치며 웃을 때 그는 그 저속함에서는 모든 동물을 능가한다.

554.

얼치기 지식—외국어를 조금밖에 알지 못하는 사람은 외국어를 훌륭하게 말하는 사람보다 외국어에 대해 더 큰 즐거움을 가지고 있다. 얼치기 지식을 가진 사람에게는 만족이 있다.

555.

　남을 돕기 좋아하는 위험한 마음 — 예를 들어 그리스도교처럼 나중에 삶을 편안하게 만들기 위해 자신들의 처방을 제공하려는 단지 그 이유만으로 사람들의 삶을 어렵게 하는 사람들이 있다.

556.

　근면함과 양심적인 것 — 근면함은 과일들을 덜 익은 채로 나무에서 따려고 하는 반면, 양심적인 것은 과일들이 떨어져 깨질 때까지 너무 오래 매달아둠으로써 근면함과 양심적인 것은 흔히 적수가 된다.

557.

　의심을 품는 것 — 사람들은 좋아할 수 없는 인간들에 대해서는 의심을 품으려고 한다.

558.

　상황들의 결여 — 많은 사람들은 평생 동안 자신의 고유한 방식으로 훌륭해질 기회를 기다린다.

559.

친구가 없는 것—친구가 없는 것은 질투와 자만심 때문이라고 추정된다. 많은 사람들은 단지 그가 질투할 아무런 근거도 가지고 있지 않다는 다행스러운 상황 덕으로 친구를 가지고 있다.

560.

많음 속에 있는 위험—사람들은 흔히 재능이 하나 부족할 때보다 재능이 하나 더 많을 때 훨씬 더 불안정하다 : 그것은 책상이 네 개의 다리로보다 세 개의 다리로 더 잘 서 있는 것과 마찬가지다.

561.

다른 사람을 본보기로 하여—좋은 실례를 제시하고자 하는 사람은 아주 약간의 어리석음을 자신의 덕에 첨가해야 한다 : 그러면 사람들은 그것을 모방하고 동시에 그 모방한 것에서 벗어나게 된다— 이것이 사람들이 좋아하는 일이다.

562.

표적이 되는 것—흔히 우리에 대한 다른 사람의 나쁜 평은 실제로 우리에게 들어맞는 것이 아니라, 완전히 다른 이유들에서 나오는 분노와 불쾌감이 표명된 것이다.

563.

쉽게 체념하는─과거를 추하게 만드는 상상력을 연습해두었을 경우, 사람들은 이루어지지 않은 소원들 때문에 그다지 고통받지 않게 될 것이다.

564.

위험할 때─막 차를 피했을 때 차에 치일 위험이 가장 크다.

565.

목소리에 따른 역할─평상시보다 더 큰 소리로 말해야만 하는 사람은(예를 들어 귀가 제대로 들리지 않는 사람이나 많은 청중 앞에서) 일반적으로 자기가 전달해야 할 사항들을 과장한다.─많은 사람들은 자신의 목소리가 속삭임에 가장 잘 맞는다는 단지 그 이유 때문에 반역자, 나쁜 험담을 하는 사람, 음모하는 사람이 된다.

566.

사랑과 미움─사랑과 미움은 눈먼 것이 아니라 그것 자체가 지니고 있는 불길에 눈이 현혹된 것이다.

567.

적대시함으로써 유리한 점―자신들의 공로를 세상에 완전히 분명하게 표현할 수 없는 사람들은 스스로 강한 적개심을 일깨우려 애쓴다. 그때 그들은 적개심이 그들의 공로와 그 공로를 인정하는 것 사이에 놓여 있는 것이며, 그래서 많은 다른 사람들도 자신들이 인정받는 데 아주 유리한 바로 그것을 추측하게 될 것이라고 생각하면서 위안을 얻는다.

568.

참회―사람들은 다른 사람에게 자신의 죄를 참회하고 나면 그 죄를 잊어버린다. 그러나 대개 다른 사람은 그의 죄를 잊지 않는다.

569.

자기만족―자기만족이라는 '금으로 된 양 모피'는 매질은 막아내지만, 바늘로 찌르는 것은 막지 못한다.

570.

불꽃 속의 그림자―불꽃은 그 자체로는 그것이 비추어주는 다른 것들만큼 그렇게 밝지 못하다 : 현자 역시 그렇다.

571.

　자기 자신의 의견―갑자기 어떤 사항에 대하여 질문을 받을 경우, 떠오르는 최초의 생각은 일반적으로 우리 자신의 의견이 아니라 단지 우리들의 계급, 지위, 혈통에 속하는 흔한 의견일 뿐이다. 자신의 의견이 위로 떠오르는 일은 거의 드물다.

572.

　용기의 기원―위험을 보지 못하고 위험을 볼 수 있는 눈도 가지고 있지 않을 때, 평범한 사람은 영웅처럼 용감하고 상처 입힐 수 없는 존재가 된다. 반대로 영웅에게는 눈이 없는 바로 그곳, 즉 등에 유일하게 상처입을 수 있는 자리가 있다.

573.

　의사(醫師)의 위험―사람들은 자신의 의사에 맞도록 태어나야만 한다. 그렇지 않으면 그 의사로 인해 목숨을 잃게 될 것이다.

574.

　기묘한 허영심―대담하게 날씨를 세 번 예언해서 성공한 사람은 자신의 영혼 깊은 곳에 어느 정도 예언의 재능이 있다고 믿는다. 그것이 우리의 자존심에 아첨하는 경우 우리는 기묘하고 불합리한 것을 인정한다.

575.

직업—직업은 삶의 척추이다.

576.

개인적인 영향의 위험—다른 사람에게 내적인 영향을 크게 미치고 있다고 느끼는 사람은 그에게 완전히 고삐를 풀어주고, 게다가 때에 따라서 저항도 기꺼이 봐주며 그것을 이끌어주기도 해야 한다 : 그렇지 않으면 그는 어쩔 수 없이 한 사람의 적을 만들게 될 것이다.

577.

후계자를 승인하는 것—사심 없이 위대한 그 무엇을 구축한 사람은 후계자를 양성하는 데 배려를 한다. 자신의 일의 가능한 모든 후계자들을 적대자로 간주하고 그들에 대한 비상방어 상태에서 살아가는 것은 폭군적이고 고상하지 못한 본성의 표시이다.

578.

불완전한 지식—불완전한 지식은 완전한 지식보다 더 큰 승리를 거두게 된다 : 그것은 사물들을 있는 그대로보다 훨씬 더 단순하게 이해하고, 그 때문에 자신의 의견을 훨씬 이해하기 쉽고 설득력이 있는 것으로 만든다.

579.

당원으로 적합하지 않은 것―많이 생각하는 사람은 당원으로 적합하지 않다. 그는 너무나 빨리 당파에 대해 샅샅이 숙고해내기 때문이다.

580.

좋지 못한 기억력―좋지 못한 기억력의 장점은 똑같이 좋은 사물들을 여러 번 처음처럼 즐기는 데 있다.

581.

스스로 고통을 주는 것―사고에 배려가 없다는 것은 흔히 무감각해지기를 바라는 불만족스러운 내적 심정의 표시이다.

582.

순교자―순교자의 제자는 순교자보다 더 많은 고통을 받게 된다.

583.

남아 있는 허영심―허영을 부릴 필요가 없었던 많은 사람들의 허영심은, 그들이 자신을 믿을 권리를 아직 가지지 못했고 이 믿음을 겨우 다른 사람들에게 잔돈으로 구걸했던 시대에 남아 있다가 크게 자라난 습관이다.

584.

정열의 비등점―막 분노 또는 심한 사랑의 격정에 빠지려는 사람은 영혼이 하나의 그릇처럼 가득 차게 되는 한 점에 이른다 : 그러나 아직 정열의 좋은 의지(사람들은 대개 나쁜 의지라고 부른다)라는 물방울 하나가 더해져야만 한다. 그것에는 작은 단 하나의 물방울이 필요할 뿐이고, 그러면 그릇은 넘쳐 흐르기 시작한다.

585.

불만의 생각―인간은 숲속에 있는 목탄가마와도 같다. 젊은 사람들은 완전히 연소되어 숯이 되고 난 뒤에야 비로소 유용해진다. 그들이 김을 내거나 연기를 내뿜고 있을 동안 그들은 아마 더 흥미로웠을 것이지만, 무익하고 귀찮기까지 할 경우가 너무 자주 있다.―인류는 모든 개인을 가차없이 자신의 커다란 기계를 데우는 연료로 사용한다 : 그러나 만약 모든 개인(즉 인류)이 기계를 유지하기 위해서만 유용한 것이라면 기계는 무엇을 위하여 있는 것일까? 자기 자신이 목적인 기계들, 이것이 인간희극이라는 것일까?

586.

삶의 시계바늘에 대하여 ― 삶은 최고의 의미를 가지는 드문 개별적인 순간들과 기껏해야 그러한 순간들의 그림자일 뿐인 우리의 주위에 부유하는 셀 수 없이 많은 간격들로 구성되어 있다. 사랑, 봄, 아름다운 모든 선율, 산맥, 달, 바다―모든 것은 마음에 단 한 번만 완전히 말할 뿐이다 : 어쨌든 완전히 말할 기회가 오게 된다면 말이다. 왜냐하면 많은 사람들은 그러한 순간을 전혀 가지지 못하고, 자신이 곧 현실적인 삶의 교향곡에서 간주곡이며 휴지부가 되고 있기 때문이다.

587.

공격할 것인가, 간섭할 것인가 ― 우리는 흔히 어떤 경향이나 당파 또는 시대를 통렬하게 적대시하는 오류에 빠지곤 한다. 왜냐하면 우리는 흔히 그것들의 외적인 측면, 제대로 발휘되지 못한 면 또는 그것들에 필연적으로 부착되어 있는 '덕의 결함'만을 보게 되기 때문일 것이며, 아마도 우리들 자신이 이러한 것에 주로 관여해왔기 때문일 것이다. 그러면 우리는 거기에 등을 돌리고 그와 반대되는 경향을 추구하게 된다. 그러나 더 나은 것은 강하고 좋은 면을 찾아내거나 스스로 수련을 쌓는 것이다. 물론 생성하고 있는 것과 불완전한 것을 촉진하는 것이 그 불완전함을 통찰하고 부정하는 것보다 훨씬 더 강한 시선과 훨씬 더 좋은 의지를 필요로 한다.

588.

겸손 — 참된 겸손(즉 우리는 우리 자신의 작품이 아니라는 인식) 이 있는데, 그것은 아마 위대한 정신에 적합한 것이리라. 왜냐하면 바로 그 위대한 정신이 완전한 무책임(그가 창조해내는 좋은 점에 대해서도 역시)에 대한 사상을 이해할 수 있기 때문이다. 사람들은 위대한 사람이 자신의 힘을 느끼고 있기 때문에 미워하는 것이 아니라, 다른 사람들을 다치게 하고 마음대로 다루며 어디까지 그것을 견디는지 관찰함으로써, 비로소 자기 힘을 경험하려고 하기 때문에 그의 불손함을 미워한다. 통상적으로 이것은 오히려 힘에 대한 자신감의 결여를 증명하는 것이며 사람들로 하여금 그의 위대함을 의심하게 만든다. 그러한 한 현명함의 관점에서 볼 때 불손함은 아주 그만두도록 충고해야 할 일이다.

589.

하루의 첫 생각 — 하루하루를 잘 시작할 수 있는 가장 좋은 수단은 눈을 뜨면 그날 적어도 한 사람에게 한 가지 즐거움을 줄 수 있을 것인가에 대하여 생각하는 일이다. 만약 이것이 기도의 종교적 습관에 대한 대체물로 간주될 수 있다면, 이웃 사람들은 이 변화에서 이득을 보게 될 것이다.

590.

마지막 위로의 수단으로서의 자만심 — 만약 사람들이 불행, 자신의 지적 결함, 질병을 정리하여 그 속에서 미리 지시된 자신의 운명, 시험 또는 과거에 범한 것에 대한 비밀스러운 처벌을 보게 될 경우, 그것을 통하여 그들은 자신의 존재를 흥미롭게 만들고 생각 속에서 이웃을 얕잡아본다. 자부심을 가지는 죄인은 모든 교회의 종파에서 잘 알려진 인물이다.

591.

행복의 식물적 생장─인간은 세상의 슬픔 바로 옆에서 그리고 흔히 자신의 화산 지대 위에 행복이라는 작은 정원들을 건설해왔다. 현존에 대한 인식만을 원하는 시선으로 삶을 관찰하거나 또는 굴복하고 체념한 사람의 시선으로 보거나, 극복된 어려움을 기뻐하는 시선으로 보거나 간에 그는 도처에서 모든 행복이 재앙 곁에서 싹텄다는 것을 발견하게 될 것이다─그리고 그 땅이 화산 지대였을수록 더 많은 행복이 있었다는 것도 발견하게 될 것이다─단지 이러한 행복으로 고통 자체가 정당화된다고 말하는 것이 우스울 뿐이다.

592.

조상들의 길─자신의 아버지 또는 할아버지가 수고를 아끼지 않은 재능을 그 자체로 계속 단련하여 전혀 새로운 그 무엇으로 바꾸어놓지 않는다면 그것은 이성적이다. 그렇지 않으면 그는 자신의 그 어떤 참견에서든 완성의 가능성을 스스로 앗아가게 되는 것이다. 그러므로 속담은 "너는 어느 길을 말을 타고 달릴 것인가? 그 길은 너의 조상의 길이다"라고 말한다.

593.

　　교육자로서의 허영심과 명예욕─어떤 사람이 아직도 보편적인 인간의 유용성을 위한 도구가 되어 있지 않은 한, 명예욕이 그를 괴롭힐 수도 있다. 그러나 그 목표가 달성되어 그가 필연적으로 기계처럼 모든 사람의 최선을 위하여 일하게 되면, 그 다음에는 허영심이 찾아올 것이다. 명예욕이 거친 일(그를 유용하게 만들기 위한)을 완성하고 나면, 허영심이 사소한 일에서 그를 인간적으로 만들고 더 사교적이며 참을성 있게, 더 관대하게 만들 것이다.

594.

　　철학의 신참자─사람들이 어떤 철학자의 지혜를 막 받아들였을 때, 그들은 마치 자신들이 개조되어서 위대한 인물이 된 것 같은 기분으로 거리를 활보한다. 왜냐하면 그들은 이 지혜를 모르고 있는 사람들만 발견하게 되어, 모든 일에 대하여 하나의 새롭고 알려지지 않은 판결을 말해야 하기 때문이다 : 사람들은 법전을 인정하기 때문에 이제 재판관처럼 행동해야만 한다고 생각한다.

595.

불쾌하게 함으로써 남의 마음에 드는 것 ─ 오히려 눈길을 끌려고 하면서 남을 불쾌하게 하는 사람들은, 눈길을 끌지 않고 남의 마음에 들고 싶어하는 사람들과 같은 것을 열망한다. 다만 훨씬 더 강렬하게 그리고 간접적으로, 외견상 그 목표에서 벗어난 것처럼 보이는 한 단계를 통하여 열망한다. 그들은 영향력과 힘을 원하고 있으며, 따라서 그들의 우월감이 불쾌하게 느껴질 정도로 스스로 그들의 우월성을 드러내 보인다. 왜냐하면 마침내 힘을 획득한 사람은 그가 행하고 말하는 거의 모든 것이 남의 마음에 들게 되고, 그가 불쾌하게 할 때조차도 남의 마음에 드는 것처럼 보인다는 사실을 그들은 알고 있기 때문이다. ─ 자유정신도 신앙을 가진 사람도 언젠가는 한번 남의 마음에 들기 위해 힘을 원한다. 그들이 자신의 이론 때문에 불운, 박해, 감옥, 처형의 위협을 받는다면, 그들은 자신의 이론이 이러한 방식으로 인류에게 기억되고 감명을 준다는 생각으로 기뻐한다. 그들은 힘을 획득하기 위하여 효력이 늦게 발휘되고 고통스럽지만 강력한 수단을 받아들인다.

596.

전쟁의 이유와 그와 비슷한 것 ─ 이웃 나라와 전쟁을 하기 위해 냉정한 결정을 내리고 전쟁의 이유를 찾는 군주는, 어머니를 몰래 바꿔놓고 자신의 아이에게 앞으로 어머니로 여겨야 한다고 말하는 아버지와 같다. 공공연히 알려진 우리의 거의 모든 행위들의 동기도 이렇게 몰래 바뀐 어머니들이 아닐까?

597.

정열과 권리 — 그 누구도 영혼 깊숙한 곳에서 자신의 권리를 회의하는 사람보다 더 정열적으로 자신의 권리에 대하여 말하지는 못한다. 그는 정열을 자기 쪽으로 끌어와서 오성과 오성의 회의를 무감각하게 하려고 한다 : 이렇게 그는 거리낌없는 양심을 얻게 되고 그것으로 이웃 사람들에게서도 성공을 거둘 수가 있다.

598.

단념하는 사람의 비결 — 카톨릭 신부들의 방식에 따라 결혼을 반대하는 사람은 결혼을 그들의 가장 낮고 비천한 해석에 따라 이해하려고 할 것이다. 마찬가지로 동시대인들 사이에서 명예를 거부하는 사람은, 명예의 개념을 낮게 해석할 것이다 ; 그래서 그는 명예 없이 사는 일과 명예에 대한 투쟁에서 홀가분해진다. 아무튼 전체적으로 많은 것을 단념하는 사람은 작은 일에는 쉽게 관대해진다. 동시대인들의 박수 갈채에 초연한 사람이, 그래도 작은 허영심의 만족은 단념하려 하지 않는 일도 가능하다.

599.

자만심의 나이 — 재능이 있는 사람들에게는 26세와 30세 사이에 본래적인 자만심의 시기가 있다. 그것은 신맛이 강하게 남아 있는 최초의 성숙기이다. 그들은 자신 속에 느끼는 것을 근거로, 그것에 대하여 아무것도 또는 조금밖에 보지 못하는 사람들에게 존경과 겸손을 요구한다. 그리고 이러한 것이 우선은 주어지지 않기 때문에, 그는 자만심에 찬 시선과 행동을 통하여 그리고 세련된 귀와 눈이라면 시, 철학 또는 그림, 음악 등 그 나이의 모든 작품을 재인식하게 될 그러한 목소리의 어조를 통하여 보복을 한다. 더 나이가 든 노련한 사람들은 그것에 대해 미소를 짓는다. 그리고 그들은 그렇게 많은 것이, 그렇게 보잘것없는 것처럼 보이는 운명에 대해서 화를 내는 이 아름다운 나이를 감동적으로 회상한다. 나중에 그들은 실제로 더 많은 것처럼 보이지만, 많은 것이라는 확고한 믿음을 상실해버렸다 : 그들은 한평생 개선할 수 없는 허영에 찬 바보로 남을 것이다.

600.

겉모습일 뿐이지만 붙잡을 수는 있는—심연의 옆을 지나가거나 깊은 냇물을 나무다리 위로 건너가기 위해서는 난간이 필요하지만, 그것은 난간을 붙잡기 위해서가 아니라—왜냐하면 난간이 곧 사람과 함께 무너져버릴지도 모르기 때문에—시각적으로 안전하다는 생각을 얻기 위해서인 것과 마찬가지로, 사람들은 젊었을 때 무의식중에 그 난간의 역할을 분명하게 해줄 인물들이 필요하다. 그 인물들은 우리가 실제로 큰 위험에 처해 그들에게 기대려 했을 때, 사실 우리에게 도움을 주지 못할 것이다. 그러나 그들은 가까이에서 보호하고 있다는 안정적인 느낌을 준다(예를 들어 세 경우, 아버지, 교사, 친구들이 대체로 그러하다).

601.

사랑하는 법을 배우는 것—인간은 사랑하는 것과 호의를 베푸는 것을 배워야만 한다. 그리고 그것을 젊어서부터 배워야 한다. 만약 교육과 우연이 우리에게 이런 감각을 훈련할 수 있는 기회를 제공하지 않을 때 우리의 영혼은 메마르고 친절한 사람들의 섬세한 감각을 이해하는 데도 적합하지 못하게 된다. 마찬가지로 만약 어느 한 사람이 지독한 증오자가 되려고 한다면 증오를 배우고 키워야만 한다 : 그렇지 않으면 그 씨앗 역시 조금씩 말라 죽어갈 것이다.

602.

장식으로서의 폐허—많은 정신적 편력을 거친 사람들은 몇 가지 견해와 습관들을 과거 상태로 계속 유지한다. 그것들은 수수께끼 같은 고대 유물조각이나 잿빛 성벽처럼 그들의 새로운 사상과 행위 속에서도 돌출해 있다 : 그것은 흔히 그 지역 전체의 장식품이 된다.

603.

사랑과 명예—사랑은 갈망하는 것이며 두려움은 회피하는 것이다. 같은 사람에게서 적어도 같은 시간에 사랑받고 동시에 존경받을 수 없는 이유가 바로 여기에 있다. 왜냐하면 존경하는 사람은 힘을 인정하기 때문이다. 즉 힘을 두려워하기 때문이다 : 그의 상태는 외경심이다. 그러나 사랑은 그 어떤 힘도 인정하지 않으며 나누고 배제시키며 위와 아래를 구별하는 그 무엇도 인정하지 않는다. 사랑은 존경하지 않기 때문에 명예욕이 강한 사람들은 사랑을 받는 것에 대해 비밀스럽게 또는 공공연하게 반항적이다.

604.

차가운 사람들에 대한 편견─빨리 불붙는 사람은 빨리 식기 때문에 그들은 전체적으로 신뢰할 수가 없다. 그러므로 언제나 차가운 아니면 차가운 체하는 모든 사람들에 대해서는, 그들이 특별히 믿을 수 있고 신뢰할 만하다는 유리한 편견들이 있다 : 사람들은 천천히 불이 붙고 오랫동안 지속되는 사람들과 그들을 혼동하고 있는 것이다.

605.

자유로운 생각들에서의 위험한 것─가볍게 자유로운 생각들과 접촉해도 일종의 가려움과 같은 자극이 있다. 사람들이 그 자극을 더 이상 견디지 못하고 그 자리를 문지르기 시작한다. 마지막에 대단히 고통스러운 상처가 생길 때까지. 즉 자유로운 생각이 우리의 사회적 지위와 인간관계를 방해하고 괴롭히기 시작할 때까지라는 말이다.

606.

깊은 고통을 향한 갈망—정열은 지나간 뒤에도 자기 자신에 대한 어렴풋한 동경을 남기고 사라질 때에도 유혹하는 눈길을 던진다. 정열의 채찍에 맞았던 것이 일종의 쾌감을 주었음이 틀림없다. 그에 비해 온화한 감각은 진부하게 생각된다. 사람들은 여전히 진부한 쾌감보다는 오히려 과격한 불쾌감을 원하는 것처럼 보인다.

607.

다른 사람과 세상에 대한 불만—우리가 원래는 자신에게 불만을 느끼고 있으면서, 흔히 그러듯이 다른 사람에게 불만을 터뜨린다면, 우리는 근본적으로 우리의 판단들을 흐리게 만들고 기만하고자 하는 것이다 : 우리는 사후에 다른 사람의 실수와 결점을 통해 이 불만에 동기를 부여하려 하고, 자기 자신을 보려 하지는 않는다—자기 자신에게 가차없는 재판관이기도 한 종교적으로 엄격한 사람들은 동시에 인간성 일반에 대해 가장 많이 나쁜 욕을 해왔다 : 자신에게는 죄를, 다른 사람에게는 덕을 남겨주는 성자는 지금까지 한 번도 없었다 : 마찬가지로 부처의 법도에 따라 자신의 선을 사람들 앞에서 숨기고, 자신의 악만을 그들에게 보여주는 사람도 한 번도 존재하지 않았다.

608.

원인과 결과를 혼동하는 것—우리는 무의식중에 우리들의 기질에 적합한 원칙과 학설들을 추구하기 때문에, 결국에는 마치 원칙과 학설들이 우리의 성격을 형성하고 그 성격에 근거와 확신을 준 것처럼 보이게 된다 : 그런데 그것은 정반대로 이루어진 것이다. 우리의 사고와 판단들은 나중에 우리의 본질의 원인이 되는 것처럼 보이지만 사실은 우리가 이러저러하게 생각하고 판단하게 만드는 원인은 우리의 본질이다.―그런데 무엇이 우리로 하여금 이런 거의 무의식적인 희극을 하도록 규정하는 것일까? 그것은 그리고 태만과 안이함, 적지 않게는 본질과 사고에서 철저히 일관성 있는 것으로 한결같아 보이려는 허영심의 바람이다. 왜냐하면 이것은 존경을 얻게 하며 신뢰와 힘을 주기 때문이다.

609.

나이와 진리―젊은 사람들은 참이나 거짓에 상관없이 재미있는 것과 이색적인 것을 사랑한다. 좀더 성숙한 정신은 진리의 재미있고 색다른 것을 사랑하게 된다. 완숙한 두뇌는 마침내 그것이 소박하고 단순한 것처럼 보여서 보통 사람들을 지루하게 만드는 바로 그러한 진리도 사랑한다. 왜냐하면 그들은 진리란 그것이 지니는 정신의 가장 높은 상태를 단순한 몸짓으로 말하는 경향이 있다는 것을 알았기 때문이다.

610.

훌륭하지 못한 시인으로서의 인간―훌륭하지 못한 시인은 시구의 두 번째 부분에서 각운에 맞추어 생각을 찾는 것처럼, 인간들은 삶의 후반부에 한층 더 불안해져 과거의 삶에 적합한, 따라서 모든 것이 표면적으로는 잘 조화되는 행위, 입장, 상황들을 구하는 경향이 있다 : 그러나 그들의 삶은 더 이상 강한 사상의 지배를 받지 않고 항상 다시 새롭게 규정되는 것이 아니라, 그 강한 사상의 자리에 단지 각운을 발견하려는 의도가 들어선 것뿐이다.

611.

권태와 유희 — 욕망은 우리에게 노동을 강요하고 노동의 수확으로 욕망은 가라앉게 된다. 항상 새롭게 욕망이 눈을 뜨게 되는 일은 우리를 노동에 익숙하게 만든다. 그러나 욕망이 가라앉고 동시에 잠자는 휴식시간에는 권태가 우리를 엄습한다. 권태란 무엇인가? 그것은 노동 일반에 익숙해지는 것이며 이제 새롭게 추가되는 욕망으로서 영향을 나타내게 되는 것이다. 어떤 사람이 노동에 더 강하게 익숙해지면 익숙해질수록, 나아가서 아마 욕망 때문에 괴로움을 더 강하게 느끼면 느낄수록 그만큼 권태도 강해질 것이다. 인간은 권태에서 벗어나기 위해서 자신의 나머지 다른 욕망들의 정도를 초월해서 노동하거나 아니면 유희를 생각해내야 한다. 그것은 노동 일반에 의한 욕망 외에는 다른 아무런 욕망도 가라앉힐 수 없는 노동을 의미한다. 유희에도 싫증나고 새로운 욕망을 통해서도 노동을 해야 할 아무런 이유를 갖지 못한 사람에게는 때때로 제3의 상태에 대한 요구가 엄습한다. 이것은 행복하고 안정된 감동을 향한 요구로, 떠다니는 것이 춤에 관계하고, 춤이 걷는 것에 관계하는 것처럼 유희에 관계하고 있는 것이다 : 이것은 행복에 관한 예술가와 철학자의 환상이다.

612.

사진에서 얻는 이론—가장 먼 유년기부터 장년기까지의 자신의 많은 사진들을 관찰하면, 사람들은 자신이 청년이었을 때보다 어린 아이일 때의 모습과 훨씬 더 닮았다는 사실을 발견하고는 기분 좋은 놀라움을 느끼게 된다 : 즉 이 과정에 따르자면 아마 그 사이에 일시적으로 근본적인 성격 장애 상태가 나타났으며, 축적되고 뭉쳐진 장년의 힘이 그것을 다시 지배하게 되었다는 사실을 느끼게 된다. 이 사실을 인지하는 것은 청년기에 우리를 이리저리 끌고 다니던 모든 정열, 교사, 정치적 사건들의 강한 영향이 나중에 다시 안정된 절도로 되돌아온 것처럼 보이는 또다른 인지와 일치한다 : 확실히 그 영향은 살아 있고 우리들 속에서 계속 작용한다. 그러나 근본적인 감각과 근본적인 견해 역시 우세함을 가지고 있으며, 20대에 아마 흔히 있는 일처럼 그 영향을 힘의 원천으로 이용하지만, 더 이상 힘의 조절기로서는 이용하지 않는다. 그래서 장년의 사고와 감각은 다시 자신의 유년기적인 사고와 감각에 더 잘 맞게 된다—그리고 이 내면적 사실이 앞서 말한 외면적 사실 속에서 표현되는 것이다.

613.

나이에 따른 목소리의 색깔—젊은 사람들이 말하고 칭찬하고 비방하며 시를 짓는 어조는 더 나이든 사람들을 불쾌하게 한다. 왜냐하면 그 어조는 너무 시끄럽고, 게다가 텅 비어 있어 반향력을 가진 둥근 천장의 공간 속에 울리는 소리처럼 둔탁하고 명확하지 못하기 때문이다. 그 이유는 젊은 사람이 생각하는 대부분의 것은 그들 자신의 본성의 충만함에서 흘러나오는 것이 아니라, 그들의 주변에서 생각하고 말하며 칭찬하고 비방한 것의 공명이고 여운이기 때문이다. 애착과 혐오의 감정들은 그 감정의 근거보다도 훨씬 강하게 그들 속에 여운을 남기기 때문에, 만약 그들이 자신들의 감정을 다시 널리 드러내게 될 경우에는 근거의 부재 또는 결핍의 표시인 그 둔탁하고 메아리치는 듯한 소리가 생기게 되는 것이다. 더 성숙한 나이의 사람들의 어조는 엄격하고 짧게 끊어져 중간 정도의 소리이기는 하지만, 모든 것이 분명히 발음된 것이므로 아주 멀리까지 울려 나간다. 끝으로 노년은 흔히 특정한 부드러움과 관대함을 소리에 부여하여, 마치 거기에 설탕을 넣은 것과 같다 : 이것은 물론 많은 경우에 그 소리를 시큼하게 만들기도 한다.

614.

뒤떨어진 사람들과 앞서가는 사람들 — 불신감에 가득 차 있고, 경쟁 상대들과 이웃 사람의 운 좋은 성공에 질투를 느끼며 자신과 다른 의견들에 대해 난폭하고 쉽게 분개하는 불쾌한 성격은, 그가 문화의 초기 단계에 속하며 따라서 하나의 잔재임을 나타내고 있다 : 왜냐하면 그가 사람들과 교제하는 방식은 강자가 권리를 가지던 시대 상황에나 정당하고 어울리기 때문이다. 그는 뒤떨어진 사람이다. 또 함께 기뻐함을 즐겨하고 어디서나 친구들을 얻으며 성장하고 생성하는 모든 것에 깊은 애정을 느끼고 다른 사람의 모든 명예와 성공을 함께 즐거워하며 참된 것만을 인식하기 위한 특권을 요구하는 것이 아니라, 오히려 완전히 조심스러운 의혹을 지닌 다른 하나의 성격이 있는데,—그는 인간의 더 높은 문화를 향하여 노력하는 앞서가는 사람이다. 그 불쾌한 성격은 인간적인 교제의 조잡한 토대가 겨우 세워져야 했던 시대에서 유래하는 것이며, 다른 하나의 성격은 문화의 토대들의 아래쪽 지하실에 갇혀 미쳐 날뛰고 울부짖는 맹수에서 가능한 한 멀리 떨어져 있는, 그 가장 높은 층에 살고 있는 것이다.

615.

우울증 환자를 위한 위로—위대한 사상가가 때때로 우울증적인 자기학대 행위들에 사로잡혀 있을 때, 그는 위로하기 위하여 자신에게 이렇게 말할지도 모른다 : "너 자신의 큰 힘에서 이 기생충은 영양을 섭취하고 성장한다. 그 힘이 더 적었더라면, 너는 조금 고통을 덜 받아도 되었을 것이다." 정치가 역시, 국민의 대표자로서 반드시 그것에 강한 재능을 지녀야 하는 경쟁심과 복수심, 그리고 만인에 대한 만인의 투쟁이라는 분위기가 만약 자신의 개인적인 관계들에도 파고들어 삶을 어렵게 만들 때에는 그렇게 말할 수도 있을 것이다.

616.

현재와 소원해져서—자신의 시대에서 한 번쯤 심각할 정도로 소원해져서 그 시대의 바닷가에서 과거의 세계관들의 대양으로 밀려가보는 것에는 커다란 장점들이 있다. 거기에서 해안 쪽을 바라보면서 사람들은 아마 처음으로 그 전체적인 모습을 조망할 수 있을 것이다. 그리고 그가 다시 해안에 다가가면 그곳을 한 번도 떠난 적이 없는 사람들보다 그 해안을 훨씬 전체적으로 잘 파악할 수 있는 장점이 있다.

617.

개인적인 결함에 씨를 뿌리고 수확하는 것—루소 같은 사람들은 자신의 약점, 결함, 악덕을 곧 자신들의 재능의 비료로 이용하는 법을 이미 알고 있다. 루소가 사회의 부패와 타락을 문화의 보기 흉한 결과로 한탄할 경우, 그 뿌리에는 개인적인 경험이 있다. 경험의 쓰라림은 그에게 일반적인 유죄 판결의 신랄함을 가져다주고 그가 쏘는 화살들에 독을 칠했다. 그는 먼저 한 개인으로서 책임을 면하게 되고 직접적으로는 사회에, 그러나 간접적으로는 사회를 매개로 해서 자신에게도 이득이 되는 치료 수단을 찾으려고 생각했다.

618.

철학적으로 의식하고 있음—통상적으로 인간들은 모든 삶의 상태와 사건들에 대해서 하나의 마음의 태도, 한 종류의 견해들을 얻으려고 애쓴다.—이것을 사람들은 주로 철학적으로 의식하고 있다고 말한다. 그러나 인식을 풍부하게 하기 위해서는 이러한 방식으로 자신을 획일화하는 것이 아니라 서로 다른 삶의 상태의 낮은 목소리에 귀를 기울이는 것이 더 가치가 있을 수도 있다. 이것은 그들에게 독자적인 견해들을 가져다준다. 이렇게 사람들은 자신을 고정되고 불변하는 한 개인으로 다루지 않음으로써 많은 것들의 삶과 본질에 대해 인식하면서 관심을 가지게 되는 것이다.

619.

멸시의 불 속에서—마음에 품고 있는 것만으로도 치욕적인 것으로 간주되는 견해들을 감히 말하려고 할 경우, 그것은 독립으로 향하는 새로운 한 걸음이다. 그때는 친구와 아는 사람들도 대개는 걱정할 것이다. 천부적인 재능을 지닌 사람은 이 불을 통과해야 한다. 그들은 그 후에 훨씬 더 많이 자기 자신에 속하게 된다.

620.

희생—선택을 해야 한다면 작은 희생보다는 큰 희생이 선호된다 : 왜냐하면 큰 희생에 대해서는 작은 희생에서는 불가능한 자기 찬미를 통해서 보상을 받기 때문이다.

621.

요령으로서의 사랑—새로운 그 무엇을 진정으로 알고자 하는 사람은(그것이 인간이든, 사건이든, 책이든) 이 새로운 것을 가능한 모든 사랑으로 받아들이고, 그에게 적대적이고 불쾌하며 잘못된 것으로 보이는 모든 것에서 재빨리 시선을 돌리고, 나아가서 그것을 잊어버리는 것이 좋다 : 따라서 예를 들어 사람들이 어떤 책의 저자에게 최대의 점수를 주고 경기할 때처럼 두근거리는 가슴으로 그가 목표에 이르기를 열망하는 것이다. 즉 사람들은 이런 방법으로 새로운 사항의 중심부까지, 즉 그 원동력이 되는 점까지 다가간다 : 그리고 이것이 바로 그 사항을 터득하게 되는 것을 의미한다. 거기까지 가면 오성이 뒤에서부터 제한을 가한다. 그 과대평가, 비판적인 추를 일시적으로 떼어놓는 것은 바로 어떤 일에 대한 마음을 밖으로 유인해내는 요령이었을 뿐이다.

622.

세계에 대하여 너무 좋게 생각하는 것과 너무 나쁘게 생각하는 것—사물들에 대하여 너무 좋게 생각하거나 너무 나쁘게 생각하거나 간에, 사람들은 거기에서 항상 좀더 높은 쾌감을 거두어들이게 되는 장점을 가진다 : 왜냐하면 우리는 일반적으로 너무 좋은 선입견을 가질 때 사물들이 실제로 함유하고 있는 것보다 더 많은 당분을 사물들(또는 체험들) 속에 넣게 되기 때문이다. 너무 나쁜 선입관은 유쾌한 실망감을 초래하게 된다 : 사물 속에 있었던 유쾌함이 불시의 유쾌함에 의해 커지게 되는 것이다.—그런데 어두운 기질을 가진 사람은 양쪽 경우에서 정반대의 체험을 할 것이다.

623.

깊이 있는 사람―인상들을 깊이 파 들어가는 데에 강한 사람― 사람들은 그들을 일반적으로 깊이 있는 사람이라고 부른다―은 어떤 갑작스러운 일에도 비교적 침착하고 단호하다 : 왜냐하면 첫 순간에는 인상이 아직 얕으며 그 후에 비로소 깊어지기 때문이다. 그러나 오랫동안 예상되고 기대된 사물이나 인물들은 이러한 본성을 지닌 사람들을 가장 많이 흥분시키며, 마침내 기대된 것이 도착했을 때 정신의 냉정함을 거의 지킬 수 없게 만든다.

624.

더 높은 자기(自己)와의 교제―누구에게나 자신의 더 높은 자아를 발견하는 좋은 날이 있다. 그리고 참된 인간성은 누군가를 이런 상태에 의해서만 평가하고 부자유하고 예속된 날의 상태로 평가하지 않을 것을 요구한다. 예를 들어 사람들은 화가를 그가 보고 묘사할 수 있었던 최고의 환상에 따라 평가하고 존경해야 할 것이다. 그러나 사람들은 매우 다양하게 그들의 더 높은 자아와 교제를 하며, 나중에 몇 번이고 다시 그러한 순간들에 존재하는 것을 모방한다는 점에서는 흔히 그들 자신의 배우들이기도 하다. 많은 사람들은 자신의 이상에 대한 두려움과 순종 속에서 살고 있고 이상을 부정하고 싶어한다 : 그들은 자신들의 가장 높은 자아를 두려워하고 있다.

그 이유는 이러한 자아가 말을 하게 될 경우 엄격하게 말하기 때문이다. 게다가 그것은 원하는 대로 가기도 하고 머무르기도 하는 유령과 같은 자유를 가지고 있다. 따라서 그것은 흔히 신들의 선물이라고 불린다. 그런데 본래는 다른 모든 것이 신들의 (우연의) 선물이다 : 그러나 그것은 인간 자신이다.

625.

고독한 사람들—어떤 사람들은 자기 자신과 함께 혼자 있는 것에 익숙해져서 자신을 다른 사람과 전혀 비교하지 않고 조용하고 즐거운 기분으로 자기 자신과 좋은 대화를 나누며, 게다가 웃음을 지으며 독자적인 삶을 엮어 나간다. 그러나 이러한 사람들이 자신을 다른 사람과 비교하게 하면 자기 자신을 구차하게 과소 평가하는 경향이 있다 : 그래서 그들은 자신에 관한 유익하고 정당한 의견을 남에게서 비로소 다시 **배우도록** 강요받을 수밖에 없게 된다 ; 그런데 그들은 배워 익힌 이 의견에서도 되풀이해서 조금 빼거나 값을 깎으려고 할 것이다.—따라서 인간은 특정한 사람들에게는 혼자 있음을 기꺼이 허락해야만 하지만 흔히 일어나는 일처럼 그 때문에 불쌍히 여기는 어리석은 짓은 하지 않아야만 한다.

626.

선율 없이—끊임없이 자신을 고집하고 자신의 모든 능력을 조화 있게 정돈하는 특성을 가지고 있어서, 목표를 설정하는 모든 활동을 거부하는 사람들이 있다. 그들은 마치 조직되어 있고 동적인 선율의 시작조차도 나타내는 일 없이 길게 늘인 조화로운 화음만으로 구성된 음악과 비슷하다. 외부에서의 운동도 단지 조화로운 아름다운 곡조의 호수 위에 떠 있는 작은 배에 금방 새로운 균형을 주는 것에 도움이 될 뿐이다. 현대의 인간들은 일반적으로 이러한 본성을 지닌 사람들을 만나게 되면, 그들은 아무것도 되지 않을 것이며 그래서 그들은 아무것도 아니라고 말할 수 없기 때문에 극도로 불안해진다. 그러나 그들의 모습은 하나하나의 분위기 속에서는 무엇을 위하여 선율이 있는 것인가라는 특별한 질문을 던지게 만든다. 삶이 깊은 호수에 고요하게 비치고 있을 때, 왜 그 삶은 우리를 만족시키지 못하는가?—중세에는 우리 시대보다도 그런 본성을 지닌 사람이 더 많았다. 군중 속에서도 자신과 더불어 아주 평화롭고 즐겁게 살아갈 수 있으며 괴테처럼 자신을 향하여 다음과 같이 말하는 사람을 아직도 만나게 된다는 것은 그야말로 드문 일일 것이다 : "가장 훌륭한 것은 깊은 고요이다. 그 속에서 나는 세상에 역행하며 살아가고 성장하며 세상이 나에게서 불과 칼로도 앗아갈 수 없는 것을 얻게 된다."

627.

삶과 체험—소수의 사람들이 어떻게 자신의 체험—보잘것없는 평범한 체험—을 해마다 세 번씩 열매를 맺는 경작지가 되도록 경영할 줄 아는지 보라. 반면 다른 사람들—참으로 많은 다른 사람들!—이 가장 격앙된 운명, 가장 다양한 시대와 민족이라는 강물의 큰 파도에 밀려다니면서도 코르크처럼 항상 위에 떠 있는 것도 보라 : 그러면 사람들은 마침내 인류를 적은 것에서 많은 것을 만들어 낼 줄 아는 소수(극소수)의 사람과, 많은 것에서 적은 것을 만들어 낼 수 있는 다수의 사람으로 분류하고 싶은 마음이 들게 된다. 게다가 그들은 무에서 세계를 창조해내는 대신 세계에서 무를 창조하는 뒤바뀐 마법사들을 만나게 된다.

628.

유희 속에서의 진지함—제노바에서 나는 황혼 무렵 어느 탑에서 들려오는 긴 종소리를 들었다 : 그 종소리는 그치려 하지 않았다. 그리고 자기 자신에게 싫증을 낼 줄 모르는 것처럼 거리의 소음을 넘어서서 실로 엄청나게, 동시에 어린아이처럼 그리고 슬픔에 가득 차서 저녁 하늘과 바다의 대기 속으로 울려퍼졌다. 그때 나는 플라톤의 말을 생각했고 그 말을 갑자기 마음속에서 절감했다 : 인간적인 모든 것은 모조리 크게 진지해할 만한 것이 못 된다. 그럼에도 불구하고—

629.

신념과 정의에 대해—인간이 정열 속에서 말하고 약속하고 결정한 것을 나중에 냉정하고 객관적인 상태에서도 지켜야 하는 것—이 요구는 인류를 압박하는 가장 무거운 짐에 속한다. 분노, 불타는 복수심, 감격적인 헌신, 이러한 것의 결과들을 모든 미래에도 인정해야만 하는 것—이것은 이곳 저곳에서 그리고 특히 예술가들에 의해 우상숭배가 더 많이 행해지면 질수록 그만큼 더 크게 이러한 감정들에 대한 분노를 자극할 수 있다. 이 예술가들은 정열에 대한 존중을 크게 키우고 있으며 항상 그렇게 해왔다. 물론 그들은 한 인간이 자기 자신에게서 받게 되는 정열의 무서운 앙갚음 그리고 그 결과로 죽음, 불구, 임의적 추방을 가져오는 그 복수심의 폭발과 상처받은 마음의 체념 역시 찬미한다. 어떤 경우든, 그들은 정열에 대한 호기심을 깨어 있게 한다. 그것은 마치 너희들은 정열 없이는 아무것도 체험하지 못한 것이라고 말하려고 했던 것 같다.—사람들이 아마도 신과 같은 완전히 날조된 존재에게 충성을 맹세했기 때문에, 우리를 열광시킨 현혹적인 망상의 상태에서 근주, 당파, 여성, 사제의 수도회, 예술가, 사상가에게 마음을 바쳤기 때문에, 그리고 그 존재를 모든 숭배와 희생을 받을 가치가 있는 것으로 보이게 했기 때문에—사람들은 이제 벗어날 수 없을 만큼 그것에 단단히 속박되어 있는 것인가? 도대체 우리는 그 당시 우리를 스스로 기만한 것은 아니었는가? 그것은 우리가 몸을 바친 그 존재가 사실상 우리의 표상 속에 나타났던 바로 그 존재라는, 물론 은밀한 전제 하에 있는 불확실한 약속은 아니었는가? 우리는 이 충성에 의해서 우리의 좀더높은 자기 자신에게 해를 끼친다는 사실을 통찰하면서도 우리의 오류에 충실해야 할 의무를 가지고 있는가?—아니다. 그런 종류의 법규와 의무는 존재하지 않는다. 우리는 배신자가 되어 불성실을 행하고 우리의 이상을 되풀이해서 포기해야만 한다. 이렇게 배신자라는 고통을 가하고 그것으로 다시 고통을 받지 않고서 우리는 삶의 한 시기에서 다른 시기로 옮겨갈 수가 없다. 이 고통에서 벗어나기 위하여 끓어오르는 우리 감각을 경계해야 할 필요가 있을까? 그러면 세계는 우리에게 너무나 황폐하고 너무 유령같이 되지는 않을까? 오히려 우리는 신념이 바뀔 경우에 이 고통이 필연적인 것인지 아니면 잘못된 의견과 존중에 의한 것인지 의문을 제기해보자. 사람들은 왜 자신의 신념에 충실한 사람에 대해서는 경탄하고, 신념을 바꾸는 사람은 멸시하는 것일까? 나는 단지 저속한 이해나 개인적인 불안이라는 동기만이 그러한 신념의 변화를 초래하는 것이라고 모든 사람이 전제하기 때문이라는 대답이 틀림없을까봐 두렵다. 즉 사람들은 근본적으로, 자신의 의견이 유리하거나 또는 적어도 자신에게 아무런 해도 끼치지 않는 한 아무도 자신의 의견을 바꾸지 않을 것이라고 믿고 있다. 그러나 만약 그렇다면 거기에는 모든 신념의 **지적** 의미에 대한 바람직하지 않은 증언이 포함되어 있는 것이다. 신념이 어떻게 성립하는지를 한번 시험해보고 그것이 너무 과대평가되는 것이 아닌지 살펴보자 : 여기에서, 신념의 **변화** 역시 사정에 따라서는 잘못된 척도에 의해 측정되며, 우리는 지금까지 이 변화로 인해 너무 많이 고통받아오곤 했다는 사실이 도출될 것이다.

630.

신념이란 인식의 어느 한 지점에서 절대적인 진리를 소유하고 있다는 믿음이다. 따라서 이 믿음은 절대적 진리가 존재한다는 것과 그와 마찬가지로 그 진리에 이르기 위한 완전한 방법이 발견되어 있다는 것 그리고 끝으로 신념을 가지고 있는 모든 사람은 이 완전한 방법을 사용한다는 것을 전제로 한다. 이러한 세 가지 진술은 곧 신념을 가진 인간은 학문적 사고의 인간이 아니라는 것을 증명하고 있다. 그는 이론적으로 천진난만한 나이로 우리 앞에 서 있고 그 밖의 점에서는 얼마나 성숙해 있든 어린아이에 불과하다. 그러나 수천 년 전체가 그 어린아이 같은 전제들 속에서 살아왔고, 그러한 전제들에서 인류의 가장 강한 힘의 원천이 흘러나왔다. 자신의 신념을 위해 희생했던 그 수많은 사람들은 절대적인 진리를 위해 그렇게 하는 것이라고 생각했다. 이 점에서 그들 모두는 옳지 않았다 : 아마 아직 어떤 사람도 진리를 위해 자신을 희생하지는 않았을 것이다. 적어도 자신의 믿음에 대한 독단적인 표현은 학문적이 아니었거나 반쯤만 학문적인 것이었으리라. 그러나 근본적으로 사람들은 자신이 정당해야 한다고 생각했기 때문에 정당함을 유지하려고 했다. 그의 믿음이 박탈당하는 것, 이것은 아마 그의 영원한 행복을 의심하게 만드는 것을 의미했으리라. 이처럼 극도로 중요한 문제에서 '의지'는 너무나 잘 들리게 지성의 대사를 읽어주는 자였다. 어떤 방향의 어떤 믿음을 가진 사람의 전제도 반박될 수 없다. 반대의 이유가 아주 유력한 것으로 입증되었다 하더라도, 그에게는 항상 이성 일반을 비방하고 아마도 '불합리하기 때문에 나는 믿는다' 라는 극단적인 광신주의의 깃발을 꽂을 수 있는 여지가 남아 있었다. 역사를 그렇게 폭력적인 것으로 만들어온 것은 의견들의 투쟁이 아니라 의견에 대한 믿음, 즉 신념의 투쟁이다. 그러나 만약 자신들의 신념을 그렇게 대단한 것으로 생각했고 모든 형태의 희생을 바쳤으며 그것을 위하여 명예와 몸과 생명을 아끼지 않았던 모든 사람들이, 자신이 어떤 정당성을 가지고 이러저러한 신념에 구속되어 있었으며 어떤 길을 통하여 거기에 이르렀는가에 대한 연구에 그들의 힘의 반이라도 바쳤더라면, 인류의 역사는 얼마나 평화롭게 보이겠는가! 인식된 것이 얼마나 더 많이 존재했겠는가! 이단자를 박해할 때의 모든 종류의 그 잔인한 광경은 두 가지 이유에서 불필요한 일이었을 것이다 : 첫째 이유는 심문자들이 무엇보다도 자기 자신의 내면을 심문했더라면 절대적인 진리를 옹호한다는 자만심에서 벗어났을 것이라는 점이며, 다음 이유는 이단자 스스로가 모든 종파의 신도와 '정통 신앙교도'의 교의들처럼 잘못 규정된 교의들에 대하여 조사를 하고 났더라면 더 이상 그것에 관여하지 않았을 것이라는 점이다.

631.

인식의 어떤 문제들에 대한 회의적이고 상대적인 모든 태도에 대한 깊은 불만은 사람들이 절대적 진리를 소유하고 있다고 믿는 일에 익숙해 있었던 시대에서 유래한다. 사람들은 대부분 권위 있는 사람들(아버지, 친구, 교사, 군주)의 신념에 무조건 항복하는 쪽을 택하며, 그렇게 하지 않을 경우에는 일종의 양심의 가책을 느낀다. 이러한 경향은 완전히 이해될 수 있는 것이며, 그 결과들이 인간 이성의 발전에 대해서 심하게 비난할 수 있는 권리를 부여하지도 않는다. 그러나 인간의 학문적 정신은 점차적으로 그 **신중한 절제**의 덕을 성숙시켜야만 한다. 그것은 이론적인 삶의 영역에서보다 실천적인 삶의 영역에서 더 잘 알려져 있고 예를 들어 괴테가 안토니오 Antonio라는 인물에서 타소Tasso의 모든 것에 대하여, 즉 비학문적이며 동시에 게으른 본성을 가진 것에 대하여 분노의 대상으로 묘사했던 그러한 절제의 덕이다. 신념을 가진 사람은 그 신중하게 사고하는 사람인 이론적인 안토니오를 이해하지 않아도 되는 권리를 자신 속에 가지고 있다. 다른 한편으로 그 때문에 학문적인 사람은 비학문적인 사람을 비난할 권리가 없다. 그는 상대를 못 본 체해준다. 게다가 특정한 경우에는 그 사람이, 타소가 결국 안토니오에게 그렇게 하듯이, 자신에게 매달릴 것을 알고 있다.

632.

여러 가지 신념들을 두루 거쳐온 것이 아니라 처음에 걸린 믿음의 그물에 매달려 있는 사람은, 사정 여하를 불문하고 바로 이 불변성 때문에 뒤떨어진 문화들의 대표자이다. 그는 교양(이것은 항상 교화할 수 있음을 전제하고 있다)의 이러한 결여 때문에 거칠고 무분별하며 납득시키기 어렵고 온화함이 없으며 영원한 불신자이고 자신의 생각을 관철하기 위해 모든 수단을 사용할 무모한 사람이다. 왜냐하면 그는 다른 의견이 있을 수도 있다는 사실을 전혀 이해하지 못하기 때문이다. 이러한 관점에서 아마도 그는 어떤 힘의 원천이며, 지나치게 자유롭고 활기 없는 문화 속에서는 유익할 수도 있다. 그러나 그것은 그가 강하게 자극하므로 그에게 대항하게 되는 경우에만 유익할 수 있다. 왜냐하면 그와 싸우도록 강요된 새로운 문화의 더 나약한 구조는 그럼으로써 스스로 강해지기 때문이다.

633.

우리는 본질적으로는 아직 종교개혁 시대의 사람들과 똑같은 인간들이다 : 어떻게 다를 수가 있을까? 그러나 우리는 우리의 의견이 승리하도록 도와주기 위한 몇 가지 수단들을 더 이상 허용하지 않는다는 것, 이것이 우리로 하여금 그 시대를 능가하게 하며 우리가 더 높은 문화에 속해 있다는 것을 증명해준다. 지금도 여전히 종교개혁 시대의 인간의 방식으로 의혹과 분노를 폭발하면서 의견들을 공격하고 진압하는 사람은 만약 그가 다른 시대에 살고 있었다면 자신의 적을 화형에 처했을 것이라는 점과 그가 종교개혁의 반대자로 살고 있었다면 이단심문의 모든 수단을 가지고 자신의 안전을 도모했으리라는 점을 명백히 드러내고 있다. 이 이단심문은 그 당시에는 합리적이었다. 왜냐하면 그것은 교회의 전 영역에 선포되어야만 했던 보편적인 계엄 상태일 뿐이며, 즉 사람들이 교회에서 진리를 가지며, 어떤 대가를 치르고 희생을 하더라도 인류의 구원을 지켜야 한다는 전제(우리는 지금 이 전제를 더 이상 그 사람들과 공유하고 있지 않다)하에서 모든 계엄 상태와 마찬가지로 극단적인 수단을 정당화하는 것만을 의미했기 때문이다. 그러나 사람들은 오늘날 자신이 진리를 가지고 있다고 누구에게도 쉽게 인정하지 않는다 : 엄격한 연구 방법이 불신감과 신중함을 충분히 보급시키고 있어서 말과 행위 속에서 폭력적으로 의견을 주장하는 모든 사람은 우리의 현재 문화의 적으로, 적어도 뒤떨어진 사람으로 느껴진다. 사실상 진리를 가지고 있는 열정은, 배우는 방식을 바꾸고 새롭게 연구하는 좀더 온건하고 내밀한 진리 탐구의 열정에 비하면 오늘날에는 물론 아주 조금만 인정받을 뿐이다.

634.

그런데 방법적인 진리 탐구 그 자체는 신념들이 서로 적대시하고 있었던 시대의 결과이다. 자신의 '진리', 즉 자신의 정당함을 주장하는 것이 개인에게 중요하지 않다면, 대체로 연구 방법도 존재하지 않을 것이다. 그러나 서로 다른 개인들이 절대적 진리를 위하여 끊임없이 투쟁하는 가운데 그 요청들의 타당성을 시험하고 논쟁을 조정할 수 있는 반박의 여지도 없는 원리들을 찾아내기 위하여 사람들은 단계적으로 계속 나아갔다. 먼저 그들은 권위에 따라 판정했고 나중에는 소위 진리가 발견되었던 방법과 수단을 서로 비판했다. 그 사이에 한 시기가 있었는데, 그때 그들은 상대편 명제의 결론들을 끌어내어, 아마 그것들은 유해하고 불행하게 만드는 것임을 생각해냈을 것이다 : 그것으로부터 모든 사람의 판단으로는 상대편의 신념이 오류를 내포하고 있다는 사실이 도출되었을 것이다. 사상가들의 개인적인 **투쟁**은 마침내 방법을 엄격하게 만들어 실제로 진리가 발견될 수 있었고 과거의 방법의 미로가 모든 사람이 보는 앞에서 폭로될 수 있었다.

635.

전체적으로 학문적 방법들은 그 외의 어떤 결과와 같은, 적어도 그만큼은 중요한 연구 성과이다. 왜냐하면 학문적 정신은 방법에 대한 통찰에 입각해 있기 때문이며 학문의 모든 결과도 만약 그 방법을 상실한다면, 미신과 무의미가 다시금 만연되는 것을 저지할 수는 없을 것이기 때문이다. 재치 있는 사람들은 학문의 성과에 대해서 그들이 원하는 만큼 많은 것을 배울 수 있다 : 사람들은 대화에서, 즉 대화 속의 가설들에서 자신들에게 학문적 정신이 결여되어 있다는 사실을 알아채게 된다 : 그들은 오랜 훈련의 결과로 모든 학문적 인간의 정신에 뿌리를 박아온, 사고가 바른 길에서 벗어나는 데 대한 본능적인 불신감을 가지고 있지 않다. 그들에게는 대체로 한 문제에 대하여 어떤 가설을 발견해내는 것으로 충분하다. 그 후 그들은 이 가설에 대하여 열광하게 되며 그것으로 충분하다고 생각한다. 의견을 가진다는 것은 이미 그들에게는 그 의견 중에서도 신념으로서의 의견에 특별히 주의를 기울인다는 것이다. 해명되지 않은 문제에 대해서 그들은 그 문제의 해답과 비슷해 보이는, 머리에 제일 먼저 떠오른 착상에 열중한다 : 이것으로부터, 특히 정치의 영역에서는 가장 나쁜 결과들이 끊임없이 생겨난다.―따라서 오늘날에는 모든 사람이 적어도 하나의 학문에 대하여 철저하게 알고 있는 것이 좋을 것이다 : 그러면 그는 방법이 무엇을 의미하는지 그리고 얼마나 극도의 신중함이 필요한지 알게 된다. 이 충고는 특히 여성들에게 해주어야 한다. 오늘날 여성들은 구제할 수 없을 정도로 모든 가설의 희생자가 되어 있으며 게다가 이 가설이 재치 넘친, 감동시키는, 생기를 불어넣는, 힘있게 만드는 인상을 줄 경우에 특히 그러하다. 좀더 자세히 관찰하게 되면, 교양인들 대부분이 지금도 여전히 사상가들에게서 신념을 갈망하며 신념 외의 다른 것은 아무것도 갈망하지 않는다는 사실과 단지 소수의 사람들만이 확실성을 바라고 있다는 사실을 알게 된다. 전자는 스스로 힘을 증대시키기 위하여 강하게 매료되기를 바란다. 후자에 해당하는 소수의 사람들은 개인적인 이점과 여기서 언급한 힘의 증대라는 이점도 고려하지 않는 객관적인 관심만을 가지고 있다. 월등히 우세한 계층에 있는 전자는, 사상가가 천재처럼 행동하고 스스로 천재라고 부르는 곳에서는, 즉 마치 더 높은 존재처럼 당연히 권위가 주어지는 것만을 보는 곳에서는 어디서나 있을 수 있다. 이런 방식의 천재가 신념들에 대한 정열을 유지하며 학문의 신중하고 소박한 의식에 대하여 불신감을 불러일으키는 한, 비록 그가 자신을 여전히 진리의 구혼자로 믿고 있다 하더라도, 그는 진리의 적이다.

636.

물론 완전히 다른 종류의 천재, 즉 정의의 천재도 있다. 그리고 나는 전혀 어떤 철학적, 정치적 또는 예술적 천재성보다 그것을 더 낮게 평가하려는 결정을 내릴 수가 없다. 이 천재의 방식은 사물에 대한 판단을 현혹시키고 혼란시키는 모든 것을 진심으로 싫어한다. 따라서 정의의 천재는 신념의 적이다. 왜냐하면 그는 살아 있는 것이거나 죽은 것이거나, 실재적인 것이거나 생각된 것이거나 간에 모든 것에 그것의 의미를 부여하고자 하기 때문이다—그리고 그 일을 위해서 정의의 천재는 그것의 의미를 순수하게 인식해야만 한다. 그러므로 그는 모든 사물을 가장 밝은 빛 속에 세워두고 신중한 눈빛으로 그 주위를 돌아다닌다. 마침내 그는 자신의 적, 즉 맹목적이거나 또는 근시안적인 '신념들'(남성들이 그렇게 부르는 것처럼 : —여성들에게 그것은 '믿음'이라고 불린다)에도 신념의 본질적인 것을 부여할 것이다—진리를 위해서.

637.

의견은 정열에서 생겨난다. 정신의 태만은 이 의견들을 신념으로 굳어지게 한다.―그러나 **자유롭고** 쉬지 않고 살아 움직이는 정신을 스스로 느끼는 사람은 끊임없는 변화를 통해 의견이 굳어지는 것을 막을 수 있다. 그리고 더욱이 그가 전체적으로 사고하는 눈덩이라면, 그는 대체로 의견이 아니라 오로지 확실성과 정확하게 측정된 개연성만을 머리 속에 가지고 있을 것이다.―그러나 혼합된 존재들이며 불에 의해 금방 타들어가고 정신에 의해 금방 식는 우리들은, 우리들 위에 존재한다고 우리 스스로 인정하는 유일한 여신인 정의 앞에 무릎을 꿇자. 우리 속에 있는 불은 흔히 우리를 불공정하게 만들고, 저 여신의 의미에서 볼 때는 우리를 불순하게 만든다. 우리는 결코 이러한 상태에서 그 여신의 손을 잡아서는 안 되며 또한 호의를 가진 그 여신의 진지한 미소가 우리에게 주어지는 일도 결코 없을 것이다. 우리는 우리 삶의 은폐된 이시스 여신으로서 그 여신을 숭배한다. 불이 우리를 태워 먹어치우려고 할 때, 우리는 부끄러워하면서 그 여신에게 우리의 고통을 속죄와 제물로 바친다. 우리가 완전히 타서 숯이 되지 않도록 우리를 구제하는 것은 곧 정신이다. 정신은 여기저기에서 우리를 정의의 제물제단에서 구해내거나 또는 석면으로 된 천으로 덮어준다. 불에서 구제된 후 우리는 정신에 의해 움직여져서 이 의견에서 저 의견으로 옮겨다니게 된다. 그리고 배반될 수 있는 모든 사물에 대한 고귀한 **배반자**로 당파들을 바꾸어가면서 옮겨다닌다―그럼에도 불구하고 아무런 죄책감도 없이.

638.

방랑자—어느 정도 이성의 자유에 이른 사람은 지상에서는 스스로를 방랑자로 느낄 수밖에 없다—비록 하나의 궁극적인 목표를 향하여 여행하는 사람이 아니라고 할지라도 : 왜냐하면 이와 같은 목표는 존재하지 않기 때문이다. 그러나 아마도 그는 세상에서 도대체 어떤 일들이 일어나고 있는지를 주시하고 그것에 대하여 눈을 크게 뜨고 보려 할 것이다. 따라서 그는 모든 개별적인 것에 너무 강하게 집착해서는 안 된다. 변화와 무상함에 대한 기쁨을 가진 방랑하는 그 무엇이 그 자신 속에 존재함이 틀림없다. 물론 그러한 사람에게는 지치고 그에게 휴식을 제공할 도시의 문이 닫혀 있는 것을 발견하게 되는 나쁜 밤들이 오게 될 것이다. 아마 게다가 동방에서처럼 사막이 문까지 뻗쳐 있고, 맹수들은 멀리서 그리고 곧 가까이에서 울부짖으며 강한 바람이 일고 도둑들이 끄는 수레에서 그의 짐승들을 훔쳐가게 될 것이다. 그러면 그에게는 아마 사막 위에 있는 또 하나의 사막과 같은 끔찍한 밤이 사라지고 그의 마음은 방랑에 지치게 된다. 아침해가 분노의 신처럼 불타면서 떠오르고 도시가 열리게 되면, 그는 여기서 살고 있는 사람들의 얼굴에서 아마 문 앞에 있었을 때보다 더 많은 사막, 더러움. 기만, 불안정을 본다—그리고 낮은 밤보다 더 나쁘다. 아마 이러한 것이 언젠가 방랑자의 신변에 일어날지도 모른다. 그러나 그 후 이에 대한 보상으로 다른 지방과 다른 날들과 같은 기쁨에 가득 찬 아침이 온다. 그는 그때 이미 어두운 빛 속에서 뮤즈의 무리들이 그의 곁에서 춤추며 산의 안개 속을 지나가는 것을 보게 될 것이다. 그 후에 그가 조용히 오전의 영혼의 균형 속에서 나무들 사이를 거닐면, 그 나무 꼭대기와

5 우거진 잎에서 좋고 밝은 것들, 즉 산과 숲 그리고 고독 속에 살고 있는 자유정신들의 선물이 던져진다. 자유정신들은 그처럼 어떤 때는 쾌활하고 또 금방 생각에 잠기는 현자, 방랑자 그리고 철학자들이다. 그들은 이른 아침의 비밀에서 태어나, 왜 열 번째와 열두 번째를 치는 종소리 사이의 낮이 이렇게 순수하고 투명하며 빛나도록 화사한 얼굴을 가질 수 있는 것인지에 대하여 생각한다 : 그들은 오전의 철학을 찾고 있다.

친구들 속에서
끝말

1.

서로 침묵하는 것은 아름답다,
—서로 웃는 것은 더욱 아름답다, —
비단 같은 하늘 아래
이끼와 너도밤나무에 몸을 맡기고
벗들과 소리내어 기분 좋게 웃고
하얀 이를 보이는 것은.
내가 잘할 때 우리는 침묵하자.
내가 못할 때 우리는 웃어버리자.
그리고 점점 더 못해버리자.
점점 못하고 점점 더 심하게 웃자.
우리가 무덤에 들어갈 때까지.

친구들이여! 그래야만 되지 않겠는가?
아멘! 그리고 안녕!

2.

변명도 말라! 용서도 말라!
그대 기쁘고, 마음이 자유로운 사람들이여 베풀어다오

이 어리석은 책에
귀와 마음과 쉴 곳을!
믿어다오, 친구들이여! 저주가 되지 않도록
나의 어리석음이 나에게!
5 　내가 발견하려는 것, 내가 찾는 것 —,
그것이 책 속에 있었던 적이 있는가?
내 속의 어리석은 자의 무리를 존경하라!
이 어리석은 자의 책에서 배우라,
어떻게 이성이 오며 — '이성으로' 돌아가는가를!

10

그럼 친구들이여! 그래야만 되지 않겠는가?
아멘! 그리고 안녕!

해설

자유정신을 위한 자유정신의 위대한 기념비

김미기

I.

 《인간적인 너무나 인간적인》은 니체가 가장 아프게 체험했던 삶의 고뇌 속에 남겨진, 인간과 세계에 대한 해석을 담고 있는 그의 가장 중요한 철학서 중 하나이다. 1878년에《인간적인 너무나 인간적인》으로 그리고 1879년에《여러 가지 의견과 잠언들》과 1880년에《방랑자와 그 그림자》로 각각 따로 출간되어 나중에《인간적인 너무나 인간적인 I, II》로 묶인 이 책은, 짧게는 한 줄에서 길게는 서너 쪽에 이르는 제1권의 646개, 제2권의 765개의 독립적인 단편들로 구성되어 있는 것으로 그의 저작 중에서 가장 방대한 책이기도 하다. 이 책이 니체의 과거 다른 저작들과는 다른 가장 뚜렷한 특징은 바로 이러한 단편적인 또는 잠언적인 표현 형식이라고 할 수 있을 것이다. 그렇다면 우리는 1,400개가 넘는 이 단편들 속에서 어떻게 일목요연한 그의 사상을 파악할 수 있을까? 왜 그는 이러한 새로운 표현 방식을 선택한 것인가? 왜 그는 이 책으로 인해 많은 친구와 동료들에게 외면당했는가? 그리고 왜 우리는 이 책과 함께 니체의 새로운 철학의 단계가 전개된다고 보는가? 이와 같은 니체의 정신적인 발전과 변화 과정에 대한 의문들의 해답은 당시 그의 사적인 인간관계와 삶 속에서 가장 정확하게 규정될 수 있다. 따라서《인간적인 너무나 인간적인》에 담긴 니체의 사상과 의미를 좀더 정확하게 이해하기 위해서는 이 책이 씌어진 과정을 시간의 흐름을 따라 꼼꼼하게 추적해가는 작업이 필요하다.

  니체 자신의 회고에 따르면 《인간적인 너무나 인간적인》에 수록된 단편들은 리하르트 바그너의 첫 바이로이트 축제극이 열렸던 1876년 여름에 처음 쓰어지기 시작했다. 그러나 몬티나리M. Montinari에 따르면 바그너와의 관계에서 파악될 수 있는 "위기"는 1875년 여름으로 거슬러 올라간다. 이 시기는 니체가 처음으로 단편적인 형식으로 글을 쓰기 시작한 때였으며 또한 바그너 음악에 대한 회의와 함께 정신의 자유와 해방을 위한 싹이 움트기 시작한 때이기도 하다. 《인간적인 너무나 인간적인 I》의 32, 33, 108, 114, 125, 148, 154, 158, 163, 224, 233, 234, 261, 262, 360, 474, 607의 17개 단편은 바이로이트 축제극이 열리기 1년 전인 1875년 여름에 이미 쓰어졌던 글들이다(Kritische Studienausgabe(=KSA) Bd. 14, 115f).

  1876년 7월 24일 개막 축제극에 참석하기 위해 바이로이트에 갔던 니체는 바그너 음악과 바이로이트의 분위기에 크게 실망한 채 8월 6일 클링스부룬으로 "도망치듯" 떠나오게 된다. 축제극 주간 동안 육체적으로 특히 정신적으로 아주 쇠약한 상태였던 니체는 친구들, 즉 게르스도르프, 로데, 오버베크 그리고 특히 파울 레의 곁에서 잠시 정신적인 안정을 되찾게 되지만(1876년 8월 30일 여동생 엘리자베트 니체Elisabeth Nietzsche에게 보낸 편지), 여전히 구토를 일으킬 정도로 심한 두통을 호소하고 있어서 절대적인 안정이 필요했다(1876년 8월 30일 니체의 안과의사 쉬스Schieß의 기록). 며칠 후, 바이로이트에서 다시 바젤로 돌아온 니체는 그 사이에 특별한 목적 없이 써놓은 단편적인 글들을 그의 제자이자 조수로 항상 곁에 있었던 하인리히 쾨젤리츠H. Köslitz(일명 페터 가스트Peter

Gast)에게 다시 베껴 써서 정리하도록 지시했다. 1876년 9월부터 본격적으로 착수해 나중에 니체가 한 번 더 수정한 이 작업에는 원래 '쟁기날Pflugschar' 이라는 제목이 붙어 있었다. 니체는 당시를 다음과 같이 회고하고 있다. "저 바이로이트의 여름에 나는 그 사실을 완전히 자각했던 것입니다. 함께 자리했던 저 초연이 끝난 후 나는 곧 산 속으로 도망치고 말았습니다. 그리고 그 작은 숲속 마을에서 첫번째 초안이 나왔습니다. 그것은 내 책의 거의 3분의 1 정도였고 그때의 제목은 쟁기날이었습니다……."(1878년 7월 15일 마이어 M. Maier에게 보낸 편지)

1876년 10월 1일 니체는 파울 레와 함께 벡스, 제노바를 거쳐 10월 27일 소렌토로 여행을 떠난다. 여기서 그는 자신은 물론 바그너와도 좋은 친분을 가지고 있었던 말비다 폰 마이젠북M. von Meysenbug이 초대한 자리에서 이미 그곳에 와 머물고 있던 바그너를 만나게 되는데, 이것이 그들의 마지막 만남이었다. 그리고 니체는 그곳에 머무르면서 《인간적인 너무나 인간적인 I》의 본문을 구성하고 있는 글들을 본격적으로 집필하기 시작한다. "《반시대적 고찰 V. 자유정신》이 완성되었다. 이제 나는 받아 써줄 사람만 필요하다."(10월 18일 벡스에서 여동생에게 보낸 편지) 바이로이트 축제극에 즈음하여 니체가 출간한 《반시대적 고찰 IV : 바이로이트의 리하르트 바그너》가 바그너에게 새로운 영향과 자극을 주어 관계를 개선하려는 희망을 가지고 그와 새로운 화해의 길을 열어보려는 니체의 마지막 시도로 볼 수 있다면, 니체의 급속한 건강 악화로 쾨젤리츠가 대신 정리한 다섯 번째의 《반시대적 고찰》로 계획된 이 글들은 바그너와 바그너 음악에서의 해방과 니체의 정신적 자유를 담고 있다. 《인간적인 너무나 인간적인 I》은 이렇게 1875년의 단편들, 1876년 여름부터 12월 말까지 남부 이탈리아에서 쓴 글들 그리고 이탈리아에서 돌아와 로젠라우이바트에 머무르면서 1877년 여름까지 쓴 글들로 구성되어 있다.

니체가 원래 《반시대적 고찰 V. 자유정신》이라는 제목으로 출판할 계획을 가지고 있었던 이 글들은 1878년 1월 중순 간행인 슈마이츠너 E. Schmeitzner에게 보내진다. 니체는 처음에 이 원고를 익명으로 출판하고자 했으나 슈마이츠너의 반대로, 제목도 《반시대적 고찰 V. 자유정신》이 아닌 《인간적인 너무나 인간적인. 자유정신을 위한 책. 1778년 5월 30일 볼테르 서거 기념제에 즈음하여 볼테르를 기념하여 바침 Menschliches Allzumenschliches, Ein Buch für freie Geister. Dem Andenken Voltaire's geweiht zur Gedächtnissfeier seines Todestages des 30. Mai 1778》이라는 표제로 켐니츠에서 출간된다. 왜 하필 볼테르에게 바치는 책인가? 볼테르 서거 100주년을 기념하여 바쳐진 이 책은 주위의 많은 친구들에게 놀라움과 동시에 실망을 안겨주었다. 한편 《인간적인 너무나 인간적인》이 출간되던 날, 니체는 파리로부터 볼테르의 흉상 하나를 전해 받게 된다. 볼테르의 흉상에는 "볼테르의 영혼이 프리드리히 니체 씨에게 축하드립니다 L'âme de Voltaire fait ses compliments à Frédéric Nietzsche"라고 새겨져 있었다. 니체는 얼마 후 마이젠북에게 보내는 1878년 6월 11일자 편지에서 이 사건에 대해 다음과 같이 쓰고 있다. "5월 30일 도대체 누가 나를 기억했을까요? 아주 반가운 편지(가스트와 레에게서 온) 두 통과 더 반가운 것이 도착했습니다: 나는 매우 감격스러웠습니다. 100년 후에도 여전히 불공평한 판단들을 가지고 있는 그 사람의 운명은 엄청난 상징으로 내 눈앞에 놓여 있었습니다 : 사람들이 정신의 해방자를 가장 화해하기 어려울 정도로 증오하면서 사랑하는 것은 너무 부당합니다. 그렇다 할지라도 나는 조용히 내 길을 나아갈 것이며 그 길에서 나를 방해할 수 있는 모든 것을 체념할 것입니다. 거기에는 삶의 위기가 도사리고 있습니다."

이 편지에서 "삶의 위기"라는 니체의 표현에 특히 주목할 필요가 있다. 왜냐하면 훗날 니체는 이 책을 쓴 당시를 회고하면서 자신의 삶의 위기를 겪으면서 태어난 책《인간적인 너무나 인간적인》을 그의 철학에서 "위기의 기념비"라고 부르고 있기 때문이다. 그러면 니체는 당시 어떤 위기를 맞고 있었는가? 니체의 위기의식은 먼저 갑자기 악화된 건강 상태로 인한 심한 육체적 고통에서 비롯되었고, 또한 바그너와의 관계에서 오는 소원함, 정신적인 고독, 새로운 철학을 위한 진통 등을 통해 규정될 수 있다. 이러한 위기들을 극복하기 위해 니체에게 필요했던 것이 바로 《인간적인 너무나 인간적인》 전체에 깔려 있는 '자유정신' 이다. "그래서 나는 언젠가 내게 필요했던 '자유정신들'을 창안해냈다. '인간적인 너무나 인간적인' 이라는 제목의 이 우울하고 용감한 책은 바로 그 자유정신에게 바치는 것이다."(《인간적인 너무나 인간적인 I》, 서문 2)

니체에게 볼테르는 바로 이 '자유정신'의 전형이자 모범적인 계몽가였고 신비적이며 이상주의적인 모든 것에 맞서 투쟁하는 사람이었다. 당시 니체는 더 이상 쇼펜하우어나 바그너가 아닌 볼테르에게서 자유롭고 해방된 정신을 소유한 위대한 사상가의 상징을 발견한 것이다. 니체가 자신의 생각을 과거의 표현 형식과 달리 짤막한 단편적인 글들로 표현했던 까닭도 여기에 있다고 본다. 왜냐하면 일반적으로 논리와 체계를 따른 서술 형식이 아니라 단편적이고 잠언적인 서술 형식은, 일종의 감정의 카타르시스를 촉진하는 것과 같은 기능을 가지고 있어서 점차 팽배해져

가고 있었던 바그너에 대한 불신감과 그의 자유정신을 표출해낼 수 있는 적절한 표현 수단이었을 것으로 추정되기 때문이다. 앞에서 언급한 바와 같이 니체가 처음으로 단편적인 글의 형식을 보인 것이 1875년 여름의 일이며, 바그너에 대한 니체의 회의는 1874년부터 지속적으로 커져가고 있었다는 사실이 이러한 추정을 뒷받침할 수 있다.

《인간적인 너무나 인간적인 I》이 출간되고 난 직후부터, 즉 1878년 5월부터 11월까지 니체는 작은 책 분량으로 10권의 기록을 남기고 있는데, 그 중에서 자신에 대한 자전적인 기록이나 바그너에 대한 기록을 제외한 나머지 부분들을 스스로 정리하고 번호를 붙여 만든 408개의 잠언들로 구성된 원고를 1878년 12월 31일 슈마이츠너에게 보낸다. 이 원고는 1879년 3월 초 《인간적인 너무나 인간적인. 자유정신을 위한 책. 부록 : 여러 가지 의견과 잠언들 *Menschliches Allzumenschliches. Ein Buch für freie Geister. Anhang: Vermischte Meinungen und Sprüche*》이라는 제목으로 출간되었다. 책의 표제가 암시하고 있듯이 이 글들은 처음부터 니체가 《인간적인 너무나 인간적인 I》의 보충 및 연장이라는 맥락에서 출간하려 했던 것으로, 나중에 다른 부록과 합쳐 한 권으로 출간한 《인간적인 너무나 인간적인 II》의 전반부를 구성한다. 그 후부터 1879년 초여름까지 니체는 새로운 글을 쓰지 않았다. 마침내 1879년 6월 14일 니체는 계속되는 병마로 바젤 대학 교수직을 사임하고 1879년 여름을 스위스의 성 모리츠에서 그의 표현대로 "그림자처럼" 생활하게 된다. 니체는 마치 오직 자신의 그림자와 이야기할 수밖에 없는 고독한 방랑자처럼 많은 옛 친구들과 세상으로부터 소외되어 있었다. 니체 스스로도 그에게 가장 힘들고 고독했던 1879년 말경까지의 시간들을 "나의 생애에서 가장 어두운 겨울이었다"라고 회고하고 있다. 철저한 고독 속에서 자신과 투쟁했던 이 시기에 씌어진 것이 바로 1880년 1월 출간된《방랑자와 그의 그림자. 이미 출간된 사상집 인간적인 너무나 인간적인, 자유정신을 위한 책의 두 번째이자 마지막 보권 Der Wanderer und sein Schatten. Zweiter und letzter Nachtrag zu der früh erschienenen Gedankensammlung, Menschliches Allzumenschliches. Ein Buch für freie Geister》이다. 《인간적인 너무나 인간적인 I》의 연장선상에서 씌어진 2개의 부록은 이렇게 따로 간행되었다가 1878년 출간 당시에 니체가 덧붙였던 '볼테르에게 바침'이라는 부제는 삭제되고 새로운 서문과 함께 한 권으로 합쳐져서 1886년 10월 프리취에 의해《인간적인 너무나 인간적인 II》로 출간된다. 서문과 9개의 장으로 구성된《인간적인 너무나 인간적인 I》에 이어 전체적으로는 제10장에 해당하는 〈여러 가지 의견과 잠언들〉은《인간적인 너무나 인간적인 I》의 연장과 보충이라는 확실한 의도에서 씌어진 것인 반면, 제11장에 해당하는 〈방랑자와 그의 그림자〉는《인간적인 너무나 인간적인》이 탄생하기까지 몇 년에 걸친 정신적인 투쟁과 고독의 시기에서 마침내 자신을 되찾은 니체가 스스로 실천한 개인적이고 관조적인 생활과 그 자신의 실존을 보여주고 있다.

II.

《인간적인 너무나 인간적인 I》에서 니체는 형이상학, 도덕 종교에 대한 비판적인 철학적 논의에 이어, 후반부에서는 친구의 문제, 남성과 여성, 가족의 문제 그리고 국가의 문제를 훨씬 더 경쾌하고 간결한 문장 형식 속에서 언급하고 있다. 특히 개인의 문제를 중점적으로 다루는 마지막 장에서 니체는 사적이고 개별적인 인간의 문제를 지적한다. 니체에게 인간은 총체적이고 유적인 존재가 아니라 홀로 선 인간 개인으로서만 의미를 지닌다. 그러한 개인은 그 어떤 체계와 규율에도 얽매이지 않는 지극히 자유롭고 가볍게 방랑하는 정신을 의미한다. 이것이 곧 니체가 《인간적인 너무나 인간적인 I》에서 추구하고 있는 자유정신이며 "오전의 철학"(본문, 638)이다. "오전의 철학"은 《인간적인 너무나 인간적인 II》의 〈방랑자와 그의 그림자〉에서 "그림자를 가진 철학"이며 "침묵하는 철학"(G. Colli)이라는 새로운 철학으로 모습을 드러내고 있다. 우리는 방랑자와 그의 그림자가 나누는 대화로 구성되어 있는 이 〈방랑자와 그의 그림자〉에서 철학적 논의보다는 가장 고통스러웠던 "삶의 위기"의 순간들을 오히려 명상적인 삶과 절제 속에서 극복하고 여유와 명랑함을 되찾고 있는 니체의 새로운 모습을 발견하게 될 것이다.

이러한 사실에 근거하여 철저한 정신적 고독과 육체적인 고통 속에서 태어난 《인간적인 너무나 인간적인》이 씌어진 시기는 다른 한편으로 니체의 삶과 철학 전체를 통하여 명실공히 가장 공평하고 학문적이며 냉철한 관점을 가지고 있었던 때라고 볼 수도 있다. 그는 "지속적인 나의 고통 외에 나를 몰입시킨 것"은 모든 것은 근본적으로 인간들의 기만이며 오류라는 사실이었다고 밝히고, 지금까지 믿어왔던 모든 가치와 진리들의 해체를 그의 철학의 새로운 과제로 삼았다. 이때 이미 니체는 당대의 비판적이고 합리적인 입장에서뿐만 아니라 고대 정신에서 비롯된 문화적 개념들의 구상에서도 벗어나 있었다. 그는 여기서 전통적인 형이상학과 종교적 가치들은 모두 근본적으로 인간의 자기기만에 지나지 않는 것임을 심리학적으로 해체하고 폭로하고 있는데, 이 작업은 1880년대 그의 저작들에서 볼 수 있는 허무주의를 미리 예고하는 것이기도 하다. "《인간적인 너무나 인간적인》은 위기의 기념비다. 그것은 자유정신을 위한 책이라고 불린다. 그 속의 거의 모든 문장은 승리의 표현이다.―나는 이 책에서 나의 본성에 속하지 않는 것에서 나 자신을 해방시켰다. 이상주의는 나에게 맞지 않는다 : 이 책의 제목은 '그대들이 이상적인 것을 보는 곳에서 나는 인간적인 너무나 인간적인 것을 본다' 는 것을 말하고 있는 것이다(KSA Bd. 6, 322)."

《인간적인 너무나 인간적인》이 초기의 다른 저작들과 비교할 때 가장 두드러지는 점은 단편적이고 잠언적인 형식 외에도 이러한 비판적이고 해체적인 철학의 성격에 있다. "위기의 기념비"《인간적인 너무나 인간적인》에서 니체는 특히 새로운 관점에서 학문과 철학과 예술의 의미를 규정한다. 더 높은 문화를 구현하려는 니체의 시도는 예술과 미래의 관계, 독일정신과 인류의 문제, 개혁과 혁명 등의 문제들에서 중점적으로 다루어지고 있다. 《인간적인 너무나 인간적인》 이전의 니체가 그리스 정신, 쇼펜하우어의 형이상학 그리고 바그너 예술을 중심으로 한 종교, 형이상학, 예술의 정신에 입각해 있었다면《인간적인 너무나 인간적인》에서의 니체는 과학 및 학문의 우월함을 보여주는 자유정신의 모습을 제시한다. 그것은 니체 사상의 흐름에서 볼 때 크게 첫째, 과거의 전통 형이상학과 쇼펜하우어 철학에 대한 결정적인 부정, 둘째, 바그너 사상과 음악과의 완전한 결별, 셋째, 자유정신이라는 세 가지 대표적인 입장을 통하여 독특한 위상을 차지한다.

좀더 구체적으로 살펴보자면 우선 니체는 이 책에서 전통 형이상학의 이상주의와 쇼펜하우어 철학에 대한 부정을 표명하고 있다. 니체는 이 책 전체에서 좀더 높은 문화의 가능성을 제시한다. 니체 철학에서 철학적 의미와 문화 비판의 연관성은 이미 니체의 청년기 저작이나 디오니소스적인 것과 아폴론적인 것의 이원성을 보여준 《비극의 탄생》에서도 읽어낼 수가 있다. 쇼펜하우어의 이원론적인 의지의 형이상학에서 벗어나지 못했던 니체의 초기 사상에 의하면 오직 예술에서만 삶을 미화하는 가상이 요청되고 긍정되며 미적 현상 또는 미적 체험이 창조적인 삶 전체의 구조를 설명하는 데 가장 근본적인 조건이 된다. 니체에 의하면 특히 비극적 예술은 "삶의 자극제"로 인간이 삶의 용기를 잃지 않도록 "형이상학적 위안"을 제공한다. 세계에 대한 미적 변호의 본질은 예술을 통해 진리를 표현하고 삶을 변호함으로써 삶을 긍정하는 데 있다. 예술은 그러한 의미에서 다른 형식의 세계 해석이 삶을 유지해나가는 것과는 차이가 있다. 이처럼 니체는 초기 예술이론에서는 쇼펜하우어의 철학을 수용하고 있어, 플라톤의 존재와 가상을 기본으로 하는 쇼펜하우어적인 이분법적 세계 이론에 기초하여 근원적인 근거와 현상의 구분에 머물러 있을 뿐만 아니라 플라톤의 이분법적 세계 이론의 변형으로서의 쇼펜하우어의 의지의 형이상학에서 벗어나지 못하고 있다. 그러나 니체는 근원적인 근거와 현상계의 구별에 근거했던 《비극의 탄생》에서 《반시대적 고찰》에 이르는 초기의 철학적 관점에서 벗어나, 《인간적인 너무나 인간적인》에서는 과거의 모든 형이상학적 관점을 극복하고 자연과학에 근거한 새로운 철학의 관점을 보이고 있다. 《인간적인 너무나 인간적인》의 비판적이고 합리적이며 계몽적인 입장의 결정적인 의미는 니체가 예술적인 견해들과 고대 정신에서 문화정치적인 개념들을 기획했던 자신의 형이상학적 초기 저작에 담긴 사유를 해체하고자 하는 데 있다. 니체는 여기서 무엇보다 이상주의와 이상주의적인 모든 사항들에 대한 회의를 나타내고 모든 인간적인 삶의 근거를 자연적인 근거에서 찾으려고 시도한다.

둘째, 니체는 이 책에서 바그너와 바그너 예술과의 결별을 선언하고 좀더 높은 문화로의 계몽을 추구한다. 1878년 1월 3일 니체는 그리스도교로 귀의하고, 허무주의적이며 데카당트한 예술의 정수를 보여주는 바그너의 음악극 〈파르지팔Parzifal〉을 전해 받게 된다. 그것은 혁명적이고 반그리스도교적인 바그너, 정의로운 무신론자이며 반도덕주의자 바그너에게 니체가 가졌던 기대를 저버리는 것이었고, 니체에게 실망감과 배신감을 동시에 안겨주었다. 몇 달 후 니체는 볼테르에게 바치는 책 《인간적인 너무나 인간적인》을 바그너에게 보냄으로써, 니체 자신의 과거의 영웅들, 쇼펜하우어와 바그너와의 영원한 결별을 선언한다. 니체는 1878년 바그너 음악극 〈파르지팔〉과 자신의 《인간적인 너무나 인간적인》의 간극을 "칼과 칼이 마주치는 듯한" "두 책의 불길한 교차"라고 표현하고 있다. 바그너 예술에 대한 니체 비판의 근본적인 의도는 19세기까지 이어져 내려온 문화적 질병, 즉 소크라테스적 전통과 그리스도교 전통의 데카당트한 허무주의를 삶을 긍정하는 양식으로 '회복'하려는 것이었다. 《인간적인 너무나 인간적인》에 담긴 예술에 대한 새로운 입장은 여기서는 '예술가의 형이상학Metaphysik des Künstlers'이 더 이상 존재하지 않는다는 것이며 예술이 우리를 데카당스에서 구원할 수 있다고 믿지 않는다는 점이다. 그것은 결국 과거의 꿈과 이상으로부터의 완전한 역전과 전환을 선언하는 것을 의미하며 새로운 창조의 단계로 넘어감을 의미한다.

셋째, 《인간적인 너무나 인간적인》 후부터 《차라투스트라는 이렇게 말했다》를 집필하기 시작할 무렵까지 니체는 특히 학문과 철학의 역할과 위치를 새롭게 규정하고 있다. 따라서 《인간적인 너무나 인간적인》의 가장 현저한 특징은 과거의 입장과는 달리 순수한 인식과 과학적이고 비판적인 성찰과 방법적인 회의를 강조하고 과학 및 학문을 예술보다 우위에 둔다는 데 있다. 그것은 당시의 사회 상황이 그랬던 것처럼 "생리학, 의학, 자연과학"에 의한 현실성과 실제성을 중시하는 계몽 정신과 자유 정신을 표명하고 있는 것이다. 자연과학을 통해 자유롭게 세계를 조명한 결과는, 인간적인 삶은 현상의 배후에 있는 총체적인 개념으로서의 삶이 아니라 생물학적 개념으로 이해해야 하며 인간이란 모든 역사적 사건의 결과로 생성하는 것이기 때문에, 철학 활동도 "철학자들의 유전적 결함"에서 벗어나 분석적이고 과학적이고 역사적이어야 한다는 입장으로 귀결된다. 이러한 새로운 통찰의 단계로 들어선 《인간적인 너무나 인간적인》의 시기는 세 시기로 분류되는 니체 사상의 흐름에서 제2기, 즉 소위 실증주의적인 시기에 해당한다. 그러나 자연과학에 근거한 과학적 사유의 도입은 갑작스러운 변화가 아니다. 니체는 1873년과 1874년 사이 바젤 대학 도서관에서 보스코비치Boscovich의 《자연철학》이라는 책과 화학과 물리학적인 논문들을 대출한 적이 있으며 췰너Zölner의 《혜성들의 본질에 대하여. 인식의 역사와 이론에 대한 연구》라는 책 외에 문화인류학에 관한 책들을 읽은 적이 있는데(바티모G. Vattimo, 《프리드리히 니체 Friedrich Nietzsche》, 31f), 이러한 연구들의 결과는 《인간적인 너무나 인간적인》 곳곳에서 찾아볼 수 있다. 위대하고 참된 문화를 실현하는 데 학문이 가장 큰 적이 된다고 간주했던 《반시대적 고찰 Ⅲ : 교육자로서의 쇼펜하우어》까지의 니체의 입장은 여기서는 거의 부정되고 있다.

위에서 밝혔듯이 니체는 《인간적인 너무나 인간적인》을 통해 형이상학과 종교 대신 학문을, 믿음과 신앙 대신 호의적인 지혜를, 바그너와 같은 낭만주의적 예술가 대신 볼테르 같은 냉정한 실증주의적 계몽가의 길을 보여주기를 원한다. 그것은 다시 말하면 세계와 신, 자신과 자신의 체험을 시험하여 모든 이상의 배후는 인간적인 것임을 탐색해내는 "자유정신"으로, 니체는 형이상학적 이상의 배후에 내재해 있는 모든 '이상주의'의 본질은 근본적으로 인간적인, 너무나 인간적인 필요와 동경에 불과한 것임을 폭로하고, 또한 바그너 예술의 기만적, 병적, 염세주의적 경향을 비판함으로써 새로운 학문과 철학을 통한 허무주의적인 시대정신을 극복하고자 하는 것이다. 우리는 이 모든 개별적인 단편들 속에서도 겉으로 드러나는 표현들의 모순이나 이중적인 성격들 이면에 살아 움직이고 있는 니체의 근원적인 사상들의 일관성과 내적인 조화를 발견하게 될 것이다.

III.

어디선가 한번 들어본 듯 친숙한 수필 제목 같은 책의 제목과는 달리 이 책의 내용은 부분적으로 난해한 느낌을 줄 수도 있을 것이다. 그러나 여기서 니체는 《차라투스트라는 이렇게 말했다》를 제외한 다른 저작들에서는 보기 힘든 간결하고 명쾌한 어조로 예리하고 통찰력 있게 인간의 다양한 양상들을 지적하고 있다. 니체는 "사람들은 이 책에서 영리하고 냉철하며 경우에 따라서는 무자비하고 조소적인 것을 발견하게 될 것이다"(KSA Bd . 6, 322)라고 스스로 평가한다. 또한 이 글들은 삶의 문제들을 이 순간 이 현실 속에 살고 있는 구체적인 인간의 지극히 인간적인 관점에서 그려낸 내용들이어서 짧은 한 문장으로 끝나는 잠언 속에서도 깊은 의미를 공감할 수 있는 통쾌한 매력을 충분히 느끼게 하는 책임이 틀림없다.

번역 과정에서 원문의 뜻을 전달할 가장 적절한 단어를 선택하는 데 어려움이 있었던 곳이 적지 않았다. 문장의 전후 맥락이 명확하게 드러나지 않는 부분들에서는 가장 적절한 단어들이 선택되었는지 확신하기 어려운 곳도 있었다. 근본적으로 역자는 다소간 의미 전달의 어려움을 감수하더라도 과감한 의역보다는 원문에 충실한 직역을 선호했고 동사의 명사형들의 뜻은 가능하면 한자를 통해서 서술하기보다 우리말을 사용하여 풀어 쓰려고 노력했다. 문장부호는 원칙적으로 원문의 표기를 따랐으나 한글로 옮기는 과정에서 문장부호가 오히려 분명하게 이해하는 데 방해가 된다고 생각되는 경우나 부호를 삭제해도 문장의 본래 의미를 손상시키지 않는다고 판단되는 경우 ; (세미콜론)과 ―(하이픈) 같은 문장부호는 생략했다.

끝을 맺어야 할 시간이 오면 언제나 그렇듯 못다한 점들에 대한 아쉬움이 남는다. 책이 나오기까지 예상 외로 오랜 시간이 걸렸지만 기다려준 책세상 여러분들, 밤을 새며 까다로운 교정 작업을 맡아주신 분들, 라틴어 번역에 도움을 주신 경북대학교 독문과의 스코브론M. Skowron 교수님 그리고 크고 작은 도움을 아끼지 않으신 주위의 모든 분들께 진심으로 감사드린다.

연보

1844년
10월 15일 목사였던 카를 루드비히 니체Carl Ludwig Nietzsche와 이웃 고장 목사의 딸 프란치스카 욀러Franziska Öhler 사이의 첫 아들로 뢰켄에서 태어난다. 1846년 여동생 엘리자베트가, 1848년에는 남동생 요제프가 태어난다. 이듬해 아버지 카를이 사망하고 몇 달 후에는 요제프가 사망한다.

1850년
가족과 함께 나움부르크Naumburg로 이사한다. 그를 평범한 소년으로 교육시키려는 할머니의 뜻에 따라 소년 시민학교Knaben-Bürgerschule에 입학한다. 하지만 학교에 적응하지 못하고 곧 그만둔다.

1851년
칸디다텐 베버Kandidaten Weber라는 사설 교육기관에 들어가 종교, 라틴어, 그리스어 수업을 받는다.
이때 친구 쿠룩의 집에서 처음으로 음악을 알게 되고 어머니에게서 피아노를 선물받아 음악 교육을 받기 시작한다.

1853년
돔 김나지움Domgymnasium에 입학한다.
대단한 열성으로 학업에 임했으며 이듬해 이미 작시와 작곡을 시작한다. 할머니가 사망한다.

1858년
14세 때 김나지움 슐포르타Schulpforta에 입학하여 철저한 인문계 중등 교육을 받는다. 고전어와 독일문학에서 비상한 재주를 보일 뿐만 아니라, 작시도 하고, 음악 서클을 만들어 교회음악을 작곡할 정도로 음악적 관심과 재능도 보인다.

1862년
〈운명과 역사Fatum und Geschichte〉라는 글을 작성한다. 이것은 이후의 사유에 대한 일종의 예견서 역할을 한다. 이 외에도 다양한 문학적 계획을 세운다.
이처럼 그는 이미 소년 시절에 창조적으로 생활한다. 그렇지만 음악에 대한 천부적인 재질, 치밀한 분석 능력과 인내를 요하는 고전어에 대한 재능, 문학적 능력 등에도 불구하고 그는 행복하지는 못한 것 같다. 아버지의 부재와 여성들로 이루어진 가정, 이 가정에서의 할머니의 위압적인 중심 역할과 어머니의 불안정한 위치 및 이들의 갈등 관계, 자신의 불안정한 위치의 심적 대체물로 나타난 니체 남매에 대한 어머니의 지나친 보호 본능 등으로 인해 그는 불안한 어린 시절을 보내게 되며 이런 환경에서 아버지와 가부장적 권위, 남성상에 대한 동경을 품게 된다.

1864년
슐포르타를 우수한 성적으로 졸업한다. 본Bonn 대학에서 1864/65년 겨울학기에 신학과 고전문헌학 공부를 시작한다.

동료 도이센과 함께 '프랑코니아Frankonia'라는 서클에 가입하며 사교적이고 음악적인 삶을 살게 된다. 한 학기가 지난 후 《신약성서》에 대한 문헌학적인 비판적 시각이 형성되면서 신학 공부를 포기하려 한다. 이로 인해 어머니와의 첫 갈등을 겪은 후 저명한 문헌학자 리츨F. W. Ritschl의 강의를 수강한다.

1865년
1865/66년 겨울학기에 리츨 교수를 따라 라이프치히로 학교를 옮긴다. 라이프치히에서 니체는 리츨의 지도하에 시작한 고전문헌학 공부와 쇼펜하우어의 발견에 힘입어 학자로서의 삶을 시작한다. 하지만 육체적으로는 아주 어려운 시기를 맞게 된다. 소년 시절에 나타났던 병증들이 악화되고 류머티즘과 격렬한 구토에 시달리며 매독 치료를 받기도 한다. 늦가을에 고서점에서 쇼펜하우어의 《의지와 표상으로서의 세계》를 우연히 발견하여 탐독한다. 그의 염세주의 철학에 니체는 한동안 매료되었으며, 이러한 자극 아래 훗날 《음악의 정신으로부터의 비극의 탄생Die Geburt der Tragödie aus dem Geist der Musik》(이하 《비극의 탄생》)이 쓰어진다. 이 시기에 또한 문헌학 공부에 전념한다.

1866년
로데E. Rhode와 친교를 맺는다. 시인 테오그니스Theognis와 고대 철학사가인 디오게네스 라에르티우스Diogenes Laertius의 자료들에 대한 문헌학적 작업을 시작한다. 디오게네스에 대한 연구와 니체에 대한 리츨의 높은 평가로 인해 문헌학자로서 니체라는 이름이 알려지기 시작한다.

1867년

디오게네스에 관한 논문이 《*Rheinische Museum für Philologie*》(이하 RM), XXII에 게재된다. 1월에 아리스토텔레스 저작의 전통에 대해 강연한다. 호머와 데모크리토스에 대한 연구를 시작하고 칸트 철학을 접하게 된다. 이어 나움부르크에서 군대 생활을 시작한다.

1868년

여러 편의 고전문헌학적 논평을 쓰고 호머와 헤시오도스에 대한 학위논문을 구상한다. 이렇게 문헌학적 활동을 활발히 해나가면서도 문헌학이 자신에게 맞는지 계속 회의를 품는다. 이로 인해 그리스 문헌학에 관계되는 교수자격 논문을 계획하다가도 때로는 칸트와 관련된 철학박사 논문을 계획하기도 하고(주제 : Der Begriff des Organischen seit Kant), 칸트의 《판단력 비판Kritik der Urteilskraft》과 랑에F. A. Lange의 《유물론의 역사 *Geschichte des Materialismus*》를 읽기도 하며, 화학으로 전공을 바꿀 생각도 잠시 해본다. 이 다양한 논문 계획들은 1869년 초에 박사학위나 교수자격 논문 없이도 바젤의 고전문헌학 교수직을 얻을 수 있다는 리츨의 말을 듣고 중단된다. 3월에는 말에서 떨어져 가슴에 심한 부상을 입고 10월에 제대한 후 라이프치히로 돌아간다. 11월 8일 동양학자인 브로크하우스H. Brockhaus의 집에서 바그너를 처음 만난다. 그와 함께 쇼펜하우어와 독일의 현대철학 그리고 오페라의 미래에 대해 의견을 나눈다. 이때 만난 바그너는 니체에게 깊은 인상을 심어준다. 이 시기에 나온 니체의 첫번째 철학적 작품이 〈목적론에 관하여Zur Teleologie〉이다.

연보 473

1869년

4월 바젤Basel 대학 고전어와 고전문학 담당 원외교수로 위촉된다. 이 교수직은 함부르크 대학으로 자리를 옮긴 키슬링A. Kiessling의 후임 자리로, 그가 이후 독일 문헌학계를 이끌어갈 선두적 인물이 될 것이라는 리츨의 적극적인 천거로 초빙되었다. 5월 17일 트립센에 머물던 바그너를 처음 방문하고 이때부터 그를 자주 트립센에 머물게 한다. RM에 발표한 논문과 디오게네스 라테리우스의 자료들에 대한 연구를 인정받아 라이프치히 대학에서 박사학위를 받는다. 부르크하르트Jacob Burckhardt를 존경하여 그와 교분을 맺는다. 스위스 국적을 신청하지 않은 채 프로이센 국적을 포기한다.

1870년

1월과 2월에 그리스인의 악극 및 소크라테스와 비극에 대한 강연을 한다. 오버베크F. Overbeck를 알게 되고 4월에는 정교수가 된다. 7월에는 독불전쟁에 자원 의무병으로 참가하지만 이질과 디프테리아에 걸려 10월에 다시 바젤로 돌아간다.

1871년

⟨Certamen quod dicitur Homeri et Hesiodi⟩를 완성하고, 새로운 RM(1842~1869)의 색인을 작성한다. 2월에는 《비극의 탄생》 집필을 끝낸다.

1872년

첫 철학적 저서 《비극의 탄생》이 출간된다. 그리스 비극 작품의 탄생과 그 몰락에 대해서 쓰고 있는 이 작품은 바그너의 기념비적인 문화정치를 위한 프로그램적 작품이라고 여겨지기도 하지만 니체의 독창적이고도 철학적인 초기 사유를 제시하고 있다고 평가받는다. 그렇지만 이 시기의 유고글들을 보면 그가 얼마나 문헌학적 문제와 문헌학에 대한 근본적인 비판에 전념하고 있는지를 알 수 있다.

《비극의 탄생》에 대한 학계의 혹평으로 상심한 후 1876년 바그너의 이념을 전파하는 데 전념할 생각으로 바이로이트 축제를 기획하고 5월에는 준비를 위해 바이로이트로 간다.

1873년

다비드 슈트라우스에 대한 첫번째 저작 《반시대적 고찰 : 다비드 슈트라우스, 고백자이며 저술가 *Unzeitgemässe Betrachtungen : David Strauss, der Bekenner und der Schriftsteller*》가 발간된다. 원래 《반시대적 고찰》은 10~13개의 논문을 포함할 예정이었지만, 실제로는 4개의 주제로 구성된다. 다비드 슈트라우스에 대한 1권, 삶에 있어서 역사가 지니는 유용함과 단점에 관한 2권, 교육자로서의 쇼펜하우어를 다룬 3권은 원래의 의도인 독일인들에 대한 경고에 충실하고, 바그너 문제를 다룬 4권에서는 바그너를 긍정적으로 평가한다. 여기서 철학은 진정한 삶을 가능하게 하는 예술의 예비절차 역할을 하며, 다양한 삶의 현상들은 문화 안에서 미적 통일을 이루는 것으로 제시된다. 이러한 시도는 반 년 후에 쓰여지는 두 번째의 《반시대적 고찰》에서 이루어진다.

1872년 초에 이미 바이로이트에 있던 바그너는 이 저술에 옹호적이기는 했지만, 양자의 관계는 점점 냉랭해진다. 이때 니체 자신의 관심은 쇼펜하우어에서 볼테르로 옮겨간다. 이 시기에 구토를 동반한 편두통이 심해지면서 육체적 고통에 시달린다.

1874년
《비극의 탄생》 2판과 《반시대적 고찰》의 2, 3권이 출간된다. 소크라테스 이전 사상가에 대한 니체의 1873년의 강의를 들었던 레P. Ree와의 긴밀한 관계가 형성되기 시작한다. 10월에 출간된 세 번째의 《반시대적 고찰》인 《교육자로서의 쇼펜하우어Schopenhauer als Erzieher》에서는 니체가 바그너와 냉정한 거리를 유지한다는 사실이 드러난다.

1875년
《반시대적 고찰》의 4권인 《바이로이트의 바그너 Richard Wagner in Bayreuth》(1876년에 비로소 출간된다)는 겉으로는 바그너를 위대한 개인으로 형상화하지만, 그 행간에는 니체 자신의 청년기의 숭배를 그 스스로 이미 오래 전에 멀리해버린 일종의 기념물쯤으로 생각하고 있다는 사실이 숨겨져 있다. 이것이 출판되고 나서 한 달 후, 즉 1876년 8월 바이로이트 축제의 마지막 리허설이 이루어질 때 니체는 그곳에 있었지만, 바그너에 대한 숭배의 분위기를 더 이상 견뎌내지 못하고 축제 도중 바이로이트를 떠난다.

겨울학기가 시작할 때 쾨젤리츠Heinrich Köselitz라는 젊은 음악가가 바젤로 찾아와 니체와 오버베크의 강의를 듣는다. 그는 니체의 가장 충실한 학생 중의 하나이자 절친한 교우가 된다. 니체로부터 페터 가스트Peter Gast라는 예명을 받은 그는 니체가 사망한 후 니체의 여동생 엘리자베트와 함께 《힘에의 의지》 편집본의 편집자가 된다. 이 시기에 니체의 건강은 눈에 띄게 악화되어 10월 초 1년 휴가를 얻어 레와 함께 이탈리아로 요양을 간다. 6월과 7월에 니체는 《반시대적 고찰》의 다른 잠언들을 페터 가스트에게 낭독하여 받아 적게 하는데, 이것은 나중에 《인간적인 너무나 인간적인Menschliches, Allzumenschliches》의 일부가 된다.

1876년
《인간적인 너무나 인간적인》의 원고가 씌어진다. 3월 제네바에 있는 '볼테르의 집'을 방문하고 그의 정신을 잠언에 수록하려고 한다.

1877년
소렌토에서 열린 강독 모임에서 투키디데스, 마태복음, 볼테르, 디드로 등을 읽으며 8월까지 요양차 여행을 한다. 9월에는 바젤로 돌아와 강의를 다시 시작한다. 가스트에게 《인간적인 너무나 인간적인》의 내용을 받아 적게 했는데, 이 텍스트는 다음해 5월까지는 비밀로 해달라는 부탁과 함께 12월 3일에 출판사에 보내진다.

1878년
5월 바그너가 《인간적인 너무나 인간적인》의 1부를 읽으면서 니체와 바그너 사이의 열정과 갈등, 좌절로 점철되는 관계는 실망으로 끝난다. 12월 말경에 《인간적인 너무나 인간적인》의 2부 원고가 완결된다.
《인간적인 너무나 인간적인》의 1부, 2부는 건설의 전 단계인 파괴의 시기로 진입함을 보여주며 따라서 문체상의 새로운 변화를 보인다.

1879년
건강이 악화되어 3월 19일 강의를 중단하고 제네바로 휴양을 떠난다. 5

월에는 바젤 대학에 퇴직 희망을 밝힌다. 9월에 나움부르크로 오기까지 비젠Wiesen과 모리츠St. Moritz에서 머무르며, 《인간적인 너무나 인간적인》의 2부 중 한 부분인 《혼합된 의견 및 격언들Vermischte Meinungen und Sprüche》을 발간한다. 모리츠에서 지내는 여름 동안 2부의 다른 부분인 《방랑자와 그의 그림자Der Wanderer und sein Schatten》가 씌어지고 1880년에 발간된다.

1880년
1월에 이미 《아침놀Morgenröthe》을 위한 노트들을 만들고 있었으며, 이 시기에 특히 도덕 문제에 대한 독서를 집중적으로 한다. 가스트와 함께 3월에 베네치아로 간 후 여러 곳을 전전하다 11월에는 제노바로 간다.

1881년
다른 작품들과 마찬가지로 가스트가 원고를 옮겨 적은 《아침놀》이 7월 1일에 출간된다. 7월 초 처음으로 실스 마리아Sils-Maria로 간다. 그곳의 한 산책길에서 영원회귀에 대한 구상이 떠올랐다는 이야기는 유명하다. 10월 1일 제노바로 다시 돌아간다. 건강 상태, 특히 시력이 더욱 악화된다. 11월 27일 처음으로 비제의 〈카르멘〉을 보고 감격한다. 《아침놀》에서 제시되는 힘의 느낌은 나중에 구체화되는 《힘에의 의지》를 준비하는 단계이다.

1882년
《아침놀》에 이어 1월에 가스트에게 《즐거운 학문Die fröhliche Wissenschaft》의 첫 3부를 보낸다. 이 책은 4부와 합쳐져 8월 말에 출판된다. 3월 말에는 제노바를 떠나 메시나Messina로 배 여행을 하며 그곳에서 4월 20일까지 머무른다. 〈메시나에서의 전원시Idyllen aus Messina〉에 대한 소묘들은 이 여행 며칠 전에 구상되었다. 이것은 니체가 잠언적인 작품 외에 유일하게 발표한 시가로서 《인터나치오날레 모나츠슈리프트*Internationale Monatsschrift*》 5월호에 실린다(267~275쪽). 4월 24일에 메시나를 떠나 로마로 가고 모이센부르크의 집에서 살로메를 소개받는다. 5월 중순에는 타우텐부르크에서 여동생과 살로메와 함께 지낸다. 27일 살로메가 떠난 뒤 나움부르크로 되돌아오고, 10월에 라이프치히에서 살로메와 마지막으로 만난 후 11월 중순부터 제노바를 거쳐 이탈리아의 여러 곳을 전전하면서 《차라투스트라는 이렇게 말했다》의 첫 부분을 구상하기 시작한다.

지속적인 휴양 여행, 알프스의 신선한 공기나 이탈리아나 프랑스의 온화한 기후도 육체적인 고통을 덜어주지는 못한다. 아주 한정된 사람들과 교제를 했고, 특히 이 교제 방식이 살로메와의 만남으로 인해 변화의 조짐을 보이지만, 그는 다시 고독한 삶의 방식으로 되돌아갈 수밖에 없었다.

1883년
《차라투스트라는 이렇게 말했다》의 1부가 씌어진 후 아주 빠른 속도로 3부까지 씌어진다.

1884년
1월에 《차라투스트라는 이렇게 말했다》의 4부를 완성한다.
건강은 비교적 호전되었고, 정신적인 고조를 경험하면서 그의 사유는 정점에 올라 있었다. 그러나 이 시기에 여동생 및 어머니와의 화해와 다툼이 지속된다. 여동생이 푀르스터B. Förster라는, 반유대주의자이자 바그너 숭배자이며, 파라과이에 종족주의적 원칙에 의한 독일 식민지를 세우려는 계획을 갖고 있던 자와 약혼을 결정하면서, 가까스로 회복된 여동생과의 불화는 다시 심화된다.

1885년

《차라투스트라는 이렇게 말했다》의 4부를 출판할 출판업자를 찾지 못하여 이 책을 자비로 출판한다. 5월 22일 여동생이 결혼하지만 결혼식에 참석하지 않는다. 6월 7일부터 9월까지 실스 마리아에서 지내고, 그 후 나움부르크, 뮌헨, 플로렌츠를 경유하여 11월 11일 니차로 온다. 실스 마리아에서 여름을 보내면서 《힘에의 의지》라는 책을 쓸 것을 구상한다. 저술 제목으로서 '힘에의 의지'는 1885년 8월의 노트에 처음으로 등장한다. 이후에 따르는 노트들에는 힘에의 의지라는 제목으로 체계적이고 일반적인 내용을 서술하겠다는 구상들이 등장한다. 이 구상은 여러 번 변동을 거치다가 결국에는 니체 자신에 의해 1888년 8월에 포기된다.

1886년

《선악의 저편 *Jenseits von Gut und Böse*》 역시 자비로 8월 초에 출판한다. 이전의 작품들을 다시 발간하는 데 관심을 가지고 이전의 작품들에 대한 새로운 서문을 쓰기 시작한다. 《인간적인 너무나 인간적인》의 서문, 《비극의 탄생》을 위한 〈자기비판의 시도 Versuch einer Selbstkritik〉라는 서문, 《아침놀》과 《즐거운 학문》의 서문들이 이때 씌어졌다.

1887년

악화된 그의 건강은 6월에 살로메의 결혼 소식을 접하면서 우울증이 겹쳐 심각해진다. 이런 상태에도 불구하고 그의 의식은 명료했다.

6월에 《아침놀》과 《즐거운 학문》, 《차라투스트라는 이렇게 말했다》의 재판이 출간된다. 6월 12일 이후 실스 마리아에서 《도덕의 계보 Zur Genealogie der Moral》를 집필하며 11월에 자비 출판한다.

1888년

4월 2일까지 니차에 머무르면서 '모든 가치의 전도'에 대한 책을 구상하고 이 책의 일부를 《안티크리스트 Der Antichrist》란 제목으로 출판한다. 7월에는 《바그너의 경우 Der Fall Wagner》를 출판사로 보낸다. 6월에 투린을 떠나 실스 마리아에서 《우상의 황혼 Götzen-Dämmerung》을 쓴다. 투린으로 다시 돌아가 《이 사람을 보라 Ecce Homo》를 11월 4일에 끝내고 12월에 출판사로 보낸다. 그 사이 《바그너의 경우》가 출판된다. 《디오니소스 송가 Dionysos-Dithyramben》를 포함한 이 시기에 씌어진 모든 것이 인쇄를 위해 보내진다.

1887~88년이라는 그의 지적 활동의 마지막 시기의 유고에서도 니체는 여전히 자신을 실현시키고자 하는 강한 저술 의도를 보인다. 그렇지만 그는 파괴와 건설 작업에서 그가 사용했던 모든 도구들이 더 이상은 쓸모없다는 생각을 한다.

1889년

1월 3일(혹은 1월 7일) 카를로 알베르토 광장에서 졸도하면서 심각한 정신이상 신호가 나타나기 시작한다. 오버베크는 니체를 바젤로 데리고 가서 정신병원에 입원시킨다. 1월 17일 어머니에 의해 예나 대학 정신병원으로 옮겨진다. 《우상의 황혼》, 《니체 대 바그너 Nietzsche contra Wagner》, 《이 사람을 보라》가 출판된다.

1890년

3월 24일 병원을 떠나 어머니 옆에서 머무르다가 5월 13일 나움부르크로 돌아온다.

1897년

4월 20일 어머니가 71세의 나이로 사망하고 여동생을 따라 바이마르로 거처를 옮긴다. 1892년 가스트는 니체 전집 편찬에 들어가고, 같은 해 가을에 차라투스트라의 4부가 처음으로 한 권으로 출판된다. 1894년 초에 여동생은 가스트의 전집을 중지할 것을 종용하고, 니체 전집의 편찬을 담당할 니체 문서보관소Nietzsche Archiv를 설립한다.

1900년

8월 25일 정오경 사망.

옮긴이 김미기

　동아대학교 철학과를 졸업한 후, 독일 뮌헨 대학에서 석사 학위를, 베를린 자유 대학에서 〈Feuerbach und Nietzsche〉로 박사 학위를 받았다. 〈루터와 종교개혁어 대한 니체의 이해〉, 〈니체의 진리개념 비판에서 본 예술과 여성의 본질〉, 〈니체와 바그너〉 등의 논문을 썼고, 《쉽게 읽는 니이체》 등을 옮겼다.

니체전집 7(KGW IV 2) 인간적인 너무나 인간적인 I

초판 1쇄 펴낸날 | 2001년 5월 20일
초판 18쇄 펴낸날 | 2025년 11월 15일

지은이 프리드리히 니체
옮긴이 김미기

펴낸이 김준성
펴낸곳 책세상
등록 1975년 5월 21일 제2017-000226호
주소 서울시 마포구 월드컵로23길 38, 2층 (04011)
전화 02-704-1251
팩스 02-719-1258
이메일 editor@chaeksesang.com
광고·제휴 문의 creator@chaeksesang.com
홈페이지 chaeksesang.com
페이스북 /chaeksesang   **트위터** @chaeksesang
인스타그램 @chaeksesang   **네이버포스트** bkworldpub

ISBN 978-89-7013-261-7 04160
　　　978-89-7013-542-7 (세트)

* 잘못되거나 파손된 책은 구입하신 서점에서 교환해드립니다.
* 책값은 뒤표지에 있습니다.